藝術、人文與社會學科，研究生完全達陣祕技

人文社科
研究方法

HUMANITIES
AND
SOCIAL SCIENCES

方偉達 ———————————— 著

自 序

　　「人文社科」是「藝術、人文與社會學科」（Arts, humanities, and social sciences, AH & SS）的簡稱，包含了「藝術」（arts）、「人文學科」（humanities），以及「社會科學」（social sciences）。考證「人文社科」中的「人文」一詞，在華夏文化中具有悠久綿長的歷史，表現在岩石、龜甲、獸骨符號記載，或是「人紋」身體的階級劃分，用來傳達意識的圖號。後來從「文飾」一詞中，傳達了自我裝飾的用語，形成了「賁」鼓上的裝飾物。

　　從《易經》「賁」卦的象辭中，我們認識到古人對於人類自我期許，進入到了對於人類文明自我神聖化之地位。至聖先師孔子（551～479 B.C.）在象辭中描繪到生態文明的終極境界。他說：「文明以止，人文也。」「觀乎天文，以察時變；觀乎人文，以化成天下。」

　　但到了21世紀，再也沒有任何的人文學者自覺可以達到述聖子思（483～402 B.C.）所撰《中庸》的階段，強調自我的地位可以「贊天地之化育，則可以與天地參矣」。因為，全球生命懸繫於一處，危在旦夕。在21世紀，遠有溫水煮青蛙的「全球氣候變遷」，近有恐怖分子挾帶核子武器，威脅地球和平。全球安危，繫之於一二人之手。人之性命，賤如螻蟻。如何將人類的性命地位直追三代之前，可以配「天」與「地」而鼎足為三，達到莊子（370～287 B.C.）〈齊物論〉所說的「天地與我並生，萬物與我為一」的境界，係為現代知識分子所應該直視的最崇高之「性與命」的問題。

　　如果學者站在莊子的高度，以「道」來觀察地球萬物，拋棄物我、彼此、是非、好壞等二元對立觀念，達到佛陀（566～486 B.C.）所言的「無我相、無人相、無眾生相、無壽者相」的忘我境界，則可以追求最大的「無我自由」。那麼，「我」都拋棄了，「主體」都沒有了，感受自由的主體都不見了，那麼，如何感受自由呢？

　　我們回想起人生在世，多半充滿了束縛。從嬰兒呱呱墜地，到幼年成長茁壯，經過禮樂教化、繁文縟節，經年累月、披星戴月似地學習成長，經過師長教導，廣博閱覽群書，經過幼兒園、小學、中學到大學的教育之後，在東方傳統思惟教育下的學生，多半少年老成，在大學課堂上謹言慎行，不隨便發表意見。君不見一代大文豪蘇東坡（1037～1101）個性豪邁，他在〈稼說送張琥〉這一篇贈文中也感慨地說：「博觀而約取，厚積而薄發。」他認為為學的態度要博覽群書而取其精華；蓄積豐厚的學養之後，但不急於發表。

　　在人文學術界，長幼有序，師尊生卑。所以，要求學生要「博觀而約取」，而貴其精；教師在學界論資排輩，「厚積而薄發」，則發表少。這一種保守引領之研究發展觀念，等到西方活潑積極進取的文化潮湧而來，淹沒了傳統漢語世界溫文敦厚的書本精華。一本純煉的古人經典書籍，到了21世紀的「網讀世紀」，已經很難吸引學者飽讀終身，達到熟閱精思、反覆玩味的境界。同時，網路上的「大知識」和「大學問」，隨著數位人文（digital humanities）的波濤，如群峰洶湧而來。面對西方語文的艱澀，邏輯論述的縝密，學者面對浩瀚如海的學術群書中，除了晦澀的中文書，還有不知所云的西文書需要閱讀，大多數的學者已經是望書興嘆。

　　因此，如何在數位時代「坐擁群文」中慧眼識珠，選擇好書閱讀，並且學習宋代朱熹（1130～1200）做學問的力道，實為當務之急。朱熹以「去盡皮，方見肉；去盡肉，方見骨；去盡骨，方見髓」（《朱子語類・學四》）的精讀之法，運用「減速閱讀」——不要貪快，並且在閱讀之後，發揮懷疑群儒的思辨作風，成為人文社科「批判實在論述」的學術方法（critical realist approach）中，師徒相承「不傳之祕」的武林必殺之技（Sayer, 2010）。

　　在歷經「學術武林」種種糾葛和風波之餘，本書《人文社科研究方法》中「不傳之祕」的學習技巧，是繼學術界《教授為什麼沒告訴我》（畢恆達，2005/2010）、《研究生不死，只是生不如死》（研瑞，2007）、《研究研究論論文》（吳鄭重，2016）、《期刊論文寫作與

發表》（方偉達，2017）、《論文寫作不藏私：文史哲教授通通告訴你》（林香伶等，2017）之後，為了「藝術、人文與社會學科」（Arts, humanities, and social sciences, AH & SS）的研究方法所撰寫第一本邏輯嚴謹的系統性專書。

　　本書運用「大海擇流」原理，統整前人研究之精華，品評武林人文各門各派武功絕學，經過大數據的消化吐納之術，全書談到的是研究中的方法論問題。例如說：人文社科如何進入「科學性」？如何在進入本體之前，思考人文社科之「認識論」、「方法論」，以及「科學論」這也是近年來人文社科學者，所要面臨畢生鴻圖中最大的研究挑戰。因此，本書建議在「詮釋主義」和「實證主義」兼籌並顧之下，運用人社科學含括的四大面向：道德科學（moral sciences）、行為科學（behavioral sciences）、社會科學（social sciences），以及人文科學（human sciences），博採各派研究方法的優點，以多元化之思考模式進行批判論述，才能在「眾聲喧嘩」中（Mikhail Bakhtin, 1905～1975）產生「多樣性融合結論」（Bakhtin, 1934/1981），形成了學界都能夠接受的「普遍意義」。

　　因此，本書將學術出版分為專書和期刊論文兩種，針對專書和期刊的出版價值進行論述，同樣是採用「兼籌並顧」的方式進行。我回想起我的1980年代的知識啓蒙，英國劍橋大學科學哲學教授赫塞（Marry Hesse, 1924～2016）就提到這一個狂飆的年代（Hesse, 1980）。她認為：「嘗試產生價值中立的社會科學，越來越不可能實現。在最壞的情況之下，中立的社會科學是自欺欺人，並正在被明確意識形態（explicit ideologies）的社會科學所取代。」當我看到這一句話時，不禁冷汗直流。

　　回想起在師大附中念書，經常到國際學舍看魯迅、老舍，以及錢鍾書的書，在高中時候就已經看過江南（劉宜良，1932～1984）撰寫、坊間盜版的《蔣經國傳》；1980年代出入「唐山書店」，研讀翻譯書籍，向王鴻楷、夏鑄九等臺大學者學習；1990年代到了美國，在美國亞歷桑納州立大學東亞圖書館遍讀簡體字書，進行「左腦和右腦的戰鬥」；到了2000年代，在美國哈佛大學燕京圖書館，浸淫古書和現代出版書籍中繼續進行

「第二度左腦和右腦的戰鬥」。我才了解在西方新自由主義澎湃思潮的大勢之下，在狹窄的學術圈中，要隨心所欲、熟讀東西方文獻的寬容性有多難。也就是說，社會科學受到自然科學「中立」和「客觀」的標準架構的規範之下，是否真的考慮到階級、種族，以及性別的合法權利（legitimate privilege）之差異，公平地揭露人類內在意識形態與本質，做到客觀的研究？

隨著進入2000年之後，臺灣社會邁入政學界「保守、內化、內向性格」的同溫層操作之下，所謂哈佛大學的校訓「真知（VERITAS）：以柏拉圖為友，以亞里斯多德為友，更以真理為友」的真理價值不再。1987年黨禁、報禁解除，三十年後在媒體眾聲喧嘩之下，大學校園內外從意識形態、研究方法，到黨同伐異的爭鋒相對，十年寒窗磨劍的「風骨著作」反而越來越少見到。此外，中文學術專書的位階低落，在新自由主義的經濟思潮之下，專書市場銷售量一落千丈，我們也很難再見到臺大學者殷海光（1919～1969）在撰寫《思想與方法》對於世局的憂患操心，以及對於真知灼見的執著（殷海光，2013）。

隨著近年來在大學在採取評鑑升等的制度之下，西文期刊論文價值超過了中文專書寫作，反映了全球化的同一標準時代的來臨，同時驗證了人文學術界的普遍觀點：企圖掙扎突破期刊論文的「學術工廠」的保守性格，而進入到「眾聲喧嘩」（heteroglossia）的原創性格有多麼地困難。

因此，本書《人文社科研究方法》透過了大量閱讀海內外華人出版之人文及社會科學期刊，例如：「中文社會科學引文索引」（Chinese Social Sciences Citation Index, CSSCI）、「臺灣社會科學引文索引」（Taiwan Social Sciences Citation Index, TSSCI）、「臺灣人文學引用文索引」（Taiwan Humanities Citation Index, THCI）資料庫，以及臺灣全國博士論文及專書的研究，參考了來源文獻及引用文獻，並且在撰寫時，希冀學者在閱讀本書之後，擴大中文學術專書和期刊論文寫作在華文出版界的版圖之餘，甚至突破語言障礙，發表研究成果到社會科學引文索引（Social Sciences Citation Index, SSCI），以及藝術人文引文索引（Arts &

Humanities Citation Index, A&HCI）等西文期刊之中。這是筆者在《期刊論文寫作與發表》出版之後，寒假中清晨四點即起，在臺北綿綿冬雨冷冽的刺骨寒流中，品味著冷風灌進寒窗的感受，越發思念先父。在往事如煙、點滴心頭的自我思憶之下，每天以工作十小時的自我壓力之下，從寒冬到溽暑，在沒有例假和休假的概念之下，逼著自己撰寫出了2017年《期刊論文寫作與發表》中沒有談清楚的內容，在2018年完成了《人文社科研究方法》。

本書《人文社科研究方法》在章節中，承繼姊妹作《期刊論文寫作與發表》的研究價值論述；本書更是採集了東西方在研究技術和方法論中的精華，依據多元建構的認知發展原則進行撰寫。為了建構人文社科的理論和觀念，作者花費許多時間，進行章節的組織和分類，盡可能地描述各種研究方法。在研究中，總合參採各種研究方法的優點。我們通過行為論（behaviorism）的實驗研究、調查研究，了解這些方式的量化數據分析方法，以及統計驗證。之後，進行人類客觀行為到主觀價值的交會地帶的分析，教導個案研究、行動研究、扎根理論、民族誌，以及檔案研究方法，建議採用互動理論（interactional theory）進行學習，內容包含布魯納的互動理論（Bruner's Interactional Theory）和維果斯基的互動理論（Vygotsky's Interactional Theory），推動進階的研究學習方法（McLeod, 2008/2014）。

在第一章人文與社會科學緒論，談論人文社科的定義、哲學概念、人文價值、方法取徑，以及發展趨勢。在第二章的研究過程中，談論研究規劃、寫作過程、研究管理、研究發表，以及社會影響，強化研究發展的實務經驗。在第三章中，進行人文與社會科學的分析，探討知識心理，以研究者反思性（researcher reflexivity）進行論述，談到如何進行建構行動、知識傳播，以及在大數據時代人文社科研究者如何安身立命的問題。從第四章到第十章，則論述人文社科研究取徑，包含了第四章實驗研究，討論實驗中，積極探討研究潛在價值，以及橫斷性研究和縱貫性研究的時代趨勢；第五章調查研究，除了說明了量化研究的方法，進

階至調查整合分析方法，還探討量化研究信度分析和效度分析的標準；在第六章個案研究中，討論個案研究的範疇，說明量化和質性的個案研究，依據證誤法進行理論駁斥，希望通過個案分析累積經驗；在第七章行動研究中，討論參與性行動研究（participatory action research），通過實踐知識途徑，經過由下而上的方法（bottom-up approach）實施，理解了實施背景，並強調理解「行動」和「研究」這兩者行為輸入和輸出的關係；在第八章扎根理論中了解扎根理論的應用方法，希望推演理論之出現；第九章民族誌研究，則通過自我民族誌（auto-ethnography）、關鍵民族誌（critical ethnography）、網絡誌（netnography），以及批判方法（critical approaches）進行研究法的探討；到了第十章，則進入了檔案研究（archival research），依據回顧性方法（retrospective approaches）我們探討了大數據時代下的傳記研究、錄影照片定性分析（qualitative analysis of videos and/or photographs）、照片語音研究（Photo-voice/photo elicitation），進行視覺方法（visual methods）分析，以分析經驗觀點、文本地圖，以及批判圖學（critical cartography）的研究分析和探討。

　　這是一場漫長的研究方法的旅程，蒐集内容包羅萬象，甚至遠赴國外蒐集資料，在研究方法中，採取上山下海，冒著溽暑和寒流的方式進行。本書在撰寫的過程中雖然艱辛，但是盡量讓論述豐富有趣。筆者才疏學淺，拋磚引玉，希冀得到學術界的共鳴和斧正，在通過理性討論和實質對話之後，引領學術界探討人文寫作和發表的思潮，讓人文學術界重返尊崇的學術地位，以及回歸人本終極目標與前沿價值的本來面目。

方偉達

誌於臺北興安華城 2018.6.1
（美國科羅拉多州丹佛市旅次中）

獻詞

本書獻給　父親方薰之將軍（1931～2017）

楔子——《劍客的形式語言》

我是那註定飄泊的劍客
不知打哪兒來，也不知是往哪兒去了
一點兒劍光，我只當它是星夜間
那滿天甲骨的憐憫
揮灑在人間底，那劍尖一星點兒
燐燐螢光
白森森的刀刃，無意將它染污
那工作是碾場染房的炫麗情事
黑黝黝的刀鞘，從來是刀鋒的保護色
沒有人了解那蘊藏內心
那潔白的光影
註定要飄泊
因為不懂得棲止
一種停泊，是一種形式的靜止
一種死亡的形式
至少，當我輕輕撫摸那深藏在
心中底劍底
那久久不出鞘的深刻
也許，生鏽了

在拔劍之前，頓了一頓
說：「天地之大，何物不容，我只有註定飄泊。」
然後，不知從哪兒去了，留下

一地驚愕

方偉達 (1993)
寫於美國亞歷桑納州鳳凰城

CONTENTS
目　錄

第一章

人文與社會科學緒論

Knowledge is a treasure, but practice is the key to it.

知識是一座寶庫，實踐是打開寶庫的鑰匙。

—— 富勒（Thomas Fuller, 1608～1661）

學習焦點

「人文」一詞，在華夏文化中具有悠久綿長的歷史。從象形文字傳達四段交錯的線條中的「文」，強調活人身體的紋身和文飾。在《易經》「賁」卦的象辭中談到：「文明以止，人文也；觀乎人文，以化成天下。」可見自古以來，人文的地域概念，傳達了人世間的廣泛特性和普世價值。本章從人文與社會學科的定義開始描述，首先強調。透過人文與社會學科的哲學思辨方法，如實證論、唯實論、詮釋論、實用論等四大方法論進行論證人文社科的核心思惟，說明人文社科的研究取徑，例如演繹法、歸納法的事證說明，闡釋人文社科的時代發展歷程。本章希望讀者透過創作、觀察、分析，探討人類知識、態度、行為，以及公民社會的價值信念。我們分析了人文社科研究中的詮釋型典範（interpretive paradigm）和功能型典範（functionalist paradigm）的差異，希望通過實踐的力量，進行總體的研究方法觀念概述和方法論之理解，以落實研究結果的揭露，滿足社會脈絡化的情境需要，並且啟迪時代賦予的求知若渴之心靈力量。

第一節　人文社科的定義

　　「人文社科」是「藝術、人文與社會學科」（Arts, humanities, and social sciences, AH & SS）的簡稱，包含了「藝術」（arts）、「人文學科」（humanities），以及「社會科學」（social sciences），是以創作、觀察、分析，以及感性知覺，以及理性批判來探討人類情感、意識、智慧、知性、創作、發想、道德、信念、價值、群性，以及公民社會的各門學科。

　　「人文社科」有廣義和狹義的區分，廣義的「人文社科」，是泛指「藝術、人文與社會學科」的統稱。1930年出版的社會科學百科全書（Encyclopedia of the Social Sciences），內容包含：哲學、社會學、人類學、經濟學、政治學、犯罪學、生物學、地理學、醫學、教育學、心理學、語言學、倫理學、藝術、社會工作學及法律學等。1968年出版的《雲五社會科學大辭典》，內容包括：社會學、統計學、政治學、國際關係、經濟學、法律學、行政學、教育學、心理學、人類學、地理學、歷史學（劉季洪，1968）。我們從上述的分析，可以歸類出人文社科的內涵：

一、人文社科的內涵

㈠創意藝術與設計學科（Creative Art and Design (CAD) disciplines）：
　創意藝術與設計。

㈡人文學科（humanities）：哲學、文學、宗教、歷史學、現在語言、藝術史學。

㈢社會科學（social sciences）：經濟學、社會學、人類學、政治科學、國際關係、公共政策、管理學、商學、財政學、會計學、地政學、社會政策、社會工作、教育學、規劃學、人口學、精算科學、作業研究。

㈣社會科學（social sciences）與人文學科（humanities）跨領域學科：法律學、資訊學、語言學、文化研究、圖書館學、國際比較研究。

㈤創意藝術與設計學科（CAD disciplines），以及人文學科（humanities）跨領域學科：音樂、戲劇。

㈥社會科學（social sciences），以及科學、科技、工程、數學（science, technology, engineering, and mathematics, STEM）跨領域學科：地理學、健康研究、心理學、科學教育、資訊系統，以及數學和統計等重點學科。

㈦社會科學（social sciences）、人文學科（humanities），以及科學、科技、工程、數學（science, technology, engineering, and mathematics, STEM）跨領域學科：考古學、建築學、景觀學、環境教育。

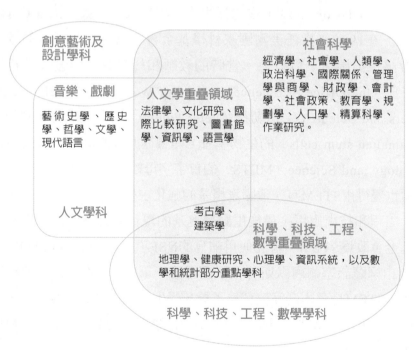

圖1-1　人文與社會學科具備跨領域的學科特質（Bastow, Dunleavy, and Tinkler, 2014）。

由以上的分析來看，人文與社會學科具備跨領域的學科特質，「藝術」（arts）學包含了藝術、設計、音樂、電影、建築等創意學科；「人文學科」（humanities）囊括了文學、哲學、倫理、宗教、人類學、古典學、歷史學、地理學、文化學、中國術數、語言學、翻譯學、比較神話等知識的總稱。社會科學包含了政治、法律、社會、商學、經濟、心理、傳播、規劃、教育等相關學科。一般認為「文、史、哲、法、商、教」為「人文社科」（Arts, humanities, and social sciences, AH & SS）的基礎領域。

那麼，科學、科技、工程、數學（science, technology, engineering, and mathematics, STEM）包含的學科重點有那些呢？STEM囊括了理、工、農、醫的相關學門，最早源起於美國國家科學基金會（National Science Foundation, NSF）在海洋生物工程學家柯薇爾（Rita Colwell, 1934～）在1998年擔任美國國家科學基金會主席時，執行跨領域科學教育會議中提出這一個概念。當時的教師和科學家工作發展部科學辦公室主任（the Office of Science division of Workforce Development for Teachers and Scientists）法勒特（Peter Faletra）是研究哺乳動物幹細胞（mammalian stem cells）的生物學者，建議從原來的Math, Engineering, Technology, and Science（METS）的首字字母縮寫的METS改為STEM。柯薇爾也覺得用STEM有一種國家根基的強化主幹力量，而且充滿了科學主導、工程和技術應用，最後由數學奠基的現代教育之信念，責成國家科學基金會改為STEM。首先使用縮寫的NSF項目之一是STEMTEC，在1998年由麻薩諸塞州阿默斯特大學獲得第一筆STEM經費補助於科學教育。目前STEM是各國高等教育為了提升學生在科技發展的競爭力，所規劃的教育政策及科學課程規劃課程，屬於科學教育的基礎研究和應用研究的專門教育領域。

根據美國的資料顯示，自第二次世界大戰以來，人文學科領域學士學位從20世紀50年代中期開始急遽上升，到了1970年代開始下降；最近幾年人文學科學位數量急遽下降。以2015年為例，獲得自然科學和社會科

學領域學士學位者占了37%；商業和管理領域學士學位占了19%；人文學科（humanities）領域學士學位，僅占了12%，比例偏低。

二、人文社科的歷史考證

我們在研究科學和人文的關係時，發覺「人文」一詞，在華夏文化中具有悠久綿長的歷史。「人文」早期爲「人紋」。遠古漁獵時代的甲骨文是象形字，「文」的字形像是許多線條，交錯而成的圖案，表示古人刻畫在岩石、龜甲、獸骨，或是活人的身體上面，用來傳達意識的圖號。在四段交錯的線條中，記錄了戰爭、天象、祭祀，或是進行身體的奉祀，強調活人身體的紋身和文飾，經過身體的美化和淨身之後，產生了自我包裝和裝飾的概念。

到了孔子進行象辭的編纂之後，已經脫離了紋身的用意，而是闡釋出服飾的觀念。在《易經》第二十二卦「山火賁」的象辭中談到：「賁，亨；柔來而文剛，故亨。分剛上而文柔，故小利有攸往。」「剛柔交錯，天文也；文明以止，人文也。觀乎天文，以察時變；觀乎人文，以化成天下。」

從人類的主觀的設定來說，從修身養性到國家治理，都有一定的規定。人類從漁獵時代過渡到宗教文明時代，採用文明的角度進行儀表修飾，但是也不能夠過猶不及，否則會產生過於裝飾外表，忽視內在的精神象徵，形成了「文過是非」表裡不一的問題。「從觀乎人文，以化成天下」的主客觀角度看來，人類需要運用某種方式巧飾世界，而世界也用某種方式來服務人類。因此，從人類精神文明的進展來說，「人文」一詞從「紋身」的表象，進步到「文化」上更高的精神價值。從社會教育中體現人文的素養，提升內心良知，以符合道德規範，藉以維護現存的社會秩序。

在中世紀，伊斯蘭的人文教義中有早期社會學（early sociology）的教學證據，而中國的孔子等哲學家，從人類社會多重角色的扮演中，進行了經世濟民理論學說的探討。如果東方的「人文」一詞，透顯出濃厚的價

值關懷和自我期許;那麼,西方文化的「人文」涉及到「文明」的實現,關心人類自我的理性成熟和靈性的提升。

西方世界受到基督教義的影響,強調宗教價值,是基於理性和仁慈的哲學理論推導出來的宇宙觀。從宗教革命之後,人本主義興起,強調尊重個人尊嚴,提升思想自由,容忍異議分子,到世界和平觀點等,都是人文主義研究的範疇。在歐洲文藝復興時期之後,基於古希臘哲人的思惟進行學習,到了19世紀形成了人文學科(humanities),簡稱為文科。人文學科探討人類本身的知識本體,以及我們如何對待社群和提升自我靈性的一種探討學說。

西方人文思惟的演進歷程

「人文」一詞緣起於拉丁語*humanitas*,最早是羅馬哲人西塞羅(Cicero, 106~43 B.C.)論辯知識哲學和人類倫理的價值,依據批判性思惟和證據,強調人類價值自我提升。西塞羅談論的是人性、文明和人類善良天性,在近代係指一種肯定人類自由和進步概念的觀點。過去,「人文主義」運動代表與世俗主義相對應的非宗教運動;但是,隨著21世紀科學中心主義來臨的今日,人文主義象徵以人類為中心的立場,而不是以宗教及超自然的觀點,進行宣傳。以下我們依據古典羅馬時期、文藝復興時期、啟蒙時代的德國與法國,以及近代的人文科學思潮,說明西方人文主義思惟的演進歷程(Nybakken, 1939; Geertz, 1973; Wineburg, Martin, and Monte-sano, 2011; Meester, 2013)。

1. 古典時期

羅馬將領大西庇阿(Scipio the Great, 236~183 B.C.)熱愛希臘文化,他將希臘哲學帶到羅馬,並由西塞羅進一步發展。對於西塞羅而言,「人文」(*humanitas*)是一種思惟方式,而不是一種正式的學說。西塞羅依據古典希臘「慈善」(philanthropy)和古典希臘的教育體系,包括體育、語法、演說、修辭、音樂、數學、地理、自然史與哲學等課程的概念,提升為

「派地亞」（paideia）的教學法，演變為古羅馬共和國時代人文學的教育方式。後來西塞羅被政敵安東尼（Marcus Antonius, 83～30 B.C.）派的手下刺殺之後，西塞羅的人文學說，就逐漸散佚了（Nybakken, 1939）。

2.文藝復興時期

義大利著名詩人佩脫拉克（Francesco Petrarch, 1304～1374），在文藝復興時期以人文主義者的姿態出現。佩脫拉克熟讀羅馬哲人西塞羅的著作；事實上，他非常喜愛西塞羅的著作的修辭結構，認為西塞羅的作品是文學語法、詩歌、歷史，以及道德哲學（moral philosophy）的總稱。他也認為，西塞羅的人文主義，並沒有和基督教的教育觀念衝突。

3.啟蒙時代之後的法蘭西

宗教革命之後，啟蒙時代（Age of Enlightenment）強調以科學分析方法來分析人類社會。到了18世紀，社會科學（social science）受到英國工業革命和法國大革命的影響，開始思考人性的尊嚴。18世紀法國哲學家狄德羅（Denis Diderot, 1713～1784）主編《百科全書：科學、藝術和工藝詳解詞典》時，雖然繼承了啟蒙運動的精神，狄德羅卻強調知識的起源，是由作用在個人觀念中的知覺效果所產生。因此，狄德羅繼承笛卡兒（René Descartes, 1596～1650）和洛克（John Locke, 1632～1704）等人的理論，反對柏克萊（George Berkeley, 1685～1753）和休謨（David Hume, 1711～1776）的唯心主義，從理論上支持了唯物主義。從此，社會科學在理論上成為了主觀性和客觀性之間的論戰。客觀科學以唯物主義為基礎，抽離人文學科中隱約蘊藏的主觀價值和宗教意象。

18世紀法國哲學家發現了西塞羅的人文學說是兼容並蓄的（eclectic）。法國哲學家伏爾泰（Voltaire, 1694～1778）是人文主義者，他主張言論自由，他認為西塞羅的人文思想，會讓世界擺脫專制主義的束縛，因此，他贊成法國大革命，建立共和國。

英國作家霍爾於1906年出版的傳記《伏爾泰的朋友們》，曾經模仿伏爾泰的語氣說：「我並不同意你的觀點，但是我誓死捍衛你說話的權利。」伏爾泰認為人文思想就是在尊重個人，他說：「記住你的尊嚴，就是

你是一個人」（Remember your dignity as a man）。伏爾泰時代的法國學者認為人文價值，就是擁有良好的品格，例如：謙虛、自制、慷慨、理性、寬容、慈善、實用性、男子氣概，以及順從自然的命令。在追求人文思想的過程中，伏爾泰相當欣賞中國的孔子（551～479 B.C.）。因為孔子是用道德的說服力來影響他人，他崇拜儒家思想，認為中國的文官制度，能改變階級；靠著科舉制度，讓下層階級人民，得以晉升為統治階級。

4. 啟蒙時代之後的德意志

　　康德（Immanuel Kant, 1724～1804）是啟蒙時代著名德意志哲學家，呼籲人類自治（human autonomy）。康德認為人類知識是同時透過感官與理性得到的；此外，康德認為行為是否符合道德規範，並不取決於行為的後果，而是採取該行為的動機。

　　路德派神學家赫爾德（Johann Herder, 1744～1803）依據解釋學、語言學，以及宗教人類學，提出人道主義的概念。到了1808年由德意志神學家尼亞哈默（Friedrich Niethammer, 1766～1848）創造了「人文主義」（Humanism）一詞。在他撰寫的《在我們這個時代的教育理論中慈善主義與人文主義之間的爭議》（*The Dispute Between Philanthropinism and Humanism in the Educational Theory of Our Time*），尼亞哈默認為慈善主義（philanthropinism）重視實踐和體育，基本上拒絕經典的死記硬背。他贊同慈善家的觀點，認為孩童的自主權在教育中是重要的，但是他們的教學理念過於極端。他相信公民社會和人類文明，對於孩童的教育相當重要，他希望慈善事業和人文主義結合起來。

　　19世紀德國哲學家以人文科學（Geisteswissenschaften, human sciences）界定這個領域，尤其是路德派神學家赫爾德（Johann Herder, 1744～1803）的人文學科思想，對狄爾泰（Wilhelm Dilthey, 1833～1911）產生影響。狄爾泰和溫德爾班德（Wilhelm Windelband, 1848～1915）等思想家活用了人文科學等術語。狄爾泰認為，哲學的中心問題是生命。通過個人生活的體驗，以及對於生命同情的理解，詮釋了文化和歷史的生命體現。

　　溫德爾班德認為哲學應該和自然科學進行人文對話，溫德爾班的學生包

括了社會學者韋伯（Max Weber, 1864～1920）、特羅列奇（Ernst Troeltsch, 1865～1923），以及史懷哲（Albert Schweitzer, 1875～1965）等哲學家。

5. 近代的人文科學思潮

　　近代學者經過東西方思潮的影響之下，對於科學研究不再是通過冰冷的現象描述和分析，還多了自我價值的指引和追尋。因此，人文學科（humanities）內涵也經歷了許多變化。事實上，人文學科（discipline of humanities）的理論基礎，不斷受到社會科學（social science）和自然科學（nature science）的挑戰。這一股風潮影響所及，法國社會學者傅柯（Paul-Michel Foucault, 1926～1984）、布迪厄（Pierre Bourdieu, 1930～2002）同樣採用了人文科學（les sciences humaines, human sciences）這個同義詞，針對人文思惟的學科進行科學定義。

　　近年來，西方現代科學強調客觀的觀察，但是人文學科從後人類主義（post-humanism）的價值觀點出發，強調人類價值的互為主體性（intersubjectivity），希望透過「我」和「非我」相互尊重的觀念，主動實踐在「人」與「人」，「人」與「非人」的社群之中，進行救世的治理力量之追尋，以深入探討人生價值和時代意義。

　　在19世紀之後，受到實證主義（positivist）的影響，產生了一股科學哲學（philosophy of science）的思潮。也就是說，所有自然科學可以證明的事情，社會學科也要如法炮製，進行功能性的證明。在19世紀末葉到了20世紀初葉，社會科學受到統計學和邏輯學的影響，強調客觀的證明方法。到了20世紀，社會科學（social science）這個名詞不單獨指的是社會學（sociology），而是指的所有分析社會、人類和文化的學科的總和研究，而且強調的是科學研究。

　　如果我們採用學術規則（scholarly rules）和方法論（methodology）的架構進行社會科學的探討，事實上社會科學的現代面貌，是20世紀才出現受到常規科學（nomothetic science）所規範的新興科學。

　　20世紀初葉，啟蒙哲學受到實證主義的挑戰，運用數學、統計方

法建構社會科學的理論結構。在1998年受到科學、科技、工程、數學（science, technology, engineering, and mathematics, STEM）的導引知下，在21世紀科學教育的主導之下，探究人類認知、情意和技能的跨學科性領域，逐漸讓自然科學（nature science）和社會科學的領域越來越模糊，新興領域包含了醫學社會學、社會物理學、社會生物學、神經心理學、生物經濟學等新興新學科。生物統計學在應用數學的推波助瀾之下，推動了社會科學的強勢發展。到了21世紀，隨著大數據（big data）和電子科學的產生，社會科學和STEM學科成為相互表裡的共識學科，正在快速導入科學邏輯的嚴謹性步驟，並且企圖形成了中度共識（moderate consensus）的模式。

三、人文與社會科學的特徵

社會科學投向自然科學的懷抱，是有諸多歷史的證據，說明社會科學在尋求系統化的歷史定位，所產生的困難。不管是國內外，人文研究不一定是科學研究，社會科學研究則一定有科學的基礎，進行科學上的探索。所以，英國社會科學學者鄧利維（Patrick Dunleavy）、巴斯托（Simon Bastow），以及亭克勒（Jane Tinkler）在比較自然科學的邏輯和分類之後，認為社會科學充滿了學科分類上的混亂（chaos of the disciplines）。鄧利維等人認為，英國高等教育統計局並沒有說明清楚什麼是社會科學。鄧利維等人因此在《社會科學的影響》（*The Impacts of the Social Sciences*）一書中，列出了對於人文與社會科學的定義，強調人文與社會科學有下列尷尬的特徵（Bastow, Patrick, and Tinkler, 2015）：

㈠邏輯很難證明社會科學的命題

傳統典型的人文研究模式，依據分析現有材料，並且依據邏輯方法，總結其中的規則。典型的人文方法通常以思辨和解釋通過說明，而不是以實驗的方法進行研究，也不是以假設（assumptions）驗證的方法，說明事物的原始面貌。也就是說，人文社會學科獲得知識的方法，經常會借用直覺法（method of intuition）和推理法（method of rationalization），但

是不一定會進行實證方法。

㈡社會科學本質上都是機率（probabilistic）假說

社會科學的定義基本上相當模糊，沒有明確的定義。所有對於社會科學的定義，都是立基於較爲寬鬆的條件（clauses）之上，所以談不上科學控制的實驗目的，只能藉由詮釋和敘述，以說明其本質定義。

㈢社會科學處理社會議題，不適用於奧坎剃刀（Occam's Razor）式的還原論

如果社會科學是在處理社會中複雜的人事時地物等問題，那麼和物理等常規基礎的規律模式是衝突的。西元14世紀，有一位英國邏輯學家威廉（William of Occam, 1287～1347），他居住於英格蘭薩里郡奧坎，是聖方濟各會的修士。奧坎的威廉在《箴言書注》2卷15題說：「不要浪費較多東西，去做用較少的東西，同樣可以完成的事情。」奧坎剃刀式（Occam's Razor）的還原論研究（reductionist research）策略是說，科學的知識論，需要透過「簡約的法則」來提高科學的切割力度；也就是說，我們應該要將注意力集中在簡約的過程上，進行影響因素的「控制」。但是，從社會運作的觀點來看，我們也應該要了解所有的社會變化的過程之中，都是在瞬息萬變、複雜無比的因果脈絡之中運行。社會群體相互影響，透過多重因果途徑（multiple diverse causal pathways），進行錯綜複雜的關係運作，形成紊亂無比、毫無頭緒的最終結果。

從以上的分析來看，人文社科的研究過程本質上是累積的，很難像是自然科學以突破性的發展，來說明人文和社會學科的重要性。社會科學的進步是緩慢的，也很難形成自然科學中所謂的常態科學（normal science）。就像是科學家孔恩（Thomas Kuhn, 1922～1996）在《科學革命的結構》（*The Structure of Scientific Revolution*）中所說的，在沒有科學典範的狀態之下，如果社會科學家對自己所要研究的什麼並不一定清楚，對於事物的正常和異例的區別也不明確，所以就很難發現什麼是「新的事物」，也不可能產生科學家的高度共識（Kuhn, 1962; Bastow, Dunleavy, and Tinkler, 2015）。

四、人文與社會科學的典範

如果孔恩談到，他對於科學哲學的憂心忡忡，在於對科學發展歷程的描繪是有所期待的；也就是他認為自然科學應該具備常態科學（normal science）、科學危機（scientific crisis）、科學革命（scientific revolution）的三層階段（Kuhn, 1962）。從歷史的角度來說，人文與社會科學既然在發展歷程是模糊的；那麼，在典範觀中，人文與社會科學的典範為何？如何建立人文與社會科學的典範呢？美國密西根大學迪爾本分校校長利托（Daniel Little, 1949～）認為，人文與社會科學含括的面向有四種：道德科學（moral sciences）、行為科學（behavioral sciences）、社會科學（social sciences），以及人文科學（human sciences）。他從西方人文與社會科學知名學者中進行分類，將研究學派通過命名方法進行歸類，產生了人文社科的研究典範，如圖1-2，我們將在本書中陸續談到這些研究的典範，並且分析典範中的代表人物和理論術語。

圖1-2　人文與社會學科包含道德科學、行為科學、社會科學，以及人文科學（Little, 2013）。

第二節　人文社科的哲學

　　在上節中我們談到人文社科包含了道德科學、行為科學、社會科學，以及人文科學。我們可以區分自然科學和人文社科的關係。自然科學討論因果關係，而人文社科則和意義的解釋有關。人文社科常被界定為是解釋經驗現象的核心。當我們理解到人文社科所涉及的研究含括了人類的意圖、意義和自我理解時，我們在企圖理解社會事實。因此，人文社科的傳統帶來了詮釋學（hermeneutics）、經驗科學（*verstehen*），以及批判理論（critical theory）的思想（Little, 2013）。

一、研究的哲學

　　德國哲學家狄爾泰（Wilhelm Dilthey, 1833～1911）在1883年出版的《人文科學入門：為社會和歷史研究奠定基礎》中，認為自然科學的因果關係，不足以詮釋複雜的人文社科，人文社科學者也不是科學產業中的勞動者。他在這本書上語重心長地說：

　　「自從培根寫下的作品問世以來，討論自然科學的基礎和方法的論文，就成為自然科學家引為經典的緒論。這些論文中最有名的是赫歇爾爵士（Sir John Herschel）。他認為為了歷史、政治、法學，或是政治經濟學、神學、文學或是藝術工作者，提供類似方法學的服務似乎是必要的。那些投身於這些科學的學者，常常會因為社會的實際需要而參與其中，他們想要提供職業培訓，為了社會領導人物提供必要的知識。但是，這種職業培訓只能使個人獲得突出的成就，而不僅止於技術訓練。如果社會是由眾人服務所形成的龐大機器工作廠房（machine workshop）。一位在這些活動中獨立訓練的工作者，不管他掌握了多少工作量，他都處於一種勞動者的地位，這種勞動行業位處孤獨位階。他沒有對這個行業產生作用力量；他僅是社會的奴工，而不是自覺性的合作機構。」

　　如果狄爾泰提出社會批判的概念，身為社會科學學者對於人文科學的

概念又是什麼呢？狄爾泰強調了「理解歷史」在人類知識的中心地位，並強調學者的親身經歷和感同身受的理解程度。狄爾泰認爲人文社科要強調歷史的重要性，尤其是有意義的人類行爲組成的歷史。這些社會行爲在實踐中理解其重要的價值，人文社科學者進行解讀詮釋（interpretation）人類行動、象徵儀式，以及歷史符號。由於古希臘、羅馬文化，以及早期的基督教文明形成的豐饒歷史，爲西方世界的人道主義者（humanist）奠定了對人性採取尊重態度的有利基礎。

因此，在1884年康德哲學學派的溫德爾班（Wilhelm Windelband, 1848～1915）創造了「律則常規的」（nomothetic）和「個殊表意的」（idiographic）這兩種名詞，以描述自然科學和社會科學這兩種方法的差異性。

溫德爾班觀察到科學家混用以上兩種方法，但是比例不同；他將社會科學則是個殊式解釋學科；而物理學視爲律則式解釋的絕佳範例。而且，他主張這兩者都是源自於康德（Immanuel Kant, 1724～1804）在主觀方法運用上的特舉說明（specifying）；以及運用客觀方法的歸納（generalizing）分析。後來在人文社科的研究方法中，因此產生了矛盾對立的兩種研究，一種屬於是詮釋型典範（interpretive paradigm）的描述研究；一種則採用功能型典範（functionalist paradigm），取法自然科學的實驗驗證的研究方法進行剖析，如圖1-3。

詮釋型典範的學者反對實證主義，信仰相對主義（relativity），也就是相信唯名論（relativity）。他們不是在尋找人類行爲的一般規律，同時他們也不關心統計上確定經驗數值，以證實或否定他們的假設。詮釋型典範的學者對於假設和理論的「可證僞性」（falsifiability）不感到興趣，他們對於假設演繹方法（hypothetico-deductive method）也沒有喜好，他們屬於唯意志論（voluntarism）的論者，認爲意志是宇宙自然和人類活動的根本要素，因此他們不相信決定論（determinism）。此外，詮釋型典範的研究法不太重視社會行爲的量化研究，同時不太重視社會現象的統計分析。詮釋型典範的學者著重於經驗的解讀，他們大量閱讀文獻，

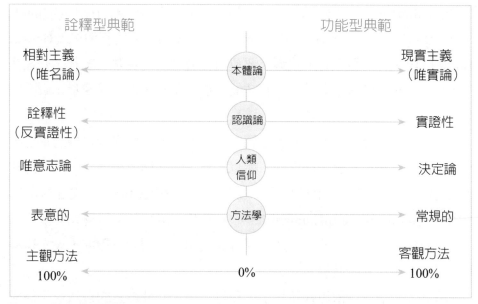

圖1-3　從本體論到認識論，人文社科包含了詮釋形典範和功能型典範（修改自：
Burrell and Morgan, 1979; Pittaway, 2005）。

強調閱讀的合理性。著名的學者包含了胡塞爾（Edmund Husserl, 1859～
1938）、高達美（Hans-Georg Gadamer, 1900～2002）、利科（Paul
Ricoeur, 1913～2005）、傅柯（Paul-Michel Foucault, 1926～1984），以
及布迪厄（Pierre Bourdieu, 1930～2002）等質性研究學者。

　　然而，功能型典範（functionalist paradigm）的研究，屬於現實主義
（realism），也就是相信唯實論。功能型典範學者在強調研究的實證性
（positivism）。他們是決定論者，認為自然界和人類社會中普遍存在一
種客觀規律和因果關係。因此，一切研究結果，都是由先前的某種主客觀
因素所導致的結論，也就是在常規研究（nomothetic research）中，需要
建立前提假設，來預測未來可能出現的結論，創造因果關係的有利條件。
著名的功能型典範學者包含了社會科學家孔德（Isidore Comte, 1798～
1857）、托克維爾（Alexis de Tocqueville, 1805～1859）、馬克思（Karl
Marx, 1818～1883）、涂爾幹（Émile Durkheim, 1858～1917）、齊美爾

（Georg Simmel, 1858〜1918）；以及行爲科學學者西蒙（Herbert Simon, 1916〜2001）、貝克（Gary Becker, 1930〜2014）、阿克洛夫（George Akerlof, 1940〜）等學者，強調需要運用社會經濟、貨幣、統計、心理學等分析的方法統整新的體系。多數功能型典範學者，屬於喜愛量化研究的學者。

在人文學術界中，不少學者企圖將研究領域發展到實證科學的程度，但是始終難以達成完全客觀方法。所以，無論在東西方學術界，詮釋形典範和功能型典範的學者爭辯得非常劇烈。在大多數國家，人文都被稱爲「學科」（discipline of humanities）（鄭軍，2007）。因爲人文學門的研究取向和自然科學不同，自然科學排除人類的主觀評量標準，人文學科則關注於人類的主觀價值。

因爲人文學科以價值判斷爲主，和以眞僞、共性爲主的自然科學構成矛盾，因此在自然科學領域中，人文學門並沒有普世眞理可言。但是，功能型典範的學者前仆後繼，運用道德科學、行爲科學，以及社會科學的理論依據，架構出實證型的研究方法，企圖結合自然科學的常規取徑（nomothetic approach），藉以建構知識，企盼尋找社會眞實的面貌。

二、方法哲學的分類

在哲學的角度來說，我們如何建構知識呢？如果我們想了解這個世界，我們的推論是否有效呢？從認識論（Epistemology）的觀點來說，人類運用推理的原理，形成概念（concept），以進行後續的論證。這些論證需要依據邏輯原則和推理規則，形成結論。所以，不管是詮釋型典範（interpretive paradigm）的研究者，還是功能型典範（functionalist paradigm）的研究者，大抵都同意上述的說法。

我們通過標定我們的經驗，經過客體對象進行分類，進而創造概念。這種方法哲學的分類，可以採用不同種類的方式，例如：觀察（observation）、往昔經驗（past experiences）、實驗（experimentation）、推論（inferences），或是抽象思考（abstract thinking）進行。

印度心理學者提加斯・沙（Tejas Shah）認為根據推理的原理，任何論證（argument）都是有效的，但是前提和結論，都必須是真實的。前提不過是概念（concept）的結構。一個典型的前提（typical premise）有一個主題（subject）和主題的謂詞（predicate）或屬性（properties）。這些都是我們所說的概念，如果這些概念有缺陷，那麼這個論述也是有缺陷的。其中一個問題是「概念」有可能隨著時間和地點，有著不同的詮釋意義（Shah, 2016）。

因此，通過人文社科的哲學中的實證論（positivism）、唯實論（realism）、詮釋論（interpretivism）、實用論（pragmatism），我們希望全面進行人文社科資料蒐集及分析，採用實驗研究、調查研究、個案研究、行動研究、扎根理論、民族誌，以及檔案研究進行方法論的分析（Saunders, Lewis, and Thornhill, 2009）：

㈠直接地觀察、實驗，或驗證人文社會現象。

㈡運用其他資料，依據過去經驗結果，進行判斷。

㈢經過訪談或調查，取得資料，進行分析。

㈣閱讀原始檔案文件，了解事件的真相。

㈤透過研究者口述，或是閱讀研究者的出版品，以增廣知識。

也就是說，我們可以透過事實（fact）的發現，進行人文社會真相的剖析，這也是本書進行人文社科研究方法所依據的哲學基礎，如圖1-4。

三、研究方法的認知學習

從上述的說明，我們了解到人類自呱呱墜地，運用觀察、認識和推理的方式，從客觀知識的主觀詮釋中，我們逐漸了解這個世界。當我們開始要研究這個世界時，可以了解到研究知識的獲得，需要經過實證，由實體世界轉換成對於這個世界概念（concept）的了解，並且因為需要量測或是詮釋，需要定義成為構念（construct），經過驗證和詮釋，再進行內化，產生可靠的信念（belief）。

因此，在學習理論中，我們先從物體、事件和關係形成的概念

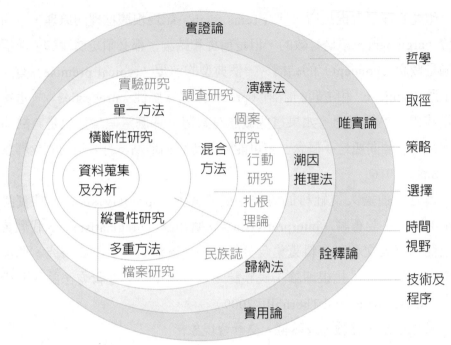

圖1-4　從研究哲學來說，社會科學包括了主觀方法和客觀方法，採用實驗研究、調查研究、個案研究、行動研究、扎根理論、民族誌，以及檔案研究進行方法論的分析（Saunders, Lewis, and Thornhill, 2009）。

（concept）和構念（construct），進行建構和操作：

(一)概念（concept）

概念是一種人類因為思惟，對於目的物和目的事件，產生的一種抽象和普遍的想法。所以，我們說是針對物體、事件，或是關係產生的目標想像。

1. 物體概念：**客觀來說，可以是有機體和無機體的本身；主觀來說，也可以是人類針對有機體和無機體的屬性，所產生的想法。**

2. 事件概念：**客觀來說，可以是事件的本身；主觀來說，也可以是針對事件的屬性產生的想法。**

3. 關係概念：**主客觀來說，可以藉由物體、事件，或是物體和事件屬性之間，產生出來的關聯性的想法。**

(二)構念（construct）

　　構念（construct）是美國心理學家凱利（George Kelly 1905～1967）提出，針對概念進行可操作的名詞界定。構念是一個人在生活中，經由對環境中人、事、時、地、物的經驗，經由人類的思惟，對於物體、事件，或是關係，產生的認識、期望、評價的想像（Kelly, 1955/1991）。也就是說，構念是組成知識的基本成分，是個人類用來解釋、建構世界的概念或想法的工具。因為人類總是朝向未來思考，大家花費許多時間考慮，規劃未來可能發生的事件。此種歷程同樣涉及個人構念使用，人類不只依據自我的構念解釋已經發生的事件，也以個人構念來計畫未來可能發生的事件。凱利運用個人構念研究性格理論的主要結構變項，構念有下列的特徵：

1. 與概念相比，構念必須是明確而有效的定義，稱為操作型定義。
2. 構念的界定，必須能夠測量或衡量。
3. 此外，我們為了特定的研究目的，可以將構念放在社會科學的理論架構之中，以探討這個構念和其他構念所產生的關聯性。

　　凱利認為，因為人類對於感知、理解和環境的種種限制，我們在學習這個世界的時候，需要進行理論剖析。但是，在社會科學中，理論不是只有對和錯的討論，應該因地制宜，經過時代的需要，不斷進行修正。凱利提出了多元建構理論，也就是在學習不同學科中，每一種理論都有其特殊的實用觀點，我們可以在不同的理論之中，選出合適的理論，並且進行有意義的解釋。

　　因此，本書依據多元建構的認知發展原則進行撰寫，為了建構實驗理論，必須先建構清晰的概念和構念，依據實驗研究和調查研究方法，了解這些方法的量化數據分析和質性分析取徑。之後，進行人類客觀行為到主觀價值論述的交會地帶，學習個案研究、行動研究、扎根理論、民族誌，以及檔案研究方法，我們採用的是互動理論（interactional theory），內容包含布魯納的互動理論（Bruner's Interactional Theory）和維果斯基的互動理論（Vygotsky's Interactional Theory），推動進階的研究方法學習

（Vygotsky and Cole, 1978; Bruner, 1990; McLeod, 2014; Shah, 2016）。

　　前蘇聯心理學家維果斯基（Lev Vygotsky, 1896～1934）認為學習是一種文化組織發展的過程，在過程之中創造意義，所以學習是透過社會過程進行轉化。他認為社會因素與個人因素的整合促成了學習（Vygotsky and Cole, 1978）。因此，我們認為在研究方法中，主動學習是必要的。美國心理學會前主席布魯納（Jerome Bruner, 1915～2016）在1990年出版的《意義行為》（*Acts of Meaning*）中認為，認知發展的結果，是以結構性的思考方式，建構通用的編碼系統（generic coding systems）（Bruner, 1990）。但是我們需要超越電腦數據的思惟限制，進行新的結構式建構，進行發明理論架構的創造能力。

　　在本書中，我們通過自主學習（self-directed learning）教育中的主動學習方法，徹底翻轉「老師在臺上教，同學在臺下學」的傳統模式，希望運用轉型學習（transformational learning），以「師父領進門，修行在個人」的精神，創造完全的獨立自主學習者（autonomous learners），藉由

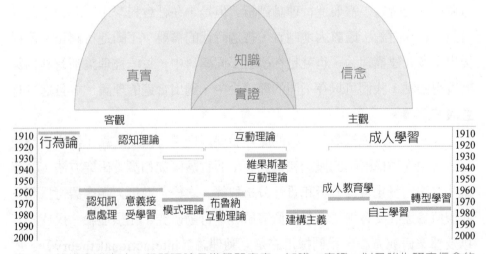

圖1-5　依據實證方法，學習理論具備學習真實、知識、實證，以及強化研究信念的基礎（修改自：Vygotsky and Cole, 1978; Bruner, 1990; McLeod, 2014; Shah, 2016）。

強化學位論文的寫作能力，經過不斷地挫敗，越挫越勇，強化自身吸收知識的海綿型的「學習韌性」，以擴大人文社科期刊論文發表能力，創造人文社科偉大的遠景。

第三節　人文社科的價值

在第二節中，我們談到研究方法的認知學習。我們界定認知（cognitive）是指知識產生（knowledge-yielding），而學科（discipline）指的是一種系統性的探究。因此，科學是價值中立的學問；但是，人文社科還需要考慮價值意義，因為人類行為和心理活動本身就是有價值的自我判斷，這些判斷是基於價值規範（value norms）。規範是一種價值標準，指導我們在特定情況之下，可以選擇的行動。因此，我們需要規範或價值標準來指導我們的決策行動。所以，我們從個人的意義，探討到學術的意義；我們再從學術的意義，探討到政府組織是否重視學術價值的施政意義。

一、人文社科的學術價值

所謂的科學知識，代表事物特性的規律性關係，希望將特殊事物一般化（generalized）和觀念化（conceptualized）。所以，在價值轉變為知識時，會有命題（proposition）產生。但是，人文社科的價值在探討生活的意義和生命的目的。也就是說，人文社科的價值判斷和研究規範，應該立基於對於合理和真實的命題（proposition），命題的推理具備追尋真理的目標。任何為了真知而辯護的學者，如果沒有充分的證據，是不會接受假設。也就是說，人文社科會在學科本身內部產生規範。這些內部規範（internal norms）規定了對某一學科專業知識的追求，並建立了在該學科的學者接受知識之前，如何強調依據證據，獲得真實的知識。這一種內部規範是指某一學科所固有的價值標準，超越了外部規範（external norms）的壓力。

　　也就是說，人文社科的價值，不受金錢、權位等物質的誘惑而產生動搖；同時爲了追求眞理，不受到外界的壓力影響到個人自身普世價值的論述，而是特別關注於人類存在的目的和意義。我們從圖1-6可以觀察到，對於目的和意義（purpose and meaning）的追求，是一種不斷循環的過程，人文社科學者以主觀判斷建立學術價值，並且身體力行，形成知識能力建構（capacity building）的學派，透過學派不斷自我更新和強化，將歷史文化的脈絡不斷地強化，對於歷史和空間的方法不斷地探索，將使我們能夠更理解人文社科的時代脈動（Gill, 2001）。

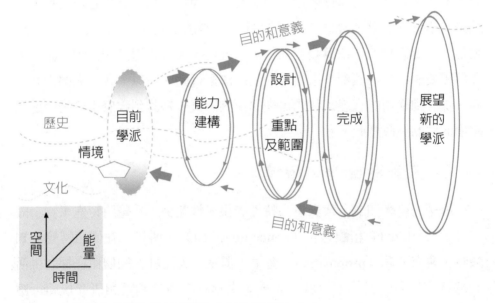

圖1-6　人文社會科學的意義和目的在於改變創造（Gill, 2001）。

二、學術決策影響到社會和國家前途發展

　　學術界藉由不斷地自我追尋，產生了新的學派，並且影響到商界、政府、民間團體，或是新聞媒體。學術界不斷拋出議題，影響整個學科群體的內在共有特徵，成爲社會話題的焦點，並且解決了現代化國家在變革之

後，最棘手的社會問題（Koon, Rao, Tran, and Ghaffar, 2013）。

如果人文社會科學的意義和目的在於改變創造，學術知識從單一學科的領域中進行集體創造，並且結合社會科學中的其他學科的研究，以回應現實世界的需求。在現代社會中，由於數字化資訊系統轉變快速，網路世界結合了學術界、企業界、政府和民間社會之間的界面。網路媒體以開放出版和快速傳播的方式提供學術研究觀點，刺激了知識生產和轉移的節奏。從人文社科和STEM學科之間快速的鏈結關係，產生了決策者更快速反應社會問題的施政依據。也就是說，學術界透過不斷的自我更新，產生智庫（Think Tank）的見解，影響到政局的發展。

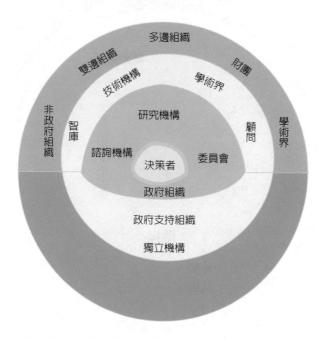

圖1-7　學術決策影響到社會和國家前途發展（Koon, Rao, Tran, and Ghaffar, 2013）。

三、能力建構與組織學習

在能力建構（capacity building）的步驟之中，社會科學強調整合性

力量。我們以全球環境永續發展的觀點來看，人文與社會科學的許多領域涵蓋了環境、社會與經濟系統，並且與STEM的科學教育領域相互聯繫。特別是在地球自然系統反映了人為影響。例如，全球氣候變遷反映了人為干預環境的長久累積影響，氣候減緩和調適工作，都是在確保當代社會能夠永續發展（Bastow, Dunleavy, and Tinkler, 2014）。我們從能力建構和組織管理的原則來看，人為影響了地球物理和自然過程。人文社科同樣需要結合STEM學科，強化自身的聲譽和能力，以影響施政者的決策。

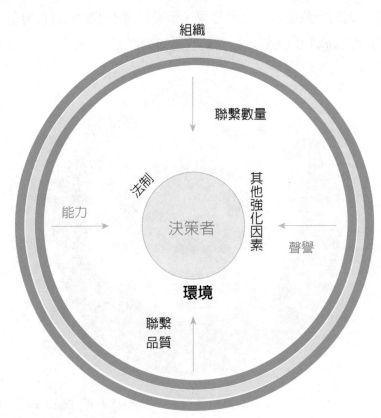

圖1-8　人文社科組織需要強化聲譽和自身能力以影響決策（Koon et al., 2013）。

第四節　人文社科的取徑

　　我們了解到如果採用STEM學科的科學思惟，建立人文社科研究者自身的聲譽和能力，才能夠影響到施政者的決策。所以，人文與社會科學存在的目的，是在提供發現和解決現實社會問題的架構。本節希望摘述人文社科研究方法，通過選擇和評估不同研究方法的科學標準，進行人文社科的研究取徑的初步架構探討（Buckley, Buckley, and Chiang, 1976）。

一、方法論

　　人文社科研究方法定義爲確認問題、發展問題解決方法的架構設計，以解決眞實世界所存在的種種問題，所以需要依據發現問題、釐清研究問題、探討研究模式，產生出研究策略、研究領域，以及研究技術。

(一)發現問題（Problem Finding）

1. 正規途徑

　　(1)事前研究（Prior research）：依據歸納事實（inductive fact）發現，產生理論；或是依據演繹（deductive）關係，測試理論是否正確。

　　(2)類比方法（Analog method）：運用問題領域（problem area）獲得的知識來研擬相關領域的研究問題。

　　(3)創新（Renovation）：取代理論有缺陷的部分，診斷研究中的缺陷。

　　(4)辯證方法（Dialectic method）：改進或放棄現有理論的改進方法。

　　(5)外推（Extrapolation）：將穩定的趨勢延伸到未來，並提出與預測結果相關的問題。

　　(6)形態學（Morphology）：依據事物的形貌，進行剖析。在複雜問題中藉由形式化組合可能性的方法，進行事物的觀察和了解。

　　(7)分解（Decomposition）：將問題分解成組成的部分，分門別類進行探討。

　　(8)匯總（Aggregation）：綜合研究結果，並將其成果應用於更爲複雜的問題。

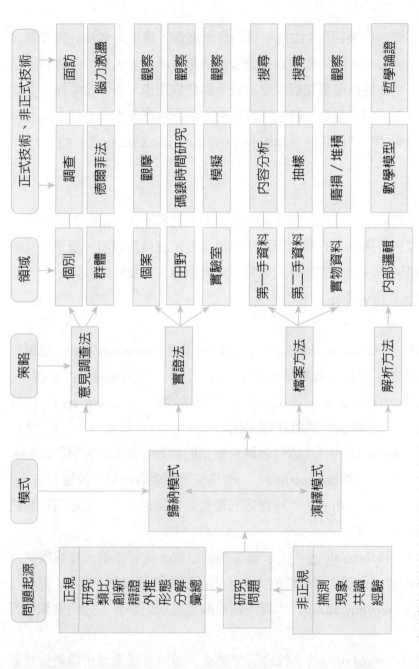

圖1-9　人文與社會科學主要的研究方法（Buckley, Buckley, and Chiang, 1976）。

2. 非正規的途徑

(1)揣測（Conjecture）：基於直覺或預感進行揣測。

(2)現象（Phenomenology）：以直觀觀察現象，了解造成的研究問題的表徵原因。

(3)共識（Consensus）：依據團體協議、討論，了解問題的緣由。

(4)經驗（Experiential）：依據過去的經驗，研究如何避免再次發生問題。

(二)釐清研究問題（Research Problem）

1. 什麼是研究問題範疇？研究問題必須列出下列的特徵：

(1)必須清楚地定義研究問題的範疇。

(2)必須以可以理解的方式提出問題。

(3)研究問題必須在邏輯上可以直接聯繫至研究場域之中，以利未來可以將解決方案應用於該場域之中。

(4)針對現有的知識體系進行問題篩選。

(5)研究問題需要針對我們所處的社會，具有潛在的重大貢獻。

2. 研究問題的缺失如下：

(1)錯誤地標記問題，例如說，混淆了描述性問題與規範性問題。所謂的描述性問題（descriptive questions）涉及到實證研究，實證研究是藉由觀察了解真實世界。但是，規範性問題（normative questions）則涉及到眾人的意見研究（opinion research），也就是藉由討論發現問題，思考應該如何進行處理。經過邏輯推衍，強調審慎思慮，研究如何將過去或未來的問題，應用到現在問題的癥結點之中。

(2)經過定義之後，發掘了一個無法研究，同時無法解決的問題。

(三)探討研究模式（Research Model）

研究者需要知道，他們在哪種模式之下，進行分析，了解運用這些方法之後果。

1. 歸納法（Induction）：歸納法是一種理論產生的過程，藉由運用從具體事實，到推論一般性理論產生的過程。在歸納法中，需要尋找真

相，例如：以客觀的觀點了解6W、1H，包含了何者（which）、何處（where）、何人（who）、爲何（why）、是否（whether）、如何（how），以及是什麼（what）等因素，避免自己的初步的假設論述太過詭異，或是產生太過主觀的論點。

2. 演繹法（Deduction）：演繹法是一種檢驗理論的過程，藉由檢驗對理論的假設，從驗證一般性理論到具體事實所產生的論證過程。例如：這樣的論證是否會產生問題？這樣的論證是否是一個好方法？其他學者碰到這樣的問題，會如何回答問題？如果我們這樣進行論證，會像其他學者的推論，同樣發生這樣的論證結果嗎？

(四)研究策略、研究領域，以及研究技術

　　研究方法論包括適用一套用於產生或測試理論，或是解決問題的研究策略、領域和技術的工具。

1. 研究策略：研究策略是指如何依據蒐集資料的方式，獲得純度比較高的資料。在獲得資料的過程之中，我們必須持續探討測試理論的各種方式。因此，人文社科的研究策略包括：意見調查法、實證法、檔案方法，以及解析方法。

(1)意見調查法（Opinion）：包括採用個人或團體的意見，進行判斷或評估。意見歸納並沒有進行直接的事實觀察。蒐集意見的技術包括以下方式：問卷調查（questionnaires）、民意調查（opinion polls）、訪談（interviews）、腦力激盪（brainstorming），以及德爾菲法（Delphi）。德爾菲法是針對有意見的團體，如果在評分標準上沒有達成共識，然後進行評分的傳閱，包括邀請意見團體修改，直到達成共識爲止。

(2)實證法（Empirical）：基於研究者的觀察或經驗，直接進行質性研究的訪談，以了解事實。研究者需要到研究場域了解事實真相，進行真實事件的觀察。研究領域包括：

①個案（Case）：嘗試建構個案研究分析，即不透過實驗、設計控制、田野方法和實驗室方法，進行個案的案例分析和評估。

②田野（Field）：包括實驗設計（experimental design），但沒有設計實驗組（控制組）和對照組，田野調查是一種蒐集和分析資料的結構和方法。田野調查可以運用碼錶時間研究（Time & Motion Study）。碼錶時間研究是田野調查技術中的一種常用方法，也稱為直接時間研究，這一種研究採用時間研究表，用來記錄、彙總，以及分析在一定時間之內，填寫觀測資料的各種表格。

③實驗室（Laboratory）：實驗室方法仿照自然科學的研究，包括進行實驗設計和控制。

(3)檔案方法（Archival）：根據檔案記錄的事實進行研究，但是不直接觀察事實。

①第一手資料（Primary data）：日記、手稿、筆記、原始單據、出生證明、結婚證明、死亡證明等。

②第二手資料（Secondary data）：歷史文獻、書籍、檔案、簿冊、期刊文獻、財務報告。

③實物資料（Physical data）：常用觀察的對象包含了指紋、腳印、鳥巢、鳥蛋、動物蹤跡、遠古人類壁畫等。此外，如果針對現代人類產物，也可以包括人類生活中的產製品、回收品，以及垃圾進行人類行為的分析。

研究技術包括搜尋、觀察、採樣，以及內容分析，用於評估書面或口頭交流的形式技術。所謂了解磨損和堆積的問題，則採用於實物調查領域的研究，了解實物是否遭受到自然或是人為的磨損（例如：觀察孩童鞋子的磨損情形，以推估其運動量）；或是因為人為或是自然力量，產生了增生和堆積效果（例如：定期觀察資源回收桶的資源累積數量，以觀察資源回收的績效）。

(4)解析（analytic）：基於研究者的內在邏輯進行文獻回顧，採用數學模型進行推演，進行哲學立論的研究。

二、方法論證

㈠歸納論證（Inductive argument）：歸納論證是從具體事實推論到全體論述，也就是說從不完整的資料進行推理，或是說從不充分的證據中得出結論。歸納論證的規則是：追求一致性（agreement）、存在差異（difference）、共同協議一致性和差異性（joint agreement and difference），分析差異殘數（residues），以及伴生變異數（concomitant variations），最後進行具體事證和全體推論的相關性（correlated）分析。

㈡演繹論證（Deductive argument）：從理論上依據全體論述，推演到具體事實的論證。通常採用亞里斯多德所發明的三段論法（Syllogism），一種從兩個前提（premises）推導出結論的推理形式。在研究中，正規技巧（formal techniques）包括了數學邏輯、數學建模等方法。此外，要採取正式組織技術（formal organization techniques）進行圖象型的思考，例如說：採用流程圖（flowcharting）、網絡分析（network analysis）、決策樹（decision trees）；或是依據數理模型進行演算法（algorithms）和啓發式（heuristics）方法等大數據系統的計算。在非正規技巧（informal techniques）方面，包括了：哲學論證（philosophical argument），場景設想（scenario）、辯證方法（dialectic method）（進行充分論證和反駁論證）、二分法（dichotomous method）（一系列詢問「是」、「否」的問題，以建立論證），以及畸形學方法（teratological method）（研究超出理性思惟界限的荒謬假設）等思惟方法的應用。

第五節　人文社科的發展

我們初步看過人文社科的研究方法，了解了人文社科的研究取徑，事實上比自然科學的研究方法更爲繁雜。過去人文與社會科學的發展，曾

經主導過歷史風潮，並且受到各國政府的重視。1780年，亞當斯（John Adams, 1735～1826）為了引導藝術與人文的科學研究，創立了「美國藝術人文科學院」（American Academy of Arts and Sciences, AAAS），已經有二百多年了歷史。成立之宗旨有四點：㈠透過分析與批判社會議題，藉以促進研究與政策實務之互動；㈡促進公共協議，透過各種研討會與擁有不同觀點的研究者交換意見；㈢透過訪問學者（visiting scholars）與赫爾曼獎助（Hellman fellowship）兩種支助項目，引導新一代學者進行交流；以及㈣拔擢傑出學者成為其院士，以達成引領「藝術、人文與科學研究趨勢」的目的。

但是二百多年來，西方各國對於人文科學學術象牙塔的研究批判聲，向來不絕於耳。近年來，西方國家在高等教育的政策中，轉移興趣到STEM的大數據分析，王曉光、稻葉光行（2011）認為，社會人文學科的大數據分析，逐漸由人文電算（humanities computing）研究，轉為數位人文（digital humanities）研究。自然科學學者跨足到了社會科學領域，或是社會科學學者學習電腦物理模型，以大量的期刊發表進行升等，占據學術地位，將功能型典範（functionalist paradigm）汗牛充棟的統計研究成果，創造新型的研究典範，企圖奪取或是取代詮釋型典範（interpretive paradigm）研究的學術地位和價值。

在21世紀的科技時代，人類對於傳統人文研究的興趣不再，因為人文研究著重於定性思考，不會產生提升經濟發展與商業促進的功能。歐美先進國家看到人文社科的研究危機之後，進行人文社科的量化研究評估。例如，英國引進人文學科評估標準和社會科學評估標準，而受到學者的批評。特別是如何評估「影響」（impact）的概念，引起了重大的爭辯。我們回顧1980年美國洛克菲勒人文科學委員會在其報告中談到《美國生活中的人文》（*The Humanities in American Life*）：

「通過人文學科，我們反思了一個基本問題：作為人類意味著什麼？人文科學提供了線索，但是從來沒有一個完整的答案。人文

科學揭示了人們如何在一個無理、絕望、孤獨和死亡中的世界，基於道德、精神和理智領悟，嘗試創造了誕生、友誼、希望和理性一樣地耀眼之世界。」（Commission on the Humanities, 1980）

在本章最後，我們要將人文社科的就業發展、研究補助、期刊索引，以及專書出版進行說明，提升人文與社會科學的未來發展。

一、人文社科的就業發展

教育是為了未來就業市場所投資的項目。人文社科的訓練是在培養學生整體性與知識性的綜合問題解決能力，並且從歷史、社會、文化等角度進行對於科學的反思，但是人文教育的最大問題，係為不足以讓所有的文科畢業生做好就業前的準備。所以，文科畢業學生普遍面臨著就業市場難以學以致用，或是收入過低的問題。許多文科的畢業生完成了大學學位，但是沒有職業目標。104人力銀行進行了當代研究，以21世紀科技浪潮滾滾而來，2011年「智慧手持」、2012年「雲端」、2013年「穿戴」、2014年「物聯網」、2015年「資料經濟」、2016年「數位經濟」、2017年「人工智慧」的時代蜂擁而至。人類社會轉變太快，充滿了不確定性。在產業化的過程中，人類社會從資訊科技（information technology）進步到資料科技（data technology），從數位網路化進階到了大數據，再由大數據進階到人工智慧。因此，許多文學士在畢業之後，還不知道下一步要做什麼，導致文學士在職業生涯開始之時，收入偏低。但是，其他職業導向型的畢業生則很快地進入職場。然而，在國外的研究顯示，通常在畢業後的五年內，文科的畢業生會找到一種吸引他們的職業；同樣地，他們的文字素養和溝通技巧也優於其他領域的畢業生。

二、人文社科的研究補助

西歐和美國為人文與社會科學研究的重鎮，對於藝術、人文科學和社會科學的研究補助向來不遺餘力，以下簡介西歐的藝術與人文科學研究理

事會和美國的國家人文基金會：

㈠西歐（包括英國和歐洲大陸）：**藝術與人文科學研究理事會**（Arts and Humanities Research Council, AHRC）成立於2005年4月，前身為藝術與人文科學研究委員會（Arts and Humanities Research Board）。係為非政府公共機構，從政府提供約一點零二億英鎊，用於人文社會科學研究的語言、法律、考古學、英語文學，以及創意設計和表演藝術等項目之研究。每年提供七百個研究獎助和一千三百五十個研究生獎助項目。

㈡美國：**國家人文基金會**（National Endowment for the Humanities, NEH）是美國政府的一個獨立的聯邦機構，和國家藝術基金會同樣隸屬於國家藝術與人文基金會。NEH成立於1965年，致力於支持人文研究、教育、保存，以及人文學科的公共課程。NEH提供博物館、檔案館、圖書館、學院、大學、公共電視臺、廣播電臺等文化機構和學者研究補助。

三、人文社科的指標與索引

　　人文社會科學的評鑑、評比，以及索引指標不容易建立，在藝術領域的評比也是如此。在西方社會同樣缺乏一套放諸四海而皆準的指標。對於人文與社會科學研究者而言，經過漫長的學術研究過程，雖然所能發表之期刊種類相當有限，研究者所關心的文科議題，可以考慮撰寫收錄於社會科學引文索引（Social Sciences Citation Index, SSCI）、科學引文索引（Sciences Citation Index, SCI）、藝術人文引文索引（Arts & Humanities Citation Index, A&HCI）等期刊之中。雖然國內學者撰寫期刊的特色，多半具有語言的限制，多是以中文發表，或是以區域或本土議題為主體的研究特色，具有強烈的社會情境脈絡化需求（social contextualization）（周祝瑛，2011／2014）；因此，應該建議鼓勵國內學者提升投稿SSCI、A&HCI期刊的意願，以強化人文社科的發展和國際接軌。以下介紹國際知名人文社科的指標與索引：

(一)人文社科的指標

美國藝術人文科學院之人文指標（Humanities Indicators of The American Academy of Arts & Sciences, AAAS）

2009年1月7日，AAAS首度公布藝術人文科學指標，涵蓋五大方向，分別是：1.中小學教育（the primary and secondary education）；2.大學與研究所教育（undergraduate and graduate education）；3.人文學科就業力（the humanities workforce）；4.人文學科研究與經費補助（humanities funding and research）；5.人文學科與美國人日常生活中的關係（the humanities in American life）等方面之影響。其中，「人文學科就業力」指標主要考量人文教育內涵與特性之變化，以及人文科系學生之未來出路，希望人文社科的理想性，不要和世俗的期望差距太遠。

(二)人文社科的索引

1. 藝術人文引文索引（Arts & Humanities Citation Index, A&HCI）：科睿唯安（Clarivate Analytics，原湯森路透智慧財產權與科技事業部）建立的綜合性藝術與人文類文獻資料庫，包括語言、文學、哲學、宗教、歷史、藝術、詩歌、音樂、電視、戲劇、廣播、考古學、建築學、古典作品、亞洲研究、東方研究等綜合性指標，對一千七百餘種藝術和人文期刊文章進行的索引。目前收錄於A&HCI期刊，來自中國大陸為《Arts of Asia》、《Chinese Studies in History》、《Contemporary Chinese Thought》、《Logos & Pneuma: Chinese Journal of Theology》等四種期刊；來自臺灣為《Bulletin of the Institute of History and Philology, Academia Sinica》、《Concentric-Literary and Cultural Studies》、《International Journal of Design》、《Sino-Christian Studies》、《UNIVERSITAS: Monthly Review of Philosophy and Culture》等五種期刊。

2. 社會科學引文索引（Social Sciences Citation Index, SSCI）：科睿唯安（Clarivate Analytics，原湯森路透智慧財產權與科技事業部）建立的綜合性社會科學學科的索引，索引超過三千種社會科學期刊。

目前收錄於SSCI期刊，來自中國大陸為《Annals of Economics and Finance》、《Asia Pacific Law Review》、《Asia-Pacific Journal of Accounting & Economics》、《China & World Economy》、《China Review-An Interdisciplinary Journal on Greater China》、《Chinese Journal of International Politics》、《Journal of Sport and Health Science》、《Pacific Economic Review》、《Transportmetrica A-Transport Science》、《Transportmetrica B-Transport Dynamics》等十種期刊；來自臺灣為《Asian Journal of WTO & International Health Law and Policy》、《International Journal of Design》、《Journal of Nursing Research》等三種期刊。

3. 斯高帕斯資料庫（Scopus, www.scopus.com）：愛思唯爾（Elsevier）發展的全球最大的索引摘要資料庫，提供了協助研究追蹤分析的搜尋工具。Scopus收錄三千五百種人文（humanities）引文文獻，主要為同儕審查期刊、會議論文、叢書等。

4. 「臺灣社會科學引文索引」（Taiwan Social Sciences Citation Index, TSSCI）：科技部為提升臺灣人文及社會科學期刊學術及出版水準，建立「臺灣社會科學引文索引」（Taiwan Social Sciences Citation Index, TSSCI）資料庫，以及「臺灣人文學引用文索引」（Taiwan Humanities Citation Index, THCI）資料庫等。

四、人文社科的研究評鑑

科學研究評鑑非常困難，多年來一直困擾自然科學和社會科學的學者。針對計畫補助單位、學術研究機構，以及出版社來說，當前需要產生一套評估科學研究產出的方法。為了解決這個問題，2012年12月16日於美國舊金山舉行的美國細胞生物學學會（The American Society for Cell Biology, ASCB）年會上，一群學術期刊的編輯及出版商特別聚在一起，尋求解決之道。會後，與會人士共同制定並發表十八條重要建言，亦即「舊金山科研評估宣言」（Declaration on Research Assessment, DORA）

（P.403，附錄一）。談到了如何正確看待科研評估、期刊影響指數（impact factor, IF）。

(一)科研評估（Research assessment）

科學研究的產出是多面向的，它可以是經由發表研究論文來闡述一項新的知識、新的數據、新試劑、新的程式軟體；或是產生出一套專利；或是培養出一位受過高度專業訓練的年輕科學家（林素芳，2017）。因此，計畫出資單位、雇用科學家的機構，以及科學家本身，都會有一種渴望或是需要，來評估科學研究產出的價值與影響力，當前需要建立一套精確且明智的方法，來達到科研評估的目的。

(二)期刊影響指數（Impact factor, IF）

期刊影響指數（以下簡稱期刊IF），經常用來評比個人或學術機構的科學研究產出的主要指標。然而，當初湯森路透公司（Thomson Reuters）所計算出的期刊IF，只是為了提供圖書館人員訂購雜誌時的參考依據，並非衡量科學研究品質而設。因此，以期刊IF作為科研評估的依據會有下列的問題。

1. 期刊之間的引用次數分布具高度偏差性（skewed）。
2. 學科領域具個別特異性，有些領域評論性（review）文章非常多；有些領域則多為原創性論文（primary research paper），但是計算期刊IF時並未考量這些因素。
3. 一本期刊IF的高低，可以透過該期刊的編輯政策予以操弄。
4. 計算期刊IF的數據既不透明，使用者也向來不知道如何計算。

有鑑於此，「舊金山科研評估宣言」（Declaration on Research Assessment, DORA）（P.403，附錄一）提出改進研究成果評估的建議，適用於同儕審查（peer review）的研究論文，並且擴充至其他科學產出項目，例如建立新的資料庫等。但是，這一份宣言，全世界人文領域僅有6%的學者簽署（陳明俐、林雯瑤，2017:112）。

2014年在荷蘭萊登大學科學與技術研究中心（Centre for Science and Technology Studies, CWTS）舉辦第19屆國際科學和技術指標會議

（19th International Conference on Science and Technology Indicators, STI）研討會，討論結果在2015年4月於《自然》（*Nature*）期刊刊登相關內容，該篇文章又可簡稱爲「萊登宣言」（Leiden Manifesto）（www.leidenmanifesto.org），這一個宣言被翻譯成十一種語言，建議評鑑不要全由數據主導，應該藉由學者的判斷力來主導。近年來，財團法人國家實驗研究院科技政策研究與資訊中心研究員陳明俐，以及淡江大學資訊與圖書館學系教授林雯瑤翻譯了以上宣言（P.406，附錄二），在2018年進行「學術研究評估指標之認知與應用調查」，了解國內的研究人員對於學術研究評估指標的認知與應用，避免因誤用指標而對各種學術評估工作造成了偏誤現象（Hicks, Wouters, Waltman, de Rijcke, and Rafols, 2015；陳明俐、林雯瑤，2017）。

這個建議也得到英國官方的認可，例如全球最大的醫學和科學文獻出版社愛思唯爾（Elsevier）經過了英格蘭高等教育撥款委員會（Higher Education Funding Council for England, HEFCE）進行了2008～2013年發表論文書目計量指標分析。英格蘭高等教育撥款委員會（HEFCE）對於高等教育機構評鑑和指標之間的關係，並不是以上述量化的指標爲基礎。該委員會在2015年出版一份評鑑報告《指標浪潮：21種指標在研究評估和管理中的衡量獨立評估報告》（*The Metric Tide: Report of the Independent Review of the Role of 21 Metrics in Research Assessment and Management*），說明量化指標並無法完全取代質性的同儕審查（peer review），也就是說，同儕審查雖然有主觀的缺陷，但是在評鑑的時候，量化指標因爲有其缺陷，所以也僅能作爲參考之用。所以，論文論述的本身，還是比較重要的（Wilsdon, Allen, Belfiore, Campbell, Curry et al., 2015）。

五、人文社科的專書出版

在人文及社會科學學界，以期刊論文和專書寫作二種不同出版形式進行出版，都是可行的方向。以專書來說，專書市場主要係以大學、研究所

的圖書館、研究機構等為主要基地；而學術期刊因為出版性質特殊，同樣分攤了大學及研究所圖書館極高的購置經費。但是，在人文及社會科學領域，專書出版在教授的學術評鑑和升等，仍然沒有客觀的評鑑或評分標準。

中央研究院院士王汎森（2015）認為，學術界普遍輕視專書寫作對於社會的貢獻程度，瘋狂撰寫SSCI及A&HCI論文，人文學者的評鑑與升等成績中，傾向將「期刊論文」放在主要著作及參考著作，而將「專書」放在「參考資料」中。因此，在人文社會科學中，「期刊論文文化」導致人文社科的專書出版的稀缺性。由於專書出版審查缺乏客觀明確的審查標準和規範，所以形成期刊論文在教授升等之重要性方面，優於專書之重要性。

政治大學教育系教授周祝瑛認為，人文社會學科比自然科學更仰賴圖書之出版。此外，人文社會科學領域也因考量到大眾閱讀的廣泛性及各學門特性之多元，出版種類也比自然科學領域來的多元。學術專書為該資料庫中被引用的主流，且指出學術專書的影響力較期刊更為長遠（周祝瑛，2011／2014）。

2010年全球學術排名觀察組織會議（International Observatory on Academic Ranking and Excellence, IREG）在波蘭華沙舉行，會中發表全球人文社會科學領域的著作引用率調查報告，發現80%仍然是來自專書與研究報告，相對的來自SSCI的資料庫僅占了不到20%（UNESCO debates uses and misuses of rankings，2011）。可見在國際上人文社會學者的專書引用率，高於期刊文獻引用率。因此，人文與社會科學學者應朝向專書撰寫的目標而大步邁進。

小結

人文社科的範為非常廣，在資料的研究來源方面，也是非常具有多樣化的價值。在後現代教育（post-modern education）中，我們企圖將學術

機構、專書出版、期刊出版，以及政府組織對於人文社科的期待進行描述。人文社科的創見值得研究，從發想、理解、組織到創造，都是人類社會與文化智慧的結晶（Bruner, 1990）。本書依據布魯納（Jerome Bruner, 1915～2016）的學習理論進行撰寫，希望讀者建構自我的思考系統，不要死背這些方法，而要能夠活學活用。在研究方法和學術論文的撰寫之中，重要的學習成果不僅包含了學習概念、研究範疇和解決研究問題的程序，甚至需要為自己創造發明撰寫論文的能力，這些能力都在本書《人文社科研究方法》，以及姊妹作《期刊論文寫作與發表》中完全揭露。

本書認為，人文與社會科學研究的終極目的，是確定社會生活規律性的邏輯，以及共同採用永續社會、永續經濟與永續生態兼籌並顧之模式。所以，如何透過學習理論的認知過程（cognitive process），把各種研究方法加以組織和分析，透過發想和創見，形成認知結構（cognitive structure）體系（Bruner, 1990; Kaplan, 2015; Sivarajah Kamal, Irani, and Weerakkody, 2017）。在人工智慧和資料科技（data technology）整合的時代中發揚光大，這也是本書作者對於讀者的期望。

關鍵字詞

抽象思考（abstract thinking）	啓蒙時代（Age of Enlightenment）
彙總（aggregation）	演算法（algorithms）
類比方法（Analog method）	解析（analytic）
檔案方法（archival）	論證（argument）
藝術（arts）	藝術與人文科學研究理事會（Arts and Humanities Research Council, AHRC）
藝術人文引文索引（Arts & Humanities Citation Index, A&HCI）	藝術、人文與社會學科（Arts, humanities, and social sciences, AH & SS）

假設（assumptions）	行為科學（behavioral sciences）
行為論（behaviorism）	大數據（big data）
腦力激盪（brainstorming）	創意藝術與設計學科（Creative Art and Design（CAD）disciplines）
能力建構（capacity building）	案例（case）
條件（clauses）	認知（cognitive）
認知過程（cognitive process）	概念（concept）
伴生變異數（concomitant variations）	揣測（conjecture）
共識（consensus）	批判理論（critical theory）
資料科技（data technology）	決策樹（decision trees）
分解（decomposition）	演繹（deductive）
演繹論證（deductive argument）	德爾菲法（Delphi）
描述性問題（descriptive questions）	決定論（determinism）
辯證方法（dialectic method）	二分法（dichotomous method）
數位人文（digital humanities）	學科（discipline）
人文學科（discipline of humanities）	早期社會學（early sociology）
實證法（empirical）	認識論（Epistemology）
經驗（experiential）	實驗設計（experimental design）
實驗（experimentation）	外部規範（external norms）
外推（extrapolation）	可證偽性（falsifiability）
田野（field）	流程圖（flowcharting）
正式組織技術（formal organization techniques）	正規技巧（formal techniques）
功能型典範（functionalist paradigm）	通用的編碼系統（generic coding systems）

詮釋學（hermeneutics）	啓發式（heuristics）
人類自治（human autonomy）	人文科學（human sciences）（Geisteswissenschaften; les sciences humaines）
人文主義（Humanism）	人道主義者（humanist）
人文（humanitas）	人文學科（humanities; discipline of humanities）
人文電算（humanities computing）	假設演繹方法（hypothetico-deductive method）
歸納法（induction）	歸納論證（inductive argument）
歸納事實（inductive fact）	推論（inferences）
非正規技巧（informal techniques）	資訊科技（information technology）
互動理論（interactional theory）	內部規範（internal norms）
詮釋（interpretation）	詮釋型典範（interpretive paradigm）
詮釋論（interpretivism）	互為主體性（intersubjectivity）
訪談（interviews）	知識產生（knowledge-yielding）
實驗室（laboratory）	方法論（methodology）
形態學（morphology）	中度共識（moderate consensus）
道德哲學（moral philosophy）	道德科學（moral sciences）
多重因果途徑（multiple diverse causal pathways）	國家人文基金會（National Endowment for the Humanities, NEH）
美國國家科學基金會（National Science Foundation, NSF）	自然科學（nature science）
網絡分析（network analysis）	常規取徑（nomothetic approach）
常規研究（nomothetic research）	常規科學（nomothetic science）

常態科學（normal science）　　　規範性問題（normative questions）

觀察（observation）　　　奧坎剃刀（Occam's Razor）

民意調查（opinion polls）　　　意見研究（opinion research）

往昔經驗（past experiences）　　　現象（phenomenology）

慈善主義（philanthropinism）　　　慈善（philanthropy）

哲學論證（philosophical argument）　　　實物資料（physical data）

實證性（positivism）　　　實證主義（positivist）

後人類主義（post-humanism）　　　後現代教育（post-modern education）

實用論（pragmatism）　　　謂詞（predicate）

前提（premises）　　　第一手資料（primary data）

事前研究（prior research）　　　問題領域（problem area）

屬性（properties）　　　命題（proposition）

問卷調查（questionnaires）　　　現實主義（唯實論）（realism）

相對主義（relativity）　　　創新（renovation）

研究模式（research mode）　　　研究問題（research problem）

場景設想（scenario）　　　學術規則（scholarly rules）

科學、科技、工程、數學（science, technology, engineering, and mathematics, STEM）　　　科學引文索引（Sciences Citation Index, SCI）

科學危機（scientific crisis）　　　科學革命（scientific revolution）

第二手資料（secondary data）　　　自主學習（self-directed learning）

社會學（sociology）　　　社會科學（social sciences）

主題（subject）　　　三段論法（Syllogism）

臺灣社會科學引文索引（Taiwan Social Sciences Citation Index, TSSCI）　　　臺灣人文學引用文索引（Taiwan Humanities Citation Index, THCI）

畸形學方法（teratological method）	智庫（Think Tank）
碼錶時間研究（Time & Motion Study）	轉型學習（transformational learning）
典型的前提（typical premise）	價值規範（value norms）
經驗科學（verstehen）	唯意志論（voluntarism）

第二章

人文與社會科學的研究過程

If you want to have good ideas, you must have many ideas. Most of them will be wrong, and what you have to learn is which ones to throw away.

如果你想得到好的點子,你必須要有很多點子;而它們絕大多數不會是正確的,你必須學會的是該丟掉哪些點子。

—— 鮑林(Linus Pauling, 1901～1994)

學習焦點

人文與社會科學的研究過程,相當冗長,需要了解在研究規劃時,需要注意的事項。首先,應該學會發現問題,問題提出之後,探討研究的屬性,本章說明我們可以選擇四種研究方式,包含:「探索性研究」、「描述性研究」、「因果性研究」,以及「詮釋性研究」等。當我們進行研究問題定義之後,逐步完成整個循環性的研究流程,需要按部就班,進行系統性思考,邁入到寫作過程的階段,進行學位論文或期刊論文的寫作。接下來,我們探討研究管理的內容,區分為經費來源機制、研究機制、審查機制、出版機制,以及研究傳播、應用和宣傳等五大面向。從人文與社會科學的研究過程中,我們了解到傳播學者羅傑斯(Everett Rogers, 1931～2004)開展「創新擴散」(Diffusion of Innovations)理論的精隨,也就是說人類嶄新觀念的推廣,取決於人類的主觀評價,包含了:(1)相對優越性:研究者認為研究創新方法優於舊方法;(2)兼容性:創新方法與現有方法的價值,過去使用經驗、預期使用者

需求的共存程度；(3)複雜性：創新方法理解和使用的難度；(4)可試用性：創新方法在有限基礎上，可以被試用的程度；(5)可觀察性：創新方法產生的結果，可以被其他研究者看見的程度（Rogers, 1962/1995）。希望在研究成果中，我們可以針對既有的社會、經濟、文化，以及心理現象的研究，提出挑戰性觀點，並產生假說（hypotheses），不但要了解研究的成果，還有回推問題產生的原因，以利整合現有的人類知識體系，從個人社會影響、集體社會影響，推動藝術、人文，以及社會科學未來的發展。

第一節　研究規劃

　　在人文與社會科學的研究過程中，需要發現問題，了解研究之目的，提出研究課題。所謂研究，就是需要藉由理論的探究，說明問題所在，並且產生新的解決問題的學說和理論。格爾茨（Clifford Geertz, 1926～2006）在《文化的詮釋》中說，當知識界出現新的理論和方法時，吸引研究者的目光，想利用理論和方法解決一切問題（Geertz, 1973）。這些新穎的觀念、方法和理論，將隨著傳播媒介展現在世人的面前，並且隨之擴散，逐漸被其他研究者看見（Rogers, 1962/1995）。不過，當這種嶄新觀念、方法和理論成為大家思考方式中的一部分時，接著實際問題接踵而來，不斷對於這一種觀念、方法和理論產生挑戰。最後，因為研究範圍不斷深入及擴大，理論的能量漸漸減弱，最後失去了解釋的能力（Geertz, 1973）。

　　因此，面對人文社科的研究，我們要了解到所有理論都有生命週期，都有一天會被證誤（falsify）或是會被遺忘的一天。所以，當我們面對研究的挑戰時，首先我們必須明確調查目的，是要針對研究對象進行描述研究？還是要證實（誤）研究假設？或是進行結果的詮釋？這些在研究規劃

流程中，都是需要進行討論。因此，在研究規劃中，需要進行時程安排和預算規劃，蒐集基本資訊，通過網路資訊、圖書館資訊，以及相關部門的資源進行蒐羅。此外，在規劃過程之中，還可以與研究計畫或是項目課題中，與具有影響力和關鍵人物進行座談，以拓展研究思路，尋訪具體的建議。

一、發現問題（Problem discovery）

在人文與社會科學的研究過程之中，如何發現問題（problem discovery）、提出問題是在研究過程中第一個重要步驟。剛開始，問題的發現可能是一場意外，也許來自於個人或是團體相當發散性的想法（divergent thinking）。也就是說，在創意發想的過程當中，如同諾貝爾化學獎和和平獎的得獎主鮑林（Linus Pauling, 1901～1994）所言：「如果你想得到好的點子，你必須要有很多點子；而它們絕大多數不會是正確的，你必須學會的是該丟掉哪些點子。」

擁有好的點子，也許是在心情放鬆的過程之中，突然靈光乍現，文思泉湧，突然想法就出現了。在創造力思考過程（creative process）中，發現問題，要針對當下問題，發想出超越現有理論框架之外的獨特問題。也就是說，需要尋求隱藏在繁複結構中的真實問題（real problems），如果想要解決思惟典範（thinking paradigms）中的立論重大缺陷，不能只針對瑣碎的問題定義，進行解決，而不重視問題重新定義（problem reframing）和系統性的重大發現。因為，問題的定義是瑣碎的名詞重整，只是在支微末節中打滾；但是，重新發現系統性的問題，則可以修正新的思惟模式（Steiner, 2014）。

那麼，要怎麼進行問題的發想呢？漢彌爾敦認為，應該採用畢達哥拉斯（Pythagoras, 570～495 B.C.）建立三角形的模式系統。畢達哥拉斯說：「如果可以建立三角形，問題就解決了三分之二。」也就是說，當你觀察到眼前的任何問題，當你有跨領域的見解時，你可以得到一個完全新的論點（Hamilton, 2014）。也就是說，你要從不同的領域中進行觀察。

通過跨學科領域的合作（transdisciplinary collaborations），而且採取共同協作（collaborative effort）的方式進行問題的發掘（Steiner, 2014）。此外，不要從單一觀點去觀察問題，而是要用一句話來看問題，也就是說，你看到的問題在那裡？如果你的訓練背景不一樣，你又會看到什麼問題？這些問題是否來自於偏見，而是「眾人皆醉而我獨醒的高瞻遠矚」；還是只是瘋人說瘋話，一切都是說不得準的。但是，努力提出問題，可以看出國王是否穿了新衣，還是國王沒有穿新衣，只是一個裸體而備受臣下阿諛，昧於了解真相的國王？

這都需要透過不同的角度，了解在問題發掘的當下，到底是不是在同處「同溫層」（stratosphere）的人們，看問題的角度是不是昧於現實的？但是切記，所謂的「同溫層」是指如果個人傾向讓自己的觀點與團體內的其他人相當一致，因此使得整個團體思考角度和模式相似，則無法進行客觀的分析，產生了群體迷思（groupthink），人人歌功頌德，報喜不報憂，自然很難發掘新的問題。

我們在進行問題發掘的時候，應該了解到任何研究都是一項艱鉅的任務，需要進行大量的閱讀工作。因此，天才科學家，也是諾貝爾物理學獎得主愛因斯坦（Albert Einstein, 1879～1955）強調：「如果我有一小時解決問題，我會花五十五分鐘想問題，用五分鐘想解答。」我們思考愛因斯坦的看法，是要讓我們在行動之前進行思考下面的問題（Farooq, 2013）。

㈠研究問題和研究課題必須要清晰易懂，不應該複雜或是模糊到無法聚焦，分散他人的注意力。

㈡如果一個主題可以明確定義，則代表是研究成功的第一步。因此，研究問題不應該讓他人產生內容的懷疑，甚至產生雙重印象，或是錯誤的認知。

㈢採用簡單的語言是成功的關鍵，必要時才需要使用技術型的詞彙，否則應該採取最簡單的重點進行說明。有時候，需要用「一句話」，就能夠說明研究的問題。如果不能夠用「一句話」說明研究的問題，就

不是好的問題。

㈣研究題目應按照學位論文、期刊標準的規則說明。如果有不同的標題規定，研究者在撰寫研究題目之前，必須深刻地了解。

㈤在選擇研究課題的同時，也應該考慮研究者處於現在環境流行課題的重要性。也就是說，討論的話題不應該過時，在當前應該是屬於非常重要的題目，才能夠引發大家的興趣。

二、選擇研究（Selection of research）

我們在還不了解整體事物的真相的時候，剛開始處於一團迷霧，分不清楚研究中比較清晰的理路時，會採取探索性研究（exploratory research）進行分析。描述性研究（descriptive research）可以協助探索性研究進行資料的描繪，或是在更清楚資料的「可證偽性」（falsifiability）之後，再進行詮釋性研究（interpretive research），如表2-1。

表2-1　研究選擇（selection of research）是依據發現問題的屬性而決定。

典範	本體論	論述	認識論	立場	方法學	方法	觀點
功能型典範	現實主義	唯實論	實證性	決定論	常規的	探索性研究 形成性研究 因果性研究 解釋性研究	社會科學客觀方法
			描述性	無	常規的	描述性研究	社會科學客觀方法
詮釋型典範	相對主義	唯名論	詮釋性	唯意志論	表意的	詮釋性研究	社會科學主觀方法

三、探索性研究（Exploratory research）

探索性研究是一種實證性（positivism）研究的初階階段，也是一

種在假說（hypothesis）尚待浮出之前，產生的形成性研究（formulative research）。這一種研究是在發展初期，進行研擬題目或是調整題目的研究方法，以協助改進研究題目。我們針對一個還沒有搞得更清楚的問題進行研究時，確認應該優先釐清的事項，建立「操作型定義」（operational definition），並且改進最後的研究設計。

所謂的「操作型定義」，是指將一些事物，例如主體、變量，以及客體之間，以某種動態過程的方式表示出來。在實證性（positivism）的人文社科研究方法中的操作型定義，強調的是說明事物特徵時，所採納的流程、過程，或是測試方法。

舉個例子來說，我們要研究美食「炸醬麵」的來源研究，那麼，什麼是「炸醬麵」呢？我們應該列出的操作性定義是：「使用豬絞肉、豆干、甜麵醬、豆瓣醬、白胡椒、薑末、蒜末、醬油、冰糖、鹽、青蔥、油、水，用炒鍋將上述的炸醬佐料炒熟，煮好麵，瀝乾水，將乾麵放上炸醬之後，所得到的成果。」這樣的操作過程說明，起源於中國大陸的山東省，不管是在韓國或是臺灣，都形成了一種「炸醬麵」的操作型定義，雖然做法稍微有一點不同。如果我們研究中國大陸、韓國、臺灣的「炸醬麵」，也許用的是牛肉，不是豬肉，但事都無損於「炸醬麵」的定義，因為在烹調的操作過程中，都是相似的。

因此，我們在上述的探索性研究中，確認了操作型定義，有助於確定最好的研究設計、數據蒐集方式，以及研究主題和構念之選擇（Kelly, 1955/1991）。在探索性研究的處理過程中，因為處理一個未知領域的新主題，且在數據難以蒐集的情況之下進行處理。因此，探索性研究是一種屬性靈活的研究，可以解決所有類型的研究問題，形成一種概念架構工作假設（conceptual framework working hypothesis）（Shields and Tajalli, 2006）。在研究過程中，經過文獻回顧、經驗調查（experience survey）、試驗研究（pilot study）、個案研究（case study），進行初步的實驗驗證之後，則可以得到初步的結論。

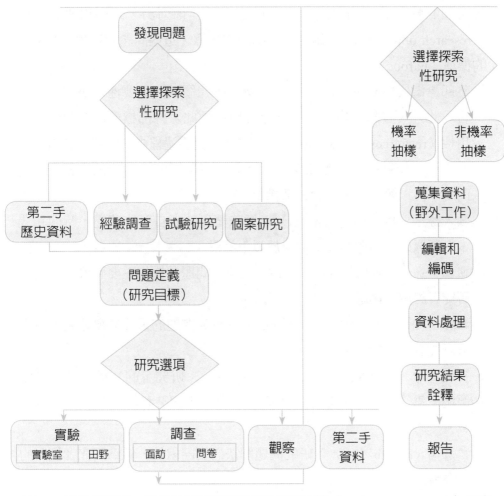

圖2-1　研究規劃中，都是從發現問題開始進行探索性（exploratory research）研究
　　　　（參考自：Shields and Tajalli, 2006）。

四、問題定義（Problem definition）

　　問題的定義既可以解決問題，又可以協助定義問題的真義。經過檢定假設，可以重新定義問題。在嚴謹地定義問題之後，需要以簡潔明確（explicit and succinct）的陳述方式說明核心要素。

　　對於探索性研究問題的定義，可以定義為對於現有情況與期望情

況之間的實際差異的描述。這個描述應該詳細列出，以列出研究目標（research objectives），確定研究問題的步驟，這些問題的產生，有下列的標準（Farooq, 2013）：

㈠外部標準（External criteria）：涉及研究領域的重要性，研究資金是否。此外，資料蒐集的方法是否合理。因此，外部標準涉及到資源可用性（resources availability）。在選擇題目的過程中，研究者評斷可用的資源。如果這些資源如金錢、時間，以及研究地點的住宿和交通的問題都可以解決，則合於外部標準。

㈡個人標準（Personal criteria）：意味著研究者自己的興趣，時間和成本。選擇研究問題的標準取決於以下特點：

1. 個人傾向（Personal inclination）：研究問題選擇的主要動機，是基於研究者的個人興趣。

2. 相對重要性（Relative importance）：研究問題的重要性很重要，會吸引研究者優先選擇。

3. 研究者的知識（Researcher knowledge）：研究者的知識基於本身的領域，為了蒐集研究數據，需要研究者投入智慧和經驗選擇這一個領域。

4. 實用性（Practicality）：研究問題解決的實際價值，係為研究者投入的主要動機。

5. 問題的時間軸線（Time-lines of the problem）：有些問題需要花費很少的時間來解決，而其他的問題需要花費更多時間處理，所以這取決於我們完成研究工作的時間。

6. 數據可用性（Data availability）：如果研究者可以獲得所需要的數據，那麼就會選擇這個問題。

7. 緊迫性（Urgency）：緊迫性是研究問題選擇的一個重點。迫切的問題必須優先考量。

8. 可行性（Feasibility）：可行性也是選擇研究問題的重要因素。研究者的資格、培訓，以及經驗應該和研究問題匹配。

9. 區域文化（Area culture）：研究者進行研究的地區的文化，也是研究問題的選擇的原因。

㈢問題評估準則：經過外部標準和個人標準的評估，進行修改或重新定義問題的過程中，需要界定下列的評估準則，英國開放大學（The Open University, 2017）提出的依據如下：

1. 計畫越早開始，越快完成。

2. 對研究問題需要進行粗略的理解，因為我們可以隨時處理細節。

3. 我們必須清楚地看到議題，這意味著要嚴格控制研究議題。

4. 解決問題沒有意義，因為研究問題會隨時改變。

5. 我們解決的問題越多，解決問題的能力就越強。

6. 如果我們看得太深，我們不會只有一個問題，而是看到很多的問題。

7. 如果解決問題的門檻太低，可能會引起競爭對手的覬覦。

8. 我們有解決這個問題的資源，所以盡早著手解決。

探索性研究（exploratory research）的完成步驟為何？

1. 選擇研究選項（Selection of research）

   (1)實驗（experiment）：以實驗室（laboratory）或田野調查（field survey）進行研究。

   (2)調查（面訪、問卷）：以民意調查（opinion polls）、訪談（interviews）進行研究。

   (3)實際觀察。

   (4)運用第二手資料進行調查。

2. 蒐集資料

   量化蒐集資料的方式包含了機率（probability）抽樣，以及非機率（non-probability）抽樣。質性訪談的蒐集資料方式包含了現場紀錄引述（quotes from fieldnotes），以及晤談紀錄引述（quotes from interviews）。

3. 編輯和編碼（editing and coding）

4. 資料處理（data processing）

5. 研究結果詮釋（interpretation of finding）

6. 報告選擇（report）

　　加州大學洛杉磯分校教育人類學教授艾瑞克森（Frederick Erickson）主張，研究報告應包括下列九項內容（Erickson, 1986）：⑴經驗主張（empirical assertions）；⑵分析敘述性短文（analytic narrative vignettes）；⑶現場紀錄引述（quotes from fieldnotes）；⑷晤談紀錄引述（quotes from interviews）；⑸綱要資料報告（synoptic data reports），例如地圖、頻率表、圖表；⑹特定事項的詮釋性評註（interpretive commentary）；⑺通則性描述的詮釋性評註；⑻學理討論（theoretical discussion）；⑼研究過程描述等九項。如果是量化資料形成的報告，應該要包含統計分析等資料描述，應該進行描述性研究（descriptive research）。

探索性研究之後，需要進行的研究取徑有那些？

1. 描述性研究（Descriptive research）

　　我們從探索性（Exploratory research）研究中，基本上取得了初步的資料，這些資料是透過文獻回顧、經驗調查（experience survey）、試驗研究（pilot study），以及個案研究（case study）得來的。接下來，我們可以採用描述性研究（descriptive research），說明正在研究的樣本空間現象。描述性研究三種基本類型，分別為：觀測方法（observational methods）、個案研究方法（case-study methods），以及調查方法（survey methods）。

　　描述性研究的特點，是要客觀中立地描述描述現實，不是為了要形成理論假設或建立理論。描述性研究以建立清單（making inventories）、描繪問題，說明研究標的特徵，進行分類和陳述統計事實的研究過程。因此，描述性研究不像是因果性研究（causal research），以實驗方法來控制變量。

美國衛生及公共服務部所轄的人類研究保護辦公室（The Office of Human Research Protections, OHRP）定義描述性研究為：「任何不是真正的實驗性研究，都是描述性研究。」在人文研究中，描述性研究討論人類和環境之間的態度、行為之聯繫關係。研究主要的目的，是在描述正在研究的數據之特徵、頻率、平均值，以及統計的計算結果。

描述性研究（descriptive research）不可能回答有關特徵「如何」（how?）、「何時」（when?）、「為什麼」（why?）的問題，所以描述性研究，通常在解釋性研究（explanatory research）之前。因此，描述性研究無法描述是什麼造成了這種情況；因此，描述性研究不能作為因果關係的基礎。

2. 因果性研究（Causal research）

因果性研究（Causal research）是以解釋性的實證方法，在決定論（Determinism）的基礎之下，認定每項事件的發生，包括人類的認知、態度、決策，以及行為，都是有先決條件導致這項事件的發生。這是西方哲學或是東方哲學最重視的因果關係（causality），起源於印度佛教和亞里斯多德（Aristotle, 384～322 B.C.）的因果學說。

因果性研究是量化分析中的解釋性研究（explanatory research），提升研究中的「內部效度」（internal validity）；也就是說，因果性研究是指在研究設計的實驗測量中，以強化真實的實驗因果關係。因為研究因果關係是研究的目標，研究結果必須符合目標才是有效的；因此要強化「內部效度」，也就是可以真實地達到研究目標。在此，我們必須真實地提出實驗所提供的自變項（independent variable）和依變項（dependent variable）之間的因果關係，是否清楚明確。

在上述的描述性研究中，我們透過統計分析來回答：「現在是什麼？」（what is?）或「過去是什麼？」（what was?）的問題。雖然這種研究可以精準地回答事實，但是描述性研究在蒐集資料的證據，並不能清楚回答事實背後發生的解釋原因。

但是，「因果性研究」（causal research）的實驗設計，可以回答「為

什麼？」（why?）或「如何？」（how?）的問題。因此，描述性研究是一種試圖描述現實的學問；因果性研究（causal research）則為人類在探討知識解釋性（interpretive）的應用學問。

我們了解描述性研究在進行觀察、記錄、分類，無法解釋研究假設，也不能預測未來。因此，「描述性研究」有時會和假設設定的「因果性研究」會進行對照，研究重點是通過常規的實驗，來檢查、解釋，以及驗證一個特定的假設。

3. 詮釋性研究（Interpretive research）

詮釋性研究（Interpretive research）和解釋性研究（explanatory research）雖然只有一字之差，內容卻完全不同。西方學者以懷疑的角度，質疑所有的量化研究，例如懷疑論者會說：「如果探索性研究可以進行事先分析（prior analysis），那麼就直接做就好了，為什麼還要進行探索呢？如果描述性研究不可能回答問題，那為什麼還要做研究呢？如果因果性研究只是看到表象，而看不到事物的最深層的真相，那麼我們為什麼還要做因果性研究呢？」

在「人本主義」（Humanism）、「自然主義」（naturalism）、「經驗主義」（experientialism）、「後實證主義」（postpositivism）、「後現代主義」（postmodernism）等令人眼花撩亂的思潮之下，詮釋學者闡釋了詮釋性研究的特徵。詮釋（interpretive research）代表一種闡釋的（hermeneutical）學問，主張在研究人類社會生活中的人性意義和經驗，以融入、詳實，以及定性研究於特定觀察的人事時地物之中。

詮釋學者不是決定論者，不願意談論因果關係，而是強調「唯意志論」（Voluntarism）。西方哲學家帕斯卡（Blaise Pascal, 1623～1662）、齊克果（Søren Kierkegaard, 1813～1855）、叔本華（Arthur Schopenhauer, 1788～1860），和尼采（Friedrich Nietzsche, 1844～1900）等強調人類行為是意志的展現，認為「自由意志」（free will）是透過行為，達成「終極價值」的基礎。

因此，詮釋學者對於「自由意志」、「行為動機」、「互動意義」、

「終極價值」的闡釋性（hermeneutical）結果，比外在表徵的量化數據，更感到興趣。20世紀初，人類學者用來了解並詮釋原住民族的風俗，經過深入觀察，發現意義，以了解本質。因此，在21世紀，詮釋性研究（interpretive research）用來進行社會生態學（social ecology）、環境社會學、環境倫理學、性別環境學等民族誌研究（本書第九章），運用結構性或非結構性晤談，以詮釋意義，以及其背後的影響原因。

五、研究流程（Research process）

　　透過探索性研究、描述性研究、因果性研究，以及詮釋性研究，我們了解到研究流程是不斷推導的過程，可以說，這一種過程是在循環性的創造性，以不斷地解決問題，並且嵌入（embedded）在一個連續的工作過程之中（Gerald, 2014）。因此，研究的目的是為了提升綜合能力（comprehensive competences），以解決問題，包含個人問題、專業領域問題，所以運用系統性、創造力，以及社會文化能力等各方面綜合能力進行問題的分析和解決，都是必要的流程。

第二節　寫作過程

　　經過研究規劃漫長的流程之後，我們設計了研究方法，並且不斷地進行磨合和討論，開始要進入寫作的階段。寫作不僅是在論文截稿之前，才開始突然文思泉湧。其實如果不事前進行文章組織，在截稿之前才進行寫作，通常作品的組織不夠嚴謹，而且不夠連貫。因此，寫作是一種連貫的思考過程，在寫作的過程之時，不應該僅關注於寫作，而是應該進行階段性的思考。

　　研究者除非每天都寫，習慣思考和寫作的模式，否則通常對學術寫作感到恐慌，因為經常覺得自己不知道如何下筆。諷刺的是，這種精神上的空白感覺，是一種研究者的心理障礙。研究者有感於罣礙太多，不容易專

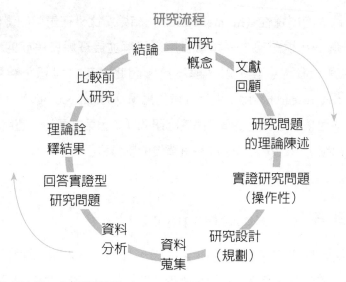

研究流程

結論　　　　研究
概念
比較前　　　　　　文獻
人研究　　　　　　回顧

理論詮　　　　　　　　研究問題
釋結果　　　　　　　　的理論陳述

回答實證型　　　　　　　實證研究問題
研究問題　　　　　　　　（操作性）

　　　資料　　　　　　　研究設計
分析　　資料　　　　（規劃）
蒐集

圖2-2　研究方法是一種循環過程（Bowman Performance Consulting, 2016）。

心：如果思惟不夠專注，就難以形成連貫型的觀點，同時也無法基於研究問題，形成心理圖像（mental picture），所以不可能形成一種相互連貫的論點（Louie, 2018）。

　　因此，通過上一節所討論的問題定義，我們可以擺脫這種精神上的空白（mental blankness）。我們需要按部就班，系統思考問題之所在，並且根據下列的撰寫方式擬定寫作的基礎和策略。

一、寫作的基礎

㈠過程寫作是研究者為完成研究論文而採取的一系列書寫的步驟，包含了選定題目、進行籌備、尋找證據、組織章節、撰寫草稿、文稿修正，以及進行定稿等內容。

㈡論文寫作是透過文本（text），進行系統性組織思想和發展創造力的思惟過程。

㈢撰寫論文的重點是整體研究流程，而不是僅關注於最終的論文成品（end-product）。

㈣人文學者以綿密的構思，可以撰寫出具備時代意義，且不落窠臼之詳
　實作品。

㈤論文寫作可分解為不同的階段，可以依據分段時間內，完成管理步
　驟，而不是不經準備就可以一步到位。

㈥上述步驟不是以線性方式（linear way）存在，研究者在撰寫論文時，
　需要依據圖2-3的流程步驟，來回移動。

選定題目　進行籌備　尋找證據　組織章節　撰寫草稿　文稿修正　進行定稿

圖2-3　寫作過程中，從題材選擇到定稿，都需要錙銖計較（Louie, 2018）。

二、結果寫作

　　陳建宏、姚宏昌（2016）在《學術牛人之教戰手冊：在國際社科TOP
期刊上發表論文的訣竅學術牛人的教戰手冊》中討論研究主題，建議用
「問題的形式來陳述研究構想」。如果在進行問題討論之時，需要再尋
找證據之後，進行文稿之章節組織及撰寫草稿，草稿內容應包括研究結果
的摘要、研究結果的相關事項，其中包含了解讀結果、討論異同、關聯
論證，以及自我批判。例如：和前人文獻中的相似與差異性（similarities/
differences）、未預期的結果（unexpected results）、反駁論點（counter-
arguments），以及這一篇的發現，對於此類研究領域的影響，說明如下
（方偉達，2017）：

㈠解讀結果：在研究結果的撰寫之中，首先要說明總結論文的主要發
　現，並且解釋研究結果的重要性（陳建宏、姚宏昌，2016）。此外，
　還要深入解讀研究結果的意義，哪些結果是這個研究新發現的，與之
　前已經知道的研究有哪些相同和相異之處，提出合理的解釋。在分析
　資料，進行討論時，若是再次提到文獻回顧時的文獻時，要注意寫作

的方式，不要讓人有重複感。

(二)討論異同：引用其他學者的實驗結果，與前人研究文獻相互稽證，來
討論其中的異同，需要以相關的研究，來支持結論，並且闡述研究結
果會對原有領域的知識，產生補充作用為何呢？如果不同的話，是否
可以就出乎意料的結果，提供合理的解釋呢？

(三)關聯論證：在足夠證據之下，討論研究結果，或者是實際應用上的價
值。建立理論或重新構建問題，討論新的事實，並且提出新的理論或
假設，並且採用證據，來支持結論。

(四)自我批判：指出研究結果中任何疑義之處，如果沒有疑義，則需要指
出研究的侷限和缺憾，並且提出改進的方法，以進行討論未來研究的
方向（陳建宏、姚宏昌，2016）。

三、結論寫作

在論文撰寫的最後一段，應包括結論（conclusion）、影響
（implications）、研究侷限（limitations），以及未來研究方向（future
directions）四部分，以明確地描述此論文對於這的領域中的重要性。因
此，結論的文字應該要精簡扼要，強調本研究在這個領域的位階和未來展
望（方偉達，2017）。

(一)總結成果

利用文獻綜述，作為研究結論的開頭。研究結論應是回答研究假設、
問題，並且提出支持性的研究結果，而不是重複研究結果的摘要。因此，
需要進行具體成分的總結，寫出有效結論（effective conclusion），根據
研究設計與研究方法中提出的研究設計，展開成果總結。因此，不要在最
後面離題，或是過度推論，牽扯出與題目不相關的結論來。

(二)影響

將研究的主要觀點連結起來，並且在影響之中，強調論文的重要性，
引發讀者的思考，並且說明對於未來研究的啟示。

(三)研究限制

說明研究限制或是研究侷限（limitations）。

(四)未來研究方向

討論列出未來研究的方向，並且為研究結論尋找新的研究意義和價值。

第三節　研究管理

寫作發表是一種管理預算以及傳播應用的過程，依據預算（funding）、夥伴關係（partnerships），以及能力建構（capacity building）進行研究、寫作，以及發表的管理和評估。世界各國對於人文社科的政府規劃預算之中，希望建構公民社會的專家的能力發展，政府可以藉以諮詢的資源。所以，人文社科的研究，涉及人文和社會問題，如果通過研究，得到知識貢獻力量的滿足、政策問題之解決，以及完整的方案政策建議，將是運用國家提供之研究經費時，最大的價值。

因此，研究管理就是在這一個基礎之下進行。研究管理的內容，區分為經費來源機制（fund-sourcing mechanisms）、研究機制（research mechanisms）、審查機制（review mechanisms）、出版（publication），以及研究傳播、應用和宣傳（research dissemination, utilization, and advocacy）等五大面向（Davis, 2016）。

一、經費來源機制（Fund-sourcing mechanisms）

人文社科的研究是一種創造性的活動，如果研究補助帶來太多的束縛，或是以研究經費指導方針進行約束，通常會導致研究者失去研究的熱忱和興趣。一般來說，研究者是單純的學術型學者，不喜歡接觸研究審查行政人員和主計人員。研究者對於研究的熱忱，通常基於對於知識真理的追求；但是，因為研究計畫的經費，來自於廣大納稅人所上繳國家的稅

收，如果在研究之中，最後的研究成果，無法對於納稅人交代，那麼就需要檢討資金來源各項的環節機制，討論何者為知識貢獻的產出，以進行研究補助公平性的論述。

因此，強化研究能力，是增加知識儲備（stock of knowledge），與滿足追求知識的過程之中，以積極、創新，以及實作的觀點，增強研究的能量和動力。此外，良好的研究是在開放的環境中通過競爭而來，經過公平合理的評估機制，以同儕審查的評估方式，通過研究計畫書的撰寫，進行研究者、研究主管、審查者、諮詢者，以及出資者等五方的溝通，形成正向回饋的機制。

所以，撰寫計畫書對研究者來說，論文計畫書係為申請研究經費的管道之一。在美國，出資者可能是國家科學基金會（National Science Foundation, NSF）、國家人文基金會（National Endowment for the Humanities, NEH）；西歐各國（包括英國和歐洲大陸）是藝術與人文科學研究理事會（Arts and Humanities Research Council, AHRC）；在中國大陸，出資者是全國哲學社會科學規劃辦公室國家社會科學基金（The National Social Science Fund of China）；在臺灣，是科技部（Ministry of Science and Technology, MOST）人文及社會科學研究發展司。撰寫者所提案的計畫，要讓上述的機構，覺得有可行性與研究價值，就會得到計畫項目的補助。

研究寫作發表之管理的流程內容

1. 研究預算籌措
2. 進行原創性研究
3. 同儕審查論文
4. 研究論文出版
5. 反覆論證研究
6. 追蹤研究

7. 知識傳播

8. 傳播教育

9. 知識應用

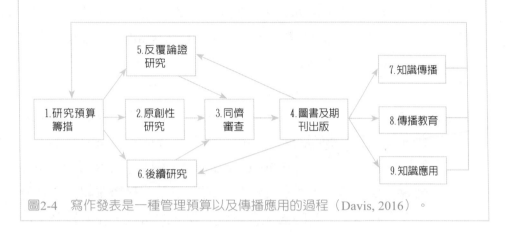

圖2-4　寫作發表是一種管理預算以及傳播應用的過程（Davis, 2016）。

二、研究機制（Research mechanisms）

　　人文社科的研究機制，強調研究意義和價值，因此，在研究中，除了依據科學方法論上形成合理的推論及論述之外，需要透過原創性研究（original research）、反覆論證研究（replication studies）、追蹤研究（follow-up studies），以進行知識的辯證、累積，以及事實確認。

(一)原創性研究（Original research）

　　在社會科學領域，如果我們談到原創性研究的論文，是研究者親自撰寫的研究報告，依據研究問題、研究目的，以及研究假設，研究者詳細介紹研究方法，依據研究結果，說明並且解釋和討論研究可能帶來的影響。檢查研究論文是否為原創性研究的方式，建議採取勤加閱讀論文，檢查是否確認是由研究者親自撰寫，依據作者撰寫的背景（background）說明、文獻回顧（literature review），了解作者是否列出研究方法（methods）、結果（results）是否已經解釋研究所有的發現，以及根據研究搜集來的證據，進行討論（discussion），並且推導得出的結論（conclusions）。建議尋找期刊論文的全文之前，先閱讀摘要，一篇期刊

論文的摘要，通常包含上述的標題（subdivision headings），其中每個關鍵部分（key sections）的精要內容，分別進行摘述。

在期刊投稿的初稿（manuscript）進行同儕審查（peer review）通過之後，進行出版（publication），以提供公眾的公評。接下來的流程，會進入到其他研究者反覆論證研究（replication studies）及後續研究（follow-up studies）的流程之中。

(二)反覆論證研究（Replication studies）

反覆論證研究（Replication studies）在自然科學中，稱為「複製研究」，在社會科學中，我們翻譯為反覆論證研究（replication studies）。科學家採取反覆論證研究（replication studies），顯示了複製研究的重要性，代表社會科學研究成果的穩健程度，還有不足。科學家認為，社會科學必須學會自我糾正。有時候，發現研究論文的錯誤，在所難免。但是，有效的反覆論證研究，可協助鑑別錯誤。因此，期刊編輯從2015年《科學》（*Science*）期刊踢爆了眾家心理學的研究成果，讓社會科學界開始更加重視複製研究。也就是說，社會科學家需要強化研究方法的透明化，以擺脫對於研究的操弄（fiddling）行為（Aarts, Anderson, Anderson, Attridge, and Attwood et al., 2015）。

這一種方法，涉及採用相同的方法，但是使用不同的主題（subjects）、實驗者（experimenters），或是參與者（participants），進行重複性的研究。研究者依據現有的理論應用在新的情況中，以進行不同主題（subjects）、年齡組別（age groups）、種族、地點、文化，或是任何變量，進行的普遍性（generalizability）的反覆論證。反覆論證研究的主要決定因素包括：

1. 確定結果可靠和有效（reliable and valid）。
2. 確定並無外擾變項（extraneous variable）。例如，除了自變項（independent variable）以外，檢查是否要其他影響依變項（dependent variable）的因素，但研究者卻忽略，並不加以探討。理想上研究者需要控制所有的外擾變項，但實際上在社會科學中，干擾研

究結果的原因很多，很難進行變項的控制。

3. 將前人研究的結果，應用於新的情況。

4. 結合前人的相關研究結果，啓發新的研究。

《科學》（Science）期刊踢爆心理學研究

2015年，《科學》（Science）期刊，由二百七十位科學家領銜，透過開放科學合作（Open Science Collaboration）發表了心理學的「複製研究」，以反覆論證研究結果，踢爆了眾家心理學的研究成果（Aarts, Anderson, Anderson, Attridge, and Attwood et al., 2015）。

二百七十位科學家發現，他們重複實驗一百篇心理研究期刊論文中的原創性研究，但是其中僅有不到一半的重複實驗結果，和原來研究的結果一致；也就是說，重現性（reproducibility）相當地低。在原創性研究中，具有97%的原創性研究具有統計學顯著效果；但是重複實驗中，只有36%實驗具有統計學顯著效果。如果結合原創研究和複製研究的結果，只有68%的統計顯著效果。這一篇文章發表之後，震驚了心理學界，來自正面和反面的評論紛至沓來。

到了2016年，《科學》（Science）期刊，刊載了兩篇文章，其中基爾柏特等人支持一百位心理學家的原創性研究，認為心理科學研究結果的重現性（reproducibility）相當高（Gilbert, King, Pettigrew, and Wilson, 2016）。這一篇文章激怒了學界；後來，安德森領銜四十四位科學家，認為基爾柏特這篇論文有統計誤解（statistical misconceptions）和選擇性因果推論（causal inferences）的數據解釋問題（Anderson, Bahník, Barnett-Cowan, Bosco, and Chandler et al., 2016）。

後來有許多媒體開始關心這一個議題，因為科學完整性（scientific integrity）和統計信賴程度是「學術的貞操」，不容質疑。如果社會科學禁不起重測的結果，那麼許多研究的結果，都只是實驗階段，也都是碰巧遇到的結果，也許科學就會被嚴重質疑其真實性。

英國國家廣播公司（British Broadcasting Corporation, BBC）採訪英國劍橋大學塞恩斯伯里實驗室主任蕾瑟（Dame Leyser）談到「重現性危機」（reproducibility crisis）。蕾瑟認為重現性（reproducibility）那麼少，並不是一件學術欺詐行為。她認為在學術界，不斷更新知識，是一種強化超越了物質影響的發現文化，因為大多數科學關心的是沉悶和確定的工作，有不確定性的結果產生，不見得是個壞事。

也就是說，在學術界，通常學校單位希望獲得教育部和科技部的挹注，研究者希望爭取發表突破性的同儕審查期刊文章，依據研究論文衡量計畫補助和研究生的獎助學金，她指出這一套評估系統應該要修正了。她說：「為了鼓勵學者研究，研究系統建立的方式的結果，卻不盡如人意。」「所以，每個人都必須承擔研究上的責任。」（Feilden, 2017）

(三)後續研究（Follow-up studies）

後續研究又稱為世代研究（cohort study），基本上有三種基本組成部分：暴露、時間，以及結局（exposure, time, and outcome）。一般來說，在醫療、環境，以及教學現場中的評估，採取實驗組和對照組進行評估，除了當時的介入研究之外，並且要經過後續長期的追蹤，以建立不同世代下的風險暴露、暴露時間，以及最後的結果描述。

後續研究是一項觀測性研究（observational study），對於一組確定的研究對象，進行長時間的比較，了解最終結局的差異。並且將暴露（exposed）、未暴露（not exposed），或是暴露於不同情況之下的研究對象，納入干預（intervention）的因素之中。世代研究（cohort study）可以在現在和未來事件進行組合，也就是同時進行的世代研究（concurrent cohort study）；或者從過去的紀錄中查出，然後從那個時代，進行到現在的歷史性世代研究（historical cohort study）。由於不是採用隨機分配（random allocation），因此必須使用配對（matching）研究，或是依據統計進行調整（statistical adjustment），來確保比較組別（comparison groups）之間，盡可能地相似。本書在第四章有後續研究

（follow-up studies）方法的詳細說明，詳見P.140～P.148。

三、同儕審查（Peer review）

我們在人文社科研究機制（Research mechanisms）中，了解到研究的意義和價值；但是，研究到了最後，發表才是王道。任何未出版的學術著作，都留有遺憾。但是，在專書或是期刊論文出版之前，需要有專業的同行，進行研究錯誤及瑕疵的指正，確保作者的著作符合學術標準，藉由客觀、公正的審查標準，通過學術成果發表的關卡；也就是說，在發表之前，需要由同一學門領域的其他專家學者進行評審，決定所撰寫的初稿是否通過審查。在出版刊物之前，編輯會將論文初稿送給學者專家，一般通過電子郵件邀請審稿，並且通過網路系統中撰寫審查意見處理完成，通常一篇初稿由二到三人進行審查。

同儕審查（peer review）適用於期刊審查、專書審查、計畫項目送審、計畫案件送審、結案報告審查，以及學術研究基金決定得獎者的依據。根據科技部的規定，計畫項目案件審查，需要確定下列的利益迴避暨保密原則：

㈠審查作業相關人員應致力於客觀、公正、公開之審查程序，審查過程應不為或不受任何請託、關說，確保審查作業之品質。

㈡審查作業相關人員未經授權，不得將審查資料、審查會議討論過程之意見或結果洩漏予他人。

㈢審查委員若與計畫申請人具下列關係必須迴避審查退件：

1. 本人或其配偶、前配偶、四親等內之血親或三親等內之姻親或曾有此關係者為事件之當事人時。

2. 本人或其配偶、前配偶，就該事件與當事人有共同權利人或共同義務人之關係者。

3. 現為或曾為該事件當事人之代理人、輔佐人者。

4. 於該事件，曾為證人、鑑定人者。

5. 任職於同一系、所、科或單位。

6. 近三年曾有指導博士、碩士論文之師生。

7. 近二年發表論文或研究成果之共同作者。

8. 審查計畫時有共同執行研究計畫。

㈣審查委員若與合作企業之負責人間具下列關係必須迴避審查退件：

1. 本人或其配偶、前配偶、四親等內之血親或三親等內之姻親或曾有此關係者為事件之當事人時。

2. 本人或其配偶、前配偶，就該事件與當事人有共同權利人或共同義務人之關係者。

自然科學界針對社會科學界的同儕審查（peer review）

「為什麼自然科學學者要惡搞社會科學界？」這是一個很有趣的話題，不論在西方社會和東方社會，都是存在已久的社會議題。

人文與社會科學的研究，由於需要探索未知的哲學世界與心理世界，通常很難透過數學和統計學，以反覆論證研究（replication studies）及後續研究（follow-up studies）的科學方法，進行實驗驗證。此外，因為人文學科用語晦澀，難以閱讀。因此，崇尚實證主義的年輕學者，在多方舉證之下，專門針對於心理、宗教、哲學、人文、藝術等內容研究成果之批評；甚至相當輕易地「侵門踏戶」，以藐視的眼光，發表調侃、否證，或是毀謗人文與社會科學的研究，例如：以刊載西方後殖民主義（postcolonialism）、後現代主義（postmodernism）、後人類主義（post-humanism）、女性主義（feminism）、馬克思主義（Marxism）、新自由主義（neoliberalism）、酷兒理論（queer theory），以及通俗文化（popular culture）等論述頗富盛名的《社會論文期刊》（*Social Text*），就曾經在1995年遭到修理，這就是相當著名的索卡事件（Sokal affair）。

索卡（Alan Sokal, 1955～）是紐約大學物理系教授，他天資聰穎，二十一歲獲哈佛大學學士，二十六歲獲普林斯頓大學物理學博士，四十一歲的時候，向杜克大學出版的《社會論文期刊》發表了一篇怪異的論文〈超

越界線：走向量子引力的超形式解釋學〉（Transgressing the boundaries: Toward a transformative hermeneutics of quantum gravity）。在刊登之日，他公開坦承他是亂寫的，這是一場惡作劇，後來的學者稱這一場鬧劇是索卡惡作劇（Sokal hoax）。

索卡寫的是一篇毫無意義的文章（nonsensical article），1996年搞笑諾貝爾獎（Ig Nobel Prize）調侃《社會論文期刊》說：「編輯匆忙刊登這一篇作品，他無法理解作者索卡的研究；但是，索卡強調這一篇文章都是沒有意義的胡謅，而且內容是在現實中並不存在的結果。」

索卡是實證主義者，他瞧不起未經實證的科學。強調科學研究不能夠進行錯誤的科學推理（faulty scientific reasoning），正如他參與批評「正向心理學」的「臨界積極率」（critical positivity ratio）。什麼是「臨界積極率」呢？

簡單來說，密西根州安娜堡高級研究中心前主任洛薩達（Marcial Losada, 1939～）和北卡州立大學心理學系教授佛瑞德里克森（Barbara Fredrickson, 1964～）在2005年的《美國心理學家》（*American Psychologist*）發表論文，運用自然科學中的流體力學（fluid dynamics）的非線性動力學模型（nonlinear dynamics modelling）來推導出這些數值。他們將積極情緒和消極情緒進行比較，認為積極情緒能夠提高認知能力，抵減消極情緒所導致的生理反應，並且減輕焦慮情緒（Fredrickson and Losada, 2005）。

洛薩達和佛瑞德里克森認為，由於積極情緒不是永恆的，所以保持積極情緒的祕訣，就是提高「臨界積極率」；也就是說，在一段時間內，積極情緒出現的頻率/消極情緒出現的頻率，就是「臨界積極率」。這樣的論證，被索卡批評。因為洛薩達和弗瑞德里克森甚至說，要達到幸福的狀態，積極率臨界值應該是3:1。在3:1以下，積極情緒很可能是惰性的，會被消極情緒的影響淹沒；只有達到3:1以上時，積極情緒才擁有足夠的力量，壓倒消極情緒。

佛瑞德里克森採取了「昨日重現法」，希望讀者進行情緒的記錄。例

如，她建議何時醒來，何時睡覺，然後回顧一天的生活，將一天區分成幾個單元，將每個單元在處理事件時的情緒強度評分，0=一點都沒有，1=有一點，2=中等，3=很多，4=非常多。每天進行一次統計，用積極情緒得分除以消極情緒得分就是「臨界積極率」。

索卡等人指出了文章中的許多基本的數學運算是錯誤的。到了2013年，布朗（Nicholas Brown）、索卡（Alan Sokal）以及佛瑞德曼（Harris Friedman）也在《美國心理學家》（*American Psychologist*）發表論文，說明「臨界積極率」不可相信。主要的問題是微分方程式的基本錯誤，例如說：「任意選擇參數，而且運用有限的經驗數值，導致結果無法解釋，同時無法驗證結果。」（Brown, Sokal, and Friedman, 2013）

洛薩達拒絕回應批評，表示他辭掉研究工作之後，忙於經營自己的心理諮詢事業。佛瑞德里克森針對這個評論，她認為以經驗證據說明「臨界積極率」比率2.9013是可靠的；但是，她無法以數學模型證明這個數據是可靠的。她在文章之中，建議採取縱貫性田野調查研究（longitudinal field studies）進行分析（Fredrickson, 2013）。她認為，雖然物理、化學，以及工程科學，比起人類的心理科學，有著更多的經驗模型。但是，人類情緒顯然是動態的，依據系統動力學（system dynamics）、網絡分析（network analysis），以及代理人基模型（agent-based modeling, ABM）等系統科學方法，進行情感科學（affective science）的研究。

佛瑞德里克森樂觀的認為，從跨域整合的觀點，可以開展健康生活的思惟模式。但是，佛瑞德里克森沒有依據非線性動力學模型（nonlinear dynamics modelling）的微分方程式進行數學推導之迎戰。後來，《美國心理學家》正式撤回這篇論文的數學模型，包括特定的臨界積極率2.9013，認定數值無效。索卡（Alan Sokal）認為，這一篇社會心理學的論證，缺乏科學的可靠性（scientific soundness），以及嚴謹的批判性思惟（rigorous critical thinking）。

索卡後來表示：「佛瑞德里克森和洛薩達提出的主要觀點，是如此令人難以置信，所以我們才高舉警告的紅旗（red flags）。」索卡甚至「哪壺不

開提哪壺」，他重提人文學界多年前的糗事：「在這一點上，我忍不住要類比（analogy）1995年的秋天，當《社會論文期刊》（*Social Text*）編輯的辦公桌上，出現了一篇怪異初稿，編輯卻無動於衷的往事。」

索卡（Alan Sokal）又狠狠地補了社會科學的一刀，深怕人文社科學界，不覺得痛。

四、出版（Publication）

圖書及期刊出版的流程，是指作者完成草稿，經過審查、排版、完成初稿、校對、編列索引、申請國際標準書號（International Standard Book Number, ISBN）及出版品預行編目（Cataloging in Publication, CIP），到了印刷、裝訂、銷售等，算是完成出版的過程。出版文獻經過分類，可以分成白色文獻、灰色文獻、黑色文獻等三類：

㈠白色文獻（White literature）：是指經正式出版流程出版發行的圖書及期刊文獻，大都係指一般書店販售的圖書文獻。

㈡黑色文獻（Black literature）：是指不公開出版並深具機密性之文獻，例如國家機密圖書文獻。

㈢灰色文獻（Gray literature）：是指有公開披露，但不易透過一般書籍銷售管道購得，或是不易取得的文獻資料。例如：國家圖書館所館藏的博碩士論文、會議論文集、政府機關報告及出版品、學會出版品、研究報告，以及技術規範標準等。一般「未出版碩博士論文」是指沒有申請ISBN及CIP，也沒有正式出版及發行的論文，屬於灰色文獻（gray literature）。如果想要出版，比較正式的做法，是找審查人審查通過修改之後，才找出版社進行正式出版，申請ISBN及CIP，才能稱為白色文獻（white literature）。

五、研究傳播、應用和宣傳

研究傳播、應用和宣傳（Research dissemination, utilization, and

advocacy）需要通過閱讀、引用、應用，和廣為宣傳的方式，強化期刊和書本傳播的力量，在進行研究成果的應用時，進行文獻引用、傳播，以及應用的方式如下。

㈠文獻引用

記得在哈佛大學念書的時候，英文老師第一堂課，就是教我們如何引用，她說：「所謂引用，就是看過一段文字之後，用自己的話說出來，然後，再引註作者和年份。」2001年哈佛大學退學了一批碩士生，因為他們沒有適當引用。所以，我指導研究生在閱讀及引用文獻時，嚴厲訓練不可以複製（copy），也不可以貼上（paste），只要是引用：「一律看過一段文字之後，用自己的話說出來；然後，再引註作者和年份。」

還記得哈佛大學景觀生態學之父佛爾曼教授曾勸誡我們：「引用期刊文章是第一流，引用教科書書籍是第二流，引用政府報告是第三流。」如果不閱讀英文期刊文獻，僅引用其他臺灣學生的學位論文，屬於抄來抄去的灰色文獻引用，還抄錯字的學位論文，實在是不入流。這也是我告誡研究生，說得最重的話。

㈡傳播與應用

現在對於專業紙本期刊閱讀的讀者越來越少。所謂的知識傳播，透過臉書、Google學術搜尋、維基百科，或是YouTube等社會媒體，進行閱聽傳播，以跨大知識傳遞途徑。傳播學者羅傑斯（Everett Rogers, 1931～2004）以「創新擴散」（Diffusion of Innovations）理論，說明傳播現象。羅傑斯認為，當一種嶄新觀念、方法和理論開始推廣之時，其擴散的程度，需要取決於當代研究者的主觀評價，包含了⑴相對優越性：研究者認為研究創新方法優於舊方法；⑵兼容性：創新方法與現有方法的價值，過去使用經驗、預期使用者需求的共存程度；⑶複雜性：創新方法理解和使用的難度；⑷可試用性：創新方法在有限基礎上，可以被試用的程度；⑸可觀察性：創新方法產生的結果，可以被其他研究者看見的程度（Rogers, 1962/1995）。

在研究中，如果要擴大重現性（reproducibility），需要強化先前研

究成果，經過再三的推敲，在研究中產生理論，或是驗證理論，經過反覆論證研究（replication studies）之後，產生統計顯著效應（statistically significant effects）。我們可以運用這些人類智慧研究出來的理論，應用在實際的現實社會中，進行傳播教育、媒體運用，以及實務宣傳。

六、學術研究評估指標

人文與社會科學強調文獻的閱讀，所以依據人類智慧產生的書目資料，形成了書目計量學（bibliometrics），這一套學問是應用數學和統計學方法，藉著計算與分析文字資訊的模式，來展現文字資訊的處理過程，以及學科發展的性質與趨勢（Pritchard, 1969）。近年來，依據網路資訊計量學（informetrics）的基礎，產生了下列的指標系統，如表2-2。我們依據下列定義，進行期刊排名的說明。

(一)期刊排名（Journal ranking）

依據期刊排名（journal ranking），可以了解這一本期刊在這個領域中排名情形，期刊排名的根據，是經過各領域的期刊影響指數排序之後，所得的名次。如果這一個期刊屬於多個領域，則會有不同的名次產生。除了實際名次之外，我們可以看出這一個期刊在這個領域之中的四分位百分比，Q1為該領域影響係數名次前25%，Q2為25%-50%，Q3為50%-75%，Q4則為後75%。

(二)箱線圖（Category box plot）

依據箱線圖，可以顯現這一個期刊在相關領域中的排名相對位置。依據影響指數排名，將期刊分成四個等級，Q1為0%-25%，Q2為25%-50%，Q3為50%-75%，Q4則為75-100%。

(三)期刊自我引用（Journal self cites）

所謂的期刊自我引用（Journal self cites）係指該期刊總引用次數（total cites）中，期刊自我引用次數及比例，一般來說，該期刊應該要扣除期刊自我引用之後的影響指數，進行計算。

表2-2　書目計量指標（bibliometric indicators）

指標名稱	指標英文名稱	評估內容
期刊影響指數	Journal Impact Factor (IF)	期刊影響指數（Impact factor, IF），或稱為影響因子、影響係數，是美國科學情報研究所（Information Sciences Institute, ISI）所研發期刊引證報告（Journal Citation Reports, JCR）中的一項數據。指的是期刊的文章在特定年份或時期，被引用的頻率，是衡量學術期刊影響力的重要指標。影響指數的計算方法為某期刊於前兩年中出版之論文於今年被引用的次數，除以某期刊於前二年中出版的論文總數。
五年期刊影響指數	5-year synchronous journal impact factor	期刊引證報告（Journal Citation Reports, JCR）為了針對社會科學領域的期刊的影響力評估，進行了五年期刊影響指數的計算。 因為社科指數需要看到期刊長期的影響力，通常需要經過比較久的時間引用，才會達到高峰。因此，五年期刊影響指數的計算為該期刊在前五年中出版之論文於今年被引用的次數，除以該期刊於前五年出版的論文總數。
SCImago期刊排名	SCImago Journal Ranking	又稱為SJR indicator，在愛思唯爾（Elsevier）所製作的全球最大索引摘要斯高帕斯資料庫（SCOPUS）中，可以公開取用的期刊排名資訊。排名的根本性質和特徵係數（Eigenfactor）相似，都是採用類似谷歌（Google）的網頁排名演算法的方式，跟蹤引用來源和引用情況的期刊排名。
單篇論文來源標準化影響指數	Source Normalised Impact per Paper (SNIP)	考量跨領域研究在比較的時候，應該具備客觀性，SNIP最大的特色在於讓不同領域期刊的被引情形標準化。根據某個學科領域的總引用次數、出版的論文總數，給予引用權重，進而衡量期刊引用標準化（normalized）情形，以進行跨領域的比較。

指標名稱	指標英文名稱	評估內容
特徵係數	Eigenfactor	特徵係數（Eigenfactor），又稱為特徵因素，依據期刊引證報告（Journal Citation Reports, JCR）的數據進行計算，但是和傳統期刊影響指數（Impact Factor）的主要差異在於著重期刊之間相互的引用，給予不同的權重。意即一本期刊如果被聲望較高的期刊所引用，對該期刊聲望的提升，應較一般期刊引用來得更為顯著。特徵係數（Eigenfactor）計算在引用的過程中，各期刊被閱讀到的機率，是透過期刊之間的引用網絡建立引用矩陣，計算出期刊的最終的特徵係數。
相對引用率	Relative Citation Ratio, RCR	相對引用率（Relative Citation Ratio, RCR）將每篇論文被引用次數與該領域的平均引用數比較，就是論文引用和本領域平均引用的比值。
斯高帕斯資料庫	SciVerse Scopus; Scopus	愛思唯爾（Elsevier）製作的全球最大索引摘要資料庫，稱為斯高帕斯資料庫（SCOPUS），發表於2004年。這個文獻資料庫囊括全世界五千多家科學、技術、醫學和社會科學等領域的出版商所發行的期刊資料。
谷歌（Google）學術搜尋	Google Scholar	Google學術搜尋beta版發表於2004年，Google學術搜尋（Google Scholar）是一個免費搜尋學術文章的網路搜尋引擎，索引包括了全球出版的學術期刊，依據針對性、專業性通過內容搜尋，以影響度在網頁中排序。
H指數	H-index; h-index	H指數是一個混合量化指標，依據引用次數的計算，應用於某教授的評鑑學術產出數量的綜合評估。例如，某教授在所有學術文章中，有N篇論文分別被引用了至少N次，他的H指數就是N。如果一位教授發表過一百三十篇文章中，有十一篇文章被引用超過了十一次以上，他的H指數是十一。

第四節　期刊發表

　　在學界，專書著作的生命週期大約兩年；但是，期刊論文（journal paper）的生命週期大約十年。一般來說，除了少數專書出版經過審查證明，以作爲教師升等、專書獎助，專書計點等證明之用；大多數的學術專書在出版過程之中，是不用經過審核的。所以，應該要在期刊中發表原創型的人文社科概念，並且在結論中，提到個人研究對於政策制定者、實踐者，以及其他研究者的意義和價值。在創新型的期刊研究中，針對既有的教條或報告（established dogma or reporting）提出挑戰性的觀點，以產生新的假說（hypotheses），以利進步科學（advancing science）的推動（Davis, 2016）。

一、社會科學期刊論文發表

　　社會科學和自然科學論文的撰寫方式不同。社會科學強調理論和實務之間要兼籌並顧；所以，建議理論型的論文應該多探討關於政策、實用性，或者經驗性的工作；但是，經驗型的論文，應該說明可以採用理論應用，成爲經驗模型的形式。所以，我們在發表的時候，需要依據經驗理論形成的結果，鎔鑄爲論文的主要部分，然後再進行緒論和結論之撰寫，在過程之中，需要精準連結句子前後的邏輯順序和關係，要讓章節結構和文句邏輯順序，越平順越好。

　　「但是，社會科學的期刊投稿，有多麼困難呢？」

　　上海交通大學安泰經濟與管理學院在2015年發表在《資訊計量學期刊》（*Journal of Informetrics*）中研究中國大陸1978年以來的社會科學引文索引（SSCI）和科學引文索引（SCI）發表狀況（Liu, Hu, Tang, and Wang, 2015）。該篇文章認爲，中國大陸SSCI的文章數量從1978年的六十四篇，增加到2013年的8,040篇，年增長率爲14.81%。爲了進一步了解中國大陸SSCI出版物的動態，上海交通大學安泰經濟與管理學院將研究時期分爲三個十二年的階段：1978～1989年，1990～2001年，以及

2002～2013年，如圖2-5(a)所示。

　　第一階段中國大陸社會科學研究在全球階段幾乎是看不見的，每年出版物的平均數量僅為一百六十七篇。1990年至2001年間，中國大陸出版物的SSCI指數從二百八十一篇增加到一千零九十六篇，在這期間共計有七千二百六十篇文章出版，文章篇數幾乎增加了四倍。中國大陸的SSCI出版期刊在過去的十二年中蓬勃發展，共計出版文章四萬二千多篇，年均增長率達19.67%。

　　然而，中國大陸的SSCI出版期刊篇數，在1978年雖然僅占了全球期刊篇數量的0.11%，但是到了2013年，僅提升至4.3%。根據《中國教育統計年鑑》記載，中國社會科學研究人員在十二年內，增加一倍，從2001年的261,174人增加到2012年的482,050人。其次，中國大陸國際地位的上升，引發了全球對於中國的關注。這也解釋了越來越多的來自中國的出版期刊被接受，納入到SSCI或SCI期刊之中。從制度面的角度來看，中國大陸大專校院鼓勵更多外文的國際出版品出版。儘管不同單位的推廣方向不一定相同，但是在中國大陸的大學和研究機構中，除了政府補助之外，還將重點放在SSCI或SCI索引期刊中的研究獎項之中。但是，和中國大陸推動刊登SCI比例相比，中國社會科學研究的增長速度，明顯偏低。

　　依據全球論文篇數來看，相較於SCI期刊的比例占全球期刊比例的16%，SSCI期刊僅占4.3%，如圖2-5(b)所示，這兩種知識領域，在絕對數量和全球所占比例上的差距，正在逐漸擴大。中國自然科學和社會科學發展不平衡的原因主要有兩種，與自然科學相比，社會科學受到文化、經濟，以及政治影響，納入到國家管理體系之中，難以吸引全球觀眾的矚目。此外，社會科學研究的論述，比自然科學研究需要更好的英語來表達，這給中國等非英語系的學者帶來了更大的挑戰（Liu et al., 2015）。

二、藝術與人文期刊論文發表

　　如果社會科學期刊論文發表很困難；那麼，藝術與人文學科的發表，也相當的困難。社會科學和人文科學領域不容易發展一套全世界通用的綜

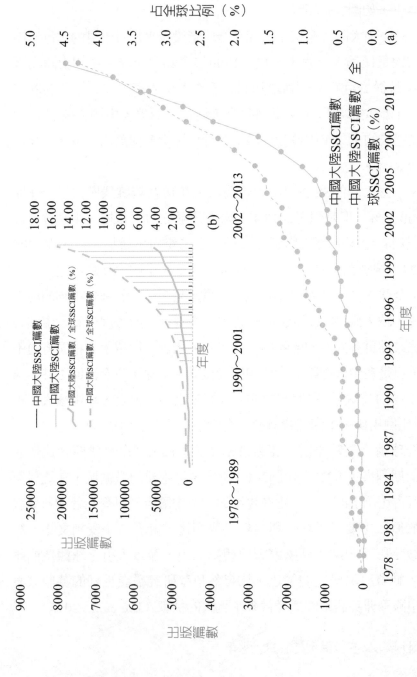

圖2-5 中國大陸SSCI期刊發表遠不如SCI期刊（Liu, Hu, Tang, and Wang, 2015）。

合性引用指標（comprehensive citation index）。在2009年，歐洲科學基金會（European Science Foundation, ESF）創建了歐洲人文學科參考指標（European Reference Index for the Humanities, ERIH），到了2018年，ERIH修訂標準，產生了ERIH PLUS criteria。這個標準目前不包括書籍、系列叢書，以及會議論文集。發表的期刊論文，必須滿足以下最低要求：

㈠需要明確描述期刊的外部/獨立同儕評審程序。該期刊的網站至少要說明該過程如何確保審稿者獨立於作者之外，亦即不隸屬於同一機構。

㈡期刊學術編委會成員與大學或獨立研究機構之聯繫。

㈢由國際標準期刊號（International Standard Serial Number, ISSN）單位授予ISSN編碼。

㈣所有原創文章都附有英文摘要，或是與該領域相關的國際語言。

㈤提供關於作者大學、獨立研究機構的全名；以及作者地址（電子郵件或郵寄地址）。

㈥該期刊上發表的作者，不得超過三分之二來自於同一機構。

　　由歐洲人文學科參考指標來看，人文社科期刊的來源是多樣化的。在藝術與人文（Art & Humanities, A&H）期刊出版領域，出版商的多樣性較高；不會像是自然科學的「科學、技術，以及醫學」（Scientific, Technical, & Medical, STM）期刊過於集中於少數出版社的情形（見圖2-6）。對角線表示每個出版商貢獻相同比例的出版期刊狀況。曲線和對角線之間的表面，和吉尼指數（Gini index）成正比；對於STM來說，在對角線以上的表面積比A&H更大，意味著少數出版商集中在多數期刊的出版，形成期刊集中和出版壟斷的情形。但是，藝術與人文期刊有較多、較分散的小眾市場的出版商願意出版（Meester, 2013）。

　　總之，為了使人文社科的發展更為健全，應該強化愛思唯爾公司的斯高帕斯資料庫（Elsevier Scopus）收錄來自亞洲的人文社科期刊的內容。此外，應將收錄來源類型擴展到書籍等相關藝術、人文與社會科學的成果。

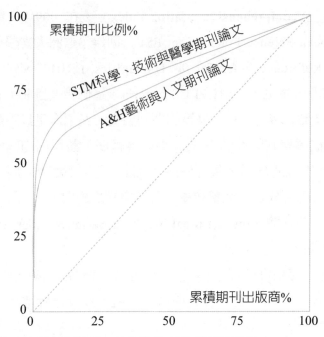

圖2-6 藝術與人文期刊有較多、較分散的出版商願意出版（Meester, 2013）。

第五節　社會影響

　　藝術、人文與社會科學家對於研究成果的社會影響（social impact），有著不同的定義。例如說：「產出」（output）、「效果」（effect）、「結果」（outcome），以及「社會回報」（social return）。有時候，社會影響會被「社會價值創造」（social value creation）等術語所取代。

　　一般而言，不管是自然科學，或是社會科學，以知識進步為研究導向，藉由創造發明，改善人類的生活狀況。我們通過研究分析、學術交流，以及改善社會影響，是所有科學領域最迫切的需求之一。然而，最近公民社會對於公共領域層面的透明度（transparency）和問責制（accountability）集體產生的推動力量，形成了科學體系與社會進步之間的關聯。這就是為什麼今天要從研究中，了解科學研究為什麼會產生社會影響力中，更為需要思考的因素。以下我們從個人社會影響、集體社會影

人文社科研究方法

響，談到人文社科未來的發展。

一、個人社會影響

過去，學術研究是一種知識的象牙塔，但是隨著網路社會的進步，在歐盟推動「社會影響開放知識庫」（Social Impact Open Repository, SIOR）成為研究中必要的利器，這一種知識庫以共同分享和儲存研究結果，希冀藉由集體智慧的力量，推動社會傳播與進步。

例如說，在「社會影響開放知識庫」系統中我們上網註冊知識庫之後，研究者描述研究計畫的項目影響，並且將證據上傳，以在網路上達到開放宣傳的影響效應，以作為同儕審查的依據之一。因此，通過網路查詢，「社會影響開放知識庫」以徵信的方式，提供了社會影響的個人資訊，提升科學工作的透明度，讓決策者和納稅人可以透過關心之領域，查詢研究者的社會貢獻。目前網路上的公開資訊，例如：Google學術搜尋，可以免費搜尋學術期刊文章，並且揭露學者的著作目錄。Linkedin揭露的是個人專業簡介、工作經歷、教育背景、專業技能、關心議題、出版作品、參與組織的完整檔案。ResearchGate以社交服務網站的方式，和Academia.edu相同，提供學術文章的諮詢和下載，這都是透過媒體傳播，提升個人社會影響的方式。

二、集體社會影響

如果我們談到人文社科的社會影響，需要建立的是參與式的平臺。我們以上述資訊公開的方式，透過研究者或研究機構之間的合作，讓人文社科的研究，產生教育影響、社會影響，以及政治影響。

我們認為，人文社科的影響，需要藉由研究成果的分享，證明其對我們現在和未來的人類社會，產生重要的價值和意義。例如，從永續的觀點來看，人文與社會科學是解決地球永續發展的良方。以21世紀的問題來說，遠有溫水煮青蛙的「全球氣候變遷」；近有恐怖分子挾帶核子武器，威脅地球和平。即使哈佛大學心理學系教授平克（Steve Pinker, 1954～）

大聲疾呼《人性中的良善天使：暴力如何從我們的世界中逐漸消失》，認為人類戰勝暴力的誘惑，即將迎向太平盛世（Pinker, 2012）。悲觀主義如我，還是覺得人類的性命，賤如螻蟻，面對「環境、政治和經濟」同等艱困的難民世紀，人類該何去何從？我們要如何強化自我的韌性（resilience）？強化在未來世紀的生存條件？

在2015年，聯合國發表了十七項永續發展目標（Sustainable Development Goals, SDGs），將原有八項千禧年發展目標（Millennium Development Goals, MDGs）予以擴大，並且通過了2030年永續發展議程。我們從圖2-7看到了地球系統、社會系統、經濟系統，以及治理系統是環環相扣的。為了解決永續發展的問題，透過科學研究以及知識傳播，協助將系統知識轉移到社區，以讓社區進行環境維護和管理。因此，在人文社科研究設計計畫形成的初期，就應該將社會影響納入到研究的觀念之中，而不是在研究計畫項目結束之後，才試圖將社會影響納入到附加的考慮範圍之中，才可以診斷社會問題，產生正向社會貢獻的依據，創造永續發展的契機。

小結

我們從本章中，了解藝術、人文與社會科學的研究，是一種循環的流程。從我們產生了研究概念，進行文獻回顧，並且進行研究問題的理論陳述，為了要了解實證研究問題的現象，開始規劃及設計研究方法，進行資料蒐集，並且運用資料分析，回答實證型研究問題。但是，這樣的努力還是不夠的。因為本章說明的三種研究方式，包含了：「探索性研究、描述性研究、因果性研究」。上述的研究方式，無法通過下列的論證：「如果探索性研究可以進行事先分析（prior analysis），那麼就直接做就好了，為什麼還要進行探索呢？如果描述性研究不可能回答問題，那為什麼還要做研究呢？如果因果性研究只是看到表象，而看不到事物的最深層的真相，那麼我們為什麼還要做因果性研究呢？」所以，我們需要通過「詮釋

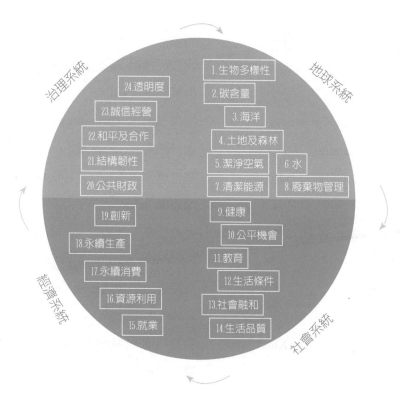

圖2-7 從永續的觀點來看，人文與社會科學是解決地球永續發展的良方（Muff, Kapalka, and Dyllick, 2017）。

性研究」，從我們觀察到的表象，充分進行由外而內的現象理解，從本質上進行理論詮釋，進行專家訪談，並且比較學術界前人的研究，進行批判，才能充分論述，達到我們想要的結論。

關鍵字詞

問責制（accountability）	代理人基模型（agent-based modeling, ABM）
類比（analogy）	區域文化（area culture）
藝術與人文（Art & Humanities, A&H）	黑色文獻（black literature）

能力建構（capacity building）	個案研究（case study）
個案研究方法（case-study methods）	出版品預行編目（cataloging in Publication, CIP）
因果推論（causal inferences）	因果性研究（causal research）
因果關係（causality）	世代研究（cohort study）
共同協作（collaborative effort）	綜合性引用指標（comprehensive citation index）
綜合能力（comprehensive competences）	概念架構工作假設（conceptual framework working hypothesis）
結論（conclusion）	同時進行的世代研究（concurrent cohort study）
反駁論點（counter-arguments）	臨界積極率（critical positivity ratio）
數據可用性（data availability）	資料處理（data processing）
依變項（dependent variable）	描述性研究（descriptive research）
編輯和編碼（editing and coding）	有效結論（effective conclusion）
愛思唯爾公司的斯高帕斯資料庫（Elsevier Scopus）	經驗主張（empirical assertions）
歐洲人文學科參考指標（European Reference Index for the Humanities, ERIH）	經驗調查（experience survey）
經驗主義（experientialism）	實驗（experiment）
解釋性研究（explanatory research）	探索性研究（exploratory research）
外部標準（external criteria）	外擾變項（extraneous variable）
可證偽性（falsifiability）	可行性（feasibility）
田野調查（field survey）	追蹤研究（follow-up studies）

形成性研究（formulative research）	自由意志（free will）
未來研究方向（future directions）	灰色文獻（gray literature）
群體迷思（groupthink）	歷史性世代研究（historical cohort study）
人本主義（Humanism）	假說（hypotheses）
影響（implications）	國際標準書號（International Standard Book Number, ISBN）
自變項（independent variable）	內部效度（internal validity）
研究結果詮釋（interpretation of finding）	詮釋性評註（interpretive commentary）
詮釋性研究（interpretive research）	訪談（interviews）
期刊論文（journal paper）	實驗室（laboratory）
研究侷限（limitations）	線性方式（linear way）
縱貫性田野調查研究（longitudinal field studies）	建立清單（making inventories）
心理圖像（mental picture）	自然主義（naturalism）
網絡分析（network analysis）	非線性動力學模型（nonlinear dynamics modelling）
非機率（non-probability）	觀測方法（observational methods）
觀測性研究（observational study）	操作型定義（operational definition）
民意調查（opinion polls）	原創性研究（original research）
同儕審查（peer review）	個人標準（personal criteria）
個人傾向（personal inclination）	試驗研究（pilot study）
實證性（positivism）	後現代主義（postmodernism）
後實證主義（postpositivism）	機率（probability）
問題定義（problem definition）	發現問題（problem discovery）

問題重新定義（problem reframing）	實用性（practicality）
現場記錄引述（quotes from fieldnotes）	晤談紀錄引述（quotes from interviews）
隨機分配（random allocation）	真實問題（real problems）
紅旗（red flags）	相對重要性（relative importance）
反覆論證研究（複製研究）（replication studies）	重現性（reproducibility）
研究目標（research objectives）	研究流程（research process）
研究者的知識（researcher knowledge）	韌性（resilience）
資源可用性（resources availability）	科學完整性（scientific integrity）
選擇研究（selection of research）	科學、技術，以及醫學（Scientific, Technical, & Medical, STM）
社會生態學（social ecology）	社會影響開放知識庫（Social Impact Open Repository, SIOR）
社會回報（social return）	社會價值創造（social value creation）
統計誤解（statistical misconceptions）	統計顯著效應（statistically significant effects）
同溫層（stratosphere）	綱要資料報告（synoptic data reports）
系統動力學（system dynamics）	文本（text）
學理討論（theoretical discussion）	思惟典範（thinking paradigms）
問題的時間軸線（time-lines of the problem）	跨學科領域的合作（transdisciplinary collaborations）
透明度（transparency）	唯意志論（Voluntarism）
白色文獻（white literature）	

第三章
人文與社會科學的分析

At twenty years of age, the will reigns; at thirty, the wit; and at forty, the judgment.

二十歲時起支配作用的是意志，三十歲時是機智，四十歲時是判斷。

—— 富蘭克林（Benjamin Franklin, 1706～1790）

學習焦點

　　本章探討人文與社會科學的知識心理，從研究者的心理層面出發，以共時性現象，探討中國哲人和西方哲人的道德學說，結合中西哲人的理論，產生對於人文研究的反省體認，進而衍生現代民主性的開放型自省研究。希望在自由活潑的氣氛之下，將研究成果整合至傳播的領域，透過知識分享的動機理論，從行動中建構理論發現和實務推廣的方法；並且藉由創造集體知識，從資料庫中擷取知識，採用系統創新方法，進行理論和實務的批判。我們處在現實的社會環境之中，透過學習媒體的力量，進行科學知識的轉移，並期望在知識學習及環境啟發的過程當中，產生新穎的研究觀點。本章依據孔恩（Thomas Kuhn, 1922～1996）的著作《科學革命的結構》，從西方社會科學學術專書論述尋覓，探討人類對於既有科學概念的描述。孔恩否證「常態科學」，認為科學革命在破壞傳統思路，才能夠提出新說之「典範轉移」（Kuhn, 1962）。此外，透過西方學者的大數據的分析，發現人文社科排名前五十名的書籍之中，經濟學主宰了社會科學領域；其次才是社會學和心理學的書

籍。最後依據整合結果進行詮釋,希望通過人文與社會科學的分析方法,以適應21世紀大數據時代的未來情境。

第一節　知識心理

我們在第一章,開宗明義談到了「人文主義」(humanism)是一種哲學和倫理的立場,強調人類的終極價值。「人文主義」在1808年由神學家尼亞哈默(Friedrich Niethammer, 1766~1848)所創造,尼亞哈默談到教育體系,指出人文主義係為一種肯定人類自由和進步概念的觀點,所以人文主義為啟蒙時代發展出來的教育概念,重視實踐。他希望弭平爭端,將最好的慈善事業與最好的人文主義之教育結合起來。所以,在19世紀之後,人類知識藉由學校教授的數學邏輯,經過公理、原則、邏輯推論導引科學方法。運用客觀、可重複性、避免違反邏輯的思考進行教學傳授。

近代以來,人文主義運動通常係指與世俗主義相對應的非宗教運動,所有的神祕主義所談的宗教和傳說;以及國家權威所枷鎖於強制運動的意識形態,已經在人文主義運動中逐漸淡漠。但是,我們所說的人文主義,通常是指以人為中心,或是以科學為中心的非神話的人生立場,而不是從超自然的現象進行解釋。因此,我們從研究者的觀點,剖析人類進行知識建構的心理層面,依據人文主義的道德價值觀,主要有下列的特徵:

一、共時性(Synchronicity)現象的道德學說

瑞士心理學家榮格(Carl Jung, 1875~1961)在1920年代提出「共時性」(synchronicity)現象的理論(Jung, 1985/2013)。依據相同時代,但是產生「非因果關係」的同樣見解,說明了東西文化在同一時代的同步巧合的理論。在和亞里斯多德(Aristotle, 384~322 B.C.)時代相仿的孟

子（372～289 B.C.），以辯論之術，共同闡釋了東西方在「道德辯證之術」的相似程度。

亞里斯多德的老師是柏拉圖（Plato, 427～347 B.C.）。柏拉圖跟著希臘哲人蘇格拉底（Socrates, 470～399 B.C.）修習哲學，在蘇格拉底追求真理辯證而赴死之後，由柏拉圖以辯證法，採用《對話錄》的形式，討論人類的善惡美德。最初柏拉圖以「善的理型」，說明人類的道德價值，後來亞里斯多德以「善良動力」的原因和目的，認為人類「行善」，是追求道德的終極目標；所以行善達到目的，這樣的行為，才是稱為正當的行為。因此，亞里斯多德聲稱循著行為實踐的經驗，探討建立倫理學的可能性。他認為人類有普遍具有相同的自然傾向，從平常的道德判斷，可以歸納出什麼是普世價值的道德法則。

亞里斯多德依據邏輯關係的「因果性研究」，探討出了道德判斷的普世價值。但是，中國戰國時代的孟子（372～289 B.C.）依據孔子（551～479 B.C.）的道德學說，強調人類的道德應該需要愛人。

人類為什麼會有道德？為什麼會愛人呢？孟子的回答是：「因為人有四端」。「端」是起點的意思，也就是人類初發之心。孟子認為的「四端」，是道德的四個起點，這是孟子在進行「詮釋性研究」之後，所得到的道德起因。這四個起點就是「惻隱之心」、「羞惡之心」、「辭讓之心」，以及「是非之心」《孟子・公孫丑上篇》。「惻隱之心」就是人類的軟心腸，也就是同情心。「羞惡之心」就是做了錯事和壞事，會感到羞恥和慚愧的心。「辭讓之心」是一種懂得謙讓的態度；「是非之心」則是一種能夠分清是非和善惡的價值判斷。孟子認為「四端」是人類生來就有的道德。

「惻隱之心」、「羞惡之心」是人類的感性判斷；「辭讓之心」、「是非之心」是基於人類理性的判斷。在《孟子・告子上》又產生了不同的描述：「惻隱之心，人皆有之；羞惡之心，人皆有之；恭敬之心，人皆有之；是非之心，人皆有之。惻隱之心，仁也；羞惡之心，義也；恭敬之心，禮也；是非之心，智也。仁義禮智，非外鑠我也，我固有之也。」所

謂的「恭敬之心」，是指人類具有的謙恭敬重的態度，也是基於人類理性的價值判斷，依據價值（value）、信念（belief），而產生的個人道德規範（moral norm）。

孟子雖然說「仁、義、禮、智」是人類天生就有的觀念，但是還是需要藉由後天的啓發，讓這些道德基礎更加的鞏固。也就是說，「仁義道德」等內在的心性是天生的；但是，「社會規範」中的（禮）及「價值判斷」（智）等外塑的教育、體驗，需要後天的培養和鍛鍊。所謂的「禮」，是維持社會秩序，成爲眾人遵守的規範者。「價值判斷」（value judgment）是一種取捨的問題，依據主觀性的人生智慧，進入信念上的引導，除了強調科學上的認知理性，並且通過「應當」／「不應當」（ought/ought not to），也就是認同／不認同，進行規範性判斷，說明客體應該是什麼的判斷。

「價值判斷」的智慧，是主觀的，是判斷道德、藝術，以及文化上的問題。也就是說，在價值判斷中，「是非」隨著人類的智慧，而有個人差異；這些差異，存在著對於同一個命題正確或是錯誤的相同判斷；所以，每個主體在不同時間，都可以表示認同，或是不認同這個判斷。也就是說，在特定價值觀的條件下，要和接受這一種價值觀的人類進行討論，這個價值判斷之認同，才具有實質上的意義。

因此，莊子（369～286 B.C.），在《莊子・秋水》就談道：「井蛙不可以語於海者，拘於虛也；夏蟲不可以語於冰者，篤於時也；曲士不可以語於道者，束於教也。」人類的智慧，具備有限性，因爲成長過程、閱讀識見、居住環境，以及意識形態的限制，缺少了思惟的深度，甚至受到教條主義的影響，失去了理念的導引；或是有的研究者昧於現實中的狹隘思惟，成爲學術界的「井底之蛙」。所以，研究者不應該畫地自限，自囚於一隅；受到了成長中的教育限制。

二、反身關係結構（positionality）

研究者進行反思研究時的關係結構時，要了解人文學科的研究，是

探討「人」的研究。這個「人」，是和你、我、他一樣，活蹦亂跳的人，充滿了真實性。如果以自然科學的觀點來看，很難了解人類道德的（moral）、智性的（intellectual），以及人類文化的（cultural）本來面目。

所以，亞里斯多德在探討理則學的時候，主要是以邏輯分析進行關係論點的敘述，而不是採用科學的論點進行分析。因此，人文主義是以感性的仁慈和博愛為基礎，研究思想、尊嚴、自由、容忍，以及時代和平，都是人文主義者談論的關係範疇。

如果我們不想以哲學的觀點思考，想要以人類思考道德的大腦反應進行分析；那麼，我們可以說科學家喜歡以功能性磁振造影（fMRI），敘說人類在思考道德，進行道德困境的反思之時，血液和氧氣在大腦中運作部位的「表面現象」描述。但是，我看了大腦學者的心智研究之後，還是不知道對於人類道德產生「本來面目」的心智（mind）和認知（cognition），是怎麼來的。這和知識取得的方法相同嗎？也就是說，知識可以透過知覺（perception）、推理（reason），以及直覺（intuition）產生。但是，以上對於自我道德的認知現象，究竟是怎麼來的？

所有的科學家都不能告訴我們說：「人類的認知，是怎麼來的？一夕之間，人怎麼就變成人了？」六七萬年前，當人類思惟出現在地球之時，一夕之間，人類就有了認知。人類在地球旅居這一段時期，開始對於夕陽西下，感慨時光不再；開始思考：「我是誰？」「誰造了我？」「是不是人都會死？」「那麼，（開始驚懼、害怕、兩腿發軟，睡不著覺……），我會不會死？」然後，惶惶不可終日。套句美國藝術與科學學院院士、耶魯大學哲學教授卡根（Shelly Kagan）的書《令人著迷的生與死》（*Death*）的答案是：「我一定會死！」（Kagan, 2012）

人類有生存，才會有人體的表徵現象；如果死亡之後，所有的表徵現象都會消失。

在一個人類存活在世間的時候，我們也知道人體中擁有神經傳導物質，包含血清素、多巴胺、正腎上腺素形成喜怒愛樂的物質表徵。此外，

人類也擁有了八種基本情緒，例如：羞辱、遇險、恐懼、憤怒、厭惡、驚喜、愉悅、興奮。當血清素、多巴胺分泌時，代表愉悅；當血清素、多巴胺、正腎上腺素分泌時，代表興奮；諸如此類的激素現象在人體中產生。但是，我們不知道感知到的本體，也就是「我」（Self），是怎麼來的，是誰在感覺這些情緒？也就是說，我的意識、心智，甚至於我所感受的「道德良知」，是怎麼來的？

這麼說好了，「我」（Self）這個人，是怎麼來的（方偉達，2017）？

我們進行反身關係結構（positionality）就是在談論這一個問題。同時，反身關係結構這一個名詞，和人本主義、後現代主義，以及後人類主義（post-humanism）的心理學的研究密切。

反身關係結構（positionality）是研究者在研究過程中，是否可以清楚地描繪自己的立場。這種立場可能影響研究的成果，例如蒐集數據（data collected）或詮釋（interpreted）資料的方式，並且探討了研究者（researcher）和參與者（participants）形成研究過程的對話情況。甚至說，討論釐清什麼是知情者／局外人（insider/outsider）的概念。事實上這些概念是模糊的，因為進行知情者／局外人（insider/outsider）徹底的切割，將會涉及到道德和方法論的兩難（ethical and methodological dilemmas）。所以，通過他者（others）的參與研究，將研究者的態度描述為知情者通盤了解的過程，是很重要的。因為研究者需要將自己意識到是從內部人員的角度（insider's point of view）進行切換，深入到參與者的生活經驗（lived experiences），才是屬實的（Moore, 2012）。研究者需要將個人研究經驗透明化，反映理論化的分析過程，都是合乎道德自陳的研究。

三、開放性（open-ended）的研究發展

自然科學強調了「人與物」及「物與物」之間的研究；但是，社會科學強調「人與人」之間的關係研究。所以，在21世紀中，科學家開始進行知情者／局外人（insider/outsider）的系統關係研究。荷蘭格羅寧

根大學（Groningen University）教授安德寧哈（Tjeerd Andringa）等人在探索現代社會的挑戰之時，討論學習自主權中的開放式發展（open-ended development）（Andringa, van den Bosch, and Vlaskamp, 2013）。我們借用圖3-1模型，依據管理機關，例如：教育部和科技部的權威性（authority）、管理機構，例如：大學和研究機構（agency），以及研究者個人研究和學習的動機（motivation），進行廣泛的討論，並且以四個象限進行簡要的說明。

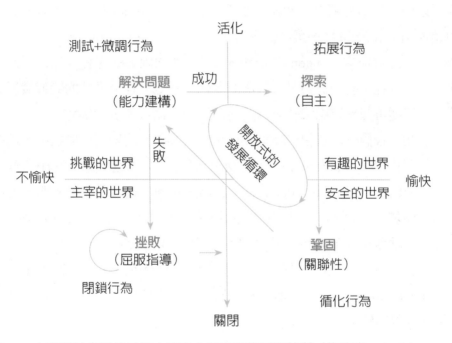

圖3-1　人文與社會科學具備大學自主與自治的活潑特質（修改自：Andringa, van den Bosch, and Vlaskamp, 2013）。

　　如果在現實的人文社科研究環境之中，研究者是依據外在世界的反應，選擇合適的研究行為，那麼，如何有效進行共同創造最佳的研究環境？我們認為，這些步驟是在不同象限中，因應時代需要，所要採取的優勢行為。例如在圖3-1中，第二、第三象限為控制（control）行為；第一、第四象限為探索（exploration）行為。這些行為，都是需要進行開放

式的發展循環（Andringa et al., 2013）。

　　如果我們需要有效地解決問題，剛開始在社會剛開始發展的進程之中，需要透過一個封閉和穩定的社會，進行能力建構，以解決迫切性的問題（位於第二象限）。如果在穩定中，求取發展，進而創造活潑和開放的社會，就可以平穩地朝向第一象限邁進。

　　因此，在不同的階段，都需要透過學術自主性（autonomy）的發展和緊縮，進行整體調控和評估，以了解在不同的動機狀態之下，採取的不同策略，以進行調整。例如：屈服指導（submission）（第三象限）、問題控制（control）（第二象限）、自主探索（exploration）（第一象限），或是關係鞏固（consolidation）（第四象限）的過程。在四種狀態之中，每一種都有彼此消長的對應的關係，這是一種漸進式的開放發展過程。最初期待在穩定中成長，以成功創造一個愉快的研究環境。

　　因此，我們得出這樣的結論。爲了在人文社科的研究環境之中，創造出完全學術自主（autonomy）的環境，研究者必須適應於在有序和無序之間（between order and disorder）的過渡區域。在這些政策未明、混沌未知的區域，所謂的有序和無序之間，都處於一種在社會激烈競爭的環境之下，面臨學術競爭的考評危機和升等機會的狀態中。因此，在人文與社會科學系統研究的過程之中，應該包括通過研究者強烈的內在動機（intrinsic motivations），進行的開放式發展和探索，並將更多的重點放在第一象限的優勢之上。

四、研究者所處的感知結構

　　我們從人本主義、後現代主義，以及後人類主義（post-humanism）進行推論，21世紀之後的人文社科思想研究，已經朝向開放性（open-ended）的進程發展。我們需要了解媒介（agents）的心智能力，開始研究人類、動物，以及人工智慧如何學會理解世界。這一種研究，不受任何學科界限的限制（arbitrary disciplinary boundaries）。科學家在研究人工智慧和動物心智時，常常會有一種困惑，那就是，人工智慧和動物會擁

有自我判別的心智（mind）活動嗎？這也是莊子（369～286 B.C.），在《莊子·秋水》所說的「子非魚安知魚之樂」的哲學問題。

　　莊子與惠子游於濠梁之上。莊子曰：「鯈魚出游從容，是魚之樂也。」惠子曰：「子非魚，安知魚之樂？」莊子曰：「子非我，安知我不知魚之樂？」惠子曰：「我非子，固不知子矣；子固非魚也，子之不知魚之樂，全矣！」莊子曰：「請循其本。子曰『汝安知魚樂』云者，既已知吾知之而問我。我知之濠上也。」

　　這一段的白話文是說，莊子和惠子在濠水橋上遊玩。莊子說：「鯈魚從容自得地游來游去，這就是魚的快樂呀。」惠子說：「你不是魚，你怎麼知道魚的快樂？」莊子說：「你不是我，怎麼知道我不知道魚的快樂？」惠子說：「我不是你，固然不知道你；但是你也不是魚，你不知道魚的快樂，是完全可以確定的。」莊子說：「我們回到問題的原點。一開始你說：『你怎麼知道魚的快樂？』這句話，實際上是你已經知道我知道魚快樂，才問我的呀！現在我回答你，我是在濠水旁邊上，我才知道魚會快樂的。」

　　從自然科學的理性思惟中，人類不可能直接感知其他生物是否快樂。依據莊子的觀點：「人能感知魚的快樂」；但是，依據惠子的觀點：「人不能感知魚的快樂」。惠子在方法論中提出：「你不是魚，你怎麼知道魚的快樂？」但是，莊子以詭辯的說法，提出了「想當然耳」的假設：「你知道我是人，所以『你知道我可以知道』我在濠水旁邊知道魚會快樂。」

　　但是，魚快不快樂，這一種魚的情緒，人類始終不知道，或是無法同理感知。因此，在學習環境之中，我們要強調同理心的模式。依據「你知道我可以知道」換位思考的方法，以在對方立場設身處地的幫對方思考，並且在研究中，體會他人的情緒和想法、理解他人的立場和感受，並且站在他人的角度上，進行思考和處理問題。

　　我們從圖3-2中，理解了如果是處在啓發性高的學習環境之中，也就是第一象限，這是一種活潑的狀態之下的活化學習環境，學習者充滿了內在強大的學習動機；學習環境的啓發性夠強，學習者則可以充分學習。這

是研究者夢寐以求的學習環境，值得我們深思，如何在安全、活潑，啟發性高的學習環境之下，讓學習者充分快樂地學習。

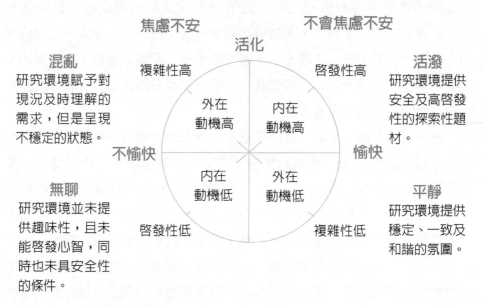

圖3-2　人文與社會科學需要提供活潑的學習和研究環境（改編自：Andringa, Jones, and Ellis, 2013）。

第二節　建構行動

從第一節的分析中，可以洞悉知識心理的特徵，那麼，如何通過研究，創造知識、擷取知識，以進行系統創新？這需要透過行動建構，進行以下的知識體系構築上之鋪陳。

一、創造知識（Create knowledge）

創造知識，往往是研究者在學術領域競爭優勢的核心。知識創造是隨著研究者不斷地練習、互動，以及學習而產生典範轉移的過程。通過實踐過程，我們在第二章學習到研究方法，首先運用先驗知識（prior knowledge）來選擇合適的方法，接下來基於研究者原有的知識基礎，產生研究議題的知識。這些都是爲了要擷取知識（elicit knowledge），並進行知識系統創新而進行的建構過程。

因此，在策略方面，必須創建／設計合適的研究環境、研究流程，以及系統，提供擷取知識的方法。因此，知識是通過實踐、協作、互動，以及教育過程來創造的。除此之外，知識創造還需要藉由數據支持，以改進決策，並作爲創造新知識的基礎。

二、擷取知識（Elicit knowledge）

擷取知識在鼓勵知識共享。首先研究者必須了解知識存在的地點和形式。然後，參加學術論壇來分享和擷取知識。對於隱性知識（tacit knowledge）來說，意味著運用非正式管道的溝通，以共享學術經驗，這些經驗都是我們在進行學術研究的行動中，所應該要擁有的知識（圖3-3）。因此，隱性知識（tacit knowledge）又稱爲「默會知識」，只可意會，不可言傳；而對於顯性知識（explicit knowledge）來說，意味著關係各種不同的文字、語音、視覺圖像的開放系統，可以用書面文字、圖表，以及數學公式加以表述。

知識整合需要提供教育課程，但是最重要的是需要通過人與人之間的互動，以實驗方法和過程，創造新的知識。在整合知識的途徑之中，需要了解行動目標，應用腦力激盪（brainstorming）、試誤法（trial and error），以及非結構化互動（unstructured interaction）方法進行。

三、系統創新

知識行動的建構，是一種系統創新的過程，需要了解人文社科在建構行動中，所需要具備團隊形成過程之中，所有需要考慮的構成要件。我們從知識系統創新理論來說，可以參照建立研究團隊，來解決問題的做法。我們以圖3-4進行說明。如果在獨裁治理的基礎之下，研究系統處於確定的秩序性關係。研究受到政府機關強烈指導，並且由官僚主義進行控

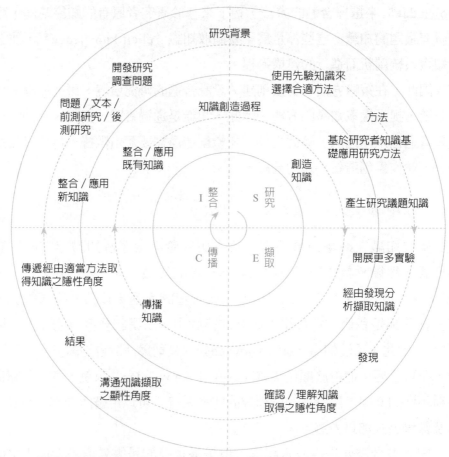

研究背景

開發研究
調查問題

使用先驗知識來
選擇合適方法

問題 / 文本 /
前測研究 / 後
測研究

知識創造過程

方法

基於研究者知識基
礎應用研究方法

整合 / 應用
既有知識

創造
知識

整合 / 應用
新知識

I 整合   S 研究

產生研究議題知識

C 傳播   E 擷取

傳遞經由適當方法取
得知識之隱性角度

開展更多實驗

傳播
知識

經由發現分
析擷取知識

結果

發現

溝通知識擷取
之顯性角度

確認 / 理解知識
取得之隱性角度

圖3-3　從研究到傳播整合當中，社會科學知識建構從隱性角度到顯性角度一網打盡
　　　　（Osborne, 2018）。

制。在研究的屬性上來說，屬於左翼的控制觀。也就是說，一切研究過程
都是靜態，學說都是抽象的，研究成果都是可以預測的。如果一旦研究失
控，主政者會產生焦慮，擔心一切淪入混亂，失去秩序感，形成焦慮偏見
（anxiety bias）。

　　如果在自由主義者的治理之下，研究者的自由度很高，擁有較為混亂的
價值觀，但是個人得以一償宿願，研究得以自我實現（self-actualization）。
在研究的屬性上來說，屬於右翼的自由觀。研究者在寬鬆的主計制度和預
算範疇之中，依據個人對於研究的好奇心，以及敏感的探索能力，進行動

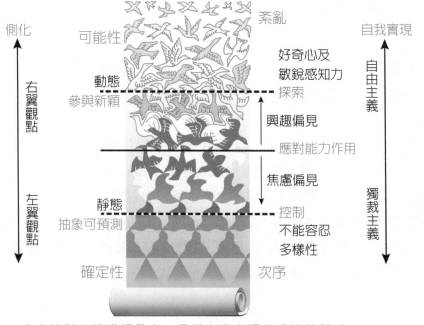

側化

右翼觀點

左翼觀點

可能性

動態
參與新穎

靜態
抽象可預測

確定性

索亂

好奇心及
敏銳感知力

探索

興趣偏見

應對能力作用

焦慮偏見

控制
不能容忍
多樣性

次序

自我實現

自由主義

獨裁主義

圖3-4　人文社科在建構行動中，具備自我實現的多樣特質（Andringa et al., 2013）。

態的研究。在研究過程之中，具備快速、新穎，以及強烈參與度的行動優勢。在完全自主的研究環境之下，擁有試驗和工作的自由，這樣索亂的結構模式中，也許缺乏確定性和次序感。但是，擁有知識創造的催化效果。然後，一旦研究任務結束，來自四面八方的研究成員，會返回到原有組織，協助將這些知識傳播回自己的實踐社群之中。項目組成員（project team）也可以在實踐社區之間建立橋樑，甚至積極擴展。這個概念的變化可以在創新理論的研究社群之中看到，特別是在快速組織項目團隊（fast-acting teams）之中。

　　因此，研究團隊不等同於政治團隊或是選舉團隊，需要具備相當自由活潑的氣氛，才能內化人文社科的研究趣味，讓研究不至於太過乾枯和興味索然。

第三節　知識傳播

　　人文社科和自然科學最大的不同點，係重視知識傳播的價值，也就是說需要透過媒體和社會網絡，將研究的成果進行知識建構，並且散播出去。

　　知識傳播（knowledge dissemination）最常見的定義，是學習者在社會環境之中，透過學習媒體，進行知識轉移（transfer of knowledge），並期望知識學習及啓發的過程當中，產生新穎的觀點。在網路時代，知識傳播無遠弗屆，各式各樣的傳播媒體以倍速增加的模式中，向大眾進行宣傳。傳播媒體對研究知識傳播的影響，隨著傳播科技的進步，而不斷向外擴散。我們依據知識內容編碼／解碼、傳播媒介，以及傳播效果，進行分析如下：

一、知識內容編碼／解碼

　　知識內容是指在進行人文社科研究內容在進行傳播之中的知識主體，研究者需要進行特定主題或內容領域的傳播，例如研究眞相、事實、概念、理論，以及原則的播送。如果我們以霍爾（Stuart Hall, 1932～2014）的編碼／解碼（encoding/decoding）方法進行分析，參考霍爾於1973年出版《電視語篇中的編碼和解碼》（*Encoding and Decoding in the Television Discourse*），霍爾在本書中提供了媒體資訊如何產生、傳播，以及詮釋的理論方法（Hall, 1973）。他認爲閱聽人會收到解碼之後的消息，根據個人的文化背景、經濟地位，以及個人經歷，以不同的方式進行解讀。也就是說，閱聽人依據自身的社會背景，通過集體行爲改變傳播的訊息。簡單來說，編碼／解碼是一種容易理解的消息轉譯。當閱聽人進行解碼，會針對自己產生意義的方式，擷取知識內容。因此，解碼具有言語和非言語交流形式，根據知識內容，藉由獲得、吸收、理解資訊傳播的過程。

二、傳播媒體

在現代社會中，藉由傳播媒體進行通訊聯繫，已經成為作為傳播資訊和獲得資訊的方式，因此，在研究傳播上，以正式出版、通訊出版，以及網際網路等進行媒體傳播，成為資訊披露的路徑。透過網站和部落格進行交流，可以進行線上網路（online networking）意見反饋，並協助發展思路。此外，越來越多的科學家使用臉書群組（Facebook groups）、微信群組（WeChat groups）、Line群組來分享想法。社交媒體（social media）可以協助研究者和全世界的同行保持聯繫，在使用社交媒體時，應該要保持清醒的學術形象，可以降低資訊濫用的風險，將精力集中於有用的網路軟體和資訊服務。

(一)正式媒體（Formal media）

1. 研究社群：研究社群交流途徑包括了系列書籍、專著、期刊論文、研討會論文、海報、機構知識庫（institutional repositories）的發表管道。許多大學和研究機構都有內部（in-house）開放式研究檔案線上儲存區。這些檔案稱為知識庫（repositories），列為一種出版品。如果研究者在開放的研究檔案中存放作品，則應視為已經發表。如果是之前未曾發表的作品，將其存入檔案庫之後公開，可能會造成未來這些資料要進行出版時的版權歸屬問題。如果作品已經發表，原始出版商可以保留這些權利，而且不得通過存檔，重新發布作品。但是，檔案庫提供線上可供大眾閱讀的版本，有利於對外界的傳播。

2. 一般大眾：維基百科、專題文章（feature articles）／訪問／談話；開放獲取（open access）期刊和書籍的發布。

(二)非正式媒體（Informal media）

1. 研究社群：會議開幕致詞、咖啡時間（茶歇）會談紀錄；社交媒體（social media），例如：臉書群組（Facebook groups）、微信群組（WeChat groups）、Line群組的文字發布。

2. 一般大眾：社交媒體（social media），例如：推特（Twitter）、臉書

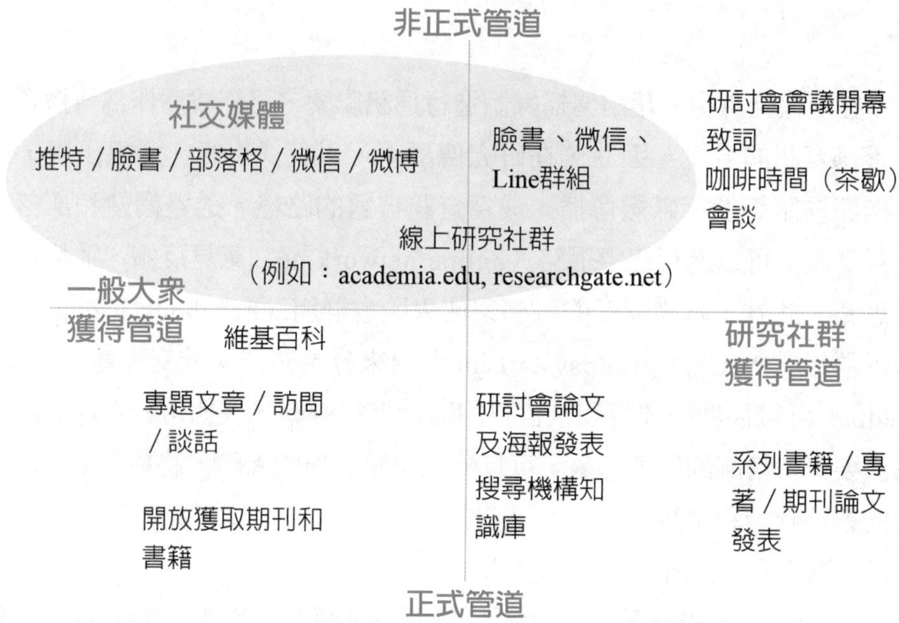

非正式管道

社交媒體
推特／臉書／部落格／微信／微博

臉書、微信、
Line群組

研討會會議開幕
致詞
咖啡時間（茶歇）
會談

線上研究社群
（例如：academia.edu, researchgate.net）

一般大眾
獲得管道

維基百科

研究社群
獲得管道

專題文章／訪問
／談話

研討會論文
及海報發表
搜尋機構知
識庫

系列書籍／專
著／期刊論文
發表

開放獲取期刊和
書籍

正式管道

圖3-5　在知識傳播的時代，社會媒體對於科學傳播的影響非常大（PhD on Track, 2018）。

（Facebook）、部落格（Blogs）的文字發布。

3. 介於研究社群和一般大眾之間：運用研究社群網站發布已經刊載的文章，例如：academia.edu和researchgate.net。

三、傳播效果

㈠提高認知（increased awareness）：提高對於知識的認知程度，進行更深入的知識理解。

㈡知情選擇（informed choices）：提高在替選方案之中，進行知情選擇的能力。

㈢交流資訊（exchange of information）：提高資訊、題材，或是觀點的交換程度。

第四節　大數據時代

　　人類是社會的動物。在人文主義興起之際，人類的地位提升到神聖的地位，試圖取代上帝。但是，人類並非無所不知；所以，在開創新科技的時候，從懵懂閉塞的未知角度，邁向已知世界的各種領域，逐漸開展視野，例如，發明電話，形同擁有順風耳的技術；發明網路影像，形同擁有千里眼的技術。這些都是人文主義初期興盛的時候，學者未能仔細思考的資訊時代的議題。

　　2016年，哈拉瑞（Yuval Harari, 1976～）在寫《人類大命運》的時候認為，大數據時代的發展形成了一股數據主義，這種數據主義的信仰，想要透過「數據上帝」（digital God）的眼和手，透過人類發展的手機、電腦、網路、資料庫進行人類行為資料數據的蒐集，藉由評估、判斷，以及預設人們的行為（Harari, 2016）。

　　然而，我們不禁要問：什麼是「數位人文學」？

　　正如幾位數字人文學者所討論的問題（Svensson, 2009; Michel et al., 2011），如果我們進行探索究竟「數位人文」（digital humanities）在討論什麼，我們就需要回到21世紀的初葉，探討「人文計算」（humanities computing）的概念（Svensson, 2009）。數位人文屬於一種沒有明確定義的名詞，由於電腦科學和人文學科的交叉發展，形成了一股熱門的跨領域學們。研究者經常聚集在國內和國際會議中，進行視訊、部落客、臉書、微博、微信群組，以及電子郵件的研究討論，甚至參與維基百科（Wikipedia）和百度百科的編撰。

　　因此，數位人文（digital humanities）即使不是一個定義明確（well-bounded）的領域，但是從龐大數位資訊中的學者在群組的討論中，我們即使僅僅擷取一段，這肯定是種種生動談話（lively conversation）的「吉光片羽」。

　　這一股風潮，我們重視的是其中的人類集體智慧的討論。然而，就在

人文學科與電腦科學之間，在學科分化、異化，以及決裂之後，自然科學界崇尚「科學、技術、工程、數學」（STEM）的學習，鄙視人文學科的刻版印象，都是可以在數位科技業看到的現象。

例如昇陽電腦（Sun Microsystem）共同創辦人柯斯拉（Vinod Khosla, 1955～）曾說：「人文科系今日教的東西，很少與未來有關。」

哈特雷（Scott Hartley）在《文科人與技術人》（*The Fuzzy and The Techie*）也說：「其實，人文學科教導許多嚴謹的調查與分析方法，像是密切觀察與訪談，採取的方式，硬科學（hard science）的擁護者都不見得能夠體會欣賞。」（Hartley, 2017）

最後，數位人文異化了人類原有個體的珍貴特性，忽視了道德、信念，以及文化對人類進行決策的影響。將「集體人類」視為資料、數據的效用累積，這一股大型數據資料庫，僅形成了社會物理學（social physics）的分支（Pentland, 2014）。麥茲伯格（Christian Madsbjerg）在《意義建構：人文學科在演算法時代的力量》（*Sensemaking: The Power of the Humanities in the Age of the Algorithm*）聲稱，人文學科採用傳統的定性分析研究經費相當少，在美國人文學科研究經費僅相當於自然科學和技術的研究經費的0.5%（Madsbjerg, 2017）。

現在運用數位人文（digital humanities）進行的研究，以社交網絡及手機模式的量化分析，進行社會物理學和社會心理學的大數據分析的研究很多（Pentland, 2014）。但是，要深入文化知識的研究，並不是僅僅來自以數字為導向的數位文字研究，如果我們將人文學科進行大數據研究，我們將面臨了下列三種挑戰。

一、意義建構（Sensemaking）

人文學科的學習，不是僅僅學習人文學科的知識，而是希望在學習人文學科的過程中，鍛鍊思考能力，建立表達能力，藉由明辨是非的判斷能力、以強化對人的溝通能力，並且能夠觸類旁通、舉一反三。因此，如果我們以21世紀數據流之下的思考模式進行分析，我們了解到學習不

是熟稔實用的工作技能而已；而是要了解問題，學習語文的撰寫溝通，數學的邏輯推演，並且強調基礎學科所激發人類底蘊的「意義建構」。麥茲伯格說：「意義建構，就是針對人類之間的關係意識，產生集體經驗的過程。」（Madsbjerg, 2017）

因此，我們不一定要按照數據處理線性流程（data processing pipeline）。我們應該要以關注現象的方式，了解人類學、社會學、心理學、藝術及哲學等人文學科，關注的焦點是行為現象、決策意義，以及建構過程。

二、出版引用

近年來，應用大數據的引用方法，作為衡量學術生產力重要因素受到學者的關注，並且形成了數字文化（digital culture）。其中依據Google學術搜索（Google Scholar）進行搜尋，產生了強大的數據搜尋的便捷性。2014年，《自然》（Nature）期刊引用Google學術搜索的數據，了解所有西方學科論文中排名前一百名的最常被引用的出版物。由於自然科學的引用次數較高，社會科學出版物很少，其中大都是社會科學研究方法的教科書。英國倫敦政經學院國際發展系教授葛林（Elliott Green）運用Google學術搜索建立了西方社會科學出版品的列表，這些出版品引用超過二萬次，包含了書籍和期刊論文出版物。以下為葛林發現的十本最常被引用的書籍。這些書籍來自於不同領域，也就是說，沒有任何社會科學領域的書籍可以主導整個排名。

我從表3-1顯示西方最常被引用的社會科學書籍（1960～2017），表3-2顯示西方最常被引用的社會科學書籍（1960年前出版），我們從排名前十名的書籍開始檢視。其中被引用次數最多的書籍為孔恩（Thomas Kuhn, 1922～1996）的著作《科學革命的結構》，前六名書籍都來自不同的社會科學學科。但是，葛林發現排名前五十名的書籍，經濟學主宰了社會科學領域，其次是社會學和心理學；但是，地理學沒有出現在排名前五十名的著作目錄中。

表3-1 西方最常被引用的社會科學書籍（1960～2017）

中文書名	英文書名	作者	出版日期	學科分類	Google引用率	Google使用者好評率
《科學革命的結構》	The Structure of Scientific Revolutions	孔恩（Tomas Kuhn, 1922～1996）	1962/1970/1971/1980(中)/1996/2012	哲學	81,311 99,210*	81%
《創新的擴散》	Diffusion of Innovations	羅吉斯（Everett Rogers, 1931～2004）	1962/1971/1983/1995/2003/2006(中)	社會學	72,780 94,228*	--
《受壓迫者教育學》	Pedagogy of the Oppressed	弗雷勒（Paulo Freire, 1921～1997）	1968(葡)/1970(英)/2000(英)/2003(中) 2018(英)	教育	72,359	83%
《競爭策略》	Competitive Strategy	波特（Michael Porter, 1947～）	1980/1998(中)/2004	經濟學	65,406	--
《想像的共同體》	Imagined Communities	安德森（Benedict Anderson, 1936～2015）	1983/1991/1999(中)/2016	政治科學	64,167 85,595*	--
《社會心理》	Mind in Society	維果斯基（L. S. Vygotsky, 1896～1934）	1978/1980	心理學	63,809	--
《規訓與懲罰》	Discipline and Punish	傅柯（Michel Foucault, 1926～1984）	19(法)/1977(英)/1992(中)/1995	哲學	60,700 69,362*	91%
《正義論》	A Theory of Justice	羅爾斯（John Rawls, 1921～2002）	1971/1975/1999/2005/2009(中)	政治學	58,594	84%
《思想和行動的社會基礎》	Social Foundations of Thought and Action	班度拉（Albert Bandura, 1925～）	1986/1994/2001(中)	心理學	55,324 70,953*	--
《文化的詮釋》	The Interpretations of Cultures	格爾茨（Clifford Geertz, 1926～2006）	1973/1977	人類學	48,984	--

*截至2018年4月查詢，年代後括號，如沒有用括號標註，則為英文。如有標註，則為其他語文，例如2001(中)，則代表2001年翻譯為中文書籍；1975(法)，則代表1975年法文原作出版，原表引自：Elliott Green發表於2016年的網址。http://blogs.lse.ac.uk/impactofsocialsciences/2016/05/12/what-are-the-most-cited-publications-in-the-social-sciences-according-to-google-scholar/

　　《科學革命的結構》這一本書為當代的科學思想研究建立了架構，讓典範（paradigm）這個詞彙成為當代最常討論的詞彙之一。也就是說，科學會產生週期性的革命，又稱為「典範轉移」（paradigm shift）。孔恩認為，當科學家面對「常規科學」，不斷地發現了反常的現象，最後會造成科學的危機。最後，當新的典範被接受時，產生了革命性的科學（Kuhn, 1962）。

　　其實，對於革命性的說法，中國古代的商湯（1675～1646 BC）〈盤銘〉曾說：「苟日新，日日新，又日新。」〈康誥〉也說：「作新民」；

《詩‧大雅‧文王》中也說：「周雖舊邦，其命維新。」所以說：「君子無所不用其極。」中國向來不缺這一種典範轉移的朝代更迭、政治更替的故事，但是缺乏的是科學「典範轉移」的故事。歷朝所有的知識分子，希望「無所不用其極」地改變時代，但是當代可能不一定會變得更好，而是變革得更為讓人失望。

所以，表3-1這一個排名很有趣，因為和1960年前的排名，完全不同，請參閱表3-2。我們不知道西方學者是否趕時髦，經常掛在嘴上的是：「This idea must die」。也就是柏克曼（John Brockman, 1941～）編的書所談的：《這個觀念該淘汰了：頂尖專家們認為會妨礙科學發展的理論》（Brockman, 2015）。但是，基本上1960年前出版的西文書籍，其中最常被引用的社會科學書籍，幾乎都是經濟學的論述，尤其是在理論上爭鋒相對的研究發現（表3-2）。

我們通過1960年代之後，學者產生了「後發優勢理論」（Late-developing Advantage Theory）的超越性。我們查閱人類文明史中書籍引用率排名第一名的《科學革命的結構》和排名第二名的《創新的擴散》（Rogers, 2003; Kuhn, 2012），可以印證19世紀德國古典哲學家黑格爾（Georg Hegel, 1770～1831）《精神現象學》只說對了上半段「社會歷史發展不以人類的意志而轉移」；本書作者歸納20世紀《科學革命的結構》和《創新的擴散》的學說，加上了下半段的一段文字，總結19世紀到21世紀的人文社科的發現為：「人類社會進步是自然規律，社會歷史發展不以人類的意志而轉移；但是，人類創造的未來，卻會因為創新擴散，產生遞嬗性的典範轉移。」「因此，沒有永恆的真理，沒有不可以創新的理論。」

我們以《科學革命的結構》作為人文社科出版的里程碑，說明了人文社科因為人類條件、經濟環境，以及社會發展改變了當代學者研究和閱讀的興趣，產生了出版引用中非常大的差異。如果學者關心西方最常被引用的社會科學的顯學，在1960年前出版的經濟學，是學者關心社會問題的焦點。但是，在1960年之後，進入了創新破壞的《科學革命的結

構》和《創新的擴散》推波助瀾的時代，人文社科學者喜歡的是研究過程的「生、住、異、滅」、「成、住、壞、空」，從結構討論到功能，這些功能隨著時間產生變異之間的現象；而不再有興趣研究經濟學和宗教界所探討的終極實象的均衡（the reality of equilibrium）和永生境界（eternal realm）。隨著《創新的擴散》理論在人類學、農業社會學、教育學、地理學、傳播溝通學，以及公共衛生和醫學社會學領域開花結果，加上存在主義、詮釋主義，以及解構主義加速創新思惟的發酵，在社會科學中，已經呈現了不立基於單一領域和學說，不強調僵化的意識形態，早已邁向多重領域的「百花齊放」眾說紛紜的時代（Rogers, 1962/1971/1983/1995/2003）。

表3-2 西方最常被引用的社會科學書籍（1960年前出版）

中文書名	西文書名	作者	出版日期	學科分類	Google引用率	Google使用者好評率
《資本論》	Das Kapital（Capital: Critique of Political Economy）	馬克思（Karl Marx, 1818～1883）	1867～1894	經濟學	40,237	77%
《國富論》	The Wealth of Nations	亞當斯密（Adam Smith, 1723～1790）	1776	經濟學	36,331	85%
《資本主義、社會主義與民主》	Capitalism, Socialism and Democracy	熊彼得（Joseph Schumpeter, 1883～1950）	1942	經濟學	33,025 42,465*	--
《心智、自我與社會》	Mind, Self and Society	喬治·米德（George Mead, 1863～1931）	1934	社會學	32,721 35,269*	--
《經濟發展理論》	The Theory of Economic Development	熊彼得（Joseph Schumpeter, 1883～1950）	1911/1934	經濟學	31,145 41,125*	
《就業、利息與貨幣的一般理論》	General Theory of Employment, Interest and Money	凱因斯（John Keynes, 1883～1946）	1936	經濟學	29,131 36,129*	86%
《博弈理論與經濟行為》	Theory of Games and Economic Behavior	馮·諾伊曼（John von Neumann, 1903～1957）、摩根斯騰（Oskar Morgenstern, 1902～1977）	1944	經濟學	25,969 33,225*	--
《新教倫理與資本主義精神》	The Protestant Ethic and the Spirit of Capitalism	韋伯（Max Weber, 1864～1920）	1905/1930	社會學	25,276	81%
《民主與教育》	Democracy and Education	杜威（John Dewey, 1859～1952）	1916	教育	25,159 32,519*	--

中文書名	西文書名	作者	出版日期	學科分類	Google引用率	Google使用者好評率
《行為組織：神經心理學理論》	The Organization of Behavior: A Neuropsychological Theory	赫布（Donald Hobb, 1904～1985）	1949	心理學	22,518 27,505*	--

＊截至2018年4月查詢的Google引用率。原表引自：Elliott Green發表於2016年的網址。http://blogs.lse.ac.uk/impactofsocialsciences/2016/05/12/what-are-the-most-cited-publications-in-the-social-sciences-according-to-google-scholar/

三、人物引用

　　哈佛大學米歇爾等人在2011年《科學》（*Science*）期刊建構了數字化文本（digitized texts）的語料庫，包含有史以來4%的書籍（Michel, Shen, Aiden, Veres, and Gray, et al., 2011）。他們從Google Books的英文資料庫中，分析從1800～2000年這兩百年間出現過的五千億詞彙的變化趨勢，然後進行出現頻率的排名，前五名分別如下：羅素（Bertrand Russell, 1872～1970）、達爾文（Charles Darwin, 1809～1882）、愛因斯坦（Albert Einstein, 1879～1955）、卡羅（Lewis Carroll, 1832～1898）、貝爾納（Claude Bernard, 1813～1878）。這個西方著名人物排名，可以突顯重要人物在1800～2000年間成為話題人物討論與研究的對象，這種字彙出現頻率的定量研究，產生了社會科學和人文學科的新現象。米歇爾等人認為，編寫完善的資料庫得出來的數據結果，將客觀說明長時間縱深的學者影響力排名，這種方法將超越人類主觀意識判斷。

　　英國電腦學家斯金納（Steven Skiena）和Google電腦工程師沃德（Charles Ward）編寫牛津大學出版的《誰更偉大：歷史人物的真實排行榜》（Skiena and Ward, 2013）。該書用了定量分析的方法，以維基百科（Wikipedia）為基礎，透過全球使用者的查閱資料、編寫、瀏覽與修改次數、占用流量空間為基礎，另外再加上Google排名，進行歷史人物出現頻率的排名，前五名分別為：耶穌、拿破崙、穆罕默德、莎士比亞、林肯。如果從學者來看，前五名分別為達爾文、愛因斯坦、牛頓、林奈、佛

蘭克林。

米歇爾等人採用的是書本的字詞分析；但是，斯金納和沃德採用的是當代人的維基百科使用者對於名人的關心程度。斯金納和沃德依據兩種統計指標：一種是貢獻（gravitas）得分；另一個是聲譽（celebrity）得分。我們可以看出來，如果是選擇的基礎不同，得到的答案也會不一樣。如果我們要問的是，在學者中，羅素（Bertrand Russell, 1872～1970）和達爾文（Charles Darwin, 1809～1882）誰最有名？我們可以知道，過去的專書中，討論羅素的人很多，因為他得過諾貝爾獎，寫過很多本書，是一位當代的話題人物；但是，如果以西方學生學習達爾文的《物種起源》來說，閱讀原本，或是教科書，比上維基百科（Wikipedia）或是Google查詢，要麻煩得多。所以，上網查詢達爾文的人很多，但是上網查詢羅素的人，卻越來越少。也就是說，書本提供的論證知識，屬於高階思惟的運作，也是當代學者之間叫陣的論戰；但是，如果我們要了解一位學者的學說，不如上網查詢，尤其現在語音上網的風氣越來越盛。運用自然語言處理技術，使用者可以使用自然的對話和手機進行互動，完成Google搜尋資料、查詢天氣等服務，稱為「語音解釋與識別界面」（speech Interpretation and Recognition Interface, Siri），讓Siri的呼叫查詢功能，成為幼兒園的孩童都能夠呼叫的海量資訊查詢的工作。

如果上述屬於海量數據資料庫（massive datasets）的分析，近年來還有進行大型社群（large communities）、集體話語（collective discourses）、全球參與者（global actors），以及軟體媒介（software medium），進行數字文化（Digital culture）之關係建構。

海量資料如何達到計畫反饋的數位特質？

如果要提升查詢的功能，需要依據研究的需求，在短期之間，可以迅速地發布計畫，這個海量資料的研究發展方式，主要是提高查詢海量資料的生產技術，並可以採用研究的需求，適時加入檢查點，進行程式不斷地迭代運算（iteration operation）及反覆測試，以盡早發布研究成果。

因此，我們在進行運算之前，需要依據將關鍵字進行賦予代碼（code）、進行配對編程（pair programming）。由一位程式專家輸入代碼，而另一位程式專家審查他輸入的每一行代碼是否正確，避免人工輸入的錯誤。輸入代碼的人稱為「駕駛員」，審查代碼的人稱為「領航員」。然後編碼之後，進行單元測試（unit test），並且進行成對協調（pair negotiation）。例如說，兩位專家會互換角色。在成對程式設計中，領航員會考慮編碼的策略，提出改善的意見，以進行程式除錯、修改，或是新增索引，以上是一天之內需要完成的工作。

　　因為研究計畫主持人（Principal Investigator, PI）不一定是程式專家，需要在固定時間、固定地點舉行團隊每個人都要參加的站立會議（stand-up meeting），簡稱「立會」，以應用同步資訊，相互進行研究之協助，盡早解決在研究上所遭遇的問題。計畫主持人從團隊成員本身，也可以了解研究團隊的工作進度：

1. 輪流報告：從上次的立會之後，一直到現在，團隊成員的研究進度為何？我們做的東西，和其他人有沒有關係？如果有關係，其他組別需要知道我們做了什麼？或者我們改了什麼編碼，會不會對其他組別造成影響？

2. 問題提出：在進行研究的時候，有沒有發生什麼事情，阻礙了我們的研究進度？

3. 計畫檢查：在開完這次的立會之後，一直到下次的立會舉行之前，我們打算要做些什麼？例如增加檢查的項目，像是設計檢查（design review）、代碼檢查（code review）、單元測試，以及進行系統持續整合（continuous integration, CI）等，來檢視是否在計畫的海量搜尋方面，是否做得正確？

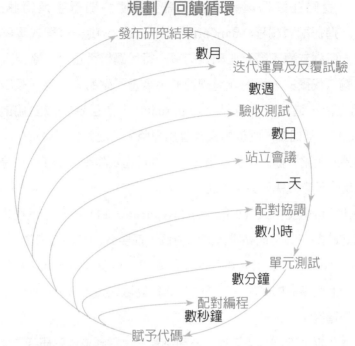

規劃／回饋循環

發布研究結果
數月
迭代運算及反覆試驗
數週
驗收測試
數日
站立會議
一天
配對協調
數小時
單元測試
數分鐘
配對編程
數秒鐘
賦予代碼

圖3-6　在大數據時代，人文社科海量搜尋具備了計畫反饋的數位特質（修改自：Don Wells, 2001）。

三、處理大數據的經驗（Experience of big data）

　　我們從意義建構（sensemaking）到數字文化（digital culture）的描述中，可以了解到這兩種解構人文與社會科學的研究方式，不一定是相互衝突的。依據學者處理大數據的經驗，我們需要進行下列的大數據的人類經驗的描述，包含了大量資料的沉浸化（immersion），從資訊編碼的簡潔化，進入到文字描述的抽象化（abstraction），並且我們要解讀文本語言（text language）的意義。也就是說，大數據進行的是編碼，依據編碼進行的迭代分析，不斷地進行反覆運算，以尋找字詞的頻率。

　　如果我們說，我們以可視化的文本（visualize single texts），打開了數字人文標籤，並且確定特定話語的意義，我們視透過語料庫語言學（corpus linguistics），連接了分離的學術孤島（separated academic

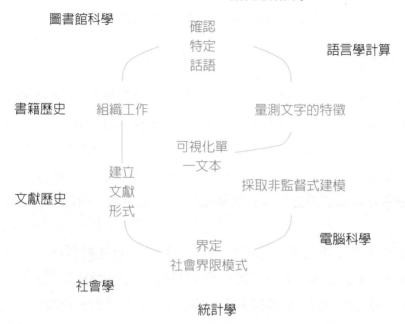

圖3-7　在大數據時代，文本都已經採用全球視覺化傳播（Underwood, 2015）。

silos），在計算語言學（computational linguistics）和各學科之間架起了橋樑，形成了所謂的大數據人文學科。然而，書籍歷史（book history）的開放性（openness）始終不足。也就是我們透過所有的文獻歷史，不僅僅只是書本，還有日記、手稿、繪圖等文本資料，都還沒有列入計算範圍。所以，我們運用社會學和統計學的原理，界定了研究中的社會界限（social boundaries）的模式，了解我們研究中的限制，才能夠進行自我反思性的寫作（self-reflexive writings）。

　　在經過海量搜尋之後，我們是否能夠在非監督式的建模（unsupervised modeling）過程之中，建立了在人文素養最重要的內省（introspection）需求。通過「研究者」之間不斷地對話，以眾聲喧雜的「參與者」對話，例如：推特（Twitter）、微信（WeChat）、Line的語料庫，還有海量的日記、手稿、繪圖等資料，進行「研究者」和「參與者」所有的「話語文

字」全面編碼，採取原始話語的海量數據庫，以揭示「眾聲喧嘩」的海量對話和文獻。這是大數據在文本研究中的終極目標。

四、非監督式的類神經網路學習

在學習領域中，人文社科的分析，是一種非監督式的建模過程。在機器通過人類鍵入指令，我們進行機器學習（machine learning）的任務，因為這一種學習模式沒有進行嚴格的監督管制，也不需要人力來輸入標籤，一般通稱為非監督式學習。在傳統的監督式學習中，典型的任務是進行嚴格的分類和迴歸分析，且需要使用到人工預先準備好的範例進行推估。

如果我們依據人類大腦的自然神經網絡和類神經網絡（artificial neural network, ANN）進行研究，可以發覺在神經網絡模型中，已經可以模仿生物神經網路的中樞神經系統，特別是大腦結構的神經功能，進行海量資訊的人工神經元連結，這些連結都是貫穿人類知識最終的行動指令。

例如，我們可以採用樹突、軸突，以及突觸的概念，進行計算。類神經網絡是一種非線性統計性資料建模工具，和監督式學習的迴歸分析不同，具備結構（architecture）。我們在結構中進行輸入層、隱藏層，以及輸出層的關係，此外，指定從x_0, x_1, x_2, x_3的變數，以及神經元中的權重（weights），如$W_{i,j,k}$，以學習規則（learning rule）指導網絡中的權重如何隨著時間推進而進行調整。

例如，我們以手寫識別系統來說，輸入神經元，會被輸入圖像的訊號所激發，在通過一個函數式之後，這些神經元的產生的數值，會被傳遞到隱藏層的神經元中。這個過程不斷重複和迭代，直到輸出神經元產生。最後，決定識別出來的手寫字母為何。我們採用類神經網絡進行可視化文本的研究，可以訓練機器和人一樣，具有簡單的識別圖像、決斷能力，以及簡單的識字能力，這種模仿人類大腦的運算方式，比起傳統的邏輯推理演算，例如更具有優勢。目前運用類神經網絡，學者已經進行了自動目標識別、地震信號處理、圖像辨識系統，以及生物多樣性預測的研究（Fang,

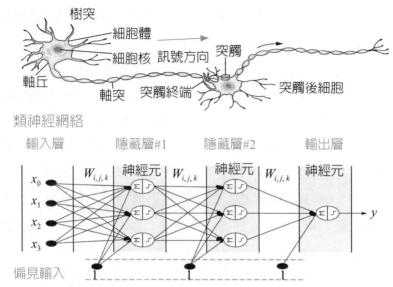

生物神經網絡

樹突
細胞體
細胞核　訊號方向
突觸
軸丘
軸突　突觸終端
突觸後細胞

類神經網絡

輸入層　　隱藏層#1　　隱藏層#2　　輸出層

偏見輸入

圖3-8　從生物神經網路到類神經網絡，21世紀已經宣告數據人文時代的來臨
　　　（Abedin, 2016）。

Chu, and Cheng, 2009）。從生物神經網絡到類神經網絡，我們可以宣告，數據人文時代演算法的來臨。

小結

　　人類知識的累積，是經年累月的年齡成果。在21世紀的網路時代，我們從「人機互動」之中，發現人文社科研究已經跨越了學科的限制，以跨領域形態出現。如果我們依據學習理論，可以運用網路世紀的知識特質，深入探討人類智慧的哲理，更能體會人文社科的豐富程度。

　　富蘭克林曾經說過：「二十歲時起支配作用的是意志，三十歲時是機智，四十歲時是判斷。」我們了解到，隨然在網路世紀，可以很快擷取出網路知識，我們因爲缺乏人生的歷練和價值判斷，很難因爲閱讀網路而產生智慧。因爲透過網路，全世界人類的智慧結晶僅有4%的書籍放在網路上供人參閱，雖然網路的知識性相當豐富，卻在人文智慧的豐富度

來說，欠缺人生的歷練和涵泳。在網路世紀，人類受到聲光科技的影響，生活步調忙碌緊湊，欠缺文化哲思藝術鑑賞之沉潛、玩味，以及反覆推敲時間，所以在人類社會中，不但少見人文藝術之天才誕生，而且缺乏普遍人文素養（humanistic literacy）。也就是說，目前「機器學習」可以分析知識性內容，卻無法分析智慧內涵。因此，我們通過古人對於智慧的生命歷練，學習人文學科在哲學、文學、宗教、歷史、藝術的精華。如果我們說，人類的生命受限，但卻是一種「可能性」，因為人文學科是開放性的，從生命的形式中學習生活中的優雅，因為生活是「發現自我的過程」（Gasset, 1964）。所以，我們需要運用理性思惟分析，在社會生活中建立倫理判斷的依據，展現對於人性的終極關懷，以處理普世所面臨的價值衝突問題。

關鍵字詞

抽象化（abstraction）	機構（agency）
媒介（agents）	焦慮偏見（anxiety bias）
學科界限的限制（arbitrary disciplinary boundaries）	類神經網絡（artificial neural network, ANN）
權威性（authority）	自主性（autonomy）
信念（belief）	部落格（Blogs）
書籍歷史（book history）	腦力激盪（brainstorming）
聲譽（celebrity）	代碼（code）
代碼檢查（code review）	認知（cognition）
集體話語（collective discourses）	計算語言學（computational linguistics）
持續整合（continuous integration, CI）	控制（control）
語料庫語言學（corpus linguistics）	創造知識（create knowledge）

蒐集數據（data collected）	數據處理線性流程（data processing pipeline）
設計檢查（design review）	數字文化（digital culture）
數據上帝（digital God）	數位人文（digital humanities）
數字化文本（digitized texts）	擷取知識（elicit knowledge）
編碼/解碼（encoding/decoding）	永生境界（eternal realm）
交流資訊（exchange of information）	顯性知識（explicit knowledge）
探索（exploration）	臉書群組（Facebook groups）
快速組織項目團隊（fast-acting teams）	專題文章（feature articles）
功能性磁振造影（functional Magnetic Resonance Imaging, fMRI）	全球參與者（global actors）
貢獻（gravitas）	硬科學（hard science）
人文計算（humanities computing）	沉浸化（immersion）
提高認知（increased awareness）	知情選擇（informed choices）
非正式媒體（informal media）	知情者（insider）
迭代運算（iteration operation）	內部（in-house）
非正式媒體（informal media）	機構知識庫（institutional repositories）
內在動機（intrinsic motivations）	內省（introspection）
知識傳播（knowledge dissemination）	大型社群（large communities）
後發優勢理論（Late-developing Advantage Theory）	學習規則（learning rule）
生動談話（lively conversation）	海量數據資料庫（massive datasets）
機器學習（machine learning）	心智（mind）
道德規範（moral norm）	動機（motivation）
線上網路（online networking）	開放獲取（open access）
開放性（openness）	開放性（open-ended）

他者（others）	局外人（outsider）
成對協調（pair negotiation）	配對編程（pair programming）
典範轉移（paradigm shift）	參與者（participants）
反身關係結構（positionality）	後人類主義（post-humanism）
研究計畫主持人（Principal Investigator, PI）	先驗知識（prior knowledge）
項目組成員（project team）	研究者（researcher）
我（Self）	自我實現（self-actualization）
自我反思性的寫作（self-reflexive writings）	意義建構（sensemaking）
社會界限（social boundaries）	社交媒體（social media）
軟體媒介（software medium）	語音解釋與識別界面（Speech Interpretation and Recognition Interface, Siri）
站立會議（stand-up meeting）	屈服指導（submission）
共時性（synchronicity）	隱性知識（默會知識）（tacit knowledge）
實象的均衡（the reality of equilibrium）	知識轉移（transfer of knowledge）
試誤法（trial and error）	推特（Twitter）
單元測試（unit test）	非結構化互動（unstructured interaction）
非監督式的建模（unsupervised modeling）	價值（value）
價值判斷（value judgment）	可視化的文本（visualize single texts）
微信群組（WeChat groups）	定義明確（well-bounded）
權重（weights）	

第四章
實驗研究

Towering genius disdains a beaten path. It seeks regions hitherto unexplored.

卓越的天才不屑走旁人走過的路；他尋找迄今未開拓的地區。

—— 林肯（Abraham Lincoln, 1809～1865）

學習焦點

　　本章探討社會科學實驗研究的方法，主要適用於道德科學、行爲科學，以及社會科學之心理分析探討。研究者根據想要研究主題的性質和研究問題，選擇實驗組和對照組的定量分析。實驗設計係依據文獻回顧中前人理論中的缺陷或漏洞，提供進行研究的正當理由（justification）。在研究中，研究問題要和研究假說相似，以利進行實驗假說測試。研究者通過各種統計方法分析，進行數據解釋的實證，並且評估在確認虛無假設（null hypothesis），或是不能拒絕虛無假設（null hypothesis），以確立實驗是否成功。所以，在量化的研究中，需要採用「假設—演繹推理」（hypothetical-deductive reasoning），針對所面對的問題情境，通過推理和想像提出解釋問題的假設，然後根據假設進行實驗檢驗，如果實驗結果和預期結論相符，就證明假說是正確的；反之，則證明假說是錯誤的。因此，實驗研究這是現代科學研究中常用的一種科學方法。

　　然而，政治學者拉梅爾（Rudolph Rummel, 1932～2014）曾說：「研究人員不應該接受任何一個或兩個測試作爲定義，只有當

一系列測試在許多種類的數據，研究人員和方法上是一致的，才能對結果有信心。」（Rummel, 1988）。本章建議採取世代研究，依據縱貫性研究的特質，進行統合分析，將實驗研究的功能發揮到極致。學者進行實驗過程中，應該不斷加入各種新的資料加以測試，闡述研究結果的發現，藉以推導造成研究結果的原因。藉由研究結果產生之後，不斷地進行驗證，等到結果穩定之後，才進行文獻回顧，檢視發現的結果和現存文獻的關係，真正產生可以相信的實驗結果。

第一節　什麼是實驗研究（Experimental research）？

　　社會科學的發展，晚於自然科學。在發展之初，受到自然科學實驗設計的影響，在20世紀開始重視實驗設計。孔德（Auguste Comte, 1798～1857）認為社會科學是立基於自然科學的成果之上，他崇尚理想社會，依據科學精神指導生活，運用實證思想推動社會發展。涂爾幹（Émile Durkheim, 1858～1917），繼承了孔德的實證社會學傳統，在1895年出版了《社會學方法的規則》，定義了「社會科學」像是自然科學一樣的科學，需要透過社會事實（social facts），以客觀方法進行觀察。但是，這些統計數據在早期粗率的實驗研究中，部分量化的統計方法論文都是缺乏理性（devoid of reason）思惟的著作，甚至缺乏了反思性參與（reflective engagement）。學生被要求進行實驗形式的分析，但是從來不了解什麼時候用何種形式進行實驗。本章依據實驗研究的定義、實驗研究歷史，以及實驗研究的方法，進行詳細的說明。

一、實驗研究定義

　　在社會科學中的實驗（experiment），為了建立理論，依據設定的

條件下，用來檢驗假設，或者驗證或是質疑某種已經存在的理論，而進行的操作。在社會科學的實驗中，這一種操作借鏡自然科學，實驗過程中為了要達成有效性，是可以重複的操作，簡稱為社會實驗（social experiment）。也就是說，在現實世界中，進行以人類為主體（human subjects）的研究項目。通常通過個人（individuals）、組織（institutions）、家庭（families）、企業（businesses）、學校教室（classrooms）、網路社群（network community）為單位，進行隨機分配，進行不同的因素處理，並且觀察這一群實驗組，和控制組（對照組）由於人為干預（intervention）的結果，是否有所變化的結果（Cook and Campbell, 1979）。

在此，我們將社會科學中的實驗（experiment）和人類進行的臨床實驗（clinical experiment）進行區隔。臨床實驗是採取自願的參與者（participants）接受試驗，依據藥品、裝置、醫療行為進行干預，以了解特定的問題。臨床實驗是觀察身體因為特殊施作設計，產生的人類生物化學反應；但是，社會實驗（social experiment）在評估行為，屬於行為科學（behavioral sciences）的一種方法。

二、實驗研究歷史

社會科學實驗研究，師法自然科學，始於德國心理學研究。1862年，馮特（Wilhelm Wundt, 1832～1920）撰寫了《對感官理論的貢獻》（*Contributions to the Theory of Sense Perception: On the Methods in Psychology*）開始以實驗的方法進行心理學研究，並且將內省實驗法引入了心理學研究，他請參與者向內反省自己，然後描寫參與者對自己的內心理深處的看法。馮特為社會實驗奠定了基礎。到了1898年，美國心理學家特里普萊特（Norman Tripleret, 1861～1934）構建了社會實驗。特里普萊特的實驗是關於社會促進效應（social facilitation effect），他注意到騎自行車的人在騎車比賽時，會比單獨騎行時更快。推論人類在完成簡單任務時，如果有觀察者在場，或者有競爭者在場，將會優於獨處時的表現

（Triplett, 1898）。

　　但是，在1900年之前，實驗研究並未成為心理學主流。某些強調行為主義（behaviorism）的學者，認為可以採用觀察的行為或精神狀態，提倡以實驗法進行嚴格的經驗觀察，運用妥善控制的情境之下，探討自變項對於依變項的因果關係影響。到了1930年，心理學家奧爾波特（Gordon Allport, 1897～1967）用實驗方法來研究人格心理。但是，他在實驗之中，以較為明確的意識進行研究，以區隔佛洛伊德（Sigmund Freud, 1856～1939）潛意識的研究。

　　奧爾波特在《人格的模式和成長》中談到，他在二十二歲哈佛大學剛畢業時，到維也納拜訪佛洛伊德。佛洛伊德看到他時都不講話，奧爾波特談起在維也納的火車上遇到一個男孩，非常恐懼碰到髒東西，即使男孩的母親如何苦口婆心地勸男孩，男孩拒絕坐在任何靠近髒東西的位子上。奧爾波特認為也許這個男孩從母親的教育中，產生了污物恐懼症。佛洛伊德瞄了奧爾波特一分鐘，然後問：「那個男孩是你本人嗎？」（Allport, 1961）。

　　在心理學界，佛洛伊德試圖運用潛意識理論，將遙遠的童年和現實進行聯繫；但是，到了1930年，心理學界開始重視實證研究，研究人類當下的動機、意圖和體驗。心理學界開始討論控制實驗，特別是實驗心理學對於士兵的研究，在二次世界大戰期間就開始展開。1942年，霍夫蘭（Carl Hovland, 1912～1961）是耶魯大學教授，他通過讓士兵觀看影片，提出了人類真正恐懼的，不是已經確定的事實，而是不確定和無法了解的事實。

　　我們通常提到的社會實驗是在1960年之後進行的。1963年，米爾格倫（Stanley Milgram, 1933～1984）實驗在《變態心理學雜誌》（*Journal of Abnormal and Social Psychology*）發表，他進行權力服從行為（behavioral study of obedience）的研究。米爾格倫針對受測者，在面對權威者下達違背良心的命令時，人類本於良知，所能產生出來的拒絕力量到底有多少。

此外，在經濟領域，也開始有學者關注人類思惟產生的影響。芝加哥學派採用計量經濟學的方式，了解人類的行為動機、意圖，推動市場機制跟自由放任，反對凱因斯學派（John Keynes, 1883～1946）任何形式的干預。在行為科學中，1992年諾貝爾經濟學獎貝克（Gary Becker, 1930～2014），在1964年寫出了《人力資本》（*Human Capital*），認為人類行為其實並非是出於盲目，而是有其背後的深思熟慮（Becker, 1964）。此外，他認為各種成癮行為，例如對於海洛因、香菸、宗教，或是食物成癮，事實上是因為理性選擇和經濟框架之下，產生的行為。

到了1970年，因為社會科學研究中，對於性別和種族偏見的研究成果越來越多，導致了學者對於實驗研究的重新評估，開始思考在實驗中，研究倫理是否合宜的問題。

「與其給子女一條魚，不如給他們釣竿教他們如何釣魚」
貝克如何以思想實驗證明了「不肖子定理」（rotten kid theorem）

社會科學家採用實驗的方法進行實驗，但是如果考慮到實驗的困難度，覺得無法執行，社會科學家也會運用哲學思考的方式，考慮假設，依據理論推論後果，稱為思想實驗（thought experiment）。

思想實驗需要運用想像力進行推論，而不是運用感官進行觀察。1992年，諾貝爾經濟學獎貝克，推動「新家計經濟學」（New Home Economics），運用「不肖子定理」（rotten kid theorem）進行家庭的經濟學思想實驗。這個理論說明，即使家庭成員的本性是在自私的前提之下，如果可以得到適當的經濟鼓勵，他們會互相幫助，實現家庭總收入最大化的結果（Becker, 1974/1981）。

貝克虛構了一個家庭，其中利他主義者的父親和母親給予子女金錢，從而提高他們的幸福感。但是，有一位性格自私的「不肖子」，以不良動機，破壞兄弟姊妹在錢財的公平性。如果父母補償其他子女的金錢損失，減少給「不肖子」的金錢，將金錢給予其他子女，「不肖子」學會教訓之

後，實際上將子女的損失平均化，這樣「不肖子」傷害其他子女的行為會減緩，減少「不肖子」作惡動機所帶來不公平的影響。最後，「不肖子」以最大限度提高家庭總收入，從而也可以增加他將得到的總收入。

因此，這個定理也可以應用於期望繼承。明智的家長不應該在生前承諾給予遺產。由於其他利他主義的成年子女收入增加，意味在父母死亡之後，將會有更公平的方式，可以分配給「不肖子」；所以，父母親不要在生前給予不肖子的金錢，因為這都會導致浪費；同時因為生前繼承，導致不肖子花光了父母給的錢，還會騷擾其他的兄弟姊妹。所以，父母親為了孩子，應該要考慮兄弟姊妹未來的經濟收益，而不要短視近利，破壞公平的遊戲規則。

由於貝克是經濟學者，不太討論形而上的道德關懷學說。如果以人文道德的論述來檢討這個思想實驗，其實比起金錢來說，在溫馨的家庭中，父母對於子女的關懷更為重要。例如，從學校接送孩子，帶他們出去玩，這通常比給錢來得更好。以家庭經濟學的觀點來說，孩子們為了爭取父母的親情，並且視親情為「零和收益」（zero-sum gain），而不是將其視為「平等」（equalizing）問題，這些論證，說明了「不肖子定理」的侷限性。

我們在此採用「自私的基因」（The Selfish Gene）來解釋「不肖子」的利他行為（Dawkins, 1976）。生物學者道金斯（Clinton Dawkins, 1941～）說：「兩個生物體在基因上的關係越緊密，就越有可能表現得無私。」在現實中，自私的孩子會去照顧他們的家人嗎？在某種程度上來說，是的。家庭聯繫是一種緊固的親族關係。即使在黑道家庭之中，邪惡的犯罪分子，也可能對於兄弟姊妹和家庭成員非常關心。但是，這些行動很少不是為了增加自身的利益。他們可能運用個人情感和遺傳傾向（genetic predisposition）的生物天性，藉由不法的行為獲利，以協助同一家庭中的親密成員，獲得經濟上的利益。

第二節　實驗研究的範疇

　　社會科學的實驗取法於自然科學，由於自然科學的研究採取的是「物」，沒有研究倫理的問題；但是，社會科學的研究，採取的是「人」，產生了種種研究問題、內容和題材中適用性的困難。在社會科學中，我們先要決定問題的內容和範圍，等到問題合宜，可以進行研究為止。一旦開始進行實驗研究，當我們蒐集了基本數據之後，研究者需要開始嘗試理解數據的意義，並且採用各種方式進行分析。

一、實驗研究的過程

　　在社會科學中，研究實驗的假說可能不只一種，研究者需要採用不同方法進行研究假說的驗證，通過研究方法，並且企圖建構初步結論。最後，研究者需要舉一反三，將這個特定研究的結果，推廣到其他類似的主題，並且以更為開闊的胸襟，不斷進行相關領域的研究。因此，我們依據圖4-1，說明實驗設計的流程如下：

㈠定義研究問題

　　研究問題有兩種，就是現存的社會狀態（social state），以及變項（variables）之間的關係。以上兩種步驟涉及到研究問題的定義，也就是說，要如何理解問題之所在，並且改寫成為有意義的問題術語。

㈡進行文獻回顧

　　一旦研究問題確定之後，應該要寫下簡單的描述。研究者在撰寫論文時，需要撰寫研究主題的綱要（synopsis of topic），並且提交論文審查委員會進行審查。

㈢提出問題假說

　　擬定假說（formulate hypothesis）是為了測試實驗邏輯，或是測試實驗後果，而進行的暫時性假設（tentative assumption）。研究假說應該是非常具體的，並且僅限於目前手中的研究；因為這個假說必須經過測試，所以需要嚴謹地界定研究領域，並且保持在正確的實驗路線。簡單地說，

最適合實驗的研究問題，是討論研究是否符合其強度，或是超越了侷限。其中假說需要包括：實驗具有清晰和簡單的邏輯；這一個假說，需要具備釐清因果機制（causal mechanism）的能力；也許這個假說需要針對兩個或三個變項（variables），但是需要考慮施測的時候，基於研究倫理進行，不能夠踰越研究倫理。

㈣準備研究設計

研究設計的功能，是希望以最少的工作量來蒐集相關的證據，所以實驗研究的目的，可以區分為四種：1.探索（exploration）；2.描述（description）；3.診斷（diagnosis）；以及4.實驗（experimentation）。在準備研究設計到分析資料的過程中，需要進行前饋（feed forward），也就是需要建立評估分析資料的標準。

㈤蒐集資料

主要資料蒐集，可以通過以下方式蒐集：1.觀察實驗結果；2.通過實驗進行個人訪談或是測驗；3.通過實驗通過電話訪談；4.通過網路問卷進行訪談或是測驗。

㈥分析資料

數據分析需要一些密切相關的操作，如建立類別。這一階段主要包括：1.編碼（coding）；2.編輯（editing）；3.製表（tabulation）。從蒐集資料到分析資料進行反饋（feed back），可以協助控制研究流程的次系統（sub-system）。

㈦詮釋和報告

研究者撰寫報告，報告包括：1.首頁（preliminary pages），依序為：標題頁（title page）、特殊符號列表（list of special symbols）、目錄（table of contents）；2.正文（main text），以及3.頁尾（end matter）。從分析資料到進行報告撰寫，運用反饋（feed back）模式，可以協助控制研究流程的次系統（sub-system）。

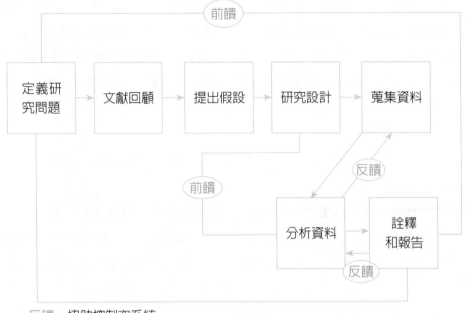

反饋：協助控制次系統
前饋：建立評估標準

圖4-1　人文社科實驗研究著重於前饋和反饋的作用（Garg, 2012）。

二、實驗研究的內涵

社會實驗法（social experiment）是一種社會科學的研究方法，藉由操弄一個或一個以上之變項，並且嚴格控制研究環境，藉此衡量變項之間的因果關係。

在社會實驗之中，我們藉由測試特定社會過程（social process）的目標假說（targeted hypotheses），實驗提供了關於特定因果關係（causal relationship）的明確證據，適用於社會科學中的教育、社會、心理、社工、新聞、刑事、司法、護理、都市規劃、環境行為、消費行為、休閒遊憩，市場營銷等領域。我們在日常生活中，經常在做實驗。當實驗涉及到兩種基本情況的前後比較之時，我們通常邊做邊修。例如，修改一些東西，然後將結果和修改之前的狀況進行比較，看看修改之後，有沒

有比較好。也就是說，我們是在實驗之中，採用「假設－演繹推理」（hypothetical-deductive reasoning）獲得社會事實。在事實基礎上，進行歸納概括之後提出假說。再以假說進行解釋，推演出某種理論；最後，我們試圖通過實驗檢驗這個推斷理論的正確性。因此，在研究中，我們通常反覆地進行下列的活動。

㈠開始進行實驗

從一個因果關係假說（cause-effect hypothesis）開始進行實驗。

㈡導引改變

實驗涉及採取行動與觀察行動所造成的後果，因此需要修正狀況，或是導引實驗的改變，這些改變包含了處理（treatment）、操縱（manipulation）、刺激（stimulus）、干預（intervention），其方法如下：

1. 實驗研究是在人為設定的環境中進行。

2. 將參與者分成實驗組（experimental group）及控制組（control group）。

   ⑴實驗組（experimental group）：在一個有多個小組的實驗中，一組參與者接受自變項改變的參與者。

   ⑵控制組（control group）：在一個有多個小組的實驗中，一組參與者沒有收到自變項改變的參與者。

3. 研究者操弄自變項（independent variable），並觀察對於依變項（dependent variables）的變化，例如說，態度（attitudes）、感受（feelings）、信念（beliefs）、社會行為（social behaviors）、反應時間（response times）、準確百分比得分（percent accurate scores）。在實驗的同時，亦要控制干擾變項。例如，在美國進行服務滿意度的研究，通常以侍者的「自我介紹」為實驗組，侍者「不自我介紹」為控制組，自我介紹是自變項；小費則是依變項。研究假設如果自我介紹會提高顧客給予的小費量，因此，研究者操弄自變項「自我介紹」，並觀察對於依變項「小費」量的變化。

(三)比較研究結果

討論是否進行修正。在實驗性社會研究中,比較是實驗的核心。為了進行有效的比較,可以比較基本相似的狀態。

自然科學實驗的基本邏輯實驗設計的總變異量,主要是由「實驗變異項」、「無關變異項」和「誤差變異項」三部分所造成的。實驗設計功能即是要處理這三項變異量,以增進實驗的有效性,其功能如下:

1. 使實驗變異量變為最大:係指在進行實驗設計時,須注意到設法使實驗處理的幾個條件之間盡可能地彼此有所不同。例如,二種教學方法越是不同,實驗變異量就會越大。

2. 控制無關變異量:研究者所操縱或改變實驗法,又稱實驗觀察法,比較與變項無關的參與者(participants),例如,利用現場裝置(staging settings),或是助理(helpers)讓參與者較為融入較為真實的情境。研究助理冒充另一個參與者,或是無關的旁觀者(uninvolved bystander),讓參與者更為投入地參與實驗。此外,我們在研究中,不讓參與者知道在進行實驗;此外,也要讓「研究者」也不知道何者為控制組、何者為實驗組。當我們看到這些觀察中較為真實的變項,可能是研究假說的替代解釋(alternative explanations)。所以,在嚴格控制的情況之下,探討自變項對於依變項的因果關係,因此它可說是各種實證研究法之中,最為科學的方法。

三、實驗研究的分類

(一)實地研究

自然實際的環境下衡量自變項與依變項,但卻不操弄變項的一種研究方法。其特性包含了:

1. 自然環境中從事現象的研究。
2. 多種資料蒐集方法。
3. 對象一個或多個實體。
4. 有實驗設計,但是沒有實驗控制。

5. 要了解所要蒐集和分析資料的方法。

㈡實地測驗／實地實驗研究

自然現實的環境下，研究者盡可能控制變項，且對變項進行清楚地定義，以觀察變項變化的一種研究方法。實地研究是將實驗室實驗，延伸到真實世界，架構一個比人造的實驗室更爲實際的真實世界研究。其特性包含了：除有實驗設計和實驗控制之外，其他都和實地研究相同。

㈢實驗室實驗研究

在人爲控制的環境之下操弄自變項，所衡量依變項的方法，其研究環境或情況乃由研究者製造操弄出來的（許天威，2003）。例如衡量使用電腦輔助教學之前與使用之後，學生成績是否有變化。在實驗中，需要不只一次測量，實驗室實驗法特性包含了前測（pre-test）、後測（post-test）、延宕測（delayed post-test）：

1. 前測（pre-test）：在引入自變項之前，進行的測量依變項的度量。
2. 後測（post-test）：在實驗中引入自變項之後的依變項的度量。
3. 延宕測（delayed post-test）：在實驗之後的三個月，再度觀察依變項的度量。

在研究中，我們採取描述性統計分析、成對樣本t檢定分析，以了解圖4-2兩組學生在不同教學法實施之後，學生的學習成效，是否達到顯著差異。

四、實驗設計的類型

㈠預先實驗設計（pre experimental design）

通常採用實驗室或是田野研究來進行評估，需要系統性評估實驗介入，導致最後結果是否達到期望的變化程度。一般而言，我們會採用兩種類型的研究設計來評估介入的影響，在實驗樣本（laboratory sample）設計中，樣本將在兩階段都需要實驗，包括基準階段或未介入階段。針對這種設計類型，介入的有效性是透過監測相同樣本的基準。在介入及撤出介入等不同階段等連續觀察階段的變化進行評估，稱爲同組的前測和後測。

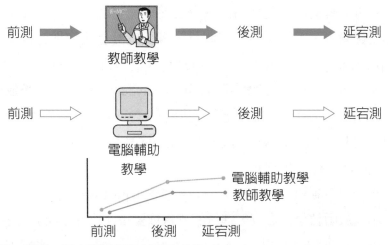

圖4-2　前測、後測、延宕測是實驗必要的手段（Ainsworth, 2003）。

此種實驗設計，主要特徵是針對單一實驗組（缺少控制組）進行實驗。預先實驗研究的設計相當簡便，是日常生活中利用來試用新產品的一種實驗，我們稱為參與者內設計（within-subjects design）介入影響的研究。

(二)真正實驗設計（true experimental design）

1. 完全隨機設計

樣本隨機化可以控制外生變項（exogenous variable），也就是控制自變項，所以隨機抽樣和隨機分配（random assignment）是社會實驗最理想選擇模式。採用隨機化（randomization）來確保參與者以無偏方式（unbiased way）進行分組，將研究參與者應用隨機方法選擇和分派，使得兩個或兩個以上的完全隨機分組，在各方面特質相等，以力求對等的實驗，稱為參與者間設計（between-subjects design）介入影響的研究。

隨機抽樣是採用隨機過程，從母群體（population）中隨機選擇樣本，進行所羅門四組實驗設計（Solomon 4-group experiment design），這種設計特色是將「有無前測」，視為一種變項，納進實驗設計之中，便於進行分析，並且排除前測的影響，以釐清前測是否影響學習效果。

例如，衡量使用電腦輔助教學之前與使用之後，學生成績是否有變化。在實驗中，需要不只一次測量，實驗室實驗法特性包含了實驗組前測（pre-test）、控制組前測（pre-test）、實驗組後測（post-test）、控制組後測（post-test）、實驗組延宕測（delayed post-test）、控制組延宕測（delayed post-test）。在研究中，我們同樣採取描述性統計分析、成對樣本t檢定分析，以了解圖4-3兩組學生在不同教學法實施之後，學生的學習成效，是否達到顯著差異。：

　　⑴第一組控制組前測（pre-test）和後測（post-test）比較：在引入自變項「教師教學」之後，進行的測量依變項「學生成績」的度量。

　　⑵第二組實驗組前測（pre-test）和後測（post-test）比較：在引入自變項「電腦輔助教學」之後，進行的測量依變項「學生成績」的度量。

　　⑶第一組控制組後測（post-test）和第二組實驗組後測（post-test）比較：在實驗中引入自變項「教師教學」，或是「電腦輔助教學」之後，兩者之間的依變項「學生成績」的度量。

　　⑷第三組控制組後測（post-test）和第四組實驗組後測（post-test）比較：在實驗中引入自變項「教師教學」，或是「電腦輔助教學」之後，兩者之間的依變項「學生成績」的度量。

　　⑸第一組控制組延宕測（delayed post-test）和第二組實驗組延宕測（delayed post-test）比較：在實驗中引入自變項「教師教學」，或是「電腦輔助教學」之後，在實驗之後的三個月，觀察兩者之間的依變項「學生成績」的度量。

　　⑹第三組控制組延宕測（delayed post-test）和第四組實驗組延宕測（delayed post-test）比較：在實驗中引入自變項「教師教學」，或是「電腦輔助教學」之後，在實驗之後的三個月，觀察兩者之間的依變項「學生成績」的度量。

　　⑺第一組控制組後測（post-test）和延宕測（delayed post-test）比較：在引入自變項「教師教學」之後，在實驗之後的三個月，進行的測

量依變項「學生成績」的度量。

⑻第二組實驗組後測（post-test）和延宕測（delayed post-test）比較：在引入自變項「電腦輔助教學」之後，在實驗之後的三個月，進行的測量依變項「學生成績」的度量。

⑼第三組控制組後測（post-test）和延宕測（delayed post-test）比較：在引入自變項「教師教學」之後，在實驗之後的三個月，進行的測量依變項「學生成績」的度量。

⑽第四組實驗組後測（post-test）和延宕測（delayed post-test）比較：在引入自變項「電腦輔助教學」之後，在實驗之後的三個月，進行的測量依變項「學生成績」的度量。

　　我們了解到，參與者本身會隨著時間的變化，而產生身心變化，也可能會影響實驗的結果，這個問題通常發生在長時期的研究中。所以，在前測、後測、延宕測的研究中，由於受訪者做過前測有了經驗，所以後測的成績應該比前測還要好。

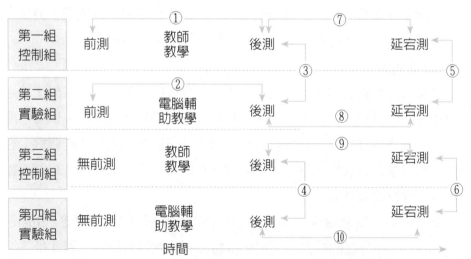

圖4-3　所羅門四組實驗設計，包含了實驗組、控制組的前測、後測、延宕測。研究中設定參與者，確立依變項，控制實驗的情境，選擇依變項的觀測方式，整理實驗階段的依變項，並且進行實驗處理，以便驗證自變項與依變項所構成的函數關係（修改自：Shuttleworth, 2009）。

所以，我們進行所羅門四組實驗設計，將「有無前測」，納爲一種影響變項，便於進行變項分析。此外，不同的觀察時點，可能因爲參與者身心發生改變，而造成不同的結果，在所羅門四組實驗設計時，都需要謹慎處理。

此外，在研究設計中，需要透過輪流對話（dialogue turns），手勢等非言語行爲（non-verbal behavior）、眼球運動數據（eye movement data），眼動儀追蹤技術（eye tracker）進行數據蒐集（Ainsworth, 2003）。

2. 多因子實驗設計（factorial experiment design）

有時候，考慮將無關的（外生）變數納入到實驗設計之中，將外生變項視爲自變項進行控制，這種實驗設計稱爲多因子實驗設計。這種實驗設計可以檢查兩種或多種以上的自變項條件組合的影響，係指在同一研究之中，同時操縱二個或二個以上的獨立變項，以觀察它們對於依變項的影響效果和交互作用的實驗設計。有時候，兩個或多個自變項組合，會對於依變項產生影響，這個變項會超出每個獨立變項原來具有的影響程度。因此，多因子實驗設計要控制實驗環境，也就是對於所有外生變項，例如年齡、性別、種族等可能對依變項的影響的因素，加以控制。

(三)準實驗設計（quasi-experimental designs）

準實驗設計接近眞正實驗設計，但是因爲受限於現實環境，無法透過隨機抽樣，進行相等控制組設計，進行相同樣本的前後測設計。例如，準實驗設計無法將實驗對象隨機指派到實驗組及控制組，運用系統觀察，客觀調整來力求符合實驗原理。在不破壞原有團體之下，利用現有組群（如班級），進行的實驗設計。

準實驗研究基於實際限制，在抽樣的時候，採用集群抽樣（cluster sampling）。在分組的時候，必須仍維持原有的團體或組別，因此是不等組。這種方法雖然有兩組或兩組以上參與研究，除了非隨機實驗組（non-random treatment group）之外，也有一組或一組以上爲非隨機的控制組，以進行對照。此外，準實驗設計會因爲實驗產生誤差，係由於研究者未採

取隨機抽樣，也沒有採取隨機分派樣本到實驗組及控制組，導致結果可能產生抽樣誤差。

　　為了衡量各組之間不等的情形，需要實施前測，各組不等的程度越小越好，避免影響內部效度（internal validity），產生選擇偏差（selection bias）的問題。

五、實驗設計的假設

　　在實驗研究中，我們以前述的配對法，將各組受測者加以配對；或是以受測者自身作為控制，以重複進行實驗需要證明的假設（方偉達，2017）。

　　統計上對於數值的假設，就是對參數進行論述。如果要檢驗這個被檢定的科學模型，稱呼為虛無假設（null hypothesis）。虛無假設通常由研究者決定，反映研究者對已知實驗組參數A和控制組參數B的看法。相對於虛無假設，我們設置對立假設H_1（alternative hypothesis），反映了研究者對實驗組參數A和控制組參數B的對立看法。假設檢定步驟如下：

㈠ 在統計說明中，要載明p值。P值是由統計學者費雪（Ronald Fisher, 1890～1962）在1920年代發展出來的。p值檢定最開始檢定在一個模型之下，實驗出來的數值和模型是否吻合。在這個虛無假設之下，得到一個統計值，然後要計算出產生這種統計值的機率有多少，這個或機率就是p值，如圖4-4。

㈡ 提出相關的虛無假設（null hypothesis）和對立假設（alternative hypothesis）。

1. 虛無假設：H_0：參數A和參數B沒有關係，或是沒有差異。

2. 對立假設：H_1：參數A和參數B有關係，或是有差異。其中，對立假設是我們真正想證實的論點。

㈢ 考慮檢驗中對樣本進行的統計假設。例如，關於獨立性的假設或關於觀測數據的分布的形式的假設。

㈣ 決定哪個檢測是合適的，並確定相關檢驗統計量。

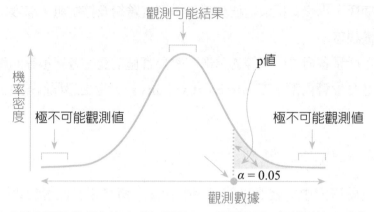

圖4-4 在非常不可能機率產生之虛無假設下，我們得到一個統計值，然後要計算出產生這種統計值的機率有多少，這個或機率就是p值。

㈤在虛無假設下，推導檢驗統計量的分布。在標準情況下應該會得出符合學生t分布（Student's t-distribution），在母群體標準差未知的情況下，不論樣本數量大或小皆可應用學生t檢定。

㈥由於假設檢驗是根據樣本提供的資訊進行推斷，也就有犯錯的可能。如果原來假設正確，而我們卻把它當成錯誤的加以拒絕，犯這種錯誤的概率用α表示，統計上把α稱為假設檢驗中的顯著性水準，也就是決策中所面臨的風險。在此，我們選擇一個顯著性水準α，若低於這個機率閾值，就會拒絕虛無假設H_0。我們通常選擇$\alpha = 0.05$。表示當我們接受假設的決定時，其正確的可能機率為95%。我們進行檢定的時候，如果我們的$\alpha = 0.05$，則若$p < 0.05$，我們拒絕虛無假設，並且宣稱這個檢定在統計上是顯著的，否則檢定就不顯著，這是傳統的p值檢定方法。如果統計上顯著的話，我們就認為得到實驗結果的機會很小，所以就不接受虛無假設。

㈦根據在虛無假設成立時的檢驗統計量t分布，找到數值最接近對立假設，檢驗中，依據顯著性水準的大小，將概率劃分為二個區間，小於給定標準的機率，區間稱為拒絕區間，意思是在虛無假設成立的前提下，落在拒絕區域的機率只有α；事件屬於拒絕區域，拒絕原假設。

㈧ 大於這個標準則爲接受區間。事件屬於接受區間，原假設成立，而無
　 顯著性差異。換句話說，如果虛無假設爲眞，那麼檢定是顯著的機率
　 是 $\alpha = 0.05$。

㈨ 針對檢驗統計量t，根據樣本計算其估計值。

㈩ 若估計值沒有落在「拒絕區域」，接受虛無假設。若估計值落在「拒
　 絕區域」，拒絕虛無假設（null hypothesis），接受對立假設。也就是
　 說，結果與假設不一致，意思是虛無假設「被推翻」，表示自變項和
　 依變項之間，具有差異之後，對立假設就會成立。

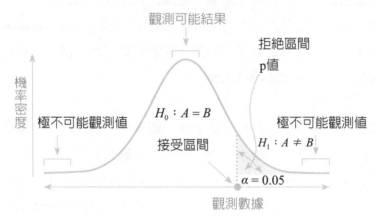

圖4-5　在社會科學實驗，在尋求對立假設，希望$p = 0.000 < 0.05$。但是，對立假設
　　　　永遠不能被證明完全爲眞，而只能由不斷地科學測試進行假設支持，最終被
　　　　廣泛認爲是真實的理論。

六、實驗研究的優缺點

　　目前在學界，實驗研究在社會科學期刊中，仍屬於定量研究的主流。
社會科學實驗在客觀的狀態之下，系統操控假設的自變項，並且固定可
能干擾影響的變項之下，觀測其對某些依變項的獨立效果和交互效果。
因此，實驗研究又稱爲控制研究，了解有關因果關係的研究方法，也是解
決社會科學中理論問題，以及推動社會科學研究的有效途徑。在實驗研究
中，因爲要考慮的變因很多，所以我們從探討研究設計到研究結果，可以

了解到實驗研究的優缺點如下。

(一)實驗研究的優點

實驗研究的優點，包含了可以確立變數之間存在的因果關係，排除干擾因素，強化了研究內部和外部的效度。

1. 強化研究內部效度（internal validity）

所謂的內部效度，是指在完全相同的研究過程中，研究實驗所得到的關係，是否代表真正的關係，以及是否再重複實驗中，是否可以複製研究結果的程度。通過實驗研究者可操控自變項，確定自變項實際上先於依變項出現。藉由比較與控制組的結果，使操控有比較的基礎點。比起其他研究法，更可操控沒有前置原因所造成外生變項（exogenous variable）無形之干擾，產生較佳的內部效度。因此，實驗研究在因果關係的推估，比起個案研究法、調查研究法較爲正確。

2. 排除干擾因素

研究者完全可以根據研究目的建構一個實驗性的環境，並將要測試的因素和干擾性因素進行分離。例如，研究電腦輔助教學的影響時，研究者可以控制實驗中變數的任何細節，包括電腦輔助教學的內容、時間等控制。實驗研究還可對實驗的對象進行控制，比如，對於研究樣本的控制、對實驗對象接觸實驗過程的方式，進行嚴格控制。

3. 強化外部效度（external validity）

所謂的外部效度，是說明研究發現因果關係的可推性。外部效度是說明採用實驗設計所得結果能否可以推論到其他參與者或是情境之中，也就是說實驗結果的代表性。我們關心的在其他的樣本中，或是採用其他的測量方式，或是在不同的環境下，這一種因果關係，是否可以繼續維持的程度？所以，在實驗法之中，實驗結果可以複製，也就是後來的研究者，可以針對不同的參與者，在不同的情境下，重複進行實驗，以提升因果關係的外部效度。

(二)實驗研究的缺點

實驗研究的缺點，包含了過度人爲操控，實驗研究產生人爲偏差，實

際應用的成本過高，對於歷史數據或是未來預測較難處理，且無法解釋眞實的世界等問題。

1. 過度人爲操控

由於實驗環境受人爲的控制，實驗情境過度單純，當參與者處於這種非自然的環境之中，會受到場域的影響而發生改變。在自然場域之中，人類同時受到多種因素的影響，人的行爲可能不同於實驗場景中的行爲，這樣研究結果的內部效度就受到了影響。當研究者加緊控制研究環境，以摒棄外來因素影響的時候，研究環境逐漸變得不同於眞實世界。

2. 實驗研究人爲偏差

研究者需要運用一種被稱爲雙盲實驗（double-blind experiment）的方法，即不管是實驗者，還是參與者，都不知道實驗中哪一組是實驗組；哪一組是控制組。同時，實驗的組織者也要求研究者不針對實驗的目的進行討論。

當某些極端的參與者參加實驗，會產生所得資料有極端值產生；或是當參與者退出，將會降低研究的內部效度。此外，當研究者爲了讓研究有所突破，由於實驗情境的安排，參與者知道自己正在接受到實驗的觀察，也有可能在無意之間，帶給參與者一種支持所測試假設的暗示方向；此外，因爲參與者的練習效應，前一回實驗處理影響到後一回實驗處理；或是因爲多次施測，導致疲勞效應，造成對於研究結果不正確的影響。

3. 實際應用的成本高

許多社會科學的研究的問題，需要運用到大數據進行對象的行爲資料探勘（data mining），但是只有單一實驗室的研究，往往無法完成這樣的研究訴求。比如，研究一般大眾的環境素養，這種研究要求長時間的教育影響。這是個耗費時間及成本的問題，需要進行大規模的調查。因此，實驗研究不能成爲環境素養研究的主要方法。

4. 對於歷史數據或是未來預測較難處理

實驗處理通常針對現象或目前問題，不能針對歷史問題進行討論。因此，當現實環境中的「實驗控制」無能爲力時，只好採用歷史數據的

「統計控制」，將外生變項（exogenous variable）（例如：個人教育經歷、家庭經濟、父親教育程度等自變項），對於內生變項（endogeneous variable）（例如：個人財富、事業表現、社會聲望等，用來表示個人成就的依變項）的影響去除之後，了解不考慮上述外生變項之後個人成就平均數的差異，是否達到顯著水準。

5. 實驗過程可能違反人道

　　實驗過程會對於參與者造成傷害，由於實驗經常涉及實施對人類行為的控制。因此，在實驗過程中，會對人類造成長期影響，還有可能使人類對於自我的判斷，產生懷疑或者降低自尊。因此，需要強調實驗倫理。

第三節　縱貫性實驗

　　縱貫性實驗是一種實驗研究法的綜合性設計，涉及數十年的實驗研究，係為針對相同變項的隨機實驗（randomized experiments）。縱貫性實驗用於心理學，研究人類生命週期的發展趨勢，以及研究人類社會世代的生活經驗。縱貫性實驗研究需要長期追蹤同一個人，讓個人變化之觀察更加精準。縱貫性實驗允許社會科學家將短期現象和長期現象進行區分。

一、世代選擇研究的條件

　　縱貫性研究的類型包括世代抽樣研究，將一組具有特定時段內出現之共同事件歷經者，例如同時出生或是畢業者，並以時間間隔，進行橫斷面實驗。依據固定的時間間隔，進行抽樣。這種抽樣研究在社會科學中，應用於醫療衛生、心理、教育、精算，以及商業分析所使用的準實驗方法。例如：1976年由精神分析師葛萊思（Gene Glass, 1940～）首先正式提出「統合分析」（meta-analysis）這個名詞（Glass, 1976）。在醫療衛生中，是針對風險因素進行分析，了解個人衛生史，並且運用相關分析，來了解研究對象的絕對風險。因此，在實驗組中，可以建立1950年出生世

代吸菸的族群，進行暴露於抽菸污染的實驗組研究。我們稱爲這一種研究爲世代選擇研究（cohort selected for study），我們必須了解實驗組的菸齡。對照組可能是一般人群，這些人群被認爲很少或沒有接觸過香菸，但是在其他健康方面與實驗組相似，在這一個世代之內的肺部健康，可以進行相互比較。當任何觀察性研究確定的因果關係很強的時候，世代選擇研究的條件如下：

㈠ 暴露發生率高。

㈡ 參與者的流失率降到最低。

㈢ 研究經費和資源充足。

二、世代選擇研究的概念

在醫療衛生的研究中，我們談到發病率，通常以下列方式進行說明。

㈠ 相對危險性（Relative Risk, RR）：無單位，用於隨機試驗（randomized trials）的世代研究，如圖4-6。

1. 在隨機試驗中，接受治療的病患和相對未接受治療病患的不良事件風險。

$$\text{Relative Risk(RR)} = \frac{\textit{the ratio of risk in the treated group}}{\textit{the} \text{ ratio of } \textit{risk in the control group}} = \frac{\textit{EER}}{\textit{CER}}$$

2. 在世代研究中，暴露在危險因子的人類罹病的機率爲非暴露在危險因子的人類罹病的幾倍。相對危險性（Relative Risk, RR）＝實驗組（暴露組）的疾病發生率／控制組（非暴露組）的疾病發生率。

㈡ 相差危險性（Attributable Risk, AR）：屬於可以歸因的危險性，僅用於世代研究。

相差危險性（Attributable Risk, AR）實驗組（暴露組）的疾病發生率–控制組（非暴露組）的疾病發生率。說明暴露在危險因子的人類罹病的機率，比較非暴露在危險因子的人類罹病機率多出多少的程度。

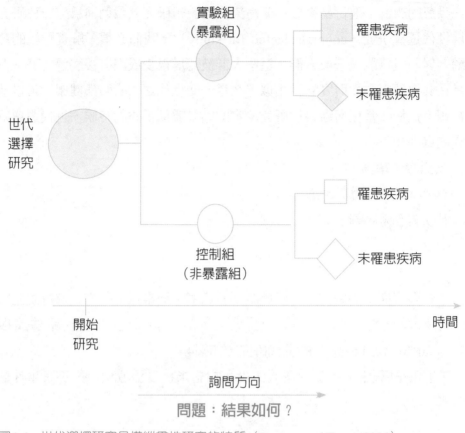

世代
選擇
研究

實驗組
（暴露組）

罹患疾病

未罹患疾病

控制組
（非暴露組）

罹患疾病

未罹患疾病

開始
研究

時間

詢問方向

問題：結果如何？

圖4-6　世代選擇研究具備縱貫性研究的特質（Dawson and Trapp, 2004）。

㈢勝算（Odds）：發生罹病人數與未發生罹病人數的比值。

㈣危險對比值（The Ratio of Risk）：又稱為勝算比（Odds Ratio, OR）。

　　實驗組（暴露組）罹患疾病的勝算比／控制組（非暴露組）罹患疾病的勝算比

案例分析

計算相對危險性、相差危險性，以及危險對比值

　　我們假設運用1950年出生世代吸菸的族群，進行暴露於吸菸污染的實驗組研究，計算相對危險性、相差危險性，以及危險對比值。這個案例採用的是簡單的說明，請參考。

表4-11　1950年出生世代吸菸的族群，進行暴露於吸菸污染的實驗組研究

	實驗組（暴露）	對照組（未暴露）	總數
罹患疾病	a (80)	b (20)	a+b (100)
未罹患疾病	c (20)	d (80)	c+d (100)
總數	a+c (100)	b+d (100)	a+b+c+d (200)

1. 實驗組（暴露組）的疾病發生率（EER）$= \dfrac{a}{a+c} = \dfrac{80}{80+20} = 0.8$

2. 控制組（非暴露組）的疾病發生率（CER）$= \dfrac{b}{b+d} = \dfrac{20}{20+80} = 0.2$

3. 相對危險性（Relative Risk, RR）$= \dfrac{EER}{CER} = \dfrac{0.8}{0.2} = 4$

4. 相差危險性（Attributable Risk, AR）

   實驗組（暴露組）的疾病發生率（EER）－控制組（非暴露組）的疾病發生率（CER）$= 0.8 - 0.2 = 0.6$

5. 勝算（Odds）

   實驗組（暴露組）罹患疾病人數與未罹患疾病人數的比值

   $= \dfrac{a}{c} = \dfrac{80}{20} = 4$

   控制組（非暴露組）罹患疾病人數與未罹患疾病人數的比值

   $= \dfrac{b}{d} = \dfrac{20}{80} = 0.25$

6. 發生罹病人數危險對比值（The Ratio of Risk）（勝算比）（Odds Ratio, OR）

   實驗組（暴露組）罹患疾病的勝算比／控制組（非暴露組）罹患疾病的

   勝算比 $\dfrac{\frac{a}{c}}{\frac{b}{d}} = \dfrac{4}{0.25} = 16$

㈤ 信賴區間（Confidence Interval, CI）：指有95%的信心水準，確認群體的正確數值會落在這個數值範圍之內。

㈥異質性（heterogeneity）：絕大多數的統合分析（meta-analysis）需要進行統計檢定，要分析各論文之間是否有很大的異質性，目前最常用的統計方法包括：

1. 卡方異質性檢定考克蘭Q值（chi-square test for heterogeneity, Cochran Q test）：卡方異質性檢定考克蘭Q值，是在了解收納的研究論文之間，其結果是否產生了異質性（heterogeneity）。

2. I^2（I-square）：I^2統計量代表觀察到的變異數，反映論文之間的合併效果（effect size）的真實差異。反映出「研究之間的變異數」與「總變異數」的比值。也就是說研究間變異數（between-study variance）有多少比例，來自於異質性。

考克蘭Q值Cohran Q（Chi-square, x^2）是評估觀察到的差異，分析異質性的目的是要看個別論文的效果，以及綜合性效果，是否有極大的差異性。簡單來說，就是計算個別論文的研究合併效果（effect size）大小，與論文總平均合併效果大小的差值，再賦予權重。考克蘭Q值計算前必須先提出虛無假設，假定各研究都表現出相同的結果。在此，研究論文報告報導合併效果，例如每人每日抽菸的香菸根數是我們的測量值，則我們建議採用非標準化的合併效果，例如：迴歸係數（regression coefficient）、平均值差異（mean difference, d）、相對危險性（relative risk, RR）、勝算比（odds ratio, OR）；而不是採用標準化的合併效果，例如：相關係數（correlation coefficient）。

一般考克蘭Q值呈現卡方分布。倘若計算出來的Q值大於查表的結果，也就是落在常態分布曲線的尾端，機率就會小於0.1，近而推翻虛無假設，表示這個研究發現個別論文有異質性存在。

通常$p < 0.1$代表統計上有顯著意義，表示差異碰巧發生的可能性只有十分之一。差異的可能性越小越好，小於顯著差異的閾值0.1，代表這些論文之間有明顯的異質性。

$$Cochran's\ Q = \sum_{i=1}^{k} w_i(y_i - \overline{y})^2 \ , \quad \overline{y} = \frac{\displaystyle\sum_{i=1}^{k} w_i y_i}{\displaystyle\sum_{i=1}^{k} w_i}$$

$$= \sum_{i=1}^{k} w_i(y_i - \frac{\displaystyle\sum_{i=1}^{k} w_i y_i}{\displaystyle\sum_{i=1}^{k} w_i})^2$$

y_i = 個別論文的合併效果（effect size）大小，例如：相對危險性（relative risk, RR）

$\overline{y}_i$ = 論文總平均合併效果（effect size）大小，例如：相對危險性（relative risk, RR）

w_i = 個別論文的加權值（weight）

個別論文的加權值（weight）$w_i = \dfrac{1}{\mathrm{var}\,iance} = \dfrac{1}{SE^2} = \dfrac{N}{SD}$

$$\mathrm{var}\,iance = \frac{SD}{N} \ , \quad SD = \sqrt{\frac{1}{N}\sum_{i=1}^{N}(x_i - \mu)^2}$$

μ =母群體平均數

SE =標準誤（standard error）

SD =標準差（standard deviation）

$$I^2 = \left(\frac{Q - df}{Q}\right) \times 100\%$$

　　異質性的大小可以由I^2檢測得知，自由度代表Q的期望值。I^2介於0~100%之間，等於0表示有極佳的一致性；數字越大，則代表異質性越高。異質性分為25%（低度異質性）、50%（中度異質性）、75%（高度異質性）。原則上如果出現了異質性，要 用其他的方式進行數據調整，而且要保守的解讀統合的結論，先不要進行統合分析，而是應該找出可

能的原因，並且將異質性的論文刪除後，再重新計算異質性（莊其穆，2011）。

三、詮釋意義

我們以二元資料（dichotomous data），例如：罹病或未罹病進行說明，依據相對危險性（RR）進行分析。基本上來說，世代研究比個案研究嚴謹，但是在計算上會有偏差的可能，當相對危險性RR > 3時，代表實驗組（暴露組）的疾病發生率超過控制組（非暴露組）的疾病發生率的三倍。所以，談到防制暴露，才具有實驗上的意義。此外，還需要考慮信賴區間（Confidence Interval, CI），以確認95%的信心水準的準確度，也就是信賴區間越窄，結果準確度越高。

㈠RR = 1，表示無論有無暴露於假設因素之中，發生罹病的可能性是一樣的。

㈡RR > 1，表示暴露於假設因素中，導致罹病的可能性增加。

㈢RR < 1，表示暴露於假設因素中的人類，比未暴露於假設因素的人類，更不可能因此罹病。

依據圖4-7，我們討論世代研究的統合分析，可以將實驗研究的功能發揮到極致（Chen, Chen, Wang, Qin, and Bai, 2017）。膳食纖維攝入量和代謝症候群（metabolic syndrome），包括高血壓、血脂異常、糖尿病、肥胖風險之間，存在非顯著的負相關性。表示膳食纖維攝入量高者，比膳食纖維攝入量低者，比較不可能罹患代謝症候群的疾病。該實驗的相對危險性（RR）為0.86（95%CI: 0.70-1.06），同時作者表示，沒有觀察到異質性（$p = 0.498, I^2 = 0.0\%$）。

但是，在這一個案例中，我們發現了I^2值很低，$I^2 = 0.0\%$，但是因為收納研究數目不多，只有三個研究，在自由度為2，就是有3篇文章的情況下，因此要小心的解讀這個結果。

自由度低，通常代表的是統計力量（power）不足，而不是真的沒有異質性。建議如果參考的總論文數小於10篇以下，則不要做統合性的迴

人文社科研究方法

歸分析。

　　這些效果以圖4-7的森林圖（forest plot）呈現。目前有很多專門跑「統合分析」（meta-analysis）的軟體都可以繪出森林圖，如comprehensive meta-analysis軟體，或是RevMan等軟體。

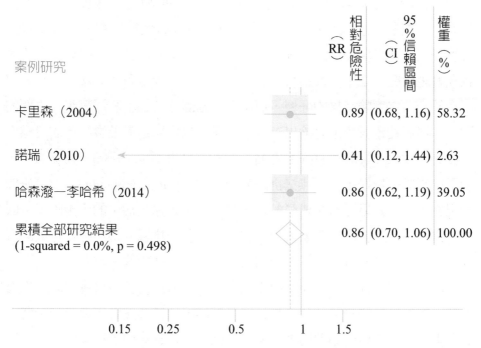

圖4-7　統合分析將實驗研究的功能發揮到極致。膳食纖維攝入量的世代研究分析，比較最高纖維攝入量和最低纖維攝入量組的差異，研究結果來自三個世代研究的三個獨立樣本的代謝症候群風險（Chen et al., 2017）。

小結

　　實驗法是在人為設定的環境中進行，將參與者分成實驗組及控制組，研究者藉由操作自變項，觀察其對依變項的變化。因此，在實驗的同時，須要控制干擾變數。我們在本章中，了解實驗法的目的，是在驗證命題是否成立，測試變項之間的因果關係，藉以建立理論系統，發現因果關係。因此，研究者為了要解答因果關係的問題，依據研究問題與研究目標，理

論基礎與研究假設，進行研究設計、資料蒐集，以及資料分析，在將研究結果進行客觀性之解釋，說明如何分派、抽樣、控制變異數，才能夠得到解答。

在社會科學研究方法中，重視研究假設及檢定實驗法，並且採用彙總及統合分析。在社會科學中，採用定量研究，是因為實驗研究可以操弄自變項，對於依變項所造成之影響，可以用數值進行解釋。也就是說，實驗研究是在妥善控制的情況之下，探討自變項對於依變項的影響，也是各種實證研究法之中，較為科學的方法。此外，社會科學方法的本質其實不在於一二次實驗結果的好壞，而是在於確認「證據」和「假說」之間的關係，經過社會科學家討論出有效的共識，以通過追尋社會科學的目標與方法的一致性。實驗法有許多優點，但是缺點也不少。例如，在實驗中，如果後測成績較好，我們無法排除先驗知識（prior knowledge）對於研究表現的干擾；如果延宕測成績較好，我們無法排除生活中的干擾因子。因此，需要進行對於實驗對象每天自我撰寫日記和撰寫心得，進行每天的行程追蹤，透過質性資料，以檢視知識、態度、行為的改變趨勢。

此外，因為社會科學涉及到人類的實驗，所以需要考慮實驗時的學術倫理，因為人類的實驗，通常是具侵入性的，即使參與者不會受到身體上的傷害，卻常會產生心理傷害，所以我們需要在實驗中，積極探討研究潛在價值，並且對於參與者是否產生潛在的傷害，需要進行審慎的評估，設法保持研究價值和實驗者倫理之間的平衡。

關鍵字詞

替代解釋（alternative explanations）	對立假設（alternative hypothesis）
相差危險性（attributable risk, AR）	行為科學（behavioral sciences）
行為主義（behaviorism）	研究間變異數（between-study variance）

參與者間設計（between-subjects design）　因果機制（causal mechanism）

因果關係（causal relationship）　因果關係假說（cause-effect hypothesis）

卡方異質性檢定（chi-square test for heterogeneity）　臨床實驗（clinical experiment）

集群抽樣（cluster sampling）　考克蘭Q值（Cochran Q test）

編碼（coding）　世代選擇研究（cohort selected for study）

信賴區間（Confidence Interval, CI）　控制組（control group）

相關係數（correlation coefficient）　資料探勘（data mining）

依變項（dependent variables）　延宕測（delayed post-test）

描述（description）　缺乏理性（devoid of reason）

診斷（diagnosis）　輪流對話（dialogue turns）

二元資料（dichotomous data）　雙盲實驗（double-blind experiment）

編輯（editing）　合併效果（effect size）

平等（equalizing）　頁尾（end matter）

內生變項（endogeneous variable）　外生變項（exogenous variable）

實驗（experiment; experimentation）　實驗組（experimental group）

實驗研究（experimental research）　探索（exploration）

眼動儀追蹤技術（eye tracker）　多因子實驗設計（factorial experiment design）

反饋（feed back）　前饋（feed forward）

擬定假說（formulate hypothesis）　遺傳傾向（genetic predisposition）

助理（helpers）　異質性（heterogeneity）

人力資本（human capital）　　以人類為主體（human subjects）

假設—演繹推理（hypothetical-deductive reasoning）　　自變項（independent variable）

個人（individuals）　　組織（institutions）

內部效度（internal validity）　　干預（intervention）

正當理由（justification）　　實驗樣本（laboratory sample）

特殊符號列表（list of special symbols）　　正文（main text）

操縱（manipulation）　　平均值差異（mean difference, d）

統合分析（meta-analysis）　　代謝症候群（metabolic syndrome）

網路社群（network community）　　非隨機實驗組（non-random treatment group）

非言語行為（non-verbal behavior）　　虛無假設（null hypothesis）

勝算（odds）　　勝算比（odds ratio, OR）

參與者（participants）　　準確百分比得分（percent accurate scores）

母群體（population）　　預先實驗設計（pre experimental design）

首頁（preliminary pages）　　前測（pre-test）

先驗知識（prior knowledge）　　後測（post-test）

準實驗設計（quasi-experimental designs）　　隨機分配（random assignment）

隨機化（randomization）　　隨機實驗（randomized experiments）

隨機試驗（randomized trials）　　反思性參與（reflective engagement）

迴歸係數（regression coefficient）　　相對危險性（relative risk, RR）

人文社科研究方法

反應時間（response times）

選擇偏差（selection bias）

社會實驗（social experiment）

社會事實（social facts）

社會狀態（social state）

現場裝置（staging settings）

標準誤（standard error）

學生t分布（Student's t-distribution）

主題的綱要（synopsis of topic）

製表（tabulation）

暫時性假設（tentative assumption）

真正實驗設計（true experimental design）

危險對比值（the ratio of risk）

真正實驗設計（true experimental design）

無關的旁觀者（uninvolved bystander）

參與者內設計（within-subjects design）

不肖子定理（rotten kid theorem）

社會行為（social behaviors）

社會促進效應（social facilitation effect）

社會過程（social process）

所羅門四組實驗設計（Solomon 4-group experiment design）

標準差（standard deviation）

刺激（stimulus）

次系統（sub-system）

目錄（table of contents）

目標假說（targeted hypotheses）

處理（treatment）

標題頁（title page）

自私的基因（the selfish gene）

無偏方式（unbiased way）

變項（variables）

零和收益（zero-sum gain）

第五章

調查研究

I have nothing to offer but blood, boil, tears and sweat.

我能奉獻的沒有其它，只有熱血、辛勞、眼淚，以及汗水。

——邱吉爾（Winston Churchill, 1874～1965）

學習焦點

　　在人文社科研究方法中，絕大多數的量化研究，都屬於調查研究。人文社科調查，一般指的是直接蒐集社會資料或是數據的過程和方法。調查研究相當辛苦，需要進行實地調查、觀察、問卷訪談，以實際了解社會現象。調查研究簡稱「調研」，基本的調研過程包括：確定調查目標、設計調查方案、制定調查工作計畫、組織實地調查、調查資料的整理和分析，以及撰寫調查報告等。本章依據調查研究定義、調查統計歷史、調查研究的範疇，說明調查研究的內涵，包含了詢問、觀察、訪談、填寫問卷，或是進行網路回答的方式，蒐集社會數據的社會研究方法，採取面對面方式或電話訪問進行；或是依據文字問卷與訪問所使用的題目，通常採問題式提出，要求受訪者反應。此外，也可以運用控制觀察，從紀錄中取得所需資料，包含採用測量工具，例如：成就測驗、態度量表進行調查之後的分析。甚至有的學者採用手機方法，鼓勵民眾運用手機在線的方式填答問卷，換取獎勵或是現金，進行消費者調查；或是採用穿戴式計算（wearable computing），獲得人際關係的社會網絡

資料（Pentland, 2015），上述科技已經成爲蒐集人類資訊社會的方法。本章我們以調查分析方法，說明研究架構、研究對象、分析方法、研究流程，資料處理與統計分析的案例，最後以調查分析的結構方程模型，進行調查結果的圖解說明。

第一節　什麼是調查研究（Survey research）？

「調查」（Survey）是什麼？調查是需要掌握實際資訊，在事前開始規劃，運用各種調查的工具和人事關係，以巨細靡遺地了解被調查者的資訊。在調查規劃之初，需要強化調查動機，充分了解調查需求，以蒐集第一手的資料和檔案。這些資料的來源，原本都是獨特事件的累積，因爲在事件中有非常多的「變項」，所以需要依據不同來源的證據進行「調查」。如果我們在進行調查時，這些調查資料的結果，呈現了一致性，我們就可以發展理論的雛形，並引導將來資料蒐集與分析的方向。

簡單來說，人文社科的調查研究，泛指針對特定的議題，進行蒐集社會資料與數據的過程、結果，以及解釋。這些過程相當冗長而繁瑣，必須透過統計原理，針對研究母群體（population）中抽出的樣本，以詢問、觀察、訪談、填寫問卷，或是進行網路回答的方式，蒐集社會數據的社會研究方法。本節我們以調查研究的定義、歷史、範疇、過程、內涵，以及分類，進行介紹。

一、調查研究定義

調查研究（survey research）是研究者透過嚴格的抽樣設計，以探討社會現象諸多變數之間的關係（陳啓榮，2011）。簡單來說，調查研究係採用問卷（questionnaire）、訪問（interview），或是觀察（observation）等技術，對於母群體（population）蒐集資料，以了解母

群體中依變項之變化情形。這一種研究方法，普遍應用於心理學、社會學、行為學、經濟學等學門，可以說是量化研究和質性研究中，最常用的研究方法。

二、調查研究歷史

(一)古代的調查

「調查」起源很早，從原始母系共產社會，到父權帝王封建社會形成之初，統治者為了要進行管控，從單一思惟進行「資源調查」，以達到資源分配的目的；後來，依據人民安居樂業的生理和安全需求，逐漸進展進行集體需求和意識，形成集體下層社會思惟，以回饋統治者的上層管理制度。

在西方，最早的調查也是針對土地和人口進行調查。埃及古王國時期，法老王指揮官員進行調查，以強制徵稅、協調水利，並提高農作物產量。羅馬帝國皇帝戴克里先（Gaius Diocletianus, 244～312）每五年對土地和人口進行一次調查，後來每隔十五年辦理一次的戶口普查，以了解人民的財產值，作為課稅的基礎。到了中世紀，神職人員和統治貴族的調查報告，顯示教區居民或農奴的人數和生活狀況。

在中國，古代在殷商甲骨文中，有「登人」的字樣，這就是徵兵的意思。目的是在進行人口調查，以在戰爭的時候，快速徵集兵力。到了春秋時代，魯國進行土地調查，以「初稅畝」（594 B.C.）實行以實物地租代替勞役地租，進行上繳貢賦的依據。這也是封建時代承認少數土地私有化，以鞏固國家統治的綏靖政策。《偽古文尚書‧五子之歌》中曾說：「民惟邦本，本固邦寧。」意思是，老百姓才是國家的根本，基礎穩固了，國家也就安寧了。

孟子（372～289 B.C.）在《孟子‧萬章上》說到《尚書‧太誓》：「天視自我民視，天聽自我民聽」，宣揚他的「革命改變論」之觀點。學者咸稱孟子的民本思想，是民主的先驅。固然孟子在《孟子‧盡心下》曾說：「民為貴，社稷次之，君為輕。是故得乎丘民而為天子，得乎天子

為諸侯，得乎諸侯為大夫。諸侯危社稷，則變置。犧牲既成，粢盛既絜，祭祀以時，然而旱乾水溢，則變置社稷。」他的意思是說：「百姓最為重要，代表國家的土神谷神其次，國君為輕。所以，得到民心的做天子，得到天子歡心的做國君，得到國君歡心的做大夫。國君危害到土神穀神，就改立國君。祭品豐盛潔淨，祭掃按時舉行，但仍然遭受到旱災水災，那就改立土神穀神。」

在孟子的思想中，這一種改變是天子的權責，延續孔子強調「尊王」的概念，衍生到「父子有親、君臣有義、夫婦有別、長幼有序、朋友有信」的五倫關係。這種從家庭、社會、國家、天下的統治階層概念，已經根深柢固成為「天、地、君、師、親」的五尊概念，即使中國歷經改朝換代，也有定為一尊的地位階層概念。這種以眾星拱月的社會關係，起源於君臣關係。之後，這種以「領導階層」對「被領導階層」的菁英主義思想，已經從「論資排輩」的論點，衍生到國家社會「天無二日，民無二主」的地位需求（方偉達，2009）。

然而，如何「貴民」呢？如何得到「民心」呢？《孟子・梁惠王下》曾經說：「簞食壺漿，以迎王師。豈有它哉？避水火也。」如何從斬弋殺伐之中，了解什麼才是民心的向背呢？孟子提出採用觀察法，百姓用簞盛飯，用壺盛湯來歡迎擁護軍隊，以進行民心歸依的調查。

但是，中國自古以來，不缺「民貴君輕」的意識形態。我們從《尚書周書・泰誓》，信誓旦旦地看到了「天矜於民，民之所欲，天必從之」的訓誡；從《晉書・戴洋傳》看到了天命論「順之者昌，逆之者亡」的警告。但是，我們缺少的是如何清楚調查「民之所欲」的研究方法和程序。這一套主觀意識的民意觀察或是天命寄託，缺乏科學調查的依據。也就是古代中國空有「科技」和「神話」，但是缺乏科學和統計方法，無法設計出一套有效而完善「民意調查」的操作程序，所以，我們需要從近代社會科學之研究，了解調查研究的作業方法。

㈡近代的調查

那麼，西方國家依據客觀科學的真實「調查」，要到什麼時候才開

始呢？近代可考的問卷調查，是在1800年至1803年間，法國海軍遠征（French naval expedition）澳大利亞時採用的方法，後來成爲19世紀民族學者採用的調查工具。但是，系統調查則是要等到19世紀中期，歐洲國家統治者發現貧富差距拉大，美國民主選舉逐漸落實之後，才開始產生近代版的調查研究方法。

1. 社會調查

英國哲學家和社會改革家亨利梅休（Henry Mayhew, 1812～1887）在1851年出版了三冊的《倫敦勞工和倫敦貧民》（*London Labour and the London Poor*），針對倫敦的生活條件進行了複雜的調查，並要求普通人報告他們的情況；等到1861年出版第四冊時，則增加了當時比較新穎的統計方法，以進行估算。

在19世紀的英國，政府進行社會調查，通常採訪一萬至二萬人，以確保其代表性，也讓學者有更多的資訊可以參考。馬克思（Karl Marx, 1818～1883）的社會貧民研究，則提出了許多問題和假說（hypotheses），並提供了可測試命題（testable propositions）和可證偽之命題。儘管馬克思主義理論可論證的範圍，係利用經驗數據（empirical data），他依據工廠關鍵線民（key informants）的口述聲明，了解窮人工作條件的資訊（Marx, 1867/1887）。但是，他卻沒有應用數學，或是統計分析等現代調查研究技術，進行統計分析。簡單來說，馬克思的理論結構是以經驗主義爲基礎，依據內在邏輯的標準來判定，但是對於19世紀歐洲和北美以外的國家與社會，則因爲資訊來源不夠清楚，並未進行完整的研究和分析。

到了1884年，韋伯（Sidney Webb, 1859～1947）、蕭伯納（George Bernard Shaw, 1856～1950），以及華萊斯（Graham Wallas, 1858～1932）等人在倫敦聚會，決定成立學會。他們以對抗漢尼拔的古羅馬名將費邊（Quintus Fabius, c. 280～203 B.C.）作爲學社名稱的來源，成立了費邊社（Fabian Society）。費邊社會主義者（Fabian socialists）出版了調查工廠工人和貧民窟居民報告，說明19世紀英國資本主義制度下，工人嚴苛的工作環境和生活條件。

20世紀初，美國社會調查（social surveys）則為記錄貧窮等社會問題的程度（Converse, 1987）。到了1930年代，美國政府進行社會調查，以記錄該國的經濟和社會狀況。當時室內電話成為了家用電器，美國政府採用郵件和電話進行調查，已經成為一種調查中產生統計資訊的有效工具；到了1990年代，網路發展產生了新的調查研究方法，這些新技術對於社會調查的領域，產生新的價值（Groves, 2011）。

2. 民意調查

調查專家蓋洛普（George Gallup, 1901～1984）曾把民意調查稱之為「民主脈搏」把脈的手指。全世界最早的民意調查，可以追溯到19世紀初。1824年7月，美國哈里斯堡的《賓夕法尼亞人報》進行了有史以來第一次讀者投票調查，模擬總統選舉。後來，北卡羅萊納州的《羅利星報》也進行了一次類似的調查，得到相似的結果，這一種民意調查方式，被稱為草根民調（straw poll）。

但是，草根民調的參與者都是地方報紙的讀者，因此相當片面。最有名的例子，是1936年共和黨的堪薩斯州州長蘭登（Alf Landon, 1887～1987）和羅斯福（Franklin Roosevelt, 1882～1945）之間的總統選舉，爆出了冷門，這都要從《文學文摘》（*Literary Digest*）問卷調查事件談起。

從1916年從1932年，《文學文摘》連續五屆準確地預測了美國總統大選，因而受到人們的普遍信任和讚譽。當時堪薩斯州州長蘭登反對羅斯福的新政，認為造成政府施政的浪費。《文學文摘》發放了一千萬份問卷，回收了二百三十萬份問卷，編輯們預測蘭登將從五百三十一張選舉人票，獲得三百七十張選舉人票，贏得選舉大勝。

在此同時，蓋洛普採用更小的樣本及科學方法預測，預測羅斯福選舉大勝。後來，他拿下了四十六個州合計五百二十三張的選舉人票，並獲得60.8%的普選得票率；而蘭登只獲得八張選舉人票。選舉結果公布之後，《文學文摘》信譽破產，幾個月之後就宣告倒閉。這次民意調查落空的原因，原來是《文學文摘》的讀者共和黨人所占的比例比較高；此外，願意

寄還調查問卷的讀者，大多數是羅斯福的反對者，所以造成調查結果和實際的選舉結果不同。

21世紀，進入到網路世紀，民意調查更加的撲朔迷離。2016年的美國總統大選，美國前國務卿希拉蕊（Hillary Clinton, 1947～）對上地產大亨川普（Donald Trump, 1946～），從RealClear Politics、FiveThirtyEight、Huffpost Pollster等民調公司都估計希拉蕊保持三到六個百分點的領先，其他主流媒體，如《紐約時報》、《華爾街日報》、《華盛頓郵報》、《經濟學人》等報紙民調，都顯示希拉蕊領先。但是，川普的推特（twitter），在選前擁有一千三百萬追蹤者，臉書（Facebook）擁有一千二百一十萬粉絲；而希拉蕊的推特有一千零二十萬追蹤者，臉書有八百萬粉絲，希拉蕊在線上媒體中略遜一籌。等到選舉結果揭曉，川普獲勝。

分析民意調查的結果，在1990年代的美國，打室內電話進行民意調查，回覆率約35%；如今室內電話的回覆率不到10%，有些業者必須打四十通電話才有一人願意回覆。因此，民意調查碰到的問題為選民結構模糊、民調回覆率太低，以及受訪者不說真話，這些社會願望偏見（social desirability bias），都會影響到民意調查的結果。

(三)調查統計歷史

1. 描述性調查（descriptive surveys）

描述性調查（descriptive surveys）基本上在於描述現狀（status quo），試圖測量存在的事物，但不質疑其所以存在的理由。在19世紀的英國，政府進行社會調查，通常採訪一萬至二萬人；1936年《文學文摘》回收了二百三十萬份問卷，發覺了統計偏估的問題。其實，早在19世紀末，挪威統計學家凱爾（Anders Kiaer, 1838～1919）曾經進行過挪威人口普查和農業普查等行政調查工作，他建議以抽樣調查，不要以大規模的問卷來了解動向。

在中國，哥倫比亞大學心理學碩士張耀翔（1893～1964），於1921年在《教育叢刊》上發表心理測量的文章；到了1922年，他進行北京師範大學成立十四週年慶祝大會上的「時政熱點問題」民意測驗，目的在

「窺探吾民真正輿論」之所在，測驗內容包括八個面向，收到近千份的回答問卷，他以統計進行描述現狀的分析。

以上的調查專家，都是東西方著名的描述性調查（descriptive surveys）的先驅者。

2. 解釋性調查

解釋性調查（explanatory surveys）為事後回溯研究（*ex post facto research*）之一種方式，這一種調查不僅止於蒐集相關變項的資料，還要進一步解釋這些變項所存在的關係。解釋性調查是經過實地在某一段時間之間，實際蒐集到的資料為基礎，並且通過對於資料的分析，運用檢驗假設的方式，最後對社會現象進行理論解釋。因此，在分析方法上，解釋性調查需要強調進行多變量的統計分析。最早的解釋性調查（explanatory surveys）是由波蘭統計學者內曼（Jerzy Neyman, 1894～1981）和英國統計學家皮爾森（Egon Pearson, 1895～1980）共同在1930年代發展的。

1934年內曼首先引進了信賴區間（confidence interval）的概念，他指出了隨機抽樣作為分層抽樣組成部分的重要性，所以調查者應當把人口劃分成不同階層或部分，並在階層內隨機地選擇單元進行調查。內曼後來任教加州大學柏克萊分校，他和英國統計學家皮爾森共同設計了虛無假設（null hypothesis），發展了統計學中的假設檢驗。他們依據機率抽樣，提供了無偏估計（bias-free estimates）和可衡量抽樣錯誤（measurable sampling errors）的估算方法（Neyman, 1934）。

美國政府的統計專家們，包含農業部、內政部的專家，都非常驚豔於這些理論，於是邀請內曼參觀美國的實驗室，並且討論新的土地和人口普查的發展，例如以分層、分階段的抽樣方式規劃抽樣架構（sampling frames），企圖以全面覆蓋率（universal coverage）、機率抽樣（probability sampling），以及統計推論（statistical inference），討論以有限的母群體，以及可測量的抽樣誤差（sampling error）逐步消弭統計的偏誤。此外，多變量統計分析（multivariate statistical analysis）為研究者提供了強大的分析方法來處理蒐集到的數據。這些現代分析方法確定

了社會和經濟數據中的關鍵因素，並且增強了現代民意調查支持人口推估的能力。

然而，美國前人口普查局局長（U.S. Census Bureau）葛洛夫（Robert Groves, 1948～）在2011年說：「調查統計的不確定性仍然存在。」（Groves, 2011）近年來，爲了強化調查的準確性，志願蒐集數據（volunteer data collections）、行政紀錄（administrative records），以及網路基礎資訊（Internet-based data）的調查方法，有了大幅度的增長。

對於西方國家來說，針對六百個樣本調查來說，學者咸認爲是相當準確的。在加拿大的全國民意測驗，如果以一千至一千六百名受訪者爲例，這是常見的樣本量。因此，如何採用更小的樣本、速度更快的調查，以及成本更低廉的調查，更爲精準地接近調查事實，並且不會洩露個人隱私，仍然是現代調查的重要課題。

第二節　調查研究的範疇

調查研究的範疇，是一種從知識搜尋到建構知識管理的過程，也是培養和共享組織知識庫的系統方法（Dalkir and Liebowitz, 2011）。既然社會科學強調的是一種涵蓋資訊技術與知識資本（intellectual capital）的多維學科領域。在調查研究的過程之中，近年來調查研究運用了社會學、認知科學、組織行爲學，以及資訊科學等學科的想法、過程、工具，以及技術，描述了社會科學理論和個人、社區，以及組織層面之實踐力量。因此，過去自然科學的分類方法已經逐漸被打破，社會科學知識之間的知識分類、共享渠道，以及調查媒介的豐富性，已經逐漸由網路學習（e-learning）中的資訊所提供協助。因此，我們提出兩個架構概念，包含了「從研究走向現實」（Research to Reality, R2R）和從分類論（Taxonomy）談到本體論（Ontology），運用調查研究的趨勢，進行調查研究的統合過程。

一、調查研究的趨勢

(一)從研究走向現實（Research to Reality, R2R）的概念架構

在社會科學的研究中，研究的概念不脫離現實。中國大陸南京大學哲學系教授胡福明（1935～）曾於1978年在《光明日報》以特約評論員的名義發表文章〈實踐是檢驗眞理的唯一標準〉，傳誦一時。如果說我們以科學精神看待社會研究，我們必須將從研究走向現實（Research to Reality, R2R），進行眞理驗證和具體實踐。

在第四章談到了統合實驗方法，進行暴露於吸菸產生肺病的危險性的實驗研究。在實驗的先驅研究中，我們想起了美國第十六任總統林肯（Abraham Lincoln, 1809～1865）曾說的一句名言：「卓越的天才不屑走旁人走過的路；他尋找迄今未開拓的地區。」因此，雖然實驗研究都是在追求如何驗證眞理，但是調查研究，同樣是在追尋眞理。這兩種研究方式不分軒輊，都是企圖以實踐方法，企圖進行從理論進行實務磨合，力爭標準性的整合模式。

圖5-1談到了從研究走向現實（R2R）的計畫，美國國家癌症研究所（National Cancer Institute, NCI）在建立癌症治療的整合機制，試圖依據夥伴關係計畫模式，將研究人員、從業人員通過整合傳播，運用社交媒體和線上社群（online community），融入社區的醫療防制計畫，控制癌症病人的病情。在研究中，調查了參與內容（content）、互動（interaction），以及活動（activity）。研究人員使用網路分析來管理和評估R2R計畫。

我們希望調查工作可以藉由知識管理中的社交網絡（social networking），進行策略工具（strategy tools）的討論，基於最後調查結果的成果評估（outcome assessments），產生調查研究者之間知識連續性（knowledge continuity），以及組織學習模型（organizational learning models）。

一個調查研究者不要整天悶在研究室中做研究，那是死的研究；應該要時時到現實社會進行調查研究，關心社會問題，才能眞正了解社會的趨

勢，掌握社會的脈動。

在加拿大，R2R計畫除了聚焦於醫療衛生保健之外，還突顯出以下的計畫，例如：科學與社會；能源、環境與自然；以及太空與量子等創新和尖端研究，正在塑造科學研究創新領域之影響力。研究團隊有一句口號，那就是：「今日研究，明日成真。」（Today's research, Tomorrow's reality）這也是自然科學家和社會科學家攜手努力，共創未來的寫照。

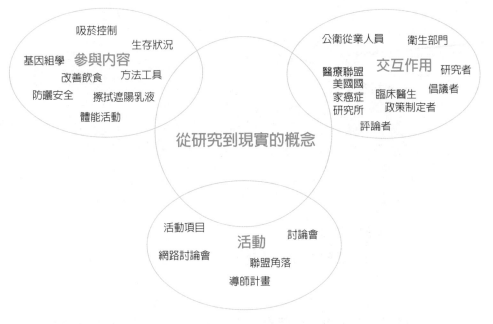

圖5-1　調查研究落實到真實世界（Farrell, La Porta, Gallagher, Vinson, and Bernal, 2014）。

(二)從分類論（Taxonomy）談到本體論（Ontology）

從現實中進行調查研究，主要是採用歸納法，進行科學真理的探索。英國哲學家培根（Francis Bacon, 1561～1626）認為，將大量事實蒐集起來，是採用歸納方法的首要條件。他說：「只要有一部篇幅六倍於老普林尼的《自然史》那樣的百科全書，就可以解釋自然界的所有現象。」

但是，有的學者就在懷疑了，什麼是自然界的所有現象？人類窮極一

生的性命，可以了解自然界的現象嗎？有的學者開始藉由社會科學的調查，找尋現象之間的關係。有的學者採用自然科學的方法，藉由分類，進行現象的描述。我們可以大膽地說，人文社科關心本體論的定義：「本體論者關心如何表示存在於他們感到興趣的研究領域、概念、理念，以及社會現象之間的形式和關係。」。

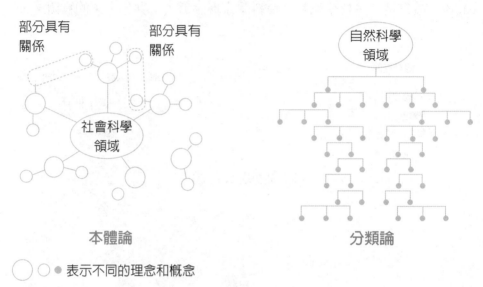

圖5-2　從真實世界本體到分門別類，需要進行調查（修改自：Dalkir and Liebowitz, 2011）。

　　對於社會科學者來說，我們的大腦經常採用本體論的模式，創造了協作型知識（collaborative knowledge），以集體智慧進行產權共享，而不是僅止於創造個人單一的知識庫（knowledge repository）。事實上，我們也可以直觀地了解這些知識有可能在哪裡。當我們處理一群人的知識時，這種方法不再適用了，因為我們都有不同的獲取知識的模式。因此，自然科學家為了怕麻煩，捨棄了本體論中的不同獲取知識的路徑。因為「盍各言爾志」的做法，會導致雜亂無章的分類模式。

　　這些資訊的混亂，讓學者相當困惑。1978年諾貝爾經濟學獎得主西蒙（Herbert Simon, 1916～2001）在1947年的著作《管理行為》

（*Administrative Behavior*）中認爲，人類知覺的形式是界於「完全理性」與「非理性」之間的「有限理性」（bounded rationality）。在市場經濟學中，基於人類是有限理性的概念，加上市場上的不對稱資訊（asymmetrical information），導致人類決策混亂，充滿了這種從資訊的不確定性，導致人類行爲的不確定性。後來，柏克萊加州大學阿克洛夫（George Akerlof, 1940～）在1970年時發表了論文《檸檬市場：質化的不確定性和市場機制》（*The Market for Lemons: Quality Uncertainty and the Market Mechanism*），在文中阿克洛夫用不同種類的水果，代替不同特性的二手車；運用甜美的櫻桃與水蜜桃來比喻好的二手車，而用酸味的檸檬來比喻差的二手車，試圖以行爲科學的分類論，闡釋他所看到的現象（Akerlof, 1970）。這一篇阿克洛夫在三十歲依據不同的案例寫成的論文，到了2018年6月，已經被引用了28,984次，讓他奠基成爲社會經濟學的創始人，後來阿克洛夫在2001年獲得諾貝爾經濟學獎。終其一生，他提出了因應資訊的不確定性，決策者應該遵循自然規範（natural norms），並且指出了運用這些規範將如何解釋理論與事實之間的差異。阿克洛夫提出了宏觀經濟學（macroeconomics）的角度，用社會規範（social norms）來解釋宏觀經濟行爲。

　　自然科學家喜歡「分類論」，以階層模式管理檔案。這也是社會科學信仰「本體論」，自然科學崇尙「分類論」，最大的研究上的差異。但是，不管眞實世界有多麼複雜，善用本體論的「部分關係模式」進行統計分析，或是借用自然科學的方法分門別類，都是需要勞苦功高的調查過程和技巧。

二、調查研究的過程

(一)定義研究目標

　　在開展研究的時候，定義研究目標是界定調查研究蒐集資訊的範圍。所謂界定調查目標，是要釐清針對研究對象進行描述研究，還是要證實研究假說，這樣才能根據研究目標，提出研究課題，以增長知識。

莊子（369～286 B.C.）在《莊子‧養生主》談到：「吾生也有涯，而知也無涯。以有涯隨無涯，殆已。」從莊子的角度看待調查研究，認為生命有限，知識無窮。我們用有限的生命，去調查無窮的知識，如果不界定好調查範疇，則永遠落入知識的循環之中，永難脫身。所以，要進行調查之前，需要界定具體的目標，了解我們可以運用的時間、金錢、人員的總數，根據研究的時間和經費，以及研究目標之需要，界定是否要採用縱貫性的調查方法，還是橫斷性的調查方法。

㈡進行時程（phase）、階段（section），以及檢核點（point）查核

調查研究的第二步，需要了解到研究必須「謀定而後動」。也就是進行時程安排與預算規劃，建立檢核點（point）的查核，蒐集基本資訊。基本資訊包括調查項目有關的文字資料，透過網絡、圖書館、政府部門等單位取得資源。此外，找到關鍵人物進行焦點座談，尋找參謀提供建議。

孫子（545～470 B.C.）在《孫子兵法‧計篇》談到：「謀定而後動，知止而有得。」也就是說，我們在策畫調查的時候，需要考慮周到，才開始採取調查行動，知道我們的研究目標，我們才能夠準確地進行調查。所以，準備論文研究大綱，進行文獻回顧（literature review）。並且在執行文獻綜整的時候，以關鍵字查核並且描繪資料庫系統中目前的研究，了解現行的研究趨勢。詳細時程（phase）、階段（section），以及檢核點（point）查核方式，請參考圖5-3。

㈢選擇及發展調查工具

在圖5-3的檢核點2，我們需要檢查合適的研究工具及合適條件。選擇及發展調查工具主要目的，是為了檢查問卷的措詞是否合理、問題的設計是否合理、被調查者是否有回答困難之問題，來妥適進行問卷調查，確保調查能取得規劃設計的效果。

在設計蒐集資料的調查方法之前，需要決定是否自編問卷。問卷量表是由許多問項，又稱為題幹所組成。我們藉由可測量性的構念（construct），依據前人的研究理論，進行量表的編製。但是，如果受到經費的限制，請

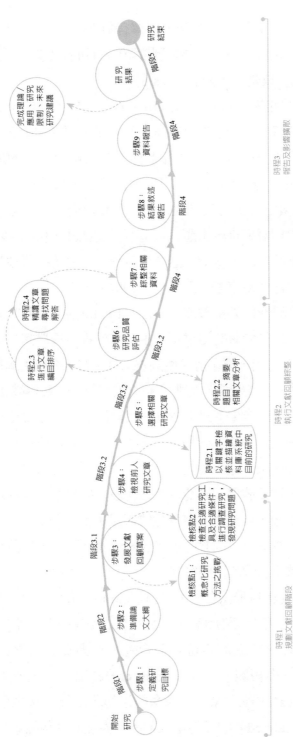

圖5-3 調查研究的流程，需要推估各種不同的檢核點（point）查核方式，討論調查研究發現的問題（Sivarajah, Kamal, Irani, and Weerakkody, 2017）。

採用已經發表過的期刊論文的量表，選擇有信度和效度（validity）保證的現成測量工具，也就是採用有審查制度下的期刊論文中，刊登的調查問卷（questionnaire）或是「量表」（scale）。

當我們採用「問卷」（questionnaire）與「量表」（scale）進行蒐集資料時，這兩種測量技術的強度是有差異的。雖然問卷和量表都是可以用來蒐集資料，但是量表（scale）的編製，需要有社會科學的理論依據，以進行更為精確的計分，例如：平均數、標準差、積差相關；在推論統計方面，例如：t檢定分析、變異數分析、共變數分析、迴歸分析等。但是，問卷的設計，則需要符合主題，可進行描述統計，例如：次數分配、百分比；可進行推論統計，例如：適合度考驗、百分比同質性考驗、獨立性檢定、改變的顯著性檢定等（王俊明，2004）。

此外，考慮到研究的外部效度（external validity），研究者也需要界定母群體的範圍，最後的研究結果可以由樣本外推至母群體。在內部效度（internal validity）方面，要了解這些調查工具，在研究結果解釋上是否具備科學性，例如說，在因果關係之建立過程中，是否考慮到邏輯的推演。為了避免曲解題項的情況產生，以下四點是設計問卷時，需要注意的事項：

1. 定義清晰：在研究理論中，這一種「構念」的定義為何？在社會科學理論中具備的這些問項所產生功能是什麼？使用語言可以決定受測者回答的品質，因此，需要確保調查能取得最初設想的效果。也就是說，調查問卷經過測量之後，所產生的關聯性的因素項目（item），相當於前述的「構念」，轉換成可以回答的項目題是什麼？因此，我們需要避免不清晰的定義，讓受測者無法回答問題。

2. 設計合理：形成題目形成的「構念」（construct），是由枝微末節的日常思考判斷和行為所構成的。在設計題項時，需要檢查問項的設計是否合理，構念的定位是否合宜。在調查問項量表和構念之間，要具備「意識相關」（epistemic correlation），產生輻合效度（convergent validity, CV）。構念經過轉化之後，產生了可「操作化」（operationalized）的問卷量表，在代表性的合格樣本中，所有的

研究構念可以順利地施測。

3. 問題獨立：所有的問題，具備區別效度（discriminant validity），是需要避免填答者在填寫問卷時，產生了填寫前面問題，造成後面問題填答的殘留影響（residual effect），影響到答案的正確性。因此，需要仔細地檢查，是否前面的問題會對後面的問題有任何的影響。但是，人類的思惟當中，很少單獨具備孤立的構念，需要提升「建構效度」（construct validity），減少其他不相干的構念產生研究誤差。

4. 措詞合理：檢查問卷的措詞是否合理，避免技術性用語，要採用簡單的語意表達方式。也就是說，在問卷設計的時候，問卷的題目要簡單。因此，研究者應該專注於受測者是否正確了解問題，並且能夠輕鬆做答，以降低調查的成本。在調查中，可以測出研究者想要探討的構念，讓填答具備自我意識的回憶填答。

5. 結構適宜：問卷包括引言和問題兩個部分，引言的目的是請求參與者（participant）合作，說明調查的目的和意義，以及研究倫理事項。問題部分是問卷的主體，一般說來，需要包括兩大類：說明參與者的特徵指標；以及參與者的個人知識、態度、行為意向，以及行為經驗等。問題的題項和題數不要太多，否則填寫人員會亂填。所以，問卷的長度一般不超過一頁紙，最多不要超過四頁，問卷的排版應該簡潔清晰，有利於參與者的填寫。訪談的時間不要超過半小時，電話訪談的時間，也需要控制在十分鐘之內。所以，為了要達到題目的精確，需要經過專家審查，進行建構效度（construct validity）專家來回檢驗，最好經過一連串的測量專家訪問和預先測試之後，才能進行。

在問卷中，需要自我註記(R)是代表反向題（reverse coded items），在正式的問卷之中，不會出現(R)的記號。在此，反向題是為了避免填答者慣性的反應傾向，所謂的反應傾向就是擔心填答者在填答的時候，會習慣性地都填5或3。所以，我們設計反向題，以打破作答者的慣性，獲得更為精準的調查答案。我們以下列最淺顯的文字，列出小學生問卷的參考式樣，如表5-1。

表5-1 小學生的參考問卷（未刪題前）

各位同學您好：

這一份問卷，是想要了解你對新竹的看法與感受，以及生活上的環保經驗。這不是考試，不會列入學校的成績，您只要按照您的想法填寫就可以了。問卷的資料僅作為學術研究使用，不會記名，也不追蹤，個人資料不會公開，請你放心填寫。這是一個科技部的計畫項目（xxx-xxxx-S-00x-0xx-xxx），已經取得國立臺灣師範大學研究倫理審查委員會核准（案件編號：REC xxxxxxHSxxx），參與研究期間為xxxx年xx月至xxxx年xx月，預計研究參與者人數xxx人。這個研究是採取自願性的，如果您不想參加，隨時可以退出和中止。

如果碰到什麼問題的話，可以問發問卷的人。感謝你回答這份問卷，填完問卷之後，都可以向發問卷的人領取一份精美的小禮物。

請注意每一題都要填喔！

國立臺灣師範大學環境教育研究所

指導教授：方偉達　博士

研究生：　張美娟　敬上

聯絡電話xxxxxxxxxx

一、個人資料

學校：＿＿＿＿＿＿＿＿　小學

年級：1.五□　　2.六□　年級

家長學歷：

父　1.□國中以下（含國中）　2.□高中職　3.□大學、大專　4.□碩士　5.□博士

母　1.□國中以下（含國中）　2.□高中職　3.□大學、大專　4.□碩士　5.□博士

家長職業：

父：

1.□政府機關 2.□學校教職員 3.□IT、3C業 4.□貿易金融 5.□法律、會計、工程事務所 6.□服務業 7.□交通運輸 8.□自營店主（零售、餐飲）9.□農林漁牧 10.□無酬家管 11.□大學教授 12.其他＿＿＿＿＿＿

母：

1.□政府機關 2.□學校教職員 3.□IT、3C業 4.□貿易金融 5.□法律、會計、工程事務所 6.□服務業 7.□交通運輸 8.□自營店主（零售、餐飲）9.□農林漁牧 10.□無酬家管 11.□大學教授 12.其他＿＿＿＿＿＿

爸爸在一起陪我的頻率：1.□1年以上1次 2.□1年1次 3.□半年1次 4.□3個月1次 5.□1個月1次 6.□每週末1次 7.□每天

媽媽在一起陪我的頻率：1.□1年以上1次 2.□1年1次 3.□半年1次 4.□3個月1次 5.□1個月1次 6.□每週末1次 7.□每天

我用3C的頻率：1.□每天 2.□2天1次 3.□3天1次 4.□每週末1次 5.□到學校、圖書館借用

人文社科研究方法

（3C為電子產品的統稱，通常指的是電腦、平板電腦、行動電話、數位相機、電視機、隨身聽、電子辭典、影音播放之硬體裝置或數位音訊播放器等。）

我每星期上才藝、安親班的天數： 1.□4天以上 2.□3天 3.□2天 4.□1天 5.□沒有

每次爸爸陪我的時間：

 1.□1小時以內 2.□1～2小時 3.□2～4小時 4.□4～6小時 5.□1整天

每次媽媽陪我的時間：

 1.□1小時以內 2.□1～2小時 3.□2～4小時 4.□4～6小時 5.□1整天

每次我用3C的時間：

 1.□6小時以上 2.□4～6小時 3.□2～4小時 4.□1～2小時 5.□1小時以內

陪我談話的主題（單選）：

爸爸： 1.□漫畫電玩 2.□成績 3.□才藝 4.□旅遊 5.□朋友

媽媽： 1.□漫畫電玩 2.□成績 3.□才藝 4.□旅遊 5.□朋友

爸爸的老家在： 1.□其他縣市 2.□新竹縣 3.□新竹市

媽媽的老家在： 1.□其他縣市 2.□新竹縣 3.□新竹市

我怎樣可以交到朋友： 1.□新手機電腦遊戲 2.□新款造型 3.□才藝 4.□好成績 5.□一起
打球 6.□聊心事

我住的房屋： 1.□大樓（10樓以上） 2.□華廈（6～9樓） 3.□公寓（5樓以下） 4.□獨
棟別墅 5.□透天厝（有院子）

每天我願花多少時間在社區花圃、農園： 1.□沒有興趣 2.□10～20分鐘 3.□30分鐘
4.□1小時 5.□2小時以上

在新竹我常路過： 1.□一般街道 2.□校園 3.□公園 4.□山坡樹林 5.□田野

我家附近**看過**（複選題）： 1.□野生哺乳動物 2.□野生鳥類 3.□田野樹林 4.□公園
5.□街道

我能**教別人分辨**（複選題）： 1.□看到哪種鳥表示換季了 2.□冬天、夏天有哪些星星
3.□白天、晚上飛來飛去的動物 4.□在樹上、田裡的野鳥
5.□不同的蟲、鳥的鳴叫聲

以下問題按照您的想法填寫：

非常同意　　　　：非常有同感

同意　　　　　　：基本上是這樣

普通　　　　　　：不是很肯定，但也不否定

不同意　　　　　：基本上不是

非常不同意　　　：完全不是這樣

在新竹我常去的戶外場所： 1.□學校校園 2.□街角公園 3.□鄰里公園 4.□動物園 　　　　　　　　　　　5.□山林步道、湖畔 6.□原野、山上、海邊
我多久出去一次： 1.□1個月以上 2.□2週1次 3.□1週1次 4.□一週2～3次 　　　　　　　　5.□1週4～5次
我多半待多久： 1.□30分以內 2.□30分鐘～1小時 3.□1～2小時 4.□2～4小時 　　　　　　　5.□4～6小時

第一部分：地方依賴與地方認同	非常不同意	不同意	普通	同意	非常同意
地方依賴：					
我在這裡最自在。	□	□	□	□	□
這裡是我最喜歡的地方。	□	□	□	□	□
我在這裡做自己喜歡的事情，在其他地方做是比不上的。	□	□	□	□	□
我在上網時才覺得自在。（R）	□	□	□	□	□
沒其他地方比這裡更好。	□	□	□	□	□
來到這裡我心裡很滿足，其他地方比不上。	□	□	□	□	□
地方認同：					
我比較想念度假、旅行看到的大自然景色。（R）	□	□	□	□	□
我跟這裡很有感情。	□	□	□	□	□
這裡對我來說很特別。	□	□	□	□	□
我常常想來這裡。	□	□	□	□	□
這裡的綠地、田野是我生活的一部分。	□	□	□	□	□
這裡自然野地對我有特別的意義。	□	□	□	□	□

第二部分：心理因素	非常不同意	不同意	普通	同意	非常同意
環境態度：					
我認為勸阻別人隨意放生外來種動物很有用。	□	□	□	□	□
我認為參加環保社團很有用。	□	□	□	□	□

	非常不同意	不同意	普通	同意	非常同意
我認為把水龍頭一次開到最大，會很方便。（R）	☐	☐	☐	☐	☐
我認為開冷氣很麻煩，乾脆去戶外乘涼。	☐	☐	☐	☐	☐
我認為參加淨灘活動很開心。	☐	☐	☐	☐	☐
我認為出門要帶餐具。	☐	☐	☐	☐	☐
知覺行為控制：					
我能轉發環境消息。	☐	☐	☐	☐	☐
我可以勸別人水流開小一點，節省用水。	☐	☐	☐	☐	☐
我能帶餐具出門。	☐	☐	☐	☐	☐
勸阻別人隨意放生外來種動物，我做不來。（R）	☐	☐	☐	☐	☐
我能不開冷氣，跑去戶外乘涼。	☐	☐	☐	☐	☐
維持綠地的整潔，我做得到。	☐	☐	☐	☐	☐
個人規範：					
我應該去當環境志工。	☐	☐	☐	☐	☐
我應該養稀奇、酷炫的寵物。（R）	☐	☐	☐	☐	☐
我應該要參環境活動及社團。	☐	☐	☐	☐	☐
出門我應該帶餐具、水杯。	☐	☐	☐	☐	☐
我應該要跟別人說，不該隨便把家中園藝植物種在野外。	☐	☐	☐	☐	☐
我應該少開空調，少喝冰品。	☐	☐	☐	☐	☐

第三部分：社會規範	非常不同意	不同意	普通	同意	非常同意
主觀社會規範：					
我認識的人希望我節省用水。	☐	☐	☐	☐	☐
我認識的人希望我帶水杯、餐具出門。	☐	☐	☐	☐	☐
我認識的人希望我去戶外，少吹冷氣。	☐	☐	☐	☐	☐
我認識的人支持我做垃圾分類。	☐	☐	☐	☐	☐
我認識的人不希望我去當公園義工。（R）	☐	☐	☐	☐	☐
我認識的人支持我參加環保社團。	☐	☐	☐	☐	☐

描述社會規範：					
我認識的人會帶餐具出門。	☐	☐	☐	☐	☐
我認識的人會很節省用水。	☐	☐	☐	☐	☐
我認識的人會參加環保社團。	☐	☐	☐	☐	☐
我認識的人沒有做垃圾分類。（R）	☐	☐	☐	☐	☐
我認識的人不亂丟垃圾。	☐	☐	☐	☐	☐
我認識的人不喜歡吹冷氣，而是去戶外。	☐	☐	☐	☐	☐

第四部分：環境友善行為意向	非常不同意	不同意	普通	同意	非常同意
接下來的兩週，我會：					
慢慢地開水龍頭。	☐	☐	☐	☐	☐
參加戶外舉行的環境活動。	☐	☐	☐	☐	☐
忘記帶水杯、餐具出門。（R）	☐	☐	☐	☐	☐
勸別人做好垃圾分類。	☐	☐	☐	☐	☐
去當公園義工。	☐	☐	☐	☐	☐
有空時去戶外走走，不看電視電腦。	☐	☐	☐	☐	☐
我會參加調查社區附近的動、植物的活動。	☐	☐	☐	☐	☐
買食物飲料，很少注意到包裝材質有一層，還是有二層以上。（R）	☐	☐	☐	☐	☐

(四)抽樣

　　選擇和培訓訪員執行調查回收問卷，進行數據預處理和編碼問卷回收後，問卷封面至少要有訪員、調查地點等關鍵信息。分析數據，起草報告由於調查整個母群體，會花費太多時間和金錢，採用以下的抽樣調查（sampling survey）方法，從母群體中抽取部分樣本，進行採樣調查或是觀察，並且運用統計方法，對母群體的特徵，進行估計和預測的方式。

1. 隨機抽樣

　　多數調查爲求樣本具代表性，通常採用隨機抽樣，尤其分層隨機抽樣（stratified random sampling）最爲常見，常被用來分層（strata）的衡量標準，包含了地區、特徵、年級、社經地位等。之後在這些不同的類型的樣本空間中，隨機進行抽樣。分層隨機抽樣的特色是因爲通過了人爲的分類，增加了共通性，可以分析出不同分類之間的比較特性。這種方法適用在需要進行分類時，進行分層隨機抽樣處理。

2. 群集抽樣（cluster sampling）

　　當母群體的蒐集和造冊極爲困難，而在調查時又希望節省成本時，可採用群集抽樣。群集抽樣的方法就是將母體分成幾個群集，例如：部落、區域、社區、社群，我們在所選取的集群中再進行隨機抽樣，以選取所需要的樣本，稱爲群集抽樣（Fang, Ng, and Chang, 2017）。

群集抽樣（cluster sampling）調查地區學生環境行為

　　為了了解在新竹科學園區城鎮化地區的孩童，他們在戶外活動場地從事環境友善活動的行為，我們普查了新竹科學園區周邊的八所公立小學。研究中以群集抽樣法，依據學區制在住家附近入學的八所公立小學，經過校長、教師和家長簽署研究同意書之後，我們請孩童填寫問卷，了解他們在環境教育法通過，在戶外／校園產生的環境友善行為產生的路徑關係，本研究收到問卷為四百一十六份，剔除無效問卷三十一份，有效問卷共三百八十五份。

　　測量工具以問卷作為主要的研究工具，分為背景變項與心理變項兩種。心理變項有孩童的態度（attitude）、主觀規範（subjective norm）、描述規範（descriptive norm），以及親環境行為（pro-environmental behavior），以李克特氏五點量表（Likert scale）測量。四項心理變項的Cronbach's $\alpha >$ 0.7，有足夠的信度。效度則以因素分析每項因子負荷量（factor loadings）（λ）> 0.5，符合建構效度（construct validity）（Fang, Ng, and Chang, 2017）。

3. 立意抽樣（purposive sampling）

由研究者根據個人主觀判斷，選取代表總體的單位進行選取樣本的抽樣方法，並由研究者判定最適合研究目標的樣本。例如，針對旅遊地區進行調查，選擇某遊樂園進行樣本調查，稱為立意抽樣，或是判斷抽樣（judgmental sampling）。

立意抽樣（purposive sampling）調查遊樂區遊客環境行為

新竹縣六福村主題遊樂區過去遊客人數曾為各主題遊樂區之冠。該遊樂區調查研究具備指標性意義，因此設定為研究地點。本研究樣本資料的蒐集是以新竹縣六福村主題遊樂園的遊客為研究對象，正式施測時間是進行全天抽樣調查。每次問卷調查均為非機率立意抽樣（non-probability purposive sampling），對於識字且有意願接受調查的遊客，請遊客自行勾選問卷。共計發放四百一十份問卷，扣除十九份廢卷之後，所得的有效問卷共三百九十一份。

本研究採用自我報告（self-reports）形式，以李克特氏五點量表（Likert scale）計分的方式來計分，當作分析數據來源。問卷題目依據研究架構中的構面，包括規範信念、態度、社會規範、親環境行為意向的題目。在進行現場調查時，以單一問卷，向不特定且自費在遊樂園遊樂的自願受測者進行施測（Fang, Ng, Wang, and Hsu, 2017）。

(五)學術誠信

在調查中，研究者要採取負責任之研究行為（responsible conduct of research, RCR），進行專業學科之知識探索活動。因此，在面對「研究參與者」指經主持人執行招募，成為實驗、調查、觀察，或是個案分析等類型研究的對象時，所有計畫要執行的人體研究和人類研究，應申請大學成立的研究倫理審查委員會（Research Ethics Committee, REC; Institutional Review Board, IRB），經過審查通過，並且取得核准的案件編號（REC Number）。其中，「人體研究」和「人類研究」的研究取樣不同，根據

人文社科研究方法

2017年國立臺灣師範大學通過的「學術倫理與誠信規範」，說明如下：

1. 「人體研究」：人體研究指的是從事取得、調查、分析、運用人體檢體或個人之生物行為、生理、心理、遺傳、醫學等有關資訊的研究。

2. 「人類研究」：人類研究指的是以個人或群體為對象，使用觀察、介入、互動的方法，或使用未經個人同意去除其識別連結的個人資料，而進行與該個人或群體有關的系統性調查或專業學科的知識探索活動。

中央研究院人文社會科學研究倫理審查委員會（Institutional Review Board on Humanities & Social Science Research, IRB-HS）認為，問卷題目及執行過程必須先經過審查，以降低研究對受訪的參與者產生傷害。所以，參與研究的全部人員，包含計畫小組、調研助理、面／電訪員，都需要受到研究倫理相關教育訓練。在中央研究院IRB內部教育訓練的內容，包含了下列原則：

(1)尊重自主之倫理原則：確保受訪者（respondents）能獲得充分的相關資訊；此外，受訪者是自願參與研究。

(2)善益之倫理原則：研究的風險不可以超出受訪者能獲得的利益，避免受訪者承受不必要的傷害。

(3)公平正義之倫理原則：無論社經地位、性別等差異，所有受訪者被抽中受訪的機率、被詢問到的問題、拒訪的權利，以及禮券的贈送，都是相同的，確保受訪者有受到平等的對待。

(4)隱私與保密的重要性：確保受訪者的個人資料被妥善的記載、管理及保存，不可以洩漏出去，讓受訪者的權益受到侵害。

俄亥俄州立大學教育學系教授拉瑟（Patti Lather）認為，調查研究的過程除了承認現實變化影響（reality-altering impact）為前提，還需要有意識地引導這種影響，讓受訪者獲得自我理解（self-understanding）。在理想情況之下，可以自我決定（self-determination）是否進行研究參與（Lather, 1986a）。

因此，依據上述所揭櫫學術倫理與誠信規範，未成年學生的調查研

究，雖然經過校長、班級教師，以及家長同意，以無記名的方式進行，不會產生識別連結的個人資料。但是，問卷調查要經過研究倫理委員會的急件審查（expedited review），亦即「微小風險審查案件」的受理和審核，了解是否所有參加研究的調查人員，是否都已經上過學術倫理的課程，遵守研究的規範，盡到「研究參與者」知情同意（informed consent）。因此，調查人員在知情同意程序中，將會向研究參與者說明下列事項：預計參與研究期間、大約研究參與者人數，具體表達報酬，例如：填完問卷之後，領取小禮品等。此外，需要表明研究主持人的姓名，以及可以聯絡的電話。最後需要強調，這個研究採取自願性的，如果不想參與，隨時可以退出與中止；將來發表研究結果時，參與者的身分將被充分保密。

㈥處理資料

經過訪員執行調查回收問卷之後，需要進行資料處理和編碼，問卷封面至少要有訪員、調查地點等關鍵資訊。接下來需要分析數據，並且起草報告。最後進行資料的保存或是銷毀：

1. 研究資料使用地點：如果要提供國外研究機構使用，需要提出資訊保護措施。

2. 需要說明資料性質、保存人員、保存地點，以及相關的保護方式。例如說：「本研究將保存紙本資料與電子檔案，由計畫主持人負責保存。紙本資料將保存在計畫主持人研究室上鎖的櫃子中，電子檔案儲存於計畫主持人以密碼保護的電腦中，只有計畫主持人持有鑰匙及開機密碼。」

3. 需要說明保存期限，例如說：「本研究將保存資料從2018年1月1日起，至2020年12月31日為止，屆期將銷毀可以識別連結的個人資料。」

三、調查研究的內涵

我們進行調查時，需要依據我們的概念進行分類、拓展資訊量，以解釋結果，以了解實務、事件，以及關係的意義。因此，在建構調查研究的內涵時，需要回顧過去，展望未來，針對未來進行預測，以規劃未來可能

發生的事件。因此，在調查研究的內涵中，需要強調調查研究的特徵、調查範圍的分類，以及調查研究的優缺點，以能解釋已經發生的事件，並且能夠規劃未來可能發生的事件。

(一)調查研究的特徵

調查研究具有兩個重要特徵，包含上述的量化研究，又稱為定量研究；以及質性研究，又稱為定性研究。

首先，我們運用問卷調查的自我報告（self-reports）形式，測量參與者（participants）感到興趣、願意填答的變量。實際上來說，研究者要求參與者，或是稱為稱為調查研究的受訪者（respondents），直接報告自己的想法、感受，以及行為。其次，調查研究相當重視樣本（sampling）問題。特別是調查人員針對大型隨機樣本（large random samples）具有強烈的偏好，因為大型樣本提供了對於人類想法、感受，以及自述行為中，較為真實情況的準確估計。事實上，調查研究可能是社會科學中採用隨機抽樣（random sampling）的唯一方法。除了這兩個特徵之外，幾乎所有的調查研究時時刻刻都在發生。調查時間可以很長，或是很短。調查人員可以親自進行面對面的調查，也可以通過電話、郵件，或是電腦網路進行。調查研究的內容可以涉及投票意向、消費者偏好、社會態度、健康狀況，以及任何調查人員想要詢問並且希望得到答案的內容。所以，調查數據通常使用統計數據進行分析，以產生信度和效度。但是，有很多問題，更適合進行更多的質性分析（qualitative analysis）。以下我們以調查中的探索性研究（exploratory study）、描述性研究，以及解釋性研究進行說明。

1. 探索性研究

研究者針對嶄新的研究主題進行初步的了解，以決定是否進行正式研究，並且探詢採取正式研究時，應採用的方法。由於我們對於所要研究的主題尚不清楚；此外，也沒有相關的研究可供參考，因此研究設計選取選擇小樣本進行探索性研究。這一段時期可以說是問卷預試（pretest）階段，用以形成問題及假設的方法。問卷預試通常使用在檢查「是」或「不是」的問題，以及對受測者的措詞是否適當，而可以正確及容易地回答問

卷。預試在防止研究者無法辨識研究目標的主要因素，所採用的一種方式。例如，如果你對買一臺油電混合車有興趣，但不能辨認出影響行為的重要層面，進行預試是很有幫助的。在預試時，增加對於購買油電混合車的詢問範圍面向（方偉達，2017）。

那麼，研究在正式分析前，預試要多少份呢？探索性因素分析的預試，建議以一百五十份以上的樣本進行（DeVellis, 2011）。其中如果有多項問項，經過因素分析刪除題項之後，進行修改為正式問卷的問項，且經過專家學者進行問卷修改，以清楚明確的問句，進行問卷調查。

2. 描述性研究

描述性研究的目的，是要發現事實，以回答什麼是「社會事實」的問題。描述總體是描述性研究最為本質的特徵，其主要邏輯為歸納法。我們將看到的現象，進行客觀的描述。在描述時，我們採用邏輯性的科學說法來建構觀點，並且厚實描述（thick description）重要的資訊。在厚實描述中，我們不需要解釋，而是提供更多線索以方便解釋。如果我們針對這個研究掌握越多，越能以自身的角度去詮釋。所以，重點是要掌握研究細節，深入地描寫，以強調人類心理意義和情節鋪陳。

3. 解釋性研究

解釋性研究的目的，是要理解有關社會現象之間的關係，以回答為什麼會有這一種「社會事實」的問題。所以，解釋性研究的主要邏輯為「假設－演繹」，使用規則來解釋調查研究的現象。「假設－演繹」是推導假設中，對於已知事物的推論，以解釋因果關係；在質性的研究中，需要透過訪談法，將量化得到的結果，以質性訪談法，詢問專家或是當事人，運用溯因推理法（abductive reasoning），也就是反繹推理，以發現假說的方法，來解釋已知事物，推導出最終成因的解釋。

解釋性研究的歸因理論

我們依據「價值—信念—規範」（Value-Belief-Norm）理論，如果價值觀修正之後，產生信念改變，信念改變，形成社規範，產生行為。這個理論當中，價值和信念是內部歸因。在規範中，如果是社會規範，我們歸納為外部歸因，社會規範又可以分為主觀規範（subjective norm）、描述規範（descriptive norm）；如果是個人規範（personal norm），又稱為個人的道德規範（moral norm），我們歸納為內部歸因。

過去心理學界將這些因素都歸咎於內在的心理成因。但是，社會心理學者不這麼看。奧地利心理學家海德（Fritz Heider, 1896～1988）提出了「歸因」（attribution），他認為人類對於已經發生事件的原因的「社會推論」或「知覺感受」。這是對於過去記憶的回溯，也是一種找尋「最初發心」的溯因推理。1944年，他在〈社會知覺與現象世界的因果關係〉一文中指出，人文社科應該重視行為因果關係的研究（Heider, 1944）。後來他在《人際關係心理學》（Heider, 1958）中就提出了歸因理論，在1960年代之後，獲得了社會心理學界的重視。

歸因理論（Attribution Theory）的因素有兩種（圖5-4），認為一種是內部歸因，指個體將行為發生的原因，解釋為個人傾向因素（dispositional attribution），例如說：價值、信念、個人規範（道德規範）、態度、情緒、心情、興趣、個人需要、努力程度；一種是外部歸因，將行為發生的原因，解釋為外來的情境因素（situational attribution），例如說：社會規範中的主觀規範（subjective norm）（認識人對我的期望）、社會規範中的描述規範（descriptive norm）（看到他人在做）、社會規範中的命令規範（injunctive norm）（他人的指示或命令）、獎勵、懲罰、天氣的好壞，以及工作的難易程度等。

如果我們在分析人類社會行為的因果關係，如何應用「價值—信念—規範」（Value-Belief-Norm）理論和「歸因理論」（Attribution Theory）解釋行為產生的原因呢？我認為應該要運用解釋性研究的溯因推理法（abductive

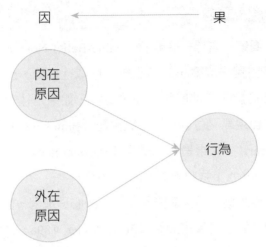

因 ← 果

内在
原因

外在
原因

行為

圖5-4 歸因理論（Attribution Theory）的因素有兩種，一種是内部歸因，一種是
外部歸因（修改自：Heider, 1944/1958）。

reasoning），了解行為背後的動機。從内在原因中，我們可以發現價值、
信念、個人規範（道德規範），以及態度，都是内在的原因。在個人規範
中，是否擁有道德上的罪惡感，例如：「我應該去做」，如果我沒有做，在
内心上我感到罪惡和羞愧。在個人規範中，題型大都是「應該做」（ought
to be）。

　　當然，這些原因很多，以上的原因都是從理性的原因來思考，如果從非
理性的行為背後的原因來談，可能還要加上當時的情緒、心情等内在的心理
狀況，如圖5-5。

　　那麼，外部原因有哪些呢？我們可以從社會規範來談，包括「我看到人
家怎麼做」的描述規範（descriptive norm），或是「我認識的人希望我怎麼
做」的主觀規範（subjective norm），這些都是意識到外來的情境因素，所
產生的行為影響，全部通稱為社會規範。

　　因此，考慮到人類行為產生的因果關係。行為是「果」，那麼「價值—
信念—規範」就是「因」了。這些内部的原因和外部的原因，改變人類的
自我，產生了人類行為。但是，我們如何回溯原因，因為「無風不起浪，

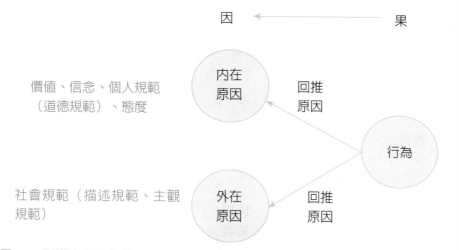

因 ← 果

價值、信念、個人規範
（道德規範）、態度

內在
原因

回推
原因

行為

社會規範（描述規範、主觀
規範）

外在
原因

回推
原因

圖5-5　影響人類行為的原因很多，這些原因都是從理性的原因來思考，但是也
　　　　有可能要加上情緒的影響（修改自：Heider, 1944; 1958）。

有因就有果」，反推的過程，不能自相矛盾，這個過程通過溯因推理法來完成。所以，我們可以進行下列的推論，如圖5-6及圖5-7：

1. 溯因推理：根據現在人類良善的行為，針對行為者背後穩定的心理因素，如崇高的價值觀、信念、規範，以及態度，做出合理的社會推論。
2. 行為解釋：根據現在人類行為及其結果，來推論是在何種條件之下，產生了現在的這一種行為。
3. 行為預測：根據過去或是現在人類行為及其結果，來推論在何種條件之下，未來將會產生什麼樣的行為，這是一種心理推論的行為預測。

　　我們可以針對過去的原因，進行現在的行為解釋；也可以針對現在的原因，進行未來的行為預測。如果調查出來的結果，可以預測未來的行為，則具備模型的預測效度（predictive validity）。

　　反過來說，進行溯因推理的時候，如果是現在推理到過去，應該依據社會現實，進行過去成因的社會推論；如果是針對未來的夢想，檢討現在的目標養成，那是心理的一種推理實驗，也就是在無法預測未來社會會對自己產生什麼影響之下，所做的自我映射的心理推論；也稱為自我夢想和自我實現的未來期許，是要靠未來的實踐所產生的心靈實驗。

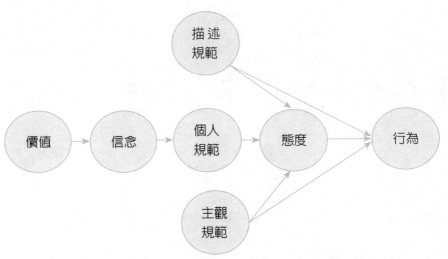

圖5-6 我們依據「價值—信念—規範」（Value-Belief-Norm）理論，以及歸因理論（Attribution Theory），考慮到人類行為背後的複雜成因，歸納成為一個簡單的模型（本書作者整理繪製）。

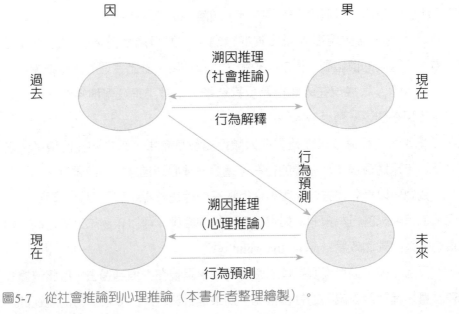

圖5-7 從社會推論到心理推論（本書作者整理繪製）。

(二)調查範圍的分類

一般的調查研究，我們稱為橫斷性調查（cross-section survey），是指在一定時間之內，從蒐集資料進行描述當代母群體的研究。在橫斷性調查中，調查的對象，只接受一次的調查，所以沒有辦法測量個人在縱貫性的時間變化中，改變的情形。然而，橫斷性調查中可以發現下列的差異，例如：調查中各團體之間的差異和變化。針對相同之研究問題，同時從兩種或更多更多的母群體中，選取樣本而執行研究，稱為平行樣本設計（parallel-samples designs），這一種設計，經常在橫斷性調查中採用，以進行差異性比較。依據調查範圍可以區分為：

1. 普查（Censuses）

普查（Censuses）屬於整個母群體的真實事件調查。其中可以分成兩種，一種是具體變項的普查（census of concrete variables），另外一種為構念普查（census of construct），需要選擇或發展最適合的工具，進行構；對於感到興趣之進行之調查。一般來說，針對某一學校的調查，可以進行變項之間關係的研究。

2. 樣本調查（Sample surveys）

對於母群體中之一部分進行之調查。依調查材料區分，又可分為真實事物（tangibles）調查與非真實事物（intangibles）調查，分為以下兩種：

(1)真實事物樣本調查（sample survey of tangibles）：研究者想尋找母群體的資料進行普查時，因為所需要費用過於高昂，因此採用抽樣調查，從樣本中蒐集所需資訊以推論整個母群體狀況。

(2)非真實事物樣本調查（sample survey of intangibles）：研究者想要測出所要測量的抽象構念，以抽樣方法，測量母群體的個人心理或社會心理的價值構念。我們採用嚴謹的抽樣技術，建構適當的測量量表，並且根據量表分數，陳述量表之中建構的構念意義。

平行樣本設計（Parallel-samples designs）調查：「為什麼我們要推動孩童的戶外教育？」

　　2011年臺灣通過環境教育法，規定高中以下的學校教師和學生，每年接受四個小時的環境教育。但是，由於國內的教育環境，受到升學主義主張的影響，不容易落實戶外教育。因此，由十一個全國性民間團體組成的「優質戶外教育推動聯盟」，於2012年拜會立法委員，2012年12月由立法委員邱文彥、田秋堇等六十名立委連署，希望整合部會資源，共同推動戶外教育政策。為了要了解臺灣學校推動戶外教育情況，教育部2013年委託國立臺灣師範大學針對國中小教育行政人員、教師和學生，進行戶外教育現況及需求調查，教育部於2014年6月26日召開記者會，並發布《中華民國戶外教育宣言》（曾鈺琪、黃茂在、郭工賓，2015）。

　　以上是過去的歷史陳述，說明了行政院環境保護署推動「環境教育」，教育部推動「戶外教育」的背景。那麼，為什麼要推動環境教育？如果環境教育希望「促進國民了解個人及社會與環境的相互依存關係，增進全民環境倫理與責任，進而維護環境生態平衡、尊重生命、促進社會正義，培養環境公民與環境學習社群，以達到永續發展」。這是一段動人的陳述。《中華民國戶外教育宣言》是要讓「學習走入真實的世界，可以延伸學校課程的認識與想像，發現學習的意義，體驗生命的感動，提升孩子品德、多元智能、身心健康、合群互助和環境美學的素養」。這也是一段動人的陳述。

　　但是，我不禁懷疑：「戶外教育和環境教育之間的關係是什麼？」

　　我喜愛戶外教育，從二十八歲在美國拿到環境規劃碩士，頂著公務人員土地行政人員高等考試及格，到了行政院環境保護署環境教育科當科員。當年，我在美國學的是環境影響評估；但是，環境影響評估科不缺人，在陰錯陽差之下，我進到環境教育這一個領域。到了2018年，我已經推動環境教育將近推動了二十四年。

　　我認為，其實「戶外教育和環境教育之間的關係」論述是不清楚的。我和學生查了全世界的相關文獻，也很難找到「學生喜歡戶外活動，是不是比

較會推動環境保護」之間的關係。也就是說，如果教育部的戶外教育，和環保署的環境教育，是各吹各的調，在因果關係上，也沒有理論論述基礎，那麼部會整合之間，是有問題的。

我們調出國際期刊文獻，了解孩童在自然中的活動，還有成長過程中，與自然建立的連結關係，對於他們的環境友善行為，有顯著影響（Cheng and Monroe, 2012）。更明確地說，在童年時期，如果擁有足夠戶外活動時間，盡量接觸自然，還有和動物接觸的經驗，這樣的人們會對自然環境變化比較關心，而這樣的關心會形成促使他們從事環境友善行為的驅動力（Koger and Winter, 2011），也就是說，戶外環境經驗對於孩童人格的養成也很關鍵。參與戶外環境教育課程的孩童，他們對自然會更關心，產生更為友善的環境行為（Palmberg and Kuru, 2000）。

「這樣的推論夠嗎？」

所以，如果我們進行一項調查，是否可以進行真實事件的樣本調查，尋找具體變項（concrete variables），推估出「喜愛戶外活動的孩子，比較有親環境行為（pro-environmental behaviors）」？基本上，以上的文獻都說得過去。

但是，我們看看21世紀的現實狀況吧。

由於世界快速變遷，孩童在戶外活動的場地越來越少。此外，在產業分工體系形成的的背景之下，由於經濟和工業建設在新興工業國家快速發展，亞洲主要工業城市，成為世界工廠中的生產邊陲地帶，更讓原來荒野型的空間逐漸限縮。在戶外綠地空間限縮的狀況之下，在城鎮化地區生活的孩子，他們主要的戶外活動場地是在哪裡？除了上學、回家路途，以外的日常生活圈之外，他們在空間時會去的戶外活動在哪裡？這些活動的場地，有沒有讓他們有足夠接觸自然的機會？他們在戶外活動的經驗，會不會影響他們的環境行為？此外，影響環境行為的重要心理變項又是什麼？

我們想要了解下列問題：

1. 喜歡校園活動的學童，和喜歡戶外活動的學童，他們在規範性判斷和推理（normative judgment and reasoning），或是規範執行（norm

enforcement），是否有差異？

2. 上述的差異，主要是由主觀規範（subjective norm），還是由描述規範（descriptive norm）所型塑的？

3. 根據上述喜歡校園活動的學童，和喜歡戶外活動的學童，進行分類，如何產生「社會規範―態度―行為」（Social norm-attitude-behavior）的路徑？如果我們依據社會規範理論，試圖討論上述的問題，並且試圖建立「社會規範―態度―行為」（Social norm-attitude-behavior, SNAB）的理論模型。研究中納入社會規範（social norm）中的主觀規範（subjective norm），以及描述規範（descriptive norm）的路徑，並且說明兩者路徑之間的差異，如圖5-8。

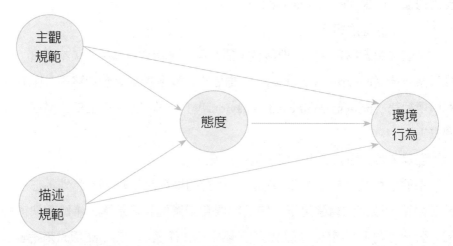

圖5-8　包括「我看到人家怎麼做」的描述規範（descriptive norm），或是「我認識的人希望我怎麼做」的主觀規範（subjective norm），會導致我做對於環境友善的親環境行為（pro-environmental behavior）（Fang, Ng, and Chang, 2017）。

　　因此，在調查研究中，採用平行樣本設計（parallel-samples designs），調查喜歡校園活動的學童，和喜歡戶外活動的學童之間的差異，這些差異包含了「我看到人家怎麼做」的描述規範（descriptive norm），或是「我認識的人希望我怎麼做」的主觀規範（subjective norm）的差異。

我們從溯因推理之中，想要了解在實驗組中，是否喜歡校園，下課後乖乖到安親班，或是待在教室中的孩童，比較「近朱者赤，近墨者黑」，用觀察法看事情：「人家有做，我就做環保；人家不做，我就不做環保」，產生了一種觀察和情境式的從眾（conformity）效果；做環保變成是一種「羊群效應理論」（the effect of sheep flock）的實踐，變成了「羊群行為」（herd behavior）。

然而，喜歡戶外活動的學童，是否比較符合教師和同儕期待（expectation）和反思，勇於推動環境保護，具備社會的承擔性，具備正向自覺？其實，多少有一點狼群的個性，也就是符合社會規範中的期許，以獨立自主的戶外活動，培養出團結互助和奮鬥前進的進取心。

我們是要培養低頭看手機的「羊」？還是要培養喜歡在戶外流浪的「狼」？

在東方醬缸文化的薰陶之下，我看到了國中小的學生，不管是下課、放學，當個低頭族，努力玩手機遊戲，手機是他們的糧草，他們溫馴，沒有自我的主見，大難來時，一哄而散，做事如機器人般的行屍走肉；但是，我們看到國中小喜歡戶外活動的學生，受到西方文化戶外教育的薰陶，是要走入真實的世界，以戶外冒險精神進行奮鬥，他們以戶外活動的真實體驗，強化了在未來社會的種種競爭能力。

因此，我們進行了平行樣本設計，這一種設計類似於準實驗設計（quasi-experimental design），在一開始，將研究對象隨機分派（random assign）為實驗組與對照組。所以，我們將喜歡校園活動的學童稱為實驗組；喜歡戶外活動的學童稱為對照組，進行調查研究中的「準實驗設計」，來進行驗證「為什麼我們要推動孩童的戶外教育？」

四、調查初步分析方法

在調查方法中，一般我們採取訪談法、電話訪問法、信箱置放法、郵寄法、網站調查法，以及線上調查法等，來建置基礎資料。依據個人

訪問（personal interview），採面對面方式或電話訪問進行；或是採用文字問卷（written questionnaires），依據文字問卷與訪問所使用的題目，通常採問題式提出，要求受訪者反應。此外，也可以運用控制觀察（controlled observation），從紀錄中取得所需資料，包含採用測量工具如成就測驗、態度量表進行調查之後的分析。以下我們以調查分析方法，說明研究架構、研究對象、分析方法、研究流程，資料處理與統計分析的案例。

為了了解在新竹科學園區城鎮化地區的孩童，他們在戶外活動場地從事環境友善活動的行為意向，我們普查了新竹科學園區周邊的八所公立小學。研究中以叢集抽樣法，依據學區制在住家附近入學的八所公立小學，經過校長、教師和家長簽署研究同意書之後，我們請孩童填寫問卷，了解他們在環境教育法通過，小學生接受學校正規環境教育之後，在戶外／校園產生的環境友善行為產生的路徑關係，本研究收到問卷為四百一十六份，剔除無效問卷三十一份，有效問卷共三百八十五份。研究以問卷作為研究工具，分為背景變項與心理變項兩種。心理變項有孩童的態度、主觀規範、描述規範，以及環境行為意向，以李克特氏五點量表測量。

(一)檢驗方法

1. 信度（reliability）分析

信度分析希望了解研究中的每一個變項，所使用的衡量構面，是否有一致性。曾任美國心理學會主席和美國教育研究協會主席的教育心理學家克隆巴赫（Lee Cronbach's, 1916～2001）認為：「驗證的工作不是在支持詮釋，而是指出可能的詮釋是錯了。只有在最嚴謹的證誤（falsify）嘗試之下，一個命題（proposition）才值得某種程度的信任。」

克隆巴赫研究出可以了解測量誤差原因的統計模型概化理論（generalizability theory），將測驗可靠性的研究發展到了極致（Cronbach, 1980）。他認為只要是測量，一定會有誤差，誤差是由機率因素所造成的，是一種隨機誤差（random error）。

> 調查測量分數＝眞實分數＋誤差分數
> 調查測量總變異量＝眞實分數的變異＋隨機誤差變異

因此，我們藉由信度分析，了解構面與題項之間是否具有一致性，信度的衡量有三種類型，包含了穩定性、等值性與內在一致性，最常使用的，就是內部一致性信度（Internal consistency reliability）也就是最常見的Cronbach's α信度分析，在心理變項的Cronbach's $\alpha > 0.7$，才有足夠的信度。其他還要包括了再測信度（test-retest reliability）、評分者間信度（inter-rater reliability），以及內部一致性信度（consistency）等（表5-2）。

$$Cronbach's\ \alpha = \frac{k-1}{k}(1 - \frac{\sum_{i=1}^{k}\sigma_{yi}^2}{\sigma_x^2})$$

其中，

Cronbach's α：為估計的信度

k：測驗的總題數

σ_{yi}^2：題目與另一題目的共變數

σ_x^2：測驗的總變異數

(1)再測信度（test-retest reliability）：採用同一種測驗針對同一群參與者，前後施測兩次，然後依據兩次測驗分數計算相關係數，看看是否具備題目的穩定性（stability）。從受試者內在的變異加以分析，用測量標準誤說明可靠性的大小。

(2)評分者間信度（inter-rater reliability）：採用交換使用一套測驗的多種版本，再根據同一群受試參與者每個人在各種版本測驗的得分，從受試參與者相互之間的變異加以分析，計算相關係數，看看是否等值，用以表示信度的高低。

(3)內部一致性信度（consistency）：是指量表是否可以測量單一概念，同

時反映組成量表題項內部的一致性程度，也就是說，內部試題之間是否相互符合。

在結構方程模型中，我們在潛在變項的信度檢定中，採用建構信度（construct reliability, CR），又稱為組合信度（component reliability, CR）或是複合信度（composite reliability, CR），是通過將所有真正的得分變異數（true score variances）和共變異數（covariances）結合在與結構方程模型有關的指標變量中，並將該總和除以合成中的總變異數而得到的。在統計和研究中，內部一致性通常是基於同一測試中，不同項目之間的相關性的度量。衡量計算公式如下：

$$CR = \frac{(\lambda_{x11} + \lambda_{x21} + \lambda_{x31})^2}{(\lambda_{x11} + \lambda_{x21} + \lambda_{x31})^2 + (\delta_1 + \delta_2 + \delta_3)}$$

在結構方程模型中，我們用到Cronbach's α 信度分析的概念，以上得公式的分子是「本身的變異數」，而分母則是「總變異數 = 本身的變異數 + 殘差變異數」，因此建構信度（construct reliability, CR）是一個介於0至1的比值，這一個數值越高，代表「真實變異占了總變異的比例越高」，也就是內部一致性越高的意思。最早提出這個概念的Fornell and Larcker（1981）建議潛在變項的CR值，能夠達到0.60以上；也有學者建議CR值要達到0.70以上（Fornell and Larcker, 1981; Hair, Black, Babin, and Anderson, 2010）。

學童的心理變項，依照計畫行為理論分為環境態度、知覺行為控制（perceived behavioral control, PBC）、個人規範三個構面，三個構面的Cronbach's α 值各為0.835、0.747、0.702，皆高於0.7，達到內部一致信度（Fang, Ng, and Chang, 2017）。

2. 效度（validity）分析

效度分析在了解測量的正確性，指測量工具能夠準確測得想要測量的特質或功能的程度，一般多採用驗證性因素分析（confirmatory factor analysis, CFA）進行效度量測，如表5-2。

⑴內容效度（content validity）：內容效度反映測量工具本身內容是否適切，具備意義性、廣博度、涵蓋度，以及豐富度。因此，要強化內容效度，了解問卷量表設計得好不好，建議找一群學者或是專家來審閱題目，至少三位以上，並且進行問卷的修改，以強化內容效度。

⑵效標效度（criterion validity）：將設計好的測量工具和現有的標準量表進行比較，依據相關係數的計算，表示測量工具有效性之高低。

⑶建構效度（construct validity）：又稱構念效度，構念是一種抽象和假設的概念，採用於多重指標的測量情況，建構效度區分為兩種類型：

　①收斂效度（convergent validity）：對於某一特質、觀念，用不同的方法去測量，會有有相同的結果。因此，來自相同構念的項目，彼此之間產生聚合和關聯性。藉由驗證式因素分析（confirmatory factor analysis, CFA）的分析，當我們要測量同一構念的多重指標彼此之間是否聚合或是有關聯時，需要檢視各個變項衡量構面的輻合效度（convergent validity, CV），又稱為收斂效度。潛在變項的收斂效度，以平均變異萃取量（average variance extracted, AVE）表示，AVE的計算方式，需要將因子負荷量（λ）求平方之後才加總，AVE的值，需要超過0.50（Hair et al., 2010）。其中所有的標準化因子負荷量（λ）估計值也要大於0.5；也就是說，同一因素構面中，若各題目的因子負荷量（factor loading）（λ）愈大，一般以大於0.5為準，符合建構效度，且t值須要達到顯著水準。

⑷區別效度（discriminant validity）：區別效度（discriminant validity）又稱為分歧效度（divergent validity），在量測不同構面項目之間，其相關性要低。也就是說，來自不同構念的項目，彼此相關性應該要低。所以，區別效度的檢定方法如下：

　①直接檢查構面的相關係數法：一般以0.85為標準，這一種方法比較

不嚴謹。

②信賴區間檢定法：利用bootstrap計算構面之間的相關係數（已標準化），以及此相關係數估計的標準誤（standard error），如果兩個潛在變項（構念）的相關係數，加減1.96個（或二個）標準誤，在95%信賴區間之內，若沒有包含1，則表示有區別效度。

③潛在變項配對建構相關法：先設定虛無假設：「兩兩構念之間是相同的構念，也就是說無法區別的」。如果檢定構面之間的相關係數設為1，然後利用統計檢定推翻這個假設，如果拒絕虛無假設，則表示有區別效度。

④平均變異萃取量（AVE）與潛在變項配對相關值之比較法：將收斂效度（convergent validity, CV），也就是平均變異萃取量（AVE）開根號，若是大於兩兩相關係數，即為有區別效度。這一種比較法的概念是，每一種潛在變項（或是稱為因子或構念），都有一個AVE值，介於0至1之間。每兩個潛在變項之間，也會有一個相關係數，介於0至1之間。這一種方法是在確定「是否AVE會大於相關係數的平方」。相關係數的平方代表「潛在變項受到不是所屬觀察變項的貢獻量」，為了證實因子之間具有區別效度，需要證實AVE都會比相關係數來得更高，也就是希望「大部分的AVE大於相關係數的平方」，則表示有區別效度。

(二)敘述性統計（Descriptive statistical analysis）

此項分析包括樣本資料的次數分配及百分比的分布，藉此了解樣本的組成情形，包括受測者的基本資料等。在計算中，需要算出平均數（mean, M）、和標準差（standard deviation, SD）。

表5-2 信度分析和效度分析的標準

分類	名詞	說明	係數	判別標準
信度分析	再測信度（test-retest reliability）	對於相同的評量者，在不同的時間進行測量。	相關係數（r）	> 0.70
	評分者間信度（inter-rater reliability）	對於不同的評量者，在相同的時間進行測量。		
	內部一致性信度（internal consistency reliability）	判斷題目是否具備一致性或關聯性，採用內部一致性係數（coefficient of internal consistency）Cronbach's α進行分析，適用於多元尺度變數的測量。	Cronbach's α	> 0.70
	建構信度（construct reliability, CR）	又稱建構信度、組合信度、複合信度。是通過將真正的得分變異數（true score variances）和共變異數（covariances）結合在與結構方程模型有關的指標變量中，並將該總和除以合成中的總變異數而得之數。	建構信度（construct reliability, CR）	> 0.70
效度分析	內容效度（content validity）	內容效度反映測量工具本身內容是否適切，具備意義性、廣博度、涵蓋度，以及豐富度。		專家判斷法、經驗法
	效標效度（criterion validity）	將設計好的測量工具和現有的標準量表進行效標測量的比較，依據相關係數的計算，表示測量工具有效性之高低。		相關法、分組法、預期表法

分類	名詞	說明	係數	判別標準
建構效度（construct validity, CV）		又稱為收斂效度（convergent validity, CV）、輻合效度、聚合效度，以平均變異萃取量（AVE）來計算潛在變項對各測量項的變異量解釋力：AVE代表的是「該潛在變項在變項受到所屬觀察變量項的貢獻量」，若AVE越高，則表示潛在變項有越高的解釋程度，說明量表為什麼有效。	平均變異萃取量（average variance extracted, AVE）	> 0.50
		使用標準化後的因子負荷量（量表）實際測量的是哪些特徵，代表該潛在變項對於該觀察變項的解釋力。因此，因子負荷量小於0.5表示該題項「不屬於這個構面」。	標準化因子負荷量（factor loadings）（λ）	> 0.50
		收斂效度又稱為輻合效度。是針對於某一特質、觀念，用不同的方法去測量，會有相同的結果。因此，來自相同構念的項目，彼此之間產生聚合和關聯性。	標準化因子負荷量（λ）；平均變異萃取量（AVE）	> 0.50
		區別效度（discriminant validity）又稱為分歧效度（divergent validity），在量測不同構面項目之間，其相關性要低。也就是說，來自不同構念的項目，彼此相關性應該要低。	收斂效度（CV）；平均變異萃取量（AVE）；相關係數	將收斂效度（CV），也就是平均變異萃取量（AVE）開根號，大於兩兩相關係數（r）。

表5-3為態度問項的敘述統計表,其中以參加環保社團最高(M = 3.61, SD = 1.08);其次為當環境志工(M = 3.41, SD = 1.16),不過標準差也是最高,表示孩童看法差距較大。少開空調、少喝冰品平均數與標準差最低(M = 3.02, SD = 1.08),表示孩童不是很喜歡,程度也相差不遠(Fang, Ng, and Chang, 2017)。

表5-3 態度(Attitude)問項敘述統計資料

態度(Attitude)問項	平均數	標準差
我認為參加環保社團很有用	3.61	1.08
我應該去當環境志工	3.41	1.16
我認為參加淨灘活動很開心	3.41	1.11
我應該要參加環境活動與社團	3.30	1.07
我應該少開空調,少喝冰品	3.02	1.06
態度整體	3.35	0.85

主觀規範(subjective norm)以節省用水(M = 3.71, SD = 1.05)平均數最高,標準差也較小,如表5-4。去戶外,少吹冷氣,平均數居次(M = 3.69, SD = 1.10),標準差為最大,表示孩童家長、老師對此要求比較分歧。參加環保社團平均數最低(M = 3.25, SD = 1.08),比省水電、垃圾分類的環境行為比較少。

表5-4 主觀規範(Subjective norm)敘述統計資料

主觀規範(Subjective norm)問項	平均數	標準差
我認識的人希望我節省用水	3.71	1.05
我認識的人希望我去戶外,少吹冷氣	3.69	1.10
我認識的人支持我做垃圾分類	3.65	1.08
我認識的人希望我帶水杯、餐具出門	3.63	1.04
我認識的人支持我參加環保社團	3.25	1.08
主觀規範整體	3.59	0.87

描述規範（descriptive norm）以節省用水、不亂丟垃圾平均數最高，標準差也最低，分別為（M = 3.73, SD = 1.03）、（M = 3.75, SD = 1.05），表示在臺灣環境教育節省水電、垃圾不落地比較有成效（表5-4）。參加環保社團（M = 3.19, SD = 1.18）同樣也是平均數低，標準差高，跟主觀規範有一樣的情形。至於去戶外，不在室內吹冷氣（M = 3.28, SD = 1.21），平均數也是偏低，但是標準差最大。表示這項環境活動，家長、老師希望孩童多去戶外，少吹空調，但是自己未必會這麼做，如表5-5。

表5-5　描述規範（Descriptive norm）敘述統計資料

描述規範（Descriptive norm）問項	平均數	標準差
我認識的人不亂丟垃圾	3.75	1.05
我認識的人會很節省用水	3.73	1.03
我認識的人會帶餐具出門	3.53	1.07
我認識的人不喜歡吹冷氣，而是去戶外	3.28	1.21
我認識的人會參加環保社團	3.19	1.18
描述規範整體	3.50	0.85

親環境行為（pro-environmental behavior）以勸別人做好垃圾分類為平均數最高（M = 3.63, SD = 1.121），標準差也最小。而改變活動範圍環境行為，像是去公園當義工（M = 3.00），以及調查社區附近的動植物（M = 3.11），行為意向就偏低（表5-6）。

表5-6　親環境行為（pro-environmental behavior）敘述統計資料

親環境行為（pro-environmental behavior）問項	平均數	標準差
勸別人做好垃圾分類。	3.63	1.121
有空時去戶外走走，不看電視電腦。	3.52	1.177
參加戶外舉行的環境活動	3.39	1.150
我會參加調查社區附近的動、植物的活動	3.11	1.170
去當公園義工。	3.00	1.143
環境行為意向整體	3.33	0.911

(三)因素分析

　　研究中應該要進行取樣適切性量數（Kaiser-Meyer-Olkin measure of sampling adequacy, KMO）和Bartlett球型檢定（Bartlett's test of sphericity）。取樣適切性量數（Kaiser-Meyer-Olkin measure of sampling adequacy, KMO）數值介於0與1之間，數值越靠近1，表示變項的相關越高，越適合進行因素分析；數值越靠近0，表示變項的相關越低，越不適合進行因素分析；本研究KMO量數0.909高於0.8。

　　在Bartlett球型檢定（Bartlett's test of sphericity）方面，檢驗變項間相關矩陣的球形檢定，此檢定法約略呈現卡方χ^2分布，若變項之間相關係數越高，則所得χ^2值越大，表示越適合進行因素分析；本研究Bartlett球型檢定值1915.172，$p < 0.001$。

　　接下來再進行因素分析，以主成份分析法分析，三個構面的每個問項因素負荷量都高於0.4，此心理變項量表測量都有達到信度和效度。在心理變項主成份分析表來看，主要由態度構面和從事戶外環境行為比較有關聯，知覺行為控制在戶外活動、節省能源、維持環境整潔。個人規範主要是在垃圾減量與外來物種防治上。

(四)交叉分析

　　表5-7顯示，孩童休閒時間會常去學校校園，或是公園田野等綠地，跟他們接觸電子資訊產品作娛樂的頻率有關聯，皮爾森卡方χ^2（1, N = 385）檢定值 = 5.11, $p < 0.05$達到顯著水準，表示一個孩童每天都在玩電子資訊產品，他們最常去的戶外活動場地，大都是留在小學校園，而不會想到真正的戶外場所進行活動。符合我對教育界的沉痛呼籲：「我們是要培養低頭看手機的『羊』？還是要培養喜歡在戶外流浪的『狼』？」

表5-7　電子資訊產品使用頻率與戶外活動場地交叉分析表

	使用電子資訊產品頻率		
	每天	間隔一天以上	χ^2
放學後待在學校或安親班	125	85	5.11*
放學後走出戶外	84	91	

(五)相關分析

　　相關分析（correlation analysis）是針對兩變項之間的線性關係，其值介於-1～1之間。其方法是運用兩變數間（x,y）的離差，計算相關係數（correlation coefficient, r）來說明變數之間相關程度的大小與方向，可以客觀描述事物或是事件中相互關聯程度，並且用適當的統計指標表示。相關係數（r）說明這兩個變項之間是正相關、負相關，或者是無關。但是相關分析不能解讀為因果關係，也就是自變項對於依變項的影響。因此，在相關係數（r）的解讀上，正負表示的是相關的方向，而不是表示相關的程度。

表5-8　相關分析

	態度	主觀規範	描述規範	環境行為
環境態度	1.000			
主觀規範	.599	1.000		
描述規範	.515	.661	1.000	
環境行為	.684	.532	.504	1.000

表中所有顯著性$p < 0.01$（雙尾檢定）

　　表5-8相關分析發現態度與主觀規範的相關係數$r(385) = 0.599$，描述規範則是$r(385) = 0.515$，屬中度相關。態度跟環境行為意向的關聯性還是最高$r(385) = 0.684$，為高度相關。主觀規範與環境行為意向相關係數$r(385) = 0.532$，描述規範則是$r(385) = 0.504$，也是中度相關。表示社會規範與態度、環境行為有相關性。

(六)迴歸分析

　　迴歸分析發現，主要戶外活動場地不同，影響行為意向的社會規範會不一樣。主要活動場地在校園的孩童，描述規範對行為有直接預測力。主要活動場地在公園、野地的孩童，則是主觀規範對環境行為有直接預測力，如表5-9和5-10。

表5-9 放學之後主要活動地區在校園的孩童態度與描述規範,預測環境行
為多元迴歸分析表(n＝210)

依變項:環境行為	標準化係數第一階段	標準化係數第二階段
態度	.716***	.590***
描述規範		.247***
R^2	.513	.558
ΔR^2	.511	.554
F(1,208)	219.205***	130.928***

***p < 0.001

表5-10 放學之後主要活動地區在公園、野外的孩童態度與主觀規範,預測
環境行為多元迴歸分析表(n＝175)

依變項:環境行為	標準化係數第一階段	標準化係數第二階段
態度	.644***	.544***
主觀規範		.193***
R^2	.414	.441
ΔR^2	.411	.435
F(1,173)	122.277***	67.972***

***p < 0.001

㈣結構性方程模型

結構方程模型(structural equation modeling, SEM)此方法,用以驗
證研究架構的整體與內部適配性。在模式參數的推估上,採用最大概似估
計法(maximum likelihood estimation, MLE);而在模式的整體適合度檢
定方面,則依據各項是配度指標(fit index)作為判定的依據。

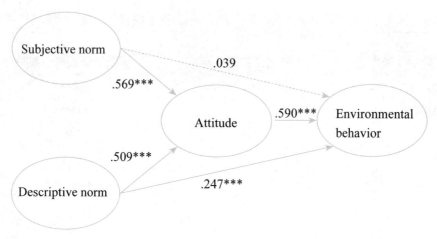

圖5-9 放學之後主要活動地區在校園（或安親班）的孩童環境行為路徑圖（Fang, Ng, and Chang, 2017）。

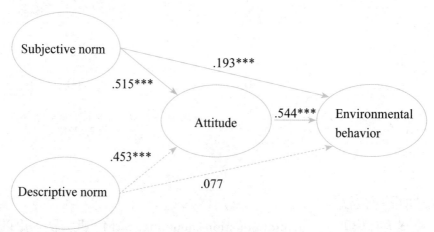

圖5-10 主要活動地區在公園、野外的孩童環境行為路徑圖（Fang, Ng, and Chang, 2017）。

社會規範─態度─行為（Social norm-attitude-behavior, SNAB）的理論模型摘述

科技部專題研究計畫（一般研究計畫）

計畫名稱：社會規範應用於環境素養量表發展與調查研究（105-2511-S-003-021-MY3）執行期限2016/08/01～2019/07/31

這次研究結果，發現新竹科學工業園區周邊，這樣城鎮化而且生活步調急促的地方。孩童到戶外去，從事環境友善活動，態度是最有影響力的預測變項。此外，研究假設規範可透過直接與間接路徑來影響環境行為意向。在戶外活動場所從事環境友善行為，社會規範會影響態度，態度再影響環境行為。經過迴歸分析與路徑分析，描述規範會影響態度，態度再影響環境行為意向的間接路徑，也有描述規範直接影響環境行為意向的直接路徑，研究結論支持假設。

1. 社會規範—態度—行為（Social norm-attitude-behavior, SNAB）模型討論

(1) 個人規範（personal norm）假設不成立

在此次孩童的研究發現，他們在閒暇時去的戶外活動場地，在那從事環境友善行為的重要心理變項，個人規範不是中介變項，孩童環境友善行為，受到社會規範的影響較大，但是受到個人規範的影響較小，這些和自發性公民教育養成有關係，也和年齡成熟度有關。在孩童的社會規範—態度—行為（Social norm-attitude-behavior, SNAB）模型中，態度是重要的中介變項，這和成人的規範信念理論提出的路徑並不一致。依照規範信念理論，個人規範（personal norm）是社會規範與行為意向的重要中介變項。像是保護公園環境整潔、減低污染這類環境行為，個人規範就是重要中介變項。這些高強度的改變環境行為，需要技巧性地運用個人時間，並且身體力行地利他型的行為，需要個人高度道德規範和良知覺察，才能進行。但是，孩童的態度影響到低強度的改變環境行為。例如，參加環境社團、環境活動，多了解社區動植物情況等，像這樣有做很好、沒做也不會處罰的環境友善行為，態度就是重要變項。

(2) 家長的看法形成孩童主觀規範

在臺灣城鎮地區的戶外活動場地，小學校園跟街角公園是面積偏小，不透水鋪面比例較高，動植物相也較貧乏的地區。不過因為離家近，易達性高，是家長認為比較安全的地區之一。再加上孩童自由時間有限，將近一半的人一週有四天以上要去上安親班、補習班，沒有時間去進行戶外活動。在空間跟時間的限縮下，小學校園是孩童戶外活動的重要場地之一。

孩童戶外活動時間與空間的限制，也反映了家長對戶外的看法。在路徑分析中，在校園活動時，主觀規範不能形成環境友善行為直接路徑，必須透過環境友善態度，才能形成環境友善行為。在路徑分析中，在野地公園活動的孩童，受到自我覺察和環境覺知的影響，主觀規範可以直接產生環境友善行為。

對家長而言，戶外活動時間不易控制、容易受傷、衣服會弄髒等等負面的聯想。反映了家長對自然環境抱著恐懼的心理。因為對自然的懼怕，他們會傾向於限制孩子戶外活動的空間，安排他們在比較安全的地方，像是室內。因此，常在校園遊玩的孩童，受到父母制約的力量較大，因為校園較容易管控。對於管教較嚴的父母來說，小學校園雖然空間、動植物相都不如公園、野外，但是因為容易掌控孩子的時間與活動範圍，仍然是家長最中意的戶外活動地點。然而，孩童在室內上課，看自然紀錄片，並不等於他們接觸到自然，這樣的教育其實後續影響力不大。讓孩童到戶外去親近自然，跟自然建立連結。因為心理連結讓他們關心自然，有關心自然才會有更主動積極的環境友善行為。

(3)教師的看法形成孩童描述規範（descriptive norm）

在校園，描述規範能預測環境行為。描述規範接近孩童當下的情境，尤其是團體描述規範，對行為有很強的影響力。在小學校園從事環境活動，描述規範就是影響態度與行為意向的重要規範。在亞洲傳統文化中，教師的訓誡如同命令規範（injunctive norm），研究發現命令規範與個人規範、環境行為的相關性較低。

因為主要戶外活動的空間不同，孩童在社會規範類別也有差異。校園中的描述規範在小學校園可直接影響行為。孩童在學校上課，由於師長也在校園，他們可隨時掌控孩童並要求表現符合規範要求的行為。在這個時段，命令規範能顯著影響行為。當孩童沒有在上課，利用他們自由支配的時間來到校園，這時候沒有老師隨時盯著要求他們遵守規範，命令規範影響力不如上課的時候。在小學校園，有教師跟守衛等權力監督角色。除了師長，還有同學們彼此認識，會向教師通報個別孩童的行為。因此，小學校園是個有比較

嚴密監督與追蹤環境，形成命令規範和描述規範主導行為的嚴密環境。

在中國傳統文化中，學校教師對孩童的權威並不亞於雙親。在小學校園中，一向有要孩童達到教師的要求的氛圍。教師訂立比校規更高標準、更嚴格罰責，孩童認份接受的現象在中國社會相當普遍。教職員對孩童是由上而下的權力關係，來自教師的命令規範與主觀規範相當強，讓孩童按照師長要求表現。在這樣集體主義很強的環境，孩童怕與眾不同會引起師長注意，招來責難。避免太突兀，跟同學們表現一致是最平安的做法。孩童們一致的行為表現又會形成描述規範，來影響他們的行為意向。像這樣命令規範與描述規範兩者一致的情況，對環境行為意向影響力相當顯著。在垃圾分類這一種環境友善行為，有校規做命令規範，加上高年級同學做示範，同學之間互相監督的描述規範，可以讓孩童在校園的時候，依據命令規範、描述規範進行垃圾分類。

在小學校園這個戶外活動場域，像是參加環境活動，了解校園動植物等，這類沒有參加活動，也不會有罰責的環境友善行為。在這樣的情境下，沒有校規規定來形成命令規範，需要靠描述規範形成親環境的行為。

(4) 主觀規範和描述規範適用的範圍

在公園、綠地和野外從事環境活動，主觀規範會影響環境友善行為。相對於校園，公園管理處沒有指導環境友善行為的權力，而且開放的環境沒有緊密的追蹤機制。在公園、綠地和野外從事環境活動時，孩童身邊熟悉人們所形成的主觀規範，就相當重要。描述規範會定出行為準則，但是主觀規範不會訂出明顯的準則，強制性也沒有命令規範、描述規範大。主觀規範產生的行為，可以說是個人受到周遭人們影響的半自發性行為。雖然沒有個人道德規範強烈的自省和反思，但是主觀規範不是一種順從行為，而是發自於內心對於周遭親友的感同身受。依照受訪者本身環境友善行為程度的差別，主觀規範會對環境友善行為擁有正向提升的力量。在新竹科學園區周邊的環境，戶外環境活動的描述規範就是，好歹出去活動，就算去小學校園也好。這樣的規範對常去公園、田野活動的孩童影響力不大。相對於描述規範，常去校園以外活動的孩童，自主性較強，他們的主觀規範背後所支持的

力量，來自於家長、師長、朋友的期許、支持。主觀規範對於這群孩童的環境行為意向，比較有預測力。描述規範可影響個人規範與環境友善行為。這次的研究發現，主要在小學校園活動的孩童，描述規範對環境友善行為有預測力；在公園綠地則是主觀規範對環境行為有預測力。由於小學校園與公園綠地的環境不同所致。主要戶外活動場地會不一樣，背景交叉分析結果，跟電子資訊產品接觸頻率高，就常在小學校園活動；頻率低，就常去綠地公園。他們越常在空閒時間玩電子資訊產品，他們越傾向去不透水鋪面多、生物多樣性少的小學校園中遊玩。

2. 結論

(1)研究發現

社會規範會影響高年級孩童的環境友善行為。路徑是社會規範影響態度，態度再影響行為意向的間接路徑，還有社會規範直接影響行為意向的直接路徑。態度則作為中介變項來影響環境行為意向。對環境的態度有助提升他們的環境覺知，提升他們對問題的認知，有助讓六年級孩童反思自己的環境。

在不同的情境下，主觀規範與描述規範的影響力和路徑也不同。本研究發現可以推論如下，在有強勢管理與監控的環境中，像是校園中教師對孩童，職場中上司對下屬，描述規範是影響環境行為的重要規範。相對地，在缺乏強力管制，也沒有嚴密監控機制的情境，例如臺灣的運動公園、風景區、野外環境，主觀規範會是影響環境行為意向的重要規範。這表示家長、朋友的要求或支持，在戶外環境中，對環境保護的行為意向影響仍很重要。當他們感覺這個地方有沒有家長老師盯著，會不會有同學、鄰居向大人說他們在外面的行為，影響環境行為意向的規範會不一樣。為此，依著人群的背景，比如家庭注重環境友善教育的程度，來擬定有利於促成環境友善行為的策略，以提升環境友善行為。

(2)未來研究方向

孩童接受環境教育，他們的對環境問題敏感度會比較高。而且能意識到自己平常不友善環境的行為，會造成什麼後果。對自己從事不友善環境行為

會有罪惡感，這樣的感覺會提醒他們，要對環境更好一點，此為影響環境友善行為心理構面。孩童的環境覺知會影響到罪惡感這個路徑是明確的，不過罪惡感會直接影響態度、知覺行為控制，那麼到底是罪惡感、道德良知、態度，還是知覺行為控制可以明顯影響環境行為，這一段還不是很清楚。未來建議可以進行罪惡感、道德良知、態度、知覺行為控制的路徑分析和研究。

　　此外，如果擴大社會規範的範圍，整合地方依附、心理因素的面向，是否可以進行調查整合分析？這是本單元中整合分析方法討論的範疇。

五、調查整合分析方法

　　在調查研究中，「研究思惟整合能力」以及「研究趨勢觀察能力」是從事研究工作時，最重要的兩項關鍵能力。因此，本章最後，探討調查整合分析方法，進行調查內容建置及調查資料彙整。

(一)研究架構

　　本研究根據研究目的及所想要探討各變項之間的關係，以環境行為模式為基礎，並參考其他環境行為模式及國內相關研究之文獻，擬定研究架構如圖5-11。

擬定研究假設如下：

假設1　地方依附→心理因素
地方依附對心理因素有正向影響

假設2　心理因素→環境行為意向
心理因素對環境行為意向有正向影響

假設3　地方依附→環境行為意向
地方依附對環境行為意向有正向影響

假設4　社會規範→心理因素
社會規範對心理因素有正向影響

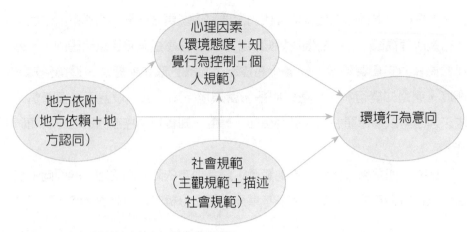

圖5-11 研究架構的實例（本書作者繪製）。

假設5 社會規範→環境行為意向
社會規範對環境行為意向有正向影響

㈡研究對象

　　本研究主要探討地方依附經由心理因素對環境行為意向影響之關係研
究。

　　故選擇以國內主要的小學為問卷調查對象，藉由以學生為主，進行問
卷發放。

　　為了解「地方依附」經由「心理因素」，對「環境行為」有所裨益，
希望藉由認知研究，了解國民小學對於環境行為意向之趨勢。在問卷設計
上，除了基本資料之外，其餘皆採取李克特五點量表，以求精準的衡量。
本問卷依據前測調整及專家訪談，擬出之衡量構面，一共有四個部分，採
取封閉式問卷，由受測的參與者進行主觀認知的填答。

㈢問卷預試與信效度分析

　　本研究在問卷回收之後利用SPSS 22與LISREL 9.3作為分析工具。並
依循研究目的、研究假設及衡量構面，來分析問卷，驗證假設。本研究
模式的分析採用兩階段法（two-step approach）來進行資料分析與假設檢
定，其方式是先利用驗證性因素分析來確立各變項之主要構面的收斂效度

和區分效度。當變項具有收斂效度時，表示主構面內的次構面可用變項加以組合，成為因素分數。再利用這些因素分數建構本研究的四個構面。當區別效度成立時，表示這些主構面是可以個別成立，在由此三個構面建構本研究影響關係模式，以結構方程模式的統計技術對模式做驗證。

本研究所使用的測量工具視為社會科學所經常使用的問卷方式，依據概念性架構及各項的操作性的內涵，經由相關文獻之量表來選取適合的題項，修正為本研究中各變項之問項，並完成初稿。所以本研究符合內容效度（content validity）的要求。在預試部分，我們分別針對小學實施測試，發放預試問卷之後，為了了解問卷的適切性，經過SPSS 22統計分析，各個題項與構面的信度如下表所示：

信度分析（Reliability Analysis）所謂信度是測量結果的一致性（consistency）程度，本研究採用Cronbach's coefficient alpha，以及分項對總項的相關係數（item-to-total correlations）測量此份量表的內部一致性。各個題項與構面的信度如表5-11所示。

表5-11　問卷預試題數分配與信度分析

變項	題數	Cronbach's α
地方依附	10	0.881
心理因素	12	0.897
社會規範	10	0.895
環境行為	6	0.858

在衡量信度時Cronbach's α至少要大於0.50，最好能夠達0.70，以確定測驗結果的一致性與穩定性。且α值大於0.7屬於高度信度；0.35～0.70之間為中信度；小於0.35則為低信度。本研究各構面皆落在0.7以上，屬於高信度；地方依附為0.881；心理因素為0.897，社會規範為0.895，環境行為為0.858。因此由表5-11可知，本研究的問卷顯示，皆符合理論之內部一致性信度要求，應適用於本研究所需。因此，本研究發放正式問卷施測。

㈣資料處理與統計分析

本研究採用結構方程模式進行測量模式和結構模式的驗證。因此，在進行模式測量模式之前，先行對研究變項的資料進行檢驗。結構方程式的估計法受變項分配性質的影響，必須先行檢定變項的分配。

1.敘述性統計

首先，我們進行觀察變項之平均數、標準差、偏態及峰度的計算。變項的偏態絕對值大於3，可視為是極端值；峰度絕對值大於10，則被認為極端值。若偏態與峰值產生這些問題時，則使用最大概似法所估計的係數會產生偏差，若介於這些範圍內，估計係數的偏差是可以被接受。因此，本研究對於各次構面之偏態以及峰度做計算，結果如表5-12所示。三個研究變數的構面中，其偏態最大值的絕對值為0.130，而峰度中最大值之絕對值為0.193，在本研究之中並未發現極端值。

表5-12　觀察變項之平均數、標準差、偏態及峰度

	平均數	標準差	偏態	峰度
地方依附	3.3660	.74910	-.130	.123
心理因素	3.5162	.73375	-.037	.193
社會規範	3.5416	.78125	-.119	.070
環境行為	3.3970	.87669	-.024	-.141

2.驗證性因素分析（Confirmatory factor analysis, CFA）

驗證性因素分析（confirmatory Factor Analysis, CFA）主要目的在於了解量表中各項與衡量題項間的配適度情形。其中指標之判定準則如表5-13所彙整之內容。表5-14指標呈現出配適度良好。

表5-13　研究變項驗證性因素分析（CFA）判斷標準一覽表

指標名稱	判斷標準	引用
配適度指標（GFI）	> 0.90較好	Hu and Bentler (1999)

指標名稱	判斷標準	引用
比較適配指標（CFI）	＞0.95較好	Bentler (1995)
非規範適配指標（NNFI）	＞0.90較好	Hu and Bentler (1999)
標準化均方根殘值（SRMR）	＜0.80較好	Hu and Bentler (1999)
漸進誤差均方根（RMSEA）	0.50 良好	McDonald and Ho (2002)
	0.80 可接受	Brown and Cudeck (1993)
	＞0.10不理想	
規範卡方（Normed Chi-Square）	＜3較好	Anderson and Gerbing　(1988)

表5-14　研究變項驗證性因素分析（CFA）結果表

指標名稱	數值
適配度指標（GFI）	0.94
標準化均方根殘差（SRMR）	0.035
漸進誤差均方根（RMSEA）	0.067
非規範適配指標（NNFI）	0.98
比較適配指標（CFI）	0.98
規範卡方（Normed Chi-Square）	160.62

3. 相關分析（Correlation analysis）

由於結構方程式的計算基礎，主要是依據研究變數間線性相關之數值，以線性代數方法計算而得。藉由相關分析，可讓本研究於結果的可能現象有初步了解。本研究首先利用相關分析，藉以了解本研究變相之間的相關性。相關係數如下表5-15所示，說明分述如下。

表5-15　相關係數表

	地方依附	心理因素	社會規範	環境行為
地方依附	1			
心理因素	0.530**	1		
社會規範	0.469**	0.663**	1	

	地方依附	心理因素	社會規範	環境行為
環境行為	0.496**	0.696**	0.579**	1

　　由於相關分析只能顯示各變項之構面間的相關強度，僅能對研究各構面間之關係提供參考。但較嚴謹且可靠的研究推論，尚須進一步對於構面之間的直接效果、間接效果與中介效果等關係進行驗證，因此相關之驗證程序將有賴結構化方程式模型來進行。

4. 研究假設檢定

　　本研究以最大概似估計法分別估計理論模型中的路徑係數，藉此檢定各個假設是否成立。一般認為樣本數最少應在100至150之間才最適合使用最大概似估計法來估計結構模式（Ding, Velicer, and Harlow, 1995），由於本研究樣本為三百八十五個，符合上述的樣本數要求。檢定結果如表5-16、圖5-12表示，茲說明如下：

表5-16　路徑檢定表

路徑	標準誤	t-value	顯著性	研究結果
地方依附→心理因素（H1）	0.30	4.71	***	支持
心理因素→環境行為意向（H2）	0.62	5.79	***	支持
地方依附→環境行為意向（H3）	0.16	2.42	***	支持
社會規範→心理因素（H4）	0.62	9.46	***	支持
社會規範→環境行為意向（H5）	0.10	1.18		不支持

社會規範─態度─行為（Social norm-attitude-behavior, SNAB）的理論模型回饋

　　有時候，我演講完了我在2017年所寫的〈期刊論文寫作與發表〉之後，會收到許多的回饋。有一個回饋就是針對我科技部目前做的計畫項目：「社會規範應用於環境素養量表發展與調查研究」（105-2511-S-003-

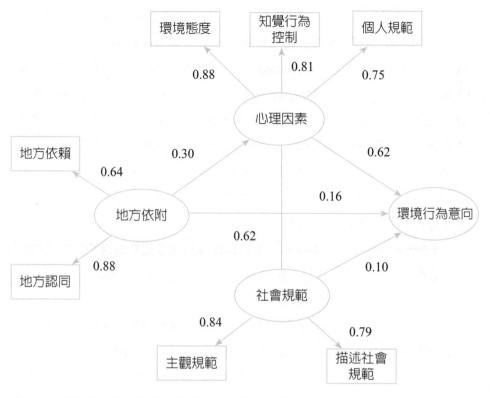

圖5-12　調查整合分析方法架構圖（本書作者繪製）

021-MY3）。有一位朋友提到我們在新竹科學園區做的國民小學的案例，提到了兩個變項，包含「主觀規範」（subjective norm）以及「描述規範」（descriptive norm）。

　　他提到了尋找相關為文獻時，發現這兩者似乎是從不同的理論而來：「主觀規範（subjective norm）來自計畫行為理論（Theory of Planned Behavior, Ajzen, 1985）；而描述規範（descriptive norm）看來是社會學的普遍理論規範（norm）的一支，和描述規範相對的是命令規範（injunctive norm）」。他想要知道，我如何將這兩者融合在一起的，有哪位學者的理論可以參考。他也想要了解，不同宗教團體的社會參與（義工）程度，不一定是只和這些宗教的教義有關，而很可能跟其團體文化規範是否有關？我想了一下，回覆了意見。

　　我的回答是，這些是參考國際期刊文獻來的。基本上從Fang et al.（2017），可知social norm分成三類，分為injunctive norm, subjective norm和descriptive norm，此外，我們也區分了personal norm（我稱為個人道德規範）在social norm類別之外。那麼，在Fang et al.（2017）中，也就是我的演講中，為什麼沒有採用injunctive norm，也就是我們所稱的命令規範，因為命令規範是校規規定，或是宗教團體規定，具有罰責。這個研究想看的是小學的學生，受到主觀規範（計畫行為理論的subjective norm）之外，是否有其他的同儕觀看的效果，於是我們用了描述規範（descriptive norm），就沒有採用命令規範（injunctive norm）。

　　社會參與，在命令規範來說，也許以學校校規或是社會規範中的罰法，會有影響，但是有強制力量，對於自發性社會參與義工，討厭被約束的志工，可能會不會有那麼強的制約力量。

　　但是，可以探討命令規範的效力（有的宗教界有罰法），我的建議是可以探討命令規範（injunctive norm）。因為我同意，「不同宗教團體的社會參與（義工、自願者）程度不一定是只和該教的教義有關，而很可能跟其團體文化規範有關」，這是有可能的。

　　評量工具的發展技術導入項目反應理論（item response theory, IRT），確定的潛在心理特徵（latent trait）是否可以通過測試題被反映出來，以及填答題目和測試參與者之間的互動關係。項目反應理論假設參與者有一種潛在的特質，在進行觀察分析測驗反應基礎上，可以用為潛力的估算，通過項目反應曲線，綜合各種項目分析的資料，可以直觀地看出項目難度、鑑別度等項目分析的特徵，目前廣泛應用在心理學和教育學的測量領域。項目反應理論和結構方程模型（structural equation modeling, SEM），可進行追蹤評鑑，亦即導入潛在成長模型（latent growth modeling, LGM），檢視學生在環境保護的學習成效。

　　如果Fang et al.（2017）一文中證實了完全透過中介變項影響（full-mediation effect）。當中介變項和自變項產生了交互作用，而當研究者納入研究架構，以避免解釋誤差，此時中介變項則轉換為調節變項（moderator variable）。

　　建議如果再加一個調節變項，例如性別對於常規的影響，可能男女有別；另一個做法是進行恆等性檢測（invariance test），了解是否個別因素有性別上的差異。

　　我們也需要檢驗參數是否具備跨母群體的等價性，也就是說不受樣本特性或其他因素的影響，可以正確地反映不同母群體的真實特質。在進行比較其他母群體的調查的過程中，我們採用等價性檢定（testing the equivalence），了解潛在的非預期變化，是否在我們研究學生群體的自然變化範圍之內。我們希望選擇這個測量工具進行調查分析，必須要滿足測量恆等性。因此，在處理有二組或二組以上的模型時，我們採用卡方差異檢定（Chi-square different test），來比較各種模式的差異。

小結

　　調查研究是量化研究的主幹，自從資訊計量學（informetrics）席捲了整個調查世界，目前調查研究隨著網路技術的興起，已經產生了新技術。在分析調查方法上，資訊計量學（informetrics）也產生了書目計量指標（bibliometric indicators）的思潮。

　　從手機網路進行社會物理學（social physics）的調查，麻省理工學院媒體實驗室前主任彭特蘭（Alex Pentland, 1952～）認為，採用手機或是穿戴式計算（wearable computing）社會網絡資料，已經成為蒐集人類資訊社會的方法（Pentland, 2015）。此外，調查研究將隨著通信網絡（communication networks）的突飛猛進而產生調查技術的改變。由於電話民意調查增加了對於公眾隱私的壓力，從20世紀初在美國發展的電話民意調查技術，因為民眾對於晚上打來的冷電話（cold calls）產生抗拒的關係，調查人員已經由大數據資料庫中進行調查對象的抽樣，並蒐集調查資訊，以鼓勵民眾填答問卷，換取獎勵或是現金。

目前調查研究中，市場調查研究（market research）和民意調查（opinion polling）的傳統方法依舊會繼續存在，學術調查中的學校教育和社會教育，也會繼續進行。然而問卷調查的創新（innovations）方法，將會改變研究者蒐集數據的方式，也就是說，數據會自然生成；但是這些改變，都將形成大數據時代中的嶄新蛻變的方法。

關鍵字詞

溯因推理法（abductive reasoning）	行政紀錄（administrative records）
不對稱資訊（asymmetrical information）	歸因（attribution）
歸因理論（Attribution Theory）	Bartlett球型檢定（Bartlett's test of sphericity）
無偏估計（bias-free estimates）	書目計量指標（bibliometric indicators）
有限理性（bounded rationality）	普查（censuses）
具體變項的普查（census of concrete variables）	構念普查（census of construct）
群集抽樣（cluster sampling）	冷電話（cold calls）
協作型知識（collaborative knowledge）	通信網絡（communication networks）
信賴區間（confidence interval）	驗證性因素分析（confirmatory factor analysis, CFA）
從眾（conformity）	一致性（consistency）
構念（construct）	建構效度（construct validity）
控制觀察（controlled observation）	輻合效度（convergent validity）

相關分析（correlation analysis）	相關係數（correlation coefficient, r）
橫斷性調查（cross-section survey）	描述規範（descriptive norm）
敘述性統計（descriptive statistical analysis）	描述性調查（descriptive surveys）
區別效度（discriminant validity）	傾向因素（dispositional attribution）
分歧效度（divergent validity）	網路學習（e-learning）
經驗數據（empirical data）	意識相關（epistemic correlation）
急件審查（expedited review）	解釋性調查（explanatory surveys）
探索性研究（exploratory study）	事後回溯研究（*ex post facto* research）
外部效度（external validity）	費邊社會主義者（Fabian socialists）
因子負荷量（factor loadings）	證誤（falsify）
配度指標（fit index）	完全透過中介變項影響（full-mediation effect）
概化理論（generalizability theory）	羊群行為（herd behavior）
假說（hypotheses）	知情同意（informed consent）
資訊計量學（informetrics）	命令規範（injunctive norm）
創新（innovation）	研究倫理審查委員會（Institutional Review Board, IRB）
非真實事物（intangibles）	知識資本（intellectual capital）
內部效度（internal validity）	網路基礎資訊（Internet-based data）
訪問（interview）	恆等性檢測（invariance test）
項目反應理論（item response theory, IRT）	分項對總項的相關係數（item-to-total correlations）

判斷抽樣（judgmental sampling）	取樣適切性量數（Kaiser-Meyer-Olkin measure of sampling adequacy, KMO）
關鍵線民（key informants）	知識連續性（knowledge continuity）
知識庫（knowledge repository）	大型隨機樣本（large random samples）
潛在成長模型（latent growth modeling, LGM）	潛在心理特徵（latent trait）
李克特氏五點量表（Likert scale）	文獻回顧（literature review）
宏觀經濟學（macroeconomics）	市場調查研究（market research）
最大概似估計法（maximum likelihood estimation, MLE）	平均數（mean, M）
可衡量抽樣錯誤（measurable sampling errors）	調節變項（moderator variable）
道德規範（moral norm）	多變量統計分析（multivariate statistical analysis）
自然規範（natural norms）	非機率立意抽樣（non-probability purposive sampling）
規範執行（norm enforcement）	規範性判斷和推理（normative judgment and reasoning）
虛無假設（null hypothesis）	觀察（observation）
線上社群（online community）	本體論（Ontology）
可操作化（operationalized）	民意調查（opinion polling）
組織學習模型（organizational learning models）	成果評估（outcome assessments）

平行樣本設計（parallel-samples designs）	參與者（participant）
個人訪問（personal interview）	個人規範（personal norm）
母群體（population）	預測效度（predictive validity）
預試（pretest）	機率抽樣（probability sampling）
親環境行為（pro-environmental behavior）	立意抽樣（purposive sampling）
質性分析（qualitative analysis）	準實驗設計（quasi-experimental design）
問卷（questionnaire）	隨機分派（random assign）
隨機抽樣（random sampling）	信度分析（reliability analysis）
受訪者（respondents）	研究倫理審查委員會（Research Ethics Committee, REC）
從研究走向現實（Research to Reality, R2R）	殘留影響（residual effect）
負責任之研究行為（responsible conduct of research, RCR）	反向題（reverse coded items）
樣本調查（sample surveys）	樣本（sampling）
抽樣誤差（sampling error）	抽樣架構（sampling frames）
抽樣調查（sampling survey）	量表（scale）
自我報告（self-reports）	情境因素（situational attribution）
社會願望偏見（social desirability bias）	社交網絡（social networking）
社會規範（social norms）	社會規範-態度-行為（social norm-attitude-behavior, SNAB）
社會物理學（social physics）	社會調查（social surveys）

標準差（standard deviation, SD）	統計推論（statistical inference）
現狀（status quo）	分層（strata）
分層隨機抽樣（stratified random sampling）	策略工具（strategy tools）
草根民調（straw poll）	結構方程模型（structural equation modeling, SEM）
主觀規範（subjective norm）	調查（survey）
調查研究（survey research）	真實事物（tangibles）
分類論（Taxonomy）	可測試命題（testable propositions）
等價性檢定（testing the equivalence）	羊群效應理論（the effect of sheep flock）
計畫行為理論（Theory of Planned Behavior, TPB）	厚實描述（thick description）
兩階段法（two-step approach）	全面覆蓋率（universal coverage）
效度（validity）	價值-信念-規範（Value-Belief-Norm）
志願蒐集數據（volunteer data collections）	穿戴式計算（wearable computing）
文字問卷（written questionnaires）	

第六章
個案研究

You make the failure complete when you stop trying.
當你停止嘗試的時候，你就完全失敗了。

——斯坦斯佛（H. M. Stansifer）

學習焦點

　　本章接續第五章的調查研究，探討個案研究方法。個案研究是運用特定技巧，從文獻回顧、訪談、觀查、問卷等調查的方式，針對特定時間和地點存在的個人（individual）、組織（organization）、事件（event），或是行動（action），進行深入的認識，以確定問題癥結之所在，進而找出解決問題的方法。本章依據美國個案分析方法的三本專書進行定義和闡釋，包括了COSMOS總裁羅勃‧殷（Robert Yin, 1941～）在1994年出版的《個案研究：設計與方法》，斯塔克（Robert Stake, 1927～）在1995年出版的《個案研究的藝術》，以及梅里厄姆（Sharan Merriam, 1943～）在1998年出版的《質性研究和個案研究在教育應用》等三書，進行個案研究的範疇界定。個案研究的範疇相當廣，擁有客觀價值中立的論述；同時也有強烈表達個人自我意識的論述，這些論述範疇都是需要兼籌並顧的。因此，在廣納百川的學說之中，我們將從個案研究的特徵、過程、內涵、主客體關係，以及分析方法，討論最佳實踐個案分析的理解模式。最後依據美國社會科學家坎貝爾（Donald Campbell, 1916～1996）的演化認識論（evolutionary epistemology），將新理論的發展，視爲在個案中提出猜測，並且經過盲目變異的演化過程，然後依據證誤法進行理論駁斥。在價值澄清的理論方法中，我們同時希望通過一輩子的個案分析的累積經驗，以了解眞實的人生。

第一節　什麼是個案研究（Case study）？

個案研究是一種針對單一事件、地點及人物進行客觀事實的分析與研究方法（方偉達，2016）。在藝術、人文與社會科學中，個案研究是一種研究方法，涉及對於研究主題和衍生的背景條件（contextual conditions），進行深入探索和詳細研究。個案研究（case study）在人文社科中，從商學、法律、歷史、建築、心理學、人類學、管理學、社會學、環境學、政治學、教育學、景觀設計、都市計畫、臨床護理、社會工作，行政科學等，都是個案研究的討論範疇。

一、個案研究定義

個案研究是運用特定技巧，針對一定時間和地點存在的個人（individual）、組織（organization）、事件（event），或是行動（action），進行深入的認識，以確定問題癥結之所在，進而找出解決問題的一種方法。在個案研究中，研究案例可能是臨床科學（clinical science），或是臨床實踐的案例研究（case studies of clinical practices）。但是，在社會科學中，個案研究可能涉及質性和量化的研究方法，針對研究進行策略評估，並且深刻地調查現實生活中種種現象的實證研究。因此，個案研究受到實證主義的影響，可能包含單次和多次案例分析，含括量化證據，依據多種證據來源，從理論命題（theoretical propositions）中進行推斷和分析。

但是，個案研究同時也受到後實證主義的影響，近年來研究強調研究過程而非研究結果；強調情境脈絡而非特定變項；在乎發現而非驗證，研究者希望處理現象與情境脈絡之間複雜的交互作用，或者理解與詮釋某一個案的特殊性。

二、個案研究歷史

　　個案研究（Case study）一詞，來來自醫學及心理學的研究，原來的意義是指針對個別病例進行詳盡的檢查，以確認病理發展過程。這種方法的主要假設是針對病例進行詳盡地分析，有助於病理的了解。到了19世紀，法國的拉普雷（Frederic Le Play, 1806～1882）在1829年首次將個案研究方法引入社會科學，他蒐集了大量工人階級社會和經濟狀況的資料，以家庭歷史（history of the family）方法來統計家庭結構中的預算。到了20世紀初，研究社會學、心理學，以及人類學的研究者開始進行個案研究，研究者依據理論假設，以個案進行驗證。

　　個案研究最初是採用歸納法，依據許多案例的分析檢驗理論，或是驗證假設，但是這一種方法儘管有許多學者支持，尤其是質性研究中；但是在社會科學領域中，很難達到對於方法學的共識，這些眾說紛紜的講法，同時阻礙了個案研究的全面發展（Yazan, 2015）。因此，需要進行比較研究中的對比分析（contrastive analysis）。研究的標準包括：認識論投入（epistemological commitments），針對研究信念的承諾（commitments），透過類比和隱喻方式認識狀態（epistemic status），並且解釋現象。因此需要從定義個案（defining case）、設計個案研究（designing case study）、蒐集數據（gathering data）、分析數據（analyzing data），以及驗證數據（validating data），以檢驗分析的有效性。

　　依據上述的研究方法，我們以近年來研究個案分析方法學的三種專書，針對個案研究進行定義和闡釋。這些專書都是當代最著名的個案分析方法的大學用書，在分析的架構和理論中，各有所擅。

喬治亞大學教育系教授梅里厄姆（Sharan Merriam, 1943～）在1988年出版了《質性方法在教育個案之研究》（*Case Study Research in Education: A Qualitative Approach*），在教育研究中邁向了新的里程碑（Merriam, 1988）。十年之後，梅里厄姆在1998年出版《質性研究和個案研究在教育應用》（*Qualitative Research and Case Study Applications in Education*），強調的是在個案研究中，基於教育實踐，需要強化世界知識的建構（Merriam, 1998:3），她出版個案研究專書的目的，是為了要為落後的個案文獻，進行具體的研究貢獻（Merriam, 1998:19）。因此，她的專書主要是以一般原則和質性研究的方法為中心，應用於個案研究。梅里厄姆闡釋個案分析中現存的模糊領域（blurred areas），她出書的目的，是為了要清除讀者對於質性研究中個案分析的困惑，以及闡明什麼是構成個案研究和其他質性研究方法有什麼不同，以及什麼時候最適合使用個案研究（Merriam, 1998:19）。

COSMOS總裁羅勃‧殷（Robert Yin, 1941～）在1994年出版了《個案研究：設計與方法》（*Case Study Research: Design and Methods*），到了2017年出了第六版，書名調整為《個案研究與應用：設計與方法》（*Case Study Research and Application: Design and Methods*）。他認為個案研究的定義為一種經驗主義的探究（empirical inquiry），研究現實生活背景中的暫時現象（contemporary phenomenon），在這一種研究情境之中，現象本身與其背景之間的界限比較不明顯。因此，羅勃‧殷認為提出設計研究方法，需要針對個案研究進行社會理論的命題調查。他認為所有過去對於個案研究的方法學嘗試，似乎缺乏對於個案研究的全面指導原則。因此，他希望填補社會科學方法論的空白，進行數據分析，甚至解決撰寫個案研究報告的問題（Yin, 1994/2017）。

伊利諾大學香檳校區教育系教授斯塔克（Robert Stake, 1927～）在1995年出版了《個案研究的藝術》（*The Art of Case Study Research*），在斯塔克案例研究的藝術中，主要研究者是學生，計畫在他們的研究項目中，使用個案研究作為方法論（Stake, 1995）。斯塔克出版專書的目的，

是希望闡釋一套解釋方向的個案研究，包括了教育學中的自然主義、整體主義、民族誌、現象學，以及傳記研究法（Stake, 2000）。

從認識論投入（epistemological commitments）的理論中，我們了解要分析三位學者的書籍相當困難。因此，我們採用了「認知投入」（epistemic commitments）進行背景分析（Yazan, 2015）。所謂的「認知投入」又稱為「認知承諾」。這一種投入知識的信賴狀態，是一種個人信念的維護，很難加以改變；只有在條件背景事證出現，或是解除的狀況之下，才可以撤銷，以維護某個命題（proposition）的事實真相，並提供相信這個命題的理由。認知投入（epistemic commitments）的意思是說明「與知識相關」，並且依據大多數人們論點為正確與否的論證基礎。例如，假若參與論證的每一位參與者，都擁有他們表達意見的立場和權利，以及他們進行推理的基本「認知承諾」。

受到上述個案研究的啟發，哈佛大學商學院都是採用個案研究進行歷史教學。個案研究不是歷史調查，美國哈佛大學教授的歷史，是依據關鍵事件，進行創新教學策略的課堂討論。目前連史丹福大學的《像史家一般閱讀：在課堂裡教歷史閱讀素養》個案研究課程，也是在中學的歷史教學中，試圖消化主要來源和解釋，藉由建構意義（construct meaning），識別競爭性敘述（competing narratives），以及作為歷史學家所應該具備的語境化能力（Wineburg, Martin, and Monte-sano, 2011；宋家復（譯），2016）。我們需要藉由歷史閱讀、思索、沉澱，以及批判，作為面對自我心靈，反思道德選擇的一種生活方式。因此，我們需要以歷史閱讀，從道德的「認知投入」到行為的「認知承諾」，進行中國古代歷史研究抽絲剝繭的說明。

從道德的「認知投入」（epistemic commitments）到行為的「認知承諾」

春秋時魯國有一個學者，名叫曾參（505～435 B.C.），儒家尊稱他為曾子。他是孔子的門生，在儒家文化中，孔子、顏子、曾子、子思、孟子共

稱為儒家五大聖人。曾參品性端正，編纂《孝經》、《大戴禮記‧曾子大孝》、《曾子制言下》、《禮記‧大學》等儒家經典（陳桐生，2009）。孔子的孫子孔伋（字子思）曾經向曾參學習，孔伋又將儒學傳授給孟子。在孔門五聖之中，稱為「宗聖」。

傳說曾參的父親曾點（546～? B.C.）個性浪漫，不愛求官。在《論語‧先進》篇中談到，他曾經和孔子聊天，最大的願望是：「暮春者，春服既成，冠者五六人，童子六七人，浴乎沂，風乎舞雩，詠而歸。」但是，喜愛旅遊的曾點，雖然具有浪漫主義的性格，脾氣卻非常暴躁。在《呂氏春秋》（241 B.C.）及後代漢朝成書的《孔子家語》，記載曾點教導曾子非常嚴厲，甚至有一點違反人性，後代學者一直懷疑是偽作。

《孔子家語》、《韓詩外傳》、《說苑》中記載，曾點和曾參在瓜田中除草，曾參不小心割斷瓜根，曾點很生氣，用拐杖打在他的背上，將曾子打昏。曾參撲倒在瓜田之中，過了好久才甦醒，曾參清醒之後，向父親曾點認罪，他隨後操琴唱歌，表示身體無礙。孔子知道這件事之後，不罵曾點，卻告誡曾參說：「你如果被打，打得輕一點就接受；但是如果是暴打，你就應該要逃走。你今天這件事，讓父親暴怒，痛打你一頓，陷父親於不義，這不是孝順的表現！」曾參說：「曾參罪過大了！」

《孟子‧離婁上》中孟子講了一個故事，曾參奉養父親曾點是奉順父親的心意，盡心準備三餐，經常騙曾點，說家中的菜飯還有很多，請曾點安心吃飯。甚至如果家中有多的飯菜，還會分給鄰居朋友吃。《孟子‧盡心章句下》記載，曾點平時很喜歡吃羊棗，曾子經常給父親帶羊棗。等到曾點過世之後，曾參睹物思情，看到羊棗就會勾起父親的身影。所以，他就再也不忍心吃羊棗了。

曾參除了對於父親很孝順之外，對於母親的孝順也是近乎超乎想像的。甚至民間故事《二十四孝》記載，曾母也有對他一種異乎尋常的親子依附。在山上打柴的時候，家裡突然來了客人，曾參的母親不知所措，就用牙咬了自己的手指。曾參忽然覺得心疼，揹起木柴，趕快衝回了家中，跪問緣故。曾母說：「因為有客人忽然到來，我咬手指讓你知道。」

西漢末年劉向（77～6 B.C.）編訂的《戰國策・秦策二》曾說，曾參住在魯國費邑的時候，有一個和他同名的人殺人，有人就跑去跟曾參的母親說：「曾參殺人了！」

　　曾參的母親依據她對於曾參的了解，回答說：「我兒子不會殺人！」就照常織她的布，沒有理會。過了不久，又有第二個人來說：「曾參殺人了！」曾參的母親還是繼續地織布，曾母保持她對於曾參「不會殺人」之信念維護。過了一會，當第三個人跑來說：「曾參殺人了！」曾子開始對於原有的認知產生動搖，她開始懷疑，於是丟下織布的梭子，跳過圍牆逃走了。

　　基本上曾母碰到了資訊不對稱的問題，也就是她無法求證，當每一位報訊的人，都擁有他們表達意見的立場，異口同聲以可畏的流言，說明「曾參殺人」，當他們同樣無法求證，只是根據基本同名同姓的推理方式，說到了「曾參殺人」，但是此「曾參」非彼「曾參」，鬧出了「認知投入」最有名的笑話。後來就用「曾參殺人」，說明誣枉的災禍。也就是說，剛開始曾母沒有修正她對於曾參的看法，等到第三位報訊者告知，於是她修改了他之前對於曾參的看法，最後相信了報訊者的說法，重新定義了「曾參」，以適應曾母的論點，最後以行動表達了對於「認知投入」的反應。

　　如果是孔子的學生出現，可能會以也許是同名同姓的可能性來安慰曾母，請曾母不要擔心，曾母可能會決定撤回「懷疑曾參殺人」的原始聲明的認知承諾。最後事實證明，果然是同名同姓造成了問題。

　　後來曾參結婚之後，他將道德上的「認知投入」，形成了「認知承諾」，並且身體力行。曾參堅守教育上的諾言，言教和身教並重，他的善良感動了後代所有中國的教育學者；但是宋朝時代留傳的曾參因為孝順而休妻的軼事，又惹火了全中國的女性朋友。

　　曾參結婚之後，曾妻生了兒子曾元、曾申、曾華，曾參的教育和曾點不同，著重於身教。戰國時法家著作《韓非子・外儲說左上》中記載，有一回曾參的妻子去市場，也不知道是哪一個小孩緊追在後，哭鬧不停，要跟著去。曾妻哄著他說：「你先回去，我回到家裡，殺豬給你吃，你不要

鬧。」當曾妻從市場買菜回來之後，曾參就要抓住他家養的豬，準備殺豬煮給兒子吃。曾妻連忙制止說：「我只是和孩子鬧著玩的，你幹嘛當真？」曾參正色說：「孩子不是跟妳開玩笑的啊！因為孩子不懂事，所以要向父母學習，聽從父母親的教導。妳現在騙他，是教會他欺騙啊。如果母親欺騙兒子，兒子因而不相信母親，就不能成就親子教育。」於是殺了他家養的豬，煮了一鍋豬肉給兒子吃。

然而，曾參很孝順，但是夫妻關係事實上是不睦的。《韓詩外傳》（150 B.C.）記載，因為曾參的母親過世，曾參很傷心地說：「孝子欲養，而親不待也。木欲直，而時不待也。」宋人汪晫（1162～1237）依據《孝經》、《禮記》、《大戴禮記》、《論語》、《孟子》、《荀子》、《孔子家語》、《孔叢子》、《韓詩外傳》、《說苑》等先秦兩漢古籍中有關曾子的文獻材料蒐集在一起，重立篇題，劃分章節，重新編輯的《曾子》中的《外篇三省》，曾經記錄曾點再娶，後母其實對曾參不好。曾參妻子煮藜菜（漢朝編纂的《孔子家語》）或是蒸梨子（宋朝編纂的《曾子·外篇三省》）給年邁的後母吃。因為不知道是藜菜煮不熟，還是梨子蒸得不熟，她就端給後母吃。曾子看了非常生氣，吵著要休妻。有人對曾參說：「你老婆並沒有犯七出之條，你為什麼要休妻？」曾子回答：「蒸梨！煮藜菜！是一件小事，如果小事都做不好，我要是安排她做點其他的大事，她還能做好嗎？」就藉故把曾妻休了，這一個怪異的論述，非常符合宋朝時代男尊女卑的觀點，古人記錄，隨隨便便，缺乏考據的精神，連煮藜菜（《孔子家語》）或是蒸梨子都搞不清楚，讓後人為了這件事情的真相，爭辯不休。

但是，西元前150年成書的《韓詩外傳》又說，曾參並沒有休妻，但是曾妻早死，所以曾參一輩子父兼母職，教導兒子曾元、曾申、曾華。曾元長大之後，在魯國當官，當過司馬；曾申學《詩經》，推動儒學；曾華在齊國當官，當過大夫。

但是，曾元雖然孝順，卻沒有曾參那麼孝順了，等到曾參老了，由曾元來奉養，飯菜都煮得剛剛好（《孟子·離婁上》）。如果飯菜煮多了，曾元也不會問說：「家中剩下的菜要給誰呀？」所以，當曾參問：「家中飯

菜還有沒有多的呀？」曾元就直接說：「沒有了！要麼，就煮新鮮的來吃吧。」

曾參在西元前435年的時候患了重病，他知道自己要死了（《禮記·檀弓》）。曾元、曾申坐在他的腳邊，僮僕坐在角落，手持著燭火。多話的僮僕插嘴說：「好漂亮的竹蓆呀，這是官場中大夫用的竹蓆嗎？」曾參嘆了一口氣說：「是呀，這是魯國大夫季孫送我的竹蓆，我不是士大夫階級，沒有資格用這一張竹蓆。曾元，幫我換一下。」曾元說：「爸爸，你生病了，不可以翻動身體，等到天亮之後，我幫你換一張竹蓆吧！」曾參有一點生氣地說：「你雖然愛我，但是你不如僮僕。君子用道德來愛人，小人用姑息來愛人。我如果行得正，就算是死了，也活得夠了，還有什麼好求的呢！」眾人扶他起來換蓆子，蓆子還沒有鋪好，曾參就氣絕了，得年七十一歲。

曾參一輩子用《詩經》上說的：「戰戰兢兢、如臨深淵、如履薄冰」的嚴肅心情走完人生道路，到了死前，還要以戒慎恐懼的心情來面對（《論語·泰伯篇》）。曾參的「孝順」、「好學」、「重禮」和「重然諾」，讓他獲得社會上的讚譽，在西元前456年，齊國想要請他當丞相，楚國想要請他當令尹，他都拒絕了，他只願意從事於寫書和教學的工作。

我們知道曾參的「認知投入」（epistemic commitments）衍生到了「認知承諾」，影響了後世夫妻和子女相處的模式。但是，從個案分析中，我們知道孝順難以遺傳，更難以耳濡目染，所以兒子曾元、曾申、曾華失去了母親的教育，雖然非常傑出，但是還是有所缺陷。尤其中國古代男尊女卑，許多令人瞠目結舌的先聖先賢的故事，動不動就因為孝順父母而和妻子離異，讓兒子缺乏母愛，同時展現出了「夫婦有別」的歧視性。同時在文獻中，我們以個案分析，考證了中國古代聖賢對於道德的「執著」和「承諾」，在今天看來，已經和今日社會的「認知」差異甚大，甚至產生了吳虞（1872～1949）所言「吃人與禮教」，或是魯迅（1881～1936）《狂人日記》所說的「吃人的禮教」，在道德上衍生出缺乏中庸性格的兩難、缺陷，以及親情衝突。

我們依據個案分析的方法，以曾參（505～435 B.C.）為例，發覺

成書越晚的記載，越是不符合現代人性的觀點，看似多是偽作。林瑋嬪（2017）認為，在中國文化中，知識要透過經驗傳承、互相學習，從既有知識中再創造。但是，展卷讀來，我們發掘中國古代讀書人記錄事件，大抵古人讀書不求甚解，錯漏百出，矛盾四起，可以說是創造力十足；甚至在不同的時代，古代作者為了捍衛自身的政治主張和權益的需要，說了一些作者自己想說的話，還要強塞到曾參的嘴中，編派了許多先聖先賢不存在的故事，更添增了還原古聖先賢原始面貌的難度。所以，我們在理解曾參的個案時，需要強化對於知識生產、複製、翻譯、流傳，在不同的時代和文化脈絡中，所應該具備的不同時代，依據不同價值判斷的當代道德觀（林瑋嬪，2017）。

在曾參的個案分析中，雖然這是一種歷史研究，但是詮釋方法結合了當代的見解，我們同時研究了現象與社會脈絡之間的關係，從「過去」發生的事情，我們更關切「當前」的議題，這也是個案研究的精神。

接下來我們解析目前個案研究的特色方法。從教育學的觀點來說，我們知道梅里厄姆、斯塔克、羅勃‧殷都有他們自己的「認知投入」（epistemic commitments），基於知識本身的特質，進行構思和撰寫。這些對於知識的信念投入，影響他們在個案研究方法論的觀點、原則，以及步驟。特別是斯塔克和梅里厄姆是以教育的論點進行分析，但是羅勃‧殷在書中展現了實證分析的傾向，他也將個案分析發展到了理論驗證的階段。這是因為殷在大學念的雖然是歷史，但是他的博士學位念的是腦識別學，擅長計量科學，最後經營了一家社會科應用研究公司，專門為大型公司處理個案上的疑難雜症。所以，儘管他們三位的基本研究觀念都具備客觀性、有效性，以及一般性，但是我們歸納以上學者對於個案研究的分析，具備了多樣性的特質，如表6-1。

表6-1 個案研究方法專書的特色比較

作者	專書名稱	作者涉獵領域	研究方法	專書特色
斯塔克（Robert Stake, 1927～）	《個案研究的藝術》	教育學	教育學中的自然主義、整體主義、民族誌、現象學，以及傳記研究法。	闡釋一套解釋方向的個案研究。
羅勃·殷（Robert Yin, 1941～）	《個案研究：設計與方法》	歷史、腦識別學、社會應用研究	依據「作為教學工具個案研究」、「人類學與參與者觀察」、「質性分析方法」三個角度切入個案研究的分析。	提出設計研究方法，進行數據分析，解決撰寫個案研究報告的問題。
梅里厄姆（Sharan Merriam, 1943～）	《質性研究和個案研究在教育應用》	教育學質性方法	以一般原則和質性研究的方法為中心，應用於個案研究。	闡明個案研究，以及何時最適合使用個案研究。

第二節　個案研究的範疇

　　從1994年殷的《個案研究：設計與方法》、1995年斯塔克的《個案研究的藝術》，以及1998年梅里厄姆的《質性研究和個案研究在教育應用》，我們了解在歷史洪流的發展中，個案研究的範疇相當廣，有隸屬於價值中立（value-neutral）的，有表達強烈自我意識的（Yazan, 2015）。個案研究的範疇可以定義為：「個案研究是一種經驗調查，用於調查現實生活中的當代現象。」由於現象與背景之間的界限，並不明顯，我們常常需要採用多種證據來源，來界定事實的真偽。依據我們研讀國內外文獻中，有不同類型的個案研究。一方面，個案研究讓研究者在微觀層面（micro level）上檢查數據是否有誤。我們界定個案研究是一種量化研究或質性研究的替代方法，透過案例闡釋一種實際解決方案。因為在研究範

疇中，大樣本的採樣很難獲得。另一方面，有時候量化研究或質性研究的分析，因爲不夠深入，所以不能概括研究結果，而飽受批評。

然而，因爲個案研究的研究方法，缺乏嚴謹性。此外，研究者對於數據的詮釋產生偏見，也同時受到批評。所以，在處理實際生活的社會問題研究中，個案研究法會被認定爲探索性研究工具。我們研究個案分析的層次結構。依據價值判斷（value judgments）歸納過程，需要通過參與者之間的討論，以顯示客觀和中立的結果，例如產生模型，如果這個模型經過廣泛測試和驗證，並且經過重複使用並且值得分享，以便更多的人可以採用它。

因此，我們需要界定個案分析的範疇內容，由於個案分析是在單一環境之下取得的研究內容。因此，我們要討論在同一種環境之下，可以複製（replication）內容的可能性。早期的個案實驗，由哈佛大學商學院的心理學教授梅奧（George Mayo, 1880～1949）所主導的「霍桑實驗」原創者，他認爲員工的工作表現，決定於社會問題和工作內容，因而開創了「人文主義」的管理理論。因此，他在個案研究中，加入了準實驗法，產生了實驗數據。如果個案分析產生了量化的數據，但是需要透過不斷的研究或推廣，以爲更多研究者之採納。因此，個案研究的實踐，必須包含不斷地學習和改進的過程。目前個案研究的範疇個案研究需要進行整合，從研究者獲得研究成果，依據大數據的原理進行篩選，並將選定的資訊加入數據庫，並且通過實際的案例分析，進行實務整合。

因此，針對個案研究的範疇，針對不同的個案來說，當前的學習差距是什麼？以及如何根據詳細記錄的個案研究，協助彌合這一種理論和實務之間的差距？此外，個案研究中最有利用價值的產生使用（produce to use）的策略是什麼？哪些知識產出（knowledge products）可以在不同的利害關係人中，找到真正的效用？以下我們將運用個案研究的特徵、過程、內涵、主客體關係，以及分析方法，討論最佳實踐個案分析的理解模式。

一、個案研究的特徵

個案研究的成功與否，有賴於調查者的好奇心、虛心、感受力、洞察力，以及對於資料的整合能力。因此，個案研究最重要需要依據問題導向（question driven），給探索個案一個需要進行研究的理由。

個案研究者所採用的技術，包括仔細的蒐集各種紀錄、訪談，以及參與觀察。依據羅勃‧殷、斯塔克、梅里厄姆的看法，個案研究在質性分析的優點包括了質性研究的特徵，採取精密及深度的分析方法，以當代的原始資料為基礎，運用調查表和會談的方式，了解被調查者各方面的狀況（Yin, 1994; Stake, 1995; Merriam, 1998），以下我們針對採用個案研究的社會科學分析方法，進行下列學科的初步探討。

1. 法學

個案教學法是由美國哈佛大學法學院開始的。1870年哈佛校長艾略特（Charles Eliot, 1834～1926）召開校務會議，推舉蘭德爾（Christopher Langdell, 1826～1906）為哈佛法學院第一任院長。蘭德爾就任哈佛大學法學院院長時，法律教育面臨巨大的壓力，包括傳統教學法太過沉悶，不符合時代需求，此外因為法律文獻大增，法院判例成為合適的教學案例，這一種教學方法成為美國法學院的主流教學模式。蘭德爾認為法律可以作為「科學」來進行研究，這為大學法學教育提供和職業準備截然不同的理由。他認為個案法在科學研究和歸納法方面，有著較為深厚的理論基礎。因此，個案教學法成為哈佛大學法學院的個案法研究的序幕。之後，蘭德爾訓練出來的畢業生，成為其他法學院的頂尖教授，他們介紹了個案方法。這種方法由使用個案書籍。自從1900年美國法學院協會（Association of American Law Schools）成立以來，各大學法學院以認證方式推廣了個案方法。因此，案例教學法在法律和醫學教育領域中，展現了契機，更激勵了哈佛大學商業教育領域。

2. 管理學

羅威爾（Abbott Lowell, 1856～1943）擔任哈佛大學校長時，成立了

哈佛大學商學院。當時美國經濟在第一次世界大戰後開始萌芽，羅威爾校長聘請名建築師柯立芝設計龐大的商學院校園草圖。在設計時，柯立芝刻意將喬治亞式風味融入到建築物設計上，讓商學院更富有人文氣息。哈佛大學商學院向法學院學習案例法。1908年，葛雷（Edwin Gay, 1867～1946）創立哈佛大學企管研究所，將個案分析引入商業教育領域。自此，學者開始針對研究蒐集商業案例。1924年，哈佛商學院的教授開始嘗試採用創新商業指導方法，通過直接接觸真實世界的案例，結合市場實際素材，通過具體分析了解營銷過程，並且討論如何解決營銷問題，以發現新的概念。

以現今管理學的角度來看，我們需要了解大數據時代中的知識經濟（knowledge economics）體系，如何在組織效率與組織創新之間，取得平衡。經過多年演進之後，管理學個案分析可以區分為政府管理（公共行政、公共政策）、企業（商業管理、國際貿易）、學校（行政管理、教育政策、輔導體系），鼓勵研究者進行水平、垂直，以及時間前後的組織個案比較。我們需要了解組織中的經營策略、策略選擇、核心競爭力、經營規模，以及多角化等研究。如果我們採取當代研究，則需要進行對比案例（contrasting cases）的分析，歸納出不同策略中兩個組織之間的共通性和差異性；如果是時間前後的分析，則為組織變遷與轉型的研究，可以討論社會變遷中組織興衰的個案研究。到了今天，哈佛大學商學院圖書館中還有海盜船上藏珠寶的古董木箱，也有早期股票市場的議價櫃臺，這一切都說明了哈佛商學院不但珍惜歷史文物，同時也讓教授和學生浸潤在商業文化環境之中。

3. 心理學

二十世紀初期的佛洛伊德（Sigmund Freud, 1856～1939），以一些個別的個案研究，而發展出心理分析理論。他對病人的私生活進行了非常詳細的調查，試圖理解，並且幫助他們克服疾病。佛洛伊德最著名的個案研究包括小漢斯（Little Hans）和鼠人（The Rat Man）。即使到了今天，病史也是異常心理學（abnormal psychology）和精神病學調查的主要方法

之一。對於這些學科的學生來說，他們可以清楚地了解精神疾病患者經常需要忍受的痛苦。

　　個案研究通常在臨床醫學中進行，成為自然科學和社會科學跨域整合的學科，涉及蒐集和報告描述性資訊。在心理學中，個案研究往往侷限於某個人的研究。這些資訊主要是傳記式個人過去的事件，同時涉及日常生活中正在發生的重大事件。皮亞傑（Jean Piaget, 1896～1980）研究自己的小孩所發展的認知結構的階層理論，了解生成效應（generation），藉由知識活化，建立對於外界的認知，提高內在的自我效能，以增進孩童解讀資訊的自我解釋（self-explanation）能力。依據皮亞傑理論，學習可以運用不斷自我修正，進行回饋（feedback），以強化社會的認知。近年來，心理學的領域跨越記憶、意識、潛意識、專注力、道德、感知、睡眠、大腦科學、神經科學的領域，通過引進大腦科學和神經科學方法，引領更為精緻化策略（elaboration），賦予心理學的個案研究意義。

4. 教育學

　　心理學家的研究對於教育的影響，通常比其他的學科更為直接。也就是說，教育心理學的個案研究，將焦點放在單一個體之上，對於探索某些人類行為面向的研究焦點，形成了教育學個案研究的特點。因此，教育工作者將每個案例當為教學方法和心理指導，在教育領域中的教育評估進行推廣，並作為專業發展的一部分，例如：問題導向學習（problem-based learning, PBL）；依據問題進行思索；採取範例學習（worked examples），從範例中習得程序技巧；或是採用晉身成為專家的刻意練習（deliberate practice），或是教師如何透過幫助學生學習的過程中，學習教學相長。都是目前在教學法的個案分析中，基礎的教育導向研究（Schwartz, Tsang, and Blair, 2016）。在個案分析的教學過程中，讓學生直接參與個案，並且確保學生獲得的學術能力，不僅僅是學習技能和抽象知識，還有對於外在世界的實際理解。到了1948年，因為個案分析風潮的流行，美國成立校際個案研究教學組織，進行了個案研究的教學整合比較研究。

涂爾幹（Émile Durkheim, 1858～1917）為了要實現了孔德（Nicolas-Jacques Conté, 1755～1805）提出的實證主義社會學構想，運用統計方法針對自殺現象，或是針對澳大利亞土著居民的宗教研究，產生了社會學個案研究的雛形。涂爾幹認為社會現象通過概念的闡述，有別於哲學、生理學和心理學的研究。1916年，美國芝加哥大學社會學系的湯瑪斯（Wiliam Thomas, 1863～1947）展開田野研究的計畫，成為典型的社會學個案研究。當時的研究對象為遷移至市郊的人口，社會工作者對於新移民所帶來的許多問題，例如失業、貧窮、犯罪等特別感興趣。後來帕克（Robert Park, 1864～1944）加入貧窮、犯罪等社會問題的個案研究，運用新聞學訓練到田野研究之中，親自進入到研究問題的現場，蒐集第一手資料（Hamel, Dufour, and Fortin, 1993）。

近年來社會學個案研究方法突飛猛進，形成了社會科學的顯學。我們知道人類自出生成長進入社會，通過人類網絡關係，藉由社會規範（norms）、公共道德、公民教育的方式，強化人類社會學習的集體意識。因此，社會學的個案研究，除了關注到社會場域，另外關注於人類情感、理智、公共意識建構，以及社會化、社會變遷等問題，例如：人類互動、社會結構、角色模式等。此外，為了要了解人類社會單位的個別行為和生活方式，必須探討個人是如何去省察環境，如何適應環境（Merriam, 1988）。在社會學領域的個案研究中，以事實蒐集、精密診斷，分辨關鍵資訊中的遊戲規則，以進行對比案例（contrasting cases）的分析。例如，在社會工作的個案研究中，包含了：⑴身體狀態的觀察；⑵心理狀態的評估；⑶職業及教育評估；⑷社會生活評估；⑸價值觀與文化的觀察（莫藜藜，1998；潘淑滿，2000；謝秀芬，2002；許臨高，2016）。

6. 人類學

人類學者採用個案分析的方式，與教育、社會，或是心理學者略有不同。人類學者幾乎都是採用個案說明人類學的觀點或理論，包括密集的民族誌實地工作，採集數據，然後進行資料編寫和分析。這種個案研究稱為

民族誌研究，是人類學科的核心，在本書第九章會詳細介紹。簡單地說，人類學者先描述一個個案，然後以歸納推理（inductive reasoning）的方式，從中萃取常用的規則或習慣。然而，在多數的情形之下，個案事件相當複雜，甚至是連續事件，我們稱之為社會情境（social situations）。從情境分析（situational analysis）中，人類學者觀察個人和團體的行為，以展示社會結構的形態，這種結構通常由衝突本身組合在一起。因此，個案都被視為是特定個人和群體之間，社會關係開展過程中各階段的證據。當我們看到這樣的情景時，我們理解如何建構人類社會經驗，並為這些經驗產生社會戲劇（social dramas）的形式，以呈現文化生活的真實面貌（Turner, 1980）。因此，人類學者將文字、紀錄和影像透過管理的方式存檔，並且經過深思熟慮，以進行組織化的記載。從大數據時代的網路民族誌書寫中，需要進行當代世界提出反省和洞見。透過實例分析，在人類學者的眼中，網路不再只是工具或虛擬的存在，它既是人們認識世界的方式（林瑋嬪，2017）。

7. 海量資料的跨域整合

過去個案分析可以作為量化研究的替代方案，當一個大樣本數據很難取得時，個案分析可能會是一個實際的解決方案。雖然案例研究具有各種優勢，可以提供真實數據、更好見解，以及詳細的行為描述；但是，無法概括發現，而飽受批評。此外，個案分析缺乏嚴謹性、普遍性的結論，或是研究者對於蒐集數據具有偏見的詮釋。因此，個案研究被歸類於探索性工具（exploratory tool）。

在1980年代，知識管理被認為是一種分享和交流知識的方法。知識管理（knowledge management）分為資料管理（data management）和資訊管理（information management）。到了21世紀，以人類資訊社會產生的海量資料，採用敘事探究（narrative inquiry），以實例說明，或是用對話書寫的方式，共享知識轉移（Knowledge transfer）的理念，這一種理論在轉移方向，包括個人經驗在內的不可量化的知識元素。如果不傳達知識，知識就會變得毫無用處。因此，當研究者在微觀層面，進行資料管理

的時候，需要研究知識中的資料和資訊的傳播轉移。這一種想法，產生了從研究（research）到現實（reality）的概念。

因為在傳統的傳播策略中，以同儕審查的期刊上發表，或是在專業會議上發表，成為專業宣傳研究成果的形式之一，但是並不足以說明如何增進人類福祉。因此，如何將研究成果轉化可以落實在日常生活中，成為學者最為關切的焦點（Farrell, La Porta, Gallagher, Vinson, and Bernal, 2014）。美國國家癌症研究所（National Cancer Institute, NCI）瑪格麗特・費薇爾等人認為，從個人參與夥伴關係計畫的模式，成功吸引了癌症控制研究人員和從業人員的注意。因此，從學界到政府機關，以及其他公私營部門相關領域，越來越多人們使用社交媒體進行實務界的宣導。在建立「從研究到現實」（Research to Reality, R2R）的實踐社群的概念時，美國國家癌症研究所依據參與式架構建立模型，解決了控制癌症的科學和實踐活動的鴻溝。為此，美國國家癌症研究所特別開發了「從研究到現實」網路平臺（R2R Web），透過內容、交互作用，將防癌策略融入網路社群，舉辦相關活動，鼓勵癌症病人居家理療，並且成立聯盟角落（coalition corner），鼓勵研究人員和從業人員進行網絡研討會（cyber-seminar），以傳遞醫療經驗。

因此，研究者繼續依據大數據產生適合個案分析的研究方法，特別是在研究現實生活中處理社會問題的個案研究，萃取海量資訊進行大數據的分析。從個案研究中，針對經驗現象進行探索，並且置身田野，建立田野文本，並且從田野的研究文本中，將海量文獻進行彙整，包含現存的照片、影像、聲紋、語音、自我書寫、分析描述等資訊和資料的彙整、建立和傳播。

個案研究的八大特色

我們可以了解到選擇個案研究，通常是因為要了解在進行量化研究之後，雖然知道了結果（result），但是我們不知道其背後的原因，因此我們要了解如何（how），以及為什麼（why）的問題，所以研究者不對行為事

件加以控制，著重於對於當代即時事件的了解。因此，亞歷桑納州立大學人類傳播學系教授翠西認為，質性研究依據其獨特的擴展特性，可以區分研究手段、方法、目的，以及實踐方式，通過語境（contextualization）和概念（rationale）的分類，具備八大特色，包括：

1. 價值話題（worthy topic）
2. 豐富嚴謹（rich rigor）
3. 誠心真實（sincerity）
4. 確實可信（credibility）
5. 引起共鳴（resonance）
6. 重大貢獻（significant contribution）
7. 道德覺知（ethics）
8. 意義一致（meaningful coherence）

　　這八大特徵提供了一個有用的研究模式，並且提供了質性研究最佳實踐的共同語言，在各種研究領域中，被認為是不可或缺的（Tracy, 2010）。因此，我們依據這些特徵，依據研究中產生的對話（dialogue）關係，透過我們對於研究對象的觀想，共同進行研究成長，拓展即興創作（improvisation）的空間。

二、個案研究的過程

　　我們在進行個案研究的時候，需要界定範疇。首先需要了解個案的具體因素判：第一，它是一個有界限的系統；第二，系統中存在著某種行為形態（the behavior patterns of the systems），第三類型的個案所援引的概念、理論以及測量技巧，是從概念化、操作化，以及測量探究社會問題而產生（Stake,1995）。依據研究迷宮理論（The Research Labyrinth Theory）。目前針對個案研究和資訊管理的無法結合的缺點，我們採用了下列統整性的資料管理觀點，針對個案研究，進行研究問題提出，理論和概念文獻回顧，選擇個案、資料蒐集、資料分析，產生新理論的循環概

念，以圖6-1進行說明（Reiche, 2014）。

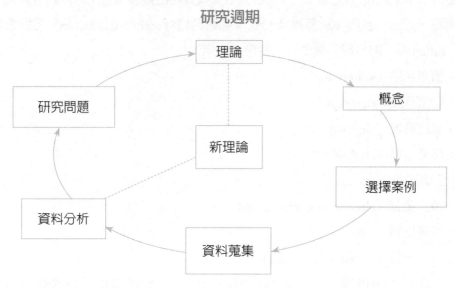

研究週期

理論

概念

研究問題

新理論

選擇案例

資料分析

資料蒐集

圖6-1　研究迷宮理論（The Research Labyrinth Theory）（Reiche, 2014）。

(一)確定並定義研究問題

個案研究的目的，希望在了解事件的原因。所以，研究者必須針對確定研究主題進行探討。因此，在撰寫研究問題時，研究者需要自我探詢：「為什麼要做這一個題目？」或是：「我如何解決這個問題？」個案研究的第一步，是建立一個研究者可以參考的複雜現象，或是針對研究對象形成探索過程中的研究重點。當研究者通過研究狀況或是問題，提出理論假說，也許這個理論只是一種概念。也就是說，概念是理論的基礎，代表了我們將要進行社會研究的重點。

因此，我們在這一個階段，需要確定研究的目的，以界定研究的重點。在個案研究中，我們的研究對象，通常是程序、實體、個人，或是族群。每一種研究對象都可能和政治、社會、歷史，以及個人問題錯綜複雜地纏繞在一起，為每一個個案研究的案例，衍生出了問題的種種複雜特性。因此，研究者運用調查技巧，進行資料蒐集，深入探討研究對象，以產生研究結果和證據，從而理解個案中的案例，並且回答研究問題。

(二)選擇案例，並且確定數據蒐集和分析的技術

在個案研究的設計階段，研究者確定選擇單個或多個真實個案，以進行深入研究，並且需要了解採用那些工具和數據蒐集的方法，在這一個階段，我們稱爲「研究取徑」（research approach）的操作。在運用多個案例之時，每個案例都被視爲是一個個案。每個案例的結論，都可以運用於整個研究結果的產出過程中，但是每個案例仍然都是我們個案研究中的子集合。因此，在典型個案研究中，我們會仔細挑選案例，仔細檢查可以使用的研究工具選項，以提高研究的有效性。在選擇案例時，我們可以仔細區分系統的界限，有助於在個案分析中，設計研究限制的邊界。

我們在量化的案例研究中，可以選擇重複觀察（repeated observations），多次進入現場進行觀察和分析；或是採取第五章的調查研究方法，進行個案調查（case surveys）。也就是當分析的個案數相當多時，我們採用這種策略，以進行個案背景資料分析。這樣的個案調查是不能做到理論性或是統計性的通則化，因爲這些個案是經過選擇的。而且一般在論文撰寫上，較少選擇很多的個案數來研究，因爲無法深入每個個案，或是時間與金錢等的困難。

如果我們採用的是第四章的準實驗研究法的話，這一種假設檢驗研究（hypothesis-testing research），需要進行案例內分析（within-case analysis）和複製邏輯（replication logic）的研究，這些研究都是獨一無二的歸納方法。此外，如果我們採取的是案例導向的過程（inductive, case-oriented process）。我們考慮的量化過程，是一種高度迭代的數據關係（iterative and tightly linked to data）。這種個案分析的研究方法主要適用於新穎的主題領域。產生理論的方式通常相當新穎的，可以測試經驗。最後，依據證據評估研究的結果。

研究者必須確定這個個案，是否在這一個領域，是獨一無二的案例，還是典型的案例？我們也可以想像，選擇這個案例，是否可以足以代表其他的案例？在選擇過程中，我們必須反覆地了解和回顧研究目的，以便將注意力集中在何處能夠尋找和滿足研究目的的案例和證據，並且回答研究

問題。

　　因此，個案研究法研究對象，可以是單一的個人、群體、事件、狀態，或是價值等「非人」的事物。選擇多個案例或單一案例是研究中的關鍵因素。但是，個案研究可以包含了許多嵌入式分析單元（embedded unit of analysis）。例如，個案研究可能涉及研究一種行業，或是參與該行業的公司。這種個案研究涉及兩個層次以上的分析，並增加了要蒐集和分析的數據的複雜性。因此，原始數據可以是訪談紀錄、現場筆記等內容。綜合上述的描述，我們將問題的設計進行歸類如下，區分為開放式問題、封閉式問題，以及半封閉式問題：

1. 開放式問題

　　開放式問題是由參與者自己填寫答案，調查人員不針對問題提供任何具體的答案，擁有很強的靈活性和適應性，這種提問方式，適合於調查人員想深入了解參與者的意見，適用於不想因為限定答案，出現誘導答案出現的錯誤情況。開放式問題對於調查人員進行後期資料整理相當不方便，很難進行編碼整理；而且有時候會因為這些問題費時費力，而遭到受訪的參與者拒絕回答。

2. 封閉式問題

　　封閉式問題在個案分析中，研究者將問題的可能的答案，或者主要答案全部列出，以提供參與者選擇的一種提問方式。這些問題有利於調查者整理資料和後期數據處理，也有利於參與者的填答。

　　但是，封閉式提問的設計比較困難，可能出現參與者對於列出的答案都不滿意的情況，這樣就會影響到個案調查結果的準確性。因此，限定答案的同時，同時也限定了調查的深度和廣度。

3. 半封閉式問題

　　半封閉式問題給出可能的答案，也可讓參與者進行補充回答。這些問題，結合了開放式問題和封閉式問題的優點和缺點，適合於對於問題沒有絕對把握的個案調查，可以避免造成重大的遺漏和疏失。

以反身性（reflexive）訪談法，強化個案研究的信度

　　回首來時路，一個埤塘鳥類調查，為什麼可以撐十幾年？

　　量化研究可以透過重複的測量，提高研究的信度（reliability）。如果在質性研究中，我們在案例蒐集的每一個步驟和過程中，都是公開透明，達到可以重複施測的目的，也就是說，不論何時、何地進行參與者的訪談，都能夠得到重複研究的相同結果，我們可以說，個案研究的信度（reliability）很高。然而，信度研究在社會科學質性訪談中，經常會有問題，因為人類的思想和行為都會產生改變，同樣一個人，因為想法的多變，產生出來的語言和文字意義，經常會受到場域空間和時間的演繹而改變，因此，我們很難為個人的質性研究檢視人類行為的演繹規則，我們需要透過第三者，試著描述和解釋自身如何受到看待，以及我們如何看待這個世界。在個案研究中，我們將自己納入了時代的洪流，以反身性（reflexive）訪談法作為研究工具，增加研究可信賴的程度。

　　以下是我的研究生衛冠竹為了要進行碩士論文的研究，訪談了本書作者許多問題，這些問題都是以開放式問題進行詢答。當時我很難回答。因為我一輩子做了很多桃園埤塘的研究，發了五篇桃園埤塘SCI期刊論文。就算是質性的個案研究，我們都是在研究別人，一旦自己被研究者研究了，我還真的不知道要如何回答以下的問題，以下是訪談紀錄的逐字稿。

問：想問老師，一開始開啓這樣的計畫的目標是什麼？雖然老師都很輕鬆地說一開始是因為大哥方偉宏教授的影響，所以開始接觸埤塘、鳥類。也面臨到哈佛大學指導教授說臺灣的鳥類大多都是候鳥，不能做的這樣挑戰；或是後來進入學界之後，科技部能不能拿到經費的挑戰。老師也曾說過，就算沒有科技部計畫，也還是想把這樣的調查持續下去。老師如此看重這件事，但是我好像還是很不清楚最初老師的想法。

答：剛開始的開啓目標很清楚，因為是我的博士論文，我有非得完成的壓力，因為這個博士學位對我來說，很重要，我沒有半途而廢的理由。我在離開哈佛大學，後來在2003年的夏天，修完德州農工大學的課程，

考完第一階段和第二階段博士班資格考，回到臺灣，繼續在環保署擔任公務人員高等考試（我是1991年的公務人員高等考試及格）科員。在2003年年11月和桃園縣野鳥學會共同進行四十五處埤塘鳥類調查之後，在2004年2月完成調查，我在2004年2月回到德州農工大學，請所有口試委員簽下第三階段博士論文大綱（proposal）同意通過的文件，完成德州農工大學博士班三階段的資格考，筆試（2003年春天）、口試（2003年夏天）、proposal同意（2004年春天回到德州農工大學，依學校規定，我親自找所有指導教授簽過名）之後，獲得博士候選人資格。開始著手寫我的博士論文的調查和分析工作，在2004年7月所有數據分析完畢之後，開始寫論文，2004年11月回到德州農工大學一個月，住在德州農工大學陸國先教授家中，經陸教授建議刪除三分之一的章節，更為精簡，在2004年12月1日口試通過。我記得當天陸國先教授開車載我到學校要在學校大考口試的途中，沿途都是積雪，天氣冷颼颼的。口試通過之後，德州農工大學在2005年5月畢業典禮，授予我博士學位。這一本論文，獲得桃園縣政府獎勵桃園研究的博士論文的頒獎。2005年6月，因為在環保署辦的研討會中，碰到東海大學景觀學系賴明洲主任，到了民國2006年9月，受賴明洲主任之邀，利用我公務人員的休假每兩個星期到東海大學兼課一次。2006年6月賴明洲主任在臺大看病之際，問我要不要擔任專任客座助理教授，我長考了二個月，2006年9月13日，紅衫軍圍城臺北，我向當時綜合計畫處處長陳雄文（後來的勞動部部長）表示，我要辭職。陳處長說，環評科少了一員大將，我笑笑，沒理他，堅持辭掉科員的位置，當年我已經滿四十歲了，從二十五歲當課員，到了四十歲還在當科員，我想也夠了。我也相當厭倦藍綠對抗，第六屆環評委員和環保署長官相互叫罵的場景。在2006年9月17日來到東海大學景觀學系，進行為期二年的專任客座助理教授的教學，這兩年我沒有拿到任何的退休年資。這一段時間，都在進行鳥類調查。桃園埤塘的鳥類調查沒有因為我不待在環保署，或是博士論文已經完成了，我就想想不做了。依我的個性，我會盡量克服困難，一直在進行鳥類調查

之活動。這中間，我待過東海大學二年、中華大學三年半、臺灣師範大學（快要六年了），老師們對我都不錯，我也有很好的研究環境，我的學生都很幫我忙。我在研究中，每年都會想辦法用科技部計畫進行埤塘調查，在這兒，鳥類生物相豐富，中間完成了有關埤塘五篇SCI論文。（2017/11/25）

問：然後承上，最近吳理事長還滿常在版上提起太陽能光電板的議題，也看到不少鳥友是很希望問題被解決的有這種期待在，同時也有看到許多不知道怎麼解決的無奈。這種將近正負反應的比例和問卷結果差不多，其中紅塘埤一直是鳥況不錯的埤塘，也是我們調查的埤塘，今年被填了1/3。我們可以拿這些資料做些什麼嗎？

答：我也非常感慨，紅糖埤是我最喜歡的埤塘之一，2004年我帶著公共電視《我們的島》拍攝埤塘，就是拍攝到紅糖埤的水鳥，鳥況到今天都很棒。桃園有二千個埤塘，竟然，農田水利會拿這一個埤塘來祭旗！不知道是不是無知，還是罔顧桃園市政府鄭文燦市長的想法。這是發電的商業利益衝擊到自然生態的實例。因為，我在營建署或是桃園市政府開會，高階長官都說，埤塘沒有什麼生態。我們的公民教育和環境教育，沒有做到桃園農田水利會的教育，沒有做好桃園市政府和中央政府高階官員的教育，我要好好想一下，如何進行資料披露，也就是說，我們的埤塘的研究和公開正式發表，要加緊腳步，盡快發表，將有關埤塘五篇SCI論文快快揭露。我們需要看一下，這十幾年來的鳥類趨勢變化和棲地變化，才能夠說服政府，桃園埤塘的生態豐富程度。（衛冠竹、方偉達2017/11/25）

(三)資料蒐集

依據我們定義研究問題，進行案例選擇，並且確定數據蒐集和分析的技術，進行現場蒐集數據，評估和分析數據，準備研究報告。由於個案研究研究從許多來源生成了大量的數據，因此數據的系統組織非常重要。依據文件進行系統化的方式貯存數據。研究者需要準備資料庫，以協助對於

數據分類、排序、儲存、檢索，以提供分析。

典型的個案研究，需要建立調查人員現場工作的程序，並且在進入現場之前，進行試點研究，以便發現和糾正有問題的地區，藉以消除明顯的研究障礙和問題。研究者進行調查人員的培訓計畫時，需要涵蓋研究的基本概念、術語、過程，以及方法，並且教導調查人員如何正確應用研究中採用的技術。因此，計畫中需要培訓調查人員了解如何使用多種技術蒐集數據，並且在分析階段提供三角驗證法（triangulation），在研究過程中採用多種且不同形式的方法、資料、觀察者，以及理論依據，以查核與確定資料來源、資料蒐集策略、時間與理論架構等效度關係是否正確。

研究者提出的調查方案，包括調查時間期限、敘述性報告格式、現場說明、文件蒐集準則，以及所使用的現場程序準則。調查人員需要成為一位聽眾，能夠聽到受訪者正在使用的文字。調查人員的資格，還需要提出良好的問題，並提出解釋的答案。

因此，一份好的個案調查報告，除了研究者善於尋找真實的文件，也要詳細閱讀，在其他地方尋求可以解釋的證據。因此，研究者需要在現實生活中保持靈活性，並且不會因為意外發生，造成變更後混亂的研究程序，而導致錯誤的關係詮釋。研究者在訓練調查人員時，需要讓調查人員徹底了解研究的目的，並且掌握問題，對於相反的研究結果，保持開放態度。調查人員還必須意識到許多不確定個案研究，才是真實人類世界的紛至沓來的觀點呈現。

調查人員接受培訓之後，採用每種數據蒐集的方法，進行試點測試之後，研究者藉由基礎資料，需要預測關鍵問題和事件，確定關鍵人物，準備介紹信，制定保密規則，並且積極尋找機會，重新審視和修改研究設計，以解決新的研究問題。因此，隨著研究的進展，重新和研究對象進行面談，以添加修改問題的可能性。

在案例研究中，使用現場筆記和資料庫，對於數據進行分類和引用，以便後續重新詮釋問題。我們依據現場筆記記錄在場的感受，並且憑藉著人類的直覺和預感，提出我們想問的問題，並且記錄正在進行的工作。

調查人員紀錄報告中，可以包括故事和插圖。研究者根據觀察到的現況，重新定義研究問題。因此，在野外調查進行個案描述的筆記，應該和蒐集和存儲的數據分開存放，以供事後分析。因此，個案研究中保持問題和證據之間的關係，是一種強制性的關係。研究者可以將數據輸入到資料庫中，並且儲存數據，並且針對所有證據進行記錄、分類，以及交叉引用，以便在研究過程中進行有效的資料排序和問題檢查。

在個案研究分析中，研究者若沒有蒐集到第一手的田野調查資料，或是用訪談法蒐集原始的口述歷史資料，我們可以運用「次級分析法」（secondary analysis），進行資料正確性的驗證。以臺灣原住民個案研究為例，當參與者採用自己的歷史觀點，建立在氏族從創世以降的口傳氏族集體記憶上，透過時間脈絡中的空間實踐，例如通過移入、定居、移出而產生出意義，以地區景觀作為象徵符號，作為傳承氏族發生重大事件的媒介，最後串連各氏族的集體記憶，以構成更大的集體記憶，這就是臺灣現有的原住民用自己的觀點建構歷史，運用個案研究資料，加以系統性地分析、比較、綜合及彙整（方偉達，2016）。我們依據「次級分析法」（secondary analysis）採集口述歷史，並且進行資料信度的檢核，其步驟如圖6-2。

圖6-2 個案研究之步驟（方偉達，2016）。

資料庫的蒐集和管理

從eBird的APP談起

在進行個案研究時，使用者常常透過臉書（Facebook）分享論文相關的心得。以下是衛冠竹在2018年採用的個案分析：

從康乃爾大學的eBird群組來看，我們知道在大數據時代，如何採用eBird這個APP的使用。這個APP進行了很多符合人性的設計，其實有些東西在編碼的代碼中都會頻繁的出現，只是這個個案採用APP創造了平臺，所以才會有這麼多人願意將自己的資料上傳上去。eBird的APP優點如下：

1. 可以看到自己歷年的成果

APP強化自我的信心。會幫你記錄看過什麼鳥？你還有什麼鳥沒有看過？你在哪個地區看過？你大概都會在哪個縣市看鳥？並且以圖像方式顯示。

2. 可以和別人產生話題連結

APP產生社會關係鍊結，你可以和朋友，甚至全世界的鳥友連結，看看他們看過什麼鳥，有一種競賽遊戲的趣味存在。當然，也可以提醒你哪裡有你想要看的鳥出現了！或是依據地點、鳥種、時間進行查詢。過去在沒有APP，甚至社群網路之前，這些都只能憑著經驗去碰運氣、打電話詢問、揪團出去，現在直接開APP跟電腦互動就有了。

3. 建立超完整圖鑑，而且使用免費

藉由上傳照片、鳥音，除了對上傳者而言，是一種資料備份的整理方式，而且可以採用快速地分享給同儕觀看。對於其他的使用者而言，他們就可以有完整圖鑑可以使用。可以達成鳥功養成，滿足求知慾的發展。

4. 未來發展

結合手機GPS記錄你的賞鳥路線與時間，正在訓練電腦進行圖片辨識，以後可以有圖片查詢功能。或是你可以直接描述鳥的特徵，他可以依據你的條件，列出可能鳥種。這一種方式，聽起來有點像Siri的辨識系統。發展鳥類辨識小測驗，讓鳥人可以測驗自己辨識鳥類的鳥功（衛冠竹，2018～3～21）。

(四)資料分析

個案研究是一種決策，研究者為什麼要進行這些決策，這些決策如何操作、執行，執行這些決策會有什麼結果，都是個案分析在滾動式研究管

理中，所要考慮的要素。我們在資料分析（data analysis）中所採用的策略，是希望研究人員超越原有對於研究的刻版印象，以提高可能研究結果的準確性。因此，典型個案研究故意用多種不同方式，針對數據進行排序，以揭示或創建新的見解，並且故意查詢衝突的數據，進行交叉比對，以確認最後分析的結果。因此，研究人員對於數據進行分類、製表，以及重新組合，以解決研究的最初命題，並針對事實和假說之間，實際差異進行交叉比對。因此，重複訪談在此階段可能是必要的，爲了形成新的理論，以取代舊有的理論，我們需要額外蒐集數據，來驗證關鍵觀察報告，或是檢查實際發生的事實。

南加州大學心理學教授波爾金宏（Donald Polkinghorne, 1936～）認爲，在資料分析時，我們組織數據的目的是爲了要改進研究問題，並將不相關或冗餘資訊（redundant information）和最終分析的資訊切開，產生敘述平滑（narrative smoothing）的研究樣貌，並且回歸問題，以加強研究結果和結論，形成新的理論架構（Polkinghorne, 1995）。在後實證主義（postpositivist）的背景之下，研究者需要學習自我修正（self-corrective），防止先入爲主的詮釋方法（preconceived interpretive schemes）。也就是說，波爾金宏採用了後實證主義方法，已經反省自我設限的規則和邊界的方法論，並且自我挑戰，將假說納入我們的經驗方法。也就是說，研究者不再遵循規範式的方法，以保證結果正確。波爾金宏批評，因爲研究方法難以駕馭實情，只能夠糾正我們的錯誤猜測。這是因爲社會科學屬於一種構思和實踐的科學，必須眞正具有反身性（reflexive）的自我思辨能力。雖然我們發展了一套自我賦權的方法（empowering approaches），但是太多的個案研究經驗，是在缺乏自我反省能力（self-reflexivity）之下完成了，所以，我們在個案分析中，需要更謙虛地採用下列技術，以盡量糾正我們的「錯誤猜測」（Polkinghorne, 1995）：

1. 類別矩陣（matrices of categories）

在分析階段，具體的技術包括將資訊放入數據組，創建類別矩陣

（matrices of categories），形成流程圖，並且列出事件的頻率。研究者採用蒐集到的量化數據，來證實和支持質性研究的數據，這對於理解研究模式的基本原理或理論相當有用。

2. 焦點審查

我們也可以採用焦點審查，當許多位研究人員依據其不同的觀點之間，可以同時進行數據檢查，以強化模式。當有多種觀察結果進行彙合之時，我們對於研究結果的信心倍增。另一方面，相互矛盾的看法，可以讓我們對於衝突的結果更深入地進行探索。

3. 跨案例搜索模式（cross-case search for patterns）

為了避免研究者太早產生結論，我們不一定讓調查人員太早看到數據的分析，可以採用跨案例分析方法，針對所有調查的案例，依據類型劃分數據，徹底檢查這種類型的數據。當來自於我們調查數據類型的模式，被來自另外一個數據類型的證據證實，這一種結果會強化我們的研究信心。但是，當證據來源發生衝突時，需要針對差異進行更深入的研究，以確定衝突的起源。在所有可能的情形之下，研究者需要公平看待證據以產生分析結論，回答最初的研究問題。

(五)準備報告

個案研究需要將複雜的問題，轉化為可以理解的方式報告數據，使讀者能夠針對研究進行理解。個案研究以公開的方式呈現數據，並引導讀者將經驗應用在現實生活中。因此，研究者依據足夠的證據，讓讀者獲得所有資訊，並且關切相互矛盾的命題。編寫報告的技巧，可以將每一個個案進行單獨的章節處理，或是將個案依據時間順序進行描述。研究者將案例研究報告視為描述故事，並且將草稿提供給審查者進行初稿的評論。研究者根據評論重新撰寫，並且進行修改。在專題報告撰寫的方式中，可以參考下列的方式：

1. 專題組織（thematic organization）

專題組織針對於理解敘述中的重大事件，以及這些事件對於建構敘事的個人的影響。這一種方法運用評估模型將數據，產生起承轉合的架構，

首先進行摘要撰寫、目標方向（orientation）、事件細節（complication）、評估、結果，以及最終完成的敘述。以上所述敘述的元素，可能不是以固定順序所建構，也有可能依據多個或重複出現的元素，存在於單獨的敘述之中。

2. 時間序列組織（chronological organization）

波爾金宏認為，應用社會學方法描述個案，側重於敘事建構的環境。這種方法關注於創作敘述的背景、敘述者與敘述者之間的關係、歷史連續性（historical continuity），以及事件的時間順序組織。敘事資料建構了開始、中間和結束的故事。波爾金宏區分了敘事分析和敘述分析，他認為敘事分析利用敘事推理（narrative reasoning），以敘事形式塑造資訊，並且深入分析各段敘述；而敘述分析採用範式推理（paradigmatic reasoning）和分析，通過觀察數據，對事件的真實性，進行檢驗、證實，以及糾正範式。

3. 功能組織（functional organization）

功能性方法著重於敘述分析是為了不同的個人，進行服務。這種方法的敘述為個人建構和理解現實，以及創造分享意義的方式。敘事分析的重點集中在描述工作，特別是將隨機和混亂事件（random and chaotic events）重新塑造成連貫的敘述，讓整體事件賦予意義。這種功能性方法的形式的分析，在於個人講述故事時，對於敘述中相關事件的詮釋。

4. 結構組織

結構組織側重於講者表達敘述的方式，特別強調講者及聽眾之間的相互作用。在結構組織中，講者使用的語言，語音中的停頓（pauses），話語標記（discourse markers），以及言語結構方面的紀錄是重點。在這種結構方法中，敘述被分成節（stanzas），每節都由研究者進行詮釋和分析，並且也和敘述相連的部分進行處理。

臺灣城鄉環境資源管理的個案分析

　　在2009年，本書作者和曾正茂博士以臺灣城鄉環境資源管理之研究為題，在《城市規劃與發展》期刊（*Journal of Urban Planning and Development*, SSCI, 2015 impact factor (IF) = 2.246）發表了《臺灣地區資源管理環境績效評估個案研究》（*Case Study of Environmental Performance Assessment for Regional Resource Management in Taiwan*）。在投稿過程當中，這一本期刊的主編美國馬里蘭大學土木學系教授張金琳（Gang-Len Chang）認為，我們是採用案例說明的方式進行評估，希望我們改用個案研究（case study）來作為本篇文章的題目，於是我們在原有題目前面，加上了個案研究（case study）的字眼，期刊論文內容包含了許多嵌入式分析單元（embedded unit of analysis）。其中很多分析資料，是我和曾正茂博士在行政院環境保護署工作之餘，以環保署補助的自行研究項目經費，並且透過評比，得來的重要臺灣各縣市環境資訊的績效表現評估（Tseng, Fang*, Chen, and Loh, 2009）。

　　當初我們設想進行縣市評比，是由於臺灣各縣市的自然資源、地理環境、人口結構、工商農林漁牧、經濟社會的發展各有特色，同時在「環境資源」開發、利用、保育，以及損害程度各有不同。因此，我們採用問卷調查方式，訪問各縣市相關執法者、環保團體、資源回收處理業者，以及相關學者專家（表6-2）。以個案分析中的「環境資源」類別為主軸，依據下列的環境保護指標，依據為：1.土地開發利用；2.國家公園管理；3.污水下水道設置；4.廢棄物處理與回收利用；5.水資源管理與利用；6.推展永續產業；7.綠色材料產品研發；8.砂石開發與礦渣回收利用；9.生態保育；10.農業永續經營；11.自然景觀保護；12.廚餘回收利用；13.工程廢棄土處理；14.風景特定區管理；15.文化古蹟保存；16.海岸、海域資源之保護與利用；17.核能、電磁波控管等類目，調查時間自2002年7月至9月，進行環境資源優弱勢評價之調查研究對象表調查，探討各項環境資源管理評價較好的城鄉，以及比較不好的城鄉進行評估。

表6-2　臺灣城鄉環境資源管理

訪問對象	訪問份數	訪問方式	訪問地區	備註
學者專家	10*2階段	德爾菲法	全省	全省10名
廢棄物清理業者	115	郵寄問卷	各縣市	每縣市5單位
環保團體	115	郵寄問卷	各縣市	每縣市5單位
執行單位	184	面訪	各縣市	每縣市7人
總計	434			

　　在研究結果中，經過問卷回收，回收成功率分別為：學者專家100%，廢棄物清理業者17%，環保團體20%，地方政府執法單位59%，總回收成功率為28.1%。經過統計方法信度及效度（reliability and validity）驗證，檢驗本研究問卷之可信與準確的程度。在基本敘述統計量，以次數分析及交叉分析統計為主，對主題所得的調查結果進行統計，以簡化龐大且零散的資料，並且輔以敘述統計，我們發現下列情形：

1. 「都會型城市」環境資源優弱勢比較
   (1)優勢項目：「廢棄物處理與回收利用」、「水資源管理與利用」、「文化古蹟保存」。
   (2)弱勢項目：「污水下水道設置」、「推展永續產業」、「廚餘回收利用」。
2. 「城鄉型縣市」環境資源優弱勢比較
   (1)優勢項目：「農業永續經營」、「自然景觀保護」、「文化古蹟保存」。
   (2)弱勢項目：「污水下水道設置」、「砂石開發與礦渣回收利用」、「廚餘回收利用」、「工程廢棄土處理」。
3. 「鄉村型縣市」環境資源優弱勢比較
   (1)優勢項目：「廢棄物處理與回收利用」、「自然景觀保護」、「風景特定區管理」。
   (2)弱勢項目：「污水下水道設置」、「綠色材料產品研發」、「廚餘回收利用」。

研究發現臺灣近年整體環境條件有長足的進步，係因政府注重環境保護，但是研究發現該環境條件以資源回收數據為依歸，缺乏整體性思考，建議需要朝向整體性環境景觀生態發展，以解決目前城鄉發展的整體問題。經過臺灣縣市政府和全體民眾十五年來的努力之後，平均每人每日垃圾清運量，已經從2002年每人每天垃圾量為0.97公斤，降為2017年的0.38公斤。根據內政部營建署的統計，污水下水道設置普及率從2002年10%，提升為2017年30%。此外，根據行政院環境保護署統計2017年全臺灣廚餘回收率為7.61%，其中熟廚餘是養豬廚餘，具備商機，一桶可以標售到新臺幣二百多元；但是，生廚餘是堆肥廚餘，經過固液分離之後，液體污水送到污水處理廠，殘渣送到堆肥場當作是有機堆肥處理，需要加速提升。根據以上個案，我們參考歷史時間趨勢，並且預估情境的良窳，確認發展指標，界定部門、空間範圍、主要聯繫管道，以及外部驅動因素，界定部門變數，檢查在現實環境中的成果，建立個案分析的流程圖，如圖6-3。

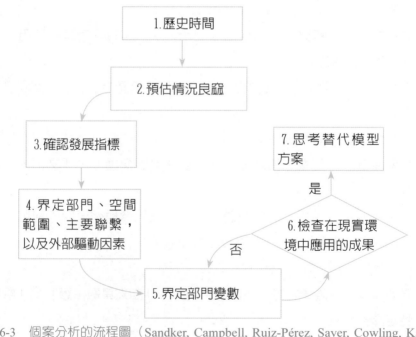

圖6-3　個案分析的流程圖（Sandker, Campbell, Ruiz-Pérez, Sayer, Cowling, Kassa, and Knight, 2010）。

三、個案研究的主客體關係

如果我們說個案研究源起於調查研究，而且是西方「法學」、「管理學」、「教育學」、「心理學」形成學術領域的研究方法。個案研究是以經驗為主的調查研究方法，最重要的是要研究社會現象，而這一種社會現象，非常難以從社會脈絡（context）中獨立展現出來。因為我們在進行個案研究的時候，進入到調查實體，我們需要同時了解當代所處的社會脈絡，然後進行關心當時的社會現象，從個案中，體驗出當時的社會結構、功能、時間序列的關係，甚至依據專題進行鋪陳，以能夠讓大家如臨會場、親身體驗這一個個案。所以我們說，個案研究需要深入到現場，體驗到當時的社會現象與真實生活。所以我們說，個案研究經常使用的場合，是在現象與社會脈絡不容易區分的情況開始展開。

因此，個案研究可能起源於問卷調查法，但是不能夠終止於問卷調查。因為調查研究雖然也是研究現象與社會脈絡，但是因為問卷調查法的精確程度，取決於量化分析的問卷完成率、回收率等調查信度，以及問卷內容的調查效度。但是，個案研究需要探討個案在特定情境脈絡下的人類生活的特質，希望從旁敲側擊中，了解其中社會脈絡和情境交替之間的複雜性。所以，依據國立臺北教育大學課程與教學傳播科技研究所教授林佩璇的觀點來看，一位進入個案場域的研究者的興趣，通常希望通盤了解研究過程而非僅止於研究結果，因此會著重於整體觀點的描述，深入了解現象或事件的情境脈絡，而不僅止於關心特殊的變項（林佩璇，2000）。所以，個案研究是一種研究策略，當我們選擇個案之後，可以採用本書刊載的各種方法，例如：觀察、訪談、調查、實驗、歷史分析等，以了解個案的來龍去脈。

在個案研究中，田野調查中，參與觀察和非參與觀察其中的個案，都是透過訪談，進行研究。依據「參與程度的不同」與「觀察角色」之不同，可分為圖6-4的四種模式（Gold, 1969；Fraenkel and Wallen, 1993；方偉達，2016）：

(一)完全參與者（complete participant）

　　研究者如果直接進入到想要了解個案研究對象的組織、社群中一起工作、共同生活，則爲一種「參與式觀察法」（participant observation）的個案研究。所謂的完全參與者（complete participant），是指研究者在當地進行研究之後，化身爲個案中成員之一，完全融入對方的生活，身分一如其他的人，而對方完全不知道研究者的身分爲何，研究者自然地與對方互動，成功地扮演參與研究的角色，則稱爲「隱形參與觀察」（unintrusive participant observation）。然而，這樣的身分卻違反研究倫理，同時也影響科學之客觀性。

(二)觀察式參與者（observer-as-participant）

　　研究者在當地完全參與社會活動，但必須向被研究的個人、團體及社區表明身分。如果被觀察個案中的成員，知道研究者的存在，是爲「第三者參與觀察」。然而，這樣的觀察，有可能沒有辦法呈現個案的原貌。

(三)參與式觀察者（participant-as-observer）

　　觀察者表明自己的身分，而不需要任何的藉口，可以完全參與研究對象的社會活動。例如：以記者的身分參與觀察及採訪。

(四)完全觀察者（complete observer）

　　不參與個案發生的過程，僅止於進行觀察。被觀察的個人、團體及社區較不容易受到影響。但是，在觀察的過程之中，比較不能夠體會到研究個人、團體及社區最原始的風貌，所看到的現象屬於較爲浮光掠影的片面印象。

圖6-4　田野調查研究者分類圖（Gold, 1969；Fraenkel and Wallen, 1993；方偉達，2016）。

第三節 質性的個案研究

我們採用個案研究的理由，主要為了讓研究者不會控制整個事件的發生，想要深入了解事件發生當下的過程（how）與原因（why）。如果在研究中，對於研究者產生了啟示性（revelatory），希望研究者進行更深入的報導，將結果提供整體性、深刻描述，以及即時現象的詮釋。在個案分析中，同時重視生活情境中，現象發現的意義（Merriam, 1988）。

美國社會科學家坎貝爾（Donald Campbell, 1916～1996）採用了「演化認識論」（evolutionary epistemology）一詞，闡釋人類依據累積個案的理解，產生了大師級專業研究者的選擇理論，他們通過一輩子的個案分析的累積經驗，了解真實的人生。坎貝爾採用了波普爾（Karl Popper, 1902～1994）的科學哲學，將新理論的發展，視為在個案中提出猜測（conjectures），並且經過盲目變異（blind variation）的演化過程，然後依據證誤法進行理論駁斥（refutation）。

一般來說，我們認為理論是科學的最終目的，科學的基礎，都是由理論衍生而來的。所謂的理論是一組有條理的命題，這些命題與行為或結構有關，而且在相當廣泛的範圍之內，都應該適用，但是理論並不是放諸四海皆準的。坎貝爾認為，在社會科學中不要一概推翻原有的理論和假說，而是選擇性消除那些不符合經驗性假設的推測。坎貝爾補充說，盲目變異（blind variation）和選擇性消除／保留（selective elimination/retention）具有相同的邏輯概念，是所有知識產生過程的基礎，這也是個案研究的理論基礎來源（Campbell, 1987）。因此，如果在個案研究中，碰到了異例（anomalies），依據盲目變異和選擇保留機制，我們解釋了人類研究中的個案差異，但也解釋了在面對個案研究中的不同的變異結果，我們在知識上的詮釋演變。

知識的累積過程，會產生典範轉移。孔恩（Thomas Kuhn, 1922～1996）在《科學革命的結構》（*The Structure of Scientific Revolution*）中

提出「典範轉移」理論，針對科學革命的觀點進行結論：「沒有大量徹底執行的個案研究的學科，是一種沒有系統生成範例的學科；因此，沒有範例的學科終究是無效的。」這是一種自然科學的觀點（Kuhn, 1962）；但是，美國管理學者柯維（Stephen Covey, 1932～2012）在《與成功有約：高效能人士的七個習慣》中也運用了「典範轉移」，卻詮釋了完全不同的社會學科的意義（Covey, 1989/2013）。

我們比較孔恩和柯維的觀念，差異相當明顯，那是因為自然科學和社會科學本身存在的差異論點，如表6-3。在自然科學的定義中，「典範轉移」需要的條件相當嚴格，其緣由是因為許多科學家發現的異例沒有辦法解決，所以科學社群轉換了對於世界的認識觀，結束了常態科學中的理論。但是，社會科學界運用個人的經驗類比「典範」的概念。我們可以說，個案研究尊重個人的經驗詮釋，我們觀察個人的概念改變，藉由改變才能面對殘酷世界的種種問題，也就是說，我們藉由解釋，改變了我們對於世界觀察的信念、價值觀，以及對於道德實踐的時代推論。

表6-3　自然科學和社會科學的典範差異

典範轉移	緣由／結果	科學觀
孔恩（Thomas Kuhn, 1922～1996）	來自難解的異例（anomalies）；產生自然科學的危機。	自然科學觀：描述科學社群的共同研究思惟。
柯維（Stephen Covey, 1932～2012）	來自對事件的衝突看法，產生社會科學的磨合。	社會科學觀：解釋成對現象的看法，許多觀察像是觀看外在世界的鏡片，像是霧裡看花。

英國牛津大學商學院教授傅萊布葛（Bent Flyvbjerg）針對研究者對於個案研究的嚴苛批評，沉痛地指出由於研究者對於個案研究的偏見，常見學者對於個案研究有些誤解，包含了以下五種對於個案研究的批判（Flyvbjerg, 2006）：(a)理論知識（theoretical knowledge）比實踐知識（practical knowledge）更有價值；(b)個案研究無法產生共通解釋

的論點，因此單一個案研究不能協助科學發展；(c)個案研究對於產生假設非常有用，但是太過主觀，而其他方法更適合假設檢驗（hypotheses testing）和理論建構（theory building）；(d)個案研究包含對於查核驗證（verification）的偏見；(e)個案研究中，總結具體個案研究的結果，往往非常困難。以上所說這五種誤解，主要是個案研究是否可以產生理論？是否具備研究信度？是否具備研究效度？換句話說，基於社會科學方法的個案研究，在人類學習（human learning）的地位如何呢？

　　傅萊布葛的專長是經濟地理，主要研究的內容是計畫管理學。他曾經蒐集個案，認為大型計畫和贊助廠商之間的競標關係，會對政府產生競標之間的組織政治壓力，導致政府對於大型計畫項目高估了收益；但是，低估了大型計畫項目的成本，形成了「政府不食人間煙火」的傲慢，這是他得到的結果分析。依據這些問題，傅萊布葛依據孔恩、坎貝爾等人的創見，逐一解釋和糾正對於個案研究的種種誤解，駁斥知識建構，不在於僅止於看懂上下文關係的知識（context-dependent knowledge）的研究假象。

　　傅萊布葛曾經在哈佛大學商學院學習個案研究，他認為一位研究者的養成過程之中，初階的研究者會針對研究規則的合理性津津樂道，而且緊抓教科書的算式和規則不放，拘泥於各行各業的研究規則，認為一切學說和理論的基礎，都需要有量化方法的信度、效度為根本依歸；但是，我們觀察專家級的人類學習，這些現象研究（phenomenological studies）展現大師級的風範，他們才是真正具備了理解真實社會的學習過程。為什麼這些大師級的專家能夠進行自我學習呢？主要是因為他們閱讀過許多個案，從個案中吸收了許多默會知識。大師級的專業研究者虛懷若谷，知道人類行為不能簡化為制式的規則，他們透過人生的歷練，不斷歷經現實考驗的淬礪，而得到人生智慧的啟發。

　　傅萊布葛認為我們執行更多的個案研究，可能會強化社會科學的有效性（Flyvbjerg, 2006）。因此，個案研究除了執行量化分析的信度和效度之外，也特別重視質性分析的敘事探究、話語分析，形成了社會的探究（social inquiry）（Ragin and Becker, 1992）。以下我們說明個案研究法

的探究方式：

一、敘事探究（narrative inquiry）

目前個案研究的敘事探究（narrative inquiry）又稱爲敘事分析（narrative analysis），是在20世紀初更廣泛的質性研究（qualitative research）領域內的一種研究方法。敘事探究在個案分析中，採用諸如故事（stories）、自傳（autobiography）、期刊文獻（journals）、現場筆記（field notes）、信件（letters）、對話（conversations）、訪談（interviews）、家庭故事（family stories）、照片（photos）、文物（artifacts），以及生活經歷（life experience）等實地文本，當作分析的單元，用來進行研究和理解人類創造生活的敘事方式，意味著他們的生活就像敘事一樣。

個案分析中的敘事研究，已經成爲社會學和教育研究等領域的分析工具。尤其在認知科學（cognitive science）、管理科學、組織研究（organizational studies）、知識理論（knowledge theory）的問題探究中。由於知識管理領域共享資訊。因此，敘事探究關注的不僅僅是數據的蒐集和處理，而是在組織人類知識（human knowledge）方法論的研究發展。這也意味著即使僅有個人知道知識本身的內涵，也被認爲是具有研究價值，值得研究者持續關注。也就是說，因爲量化研究都是在特定時間和特定地點取得資料，無法進行更爲細緻的資訊處理。基於量化方法和工具的限制，我們無法巨細靡遺蒐取人類本身產出大量的零散軼聞材料（fragmented anecdotal material），需要更爲寬廣地看待我們的研究內容蒐集方法。

哲學家克拉克（Andy Clark, 1957～）推測，因爲心智處理敘事是一種二手資訊（second-hand information）。這一種二手資訊的分析，和第一手感知（first-hand perception）的記憶方式，在認知上難以進行區分。那麼，橫跨心智和感知的敘事方法，就成爲傳播知識的有效方法。

敘事探究是傳遞或共享知識的有力工具，這一種方法和記憶、建

構記憶（constructed memory），以及感知記憶（perceived memory）等認知問題密切相關。布魯納（Jerome Bruner, 1915～2016）在1990年出版的《意義行爲》（*Acts of Meaning*）一書中討論了這個問題，他將敘事探究視爲旨在「言外之意」（illocutionary intentions）的「非中性修辭性敘述」（non-neutral rhetorical account），或者意圖交流的意願（Bruner, 1990）。這種技術我們稱爲是敘事，布魯納的方法將敘述放在時間之上，以假設時間的經驗（assume an experience of time）進行敘說，而不是僅僅參考歷史時間而已。這種敘述方式捕捉了所描述時刻的情緒（emotion），讓事件產生的方式相當活躍，而不是死氣沉沉地被歷史定格記錄而已，我們強化了人的活動力，並且注入了想要傳達的潛在意義（latent meaning）和價值。因此，敘事探究（narrative inquiry）的宗旨是強調敘說故事（narrative storytelling），以及記憶和時間概念（memory and notions of time），研究者既是要發現過去的時間，也是以現在重新生活的時間進行起算。也就是說，我們採用敘述方法，要接受以上的觀點，知識可以保存，同時也可以被傳遞、儲存，以及在故事中進行檢索。

敘事探究（narrative inquiry）的記錄方式

敘事探究（narrative inquiry）的記錄方式共有三種，包括了過程式記錄、摘要式記錄，以及問題取向記錄。

1. 過程式記錄（process recording）

敘述者與記錄者之間進行雙向溝通之互動過程，並將敘述者經歷事件期間所發生的事全部記載下來。經由研究倫理之考量，需要徵求敘述者同意及保密原則。以上的過程式記錄，可以清楚反映事實目標。記錄方法可以分爲：

(1)錄影記錄

(2)錄音記錄

(3)文字記錄

以上掌握的紀錄，由錄影和錄音，掌握了真實的情境意義。但是，我們擔心會有遺漏，因為採用逐字稿的實錄方式，經過謄錄需要時間，等到報告完成，距離訪談的時間太久，還是會產生記憶遺忘或是內容曲解的問題。因此，過程式記錄要展開研究者的自我對話和分析。如此才能在面對龐雜的資料時，設法找到資料之間的意義、分類和詮釋，以方便研究報告的撰寫（Merriam, 1988）。

2. 摘要式記錄（summary recording）

記錄者將發生的事，採用最簡單的文字進行扼要的敘述，通常可先依據重點進行分類，再分段摘要記錄。內容包括了問題陳述（problems statement）問題陳述、規劃（plan），以及評估（assessment）。內容涵蓋敘述者對於問題的看法和期待，即主觀的問題陳述，以及其他相關敘述者對於問題事實客觀的陳述。

3. 問題取向記錄（problem-oriented recording）

記錄者進行狀況記錄，依據問題的來源進行釐清真相事實。問題依據客觀形式和主觀形式進行說明：

(1)主觀報告：敘述者的自我陳述報告。

(2)客觀報告：現有歷史資料（事實）、問題評估（問題本質的敘述），以及計畫（處理問題的規劃內容）。

二、質性分析

質性的個案研究方法，為研究者提供了在環境中研究複雜現象的工具。當我們正確應用方法，這種方法將成為社會科學研究發展的理論，理論架構的角色就像是一張研究的藍圖（Yin, 1994）。個案研究方法與扎根理論（第八章）和民族誌（第九章）不同，在個案研究中理論扮演的角色很重要。忽略研究理論所扮演的角色，將造成個案研究失去焦點。理論的發展應先於資料的蒐集，研究者應在個案研究設計時，釐清所運用的理

論架構爲何。因此，如何確定研究設計，成爲實施質性研究計畫的關鍵要素。首先我們應該撰寫研究問題，擬定命題（propositions）包括需要擬定待答的問題，這些待答問題需要含括在研究問題的範疇之內，可以清楚地指出研究的方向與目的。

因此，需要藉由分析途徑，了解：「研究的問題是什麼？」

我們要採用個案研究（case studies）歸納理論的過程，從指定研究問題到結束過程，我們採用問題定義和結構驗證。首先，我們採用路線圖（roadmap），進行研究構念的先驗規範（priori specification），研究者先要找到不需要經驗，或是先於經驗獲得的構想。在研究問題的界定上，我們需要以議題（issue）來取代片段的資訊問題（information questions），以彰顯出質性研究脈絡的複雜性，並且形成一種構念，來引導個案研究。

此外，我們需要確定研究中的個案，選定案例之後，討論數據來源，並且進行三角驗證法（triangulation），以確實建構理論，藉由觀察、記錄事實等蒐集資料的方式，並且提出問題，嘗試分析數據，在提出解決方案之後，透過決策之建立，以解決問題。

因此，基於以上的規範原則，我們在研究中，要應用「立場理論」（positioning theory），也就是在研究對象中，每位權利關係人（rightsholder）都有平等的權利和義務。我們在特定的時刻和特定的人們進行特定有意義的研究行動。因此，在許多有趣的案例之中，我們必須審慎決定誰有權利，誰有義務，可以決定和誰採用某種特定的話語模式（discourse mode）。因此，我們通過了立場理論，理解我們如何建構社會的現實，我們可以更有意識地建構及達成我們所宣揚的研究目標，也就是剛開始通過人與人之間的分析，後來我們的分析單位不再僅止於研究單獨的個體，也可能是一個有明確界限與範圍的團體或是單個計畫或是多個計畫；最後衍生到民族和國家之間相互作用的個案分析。

本計畫所進行的研究，需要回答以上的問題，這些問題反映了個案研究的目標。研究者通過蒐集和整理數據，得到回答上述問題的證據，並且

最後爲個案研究撰寫結論。因此，我們通過前人文獻進行研究，依據審查過的資料，提煉出更有意義和更具洞察力的問題。但是，因爲個案分析的樣本不多，甚至只有單一樣本，所以更加強調細節，包括下列的分析，都要求詳加記載：

㈠對象個案選擇的原因

背景描述與重點記錄，包含了人、事、時、地、物。需要清晰地描述所關心的事項和影響因素，並且隨時記下資料與目標之間的關聯性。

㈡研究者的主張是什麼？

研究者的主張引導研究進行的線索。這些線索包含了來自現存的理論或是研究假設。無論是建立新的理論，還是針對現存的理論進行檢驗，研究者進行個案研究，上述的主張都是不可或缺的。

㈢分析單位

分析單位可以是個人、事件，或是一種實體。例如：非正式組織、企業、班級、社區、團體、民族和國家等。有時候，可以記錄主要的分析單位和嵌入的分析單位，所以，在此我們需要進行最基本的問題定義，也就是要定義一個「個案」。這個個案可能是一個個人，或是一些較難清楚定義的事件（例如：某項計畫）。

㈣分析的單元

分析的單元可以是國家的經濟、市場產業、政策、文化、教育、資訊、傳播流動等。

㈤同儕討論

透過話語分析（discourse analysis），與同儕討論一下可能的個案，需要嘗試解釋所應該需要回答的問題，以及爲什麼要選用這個個案來回答問題。我們採用了多位調查者驗證的三角檢驗法（triangulation of multiple investigators）。

㈥比較研究發現

從個案研究中，我們想要衍生研究結果到更廣闊的範圍（larger context）。因此，通過個案內部構念的建立，我們可以探討跨案例分析

人文社科研究方法

（cross-case analyses）。研究中採用嵌入式設計（embedded design），也就是多層次的分析（multiple levels of analysis），以理解資料連結，並且解釋研究發現（Yin, 1994）：

1. 連結資料及命題的邏輯：爲了要將資料與理論假設進行聯繫，我們在設計研究階段時，就必須針對理論主張，進行明確的表述。因此，在個案研究的研究方法中，這些元素呈現出分析資料的步驟，而且研究設計要奠定其基礎：

   ⑴類型比對（Pattern-matching）：將兩種可能的類型，當作是對立命題，如果符合了命題，則能加強研究的內部效度。我們採用類型比對的技術，是連結資料及命題的方法，即使是整個研究只包含單一個案，也可以採用類型比對。

   ⑵建立解釋（Explanation-building）：如果我們特殊的配對模式，程序上比較困難，可以藉用個案本身所建立的解釋來分析資料，建立解釋的目的不是爲了進行結論，而是爲了更進一步地深入研究。

   ⑶時間序列類型（Time-series pattern）：將個案發生的時間列出其中在時間序列中的差異，這些差異由於時代的變遷，產生了其中的改變力量。因此，延長參與觀察的時間，建立信任程度，盡量減少因爲研究者或研究對象，所造成記憶上的誤報，或是記錄中失眞的描述。

   ⑷計畫邏輯模式（Program logic models）：計畫邏輯模式是結合配對模式與時間序列模型進行分析，主要是探討因果關係的配對。

   ⑸分析嵌入式單位（Analyzing embedded units）：當個案分析中容納了次級單位時，我們可以先從次級單位開始分析，但是最後分析的重點，還是原來的主要個案。

   當我們進行推論時，一定要有充分的證據產生結論，決定研究結果是否具有普遍性與推論性，以形成共同決議事項，並且要將結論記錄公開。

2. 解釋研究發現的準則

對於最後分析的結果，研究者針對研究的命題提出解釋，來回應原有的理論命題。研究發現的準則即為從研究得到的結論，或是提問的答案。如果結論或答案和初始的問題不相符合，我們必須重新檢視整個研究的過程中，是否在命題中有瑕疵。在此，我們所提的理論，是由一系列相互關聯命題（proposition）所組成的組織概念，而這些命題則和社會的運作有關。所以理論是一組相互關聯的構念（construct）、定義，以及命題（proposition）所組成，展現出對於這個社會現象的系統觀。這一種系統觀表現了變數之間的基本關係，而其目的則用來解釋和預測社會現象。

(七)討論內部效度

效度（Validity）指的是測量的工具，能夠精確地反映所要測量的概念，也就是：「我們想要測量目標的是什麼？」

內部效度（internal validity）用於解釋性或因果性個案研究，但是難以運用在描述性和探索性研究。我們從世界紛至沓來的假象中找出因果關係的聯繫和鏈結，說明某一特定的條件，將會引起特定的結果。通過邏輯敘述，以及不斷的驗證和審核，我們可以清楚地了解研究發現的因果關係是否正確，或是有其他因素會造成內部影響這些陳述的實在性？因此，在質性分析上面，撰寫文稿之後，我們在內部效度的澄清方法上，採取下列的策略進行分析（Merriam, 1988；Stake, 1995；Creswell, 1998；方偉達，2017）：

1. 三角檢驗法（Triangulation）

三角檢驗法指的是在個案研究過程中，採用多種且不同形式的方法、資料、觀察者，以及理論，以進行查核確認資料來源、資料蒐集策略、時間與理論架構等內部效度是否覈實。鄧金（Norman Denzin, 1941～）認為，研究者可將初步的分析結果或報告大綱和其他研究者討論，以便獲得資料校正，也可拿這些資料與參與者（participants）溝通，詢問「為什麼」等問題，以便核對解釋。當我們問一位專家的時候，這個答案就會相當主觀，但是如果我們問十位專家的時候，我們會得到相對客觀的答案。

所以，我們要採用多元的蒐集資料方式，包括不同的資料來源（報章、官方文件、會議紀錄），訪談不同的利害關係人，並且採用各種不同資料的蒐集方法（例如：訪談法、觀察法、非正式討論、網路問卷法）。提出的三角驗證法（triangulation protocol），他指出應用資訊的三角驗證，可以了解發展個案研究時的資料較為單薄的悲慘處境。所以，針對爭議性的描述，研究者應進一步進行三角檢驗法的確認。當主張看法和關鍵性詮釋出現時，研究就需要再進行確認。所以，簡單來說，確定了四種基本類型的三角驗證法（Denzin, 1978; 2006）（詳如P.302-P.303）：

(1)方法三角驗證法（Methods Triangulation）：涉及採用多種方法來蒐集數據，例如：訪談、觀察、問卷調查，以及文件史料。

(2)分析者三角驗證（Analyst Triangulation）：涉及多名研究人員，包含了觀察者、分析者，或是評分者的調查結果驗證。

(3)理論三角驗證法（Theory/perspective Triangulation）：涉及採用多種理論方案來解釋現象。

(4)資料來源三角驗證法（Triangulation of Sources）：包含了數據三角驗證，這些涉及時間、空間和人員的數據。

2. 對象的檢核（Member checking）

在研究對象的檢核中，我們也是採用廣義的三角檢核法，這是一種有關於對象的三角檢核，說明如下：

(1)參與者的檢核（Participants checking）：我們在進行研究對象的訪談和觀察之後，研究者可以邀請參與者共同討論文稿筆記，最後的研究報告也應該請接受訪談的參與者提供回饋意見，以確認個案研究中人類的經驗是否正確無誤。在內容中，我們最後採用記憶回溯的方式，以強化人類正確判斷的詮釋程度（Creswell, 1998）。

(2)同儕的檢核（Peers checking）：在論文撰寫初稿期間，我們要強化個案研究的價值，需要透過具有經驗的定性研究者，例如是研究者的關鍵朋友（critical friends），進行至少三位專家學者定期的一對一會議（one-on-one meetings），以最終對話形式形成了研究中的質

性探討（Yazan, 2015:136）。在進行論文期刊的審查之時，期刊主編邀請三位以上的審查者，進行審查，在質性研究中，針對研究過程、研究資料、研究結果、詮釋，以及結論，評論研究內容的正確性。

(3)究者自我檢核（Researchers-self checking）：為了避免研究者的自我偏見，需要澄清研究者剛開始的假設是否需要釐清。此外，研究者是否有主觀的自我偏見，先入為主的偏執，或是褊狹的世界觀和理論導向錯誤的詮釋？因此，研究者要多思考，多吸收外來的新知，以自我剖析，讓讀者了解研究者的自身觀點，是否在研究中，造成了偏見。

小結

我們在日常生活中，每天都會歷經個案研究的過程。在人類主觀意識中，個案研究是指一個或是數個案例分析的成果。我們透過資料分析、結構探索，以及歷史事件調查彙整的方式，進行事件還原、發掘、了解、說明、衡量、分析及詮釋（方偉達，2016）。在個案研究中，我們需要進行鳥瞰式、全貌式及整合式的探索，融合文獻回顧、田野調查，以及訪談法的方式，在進入田野之前，先進行書面報告、政府公文、Powerpoint簡報、EXCEL等檔案之分析，以建構更為完整的研究架構。我們了解到針對理論，需要採用個案分析，進行理論的驗證。最後驗證的結果，展現社會現象的系統觀點，我們希望運用這些觀點，來解釋和預測社會現象，也印證一下原有的理論，和這個個案在驗證理論的過程當中，是否相符；或是有衝突的情形。

關鍵字詞

異常心理學（abnormal psychology）　　分析數據（analyzing data）

分析嵌入式單位（analyzing embedded units）	異例（anomalies）
盲目變異（blind variation）	個案研究（case study）
個案調查（case surveys）	時間序列組織（chronological organization）
聯盟角落（coalition corner）	承諾（commitments）
競爭性敘述（competing narratives）	事件細節（complication）
建構意義（construct meaning）	建構記憶（constructed memory）
暫時現象（contemporary phenomenon）	上下文關係的知識（context-dependent knowledge）
背景條件（contextual conditions）	語境（contextualization）
對比案例（contrasting cases）	對比分析（contrastive analysis）
跨案例分析（cross-case analyses）	跨案例搜索模式（cross-case search for patterns）
網絡研討會（cyber-seminar）	資料分析（data analysis）
資料管理（data management）	刻意練習（deliberate practice）
設計個案研究（designing case study）	對話（dialogue）
話語分析（discourse analysis）	話語標記（discourse markers）
話語模式（discourse mode）	嵌入式分析單元（embedded unit of analysis）
經驗主義的探究（empirical inquiry）	自我賦權的方法（empowering approaches）
認知投入（epistemic commitments）	認識狀態（epistemic status）
認識論投入（epistemological commitments）	演化認識論（evolutionary epistemology）

探索性工具（exploratory tool）	功能組織（functional organization）
蒐集數據（gathering data）	歷史連續性（historical continuity）
假設檢驗研究（hypothesis-testing research）	言外之意（illocutionary intentions）
即興創作（improvisation）	歸納推理（inductive reasoning）
資訊管理（information management）	內部效度（internal validity）
知識經濟（knowledge economics）	知識管理（knowledge management）
知識產出（knowledge products）	知識轉移（knowledge transfer）
潛在意義（latent meaning）	類別矩陣（matrices of categories）
對象的檢核（member checking）	敘事分析（narrative analysis）
敘事探究（narrative inquiry）	敘述平滑（narrative smoothing）
規範（norms）	一對一會議（one-on-one meetings）
目標方向（orientation）	範式推理（paradigmatic reasoning）
參與者的檢核（participants checking）	類型比對（pattern-matching）
同儕的檢核（peers checking）	立場理論（positioning theory）
後實證主義（postpositivist）	先入為主的詮釋方法（preconceived interpretive schemes）
先驗規範（priori specification）	問題導向學習（problem-based learning, PBL）
問題取向記錄（problem-oriented recording）	計畫邏輯模式（program logic models）
問題陳述（problems statement）	命題（propositions）
問題導向（question driven）	概念（rationale）
冗餘資訊（redundant information）	反身性（reflexive）
信度（reliability）	重複觀察（repeated observations）

複製邏輯（replication logic）

研究取徑（research approach）

從研究到現實（Research to Reality, R2R）

研究者自我檢核（researchers-self checking）

權利關係人（rights-holder）

二手資訊（second-hand information）

次級分析法（secondary analysis）

自我修正（self-corrective）

自我解釋（self-explanation）

情境分析（situational analysis）

社會戲劇（social dramas）

社會的探究（social inquiry）

社會情境（social situations）

摘要式記錄（summary recording）

研究迷宮理論（The Research Labyrinth Theory）

專題組織（thematic organization）

理論命題（theoretical propositions）

時間序列類型（time-series pattern）

三角驗證法（triangulation）

隱形參與觀察（unintrusive participant observation）

驗證數據（validating data）

效度（validity）

價值判斷（value judgments）

價值中立（value-neutral）

案例內分析（within-case analysis）

範例學習（worked examples）

第七章
行動研究

If you would go up high, then use your own legs ! Do not let
yourselves carried aloft; do not seat yourselves on other people's
backs and heads.

如果你想走到高處，就要使用自己的兩條腿！不要讓別人
把你抬到高處；不要坐在別人的背上和頭上。

——尼采（Friedrich Nietzsche, 1844～1900）

學習焦點

自從麻省理工學院社會心理學教授勒溫（Kurt Lewin, 1890～
1947）在1946年首先提出了「行動研究」（action research）一詞，
行動研究就處於百花齊放、眾說紛紜的多重觀點的解釋之中。過
去因為研究者的研究，多處於不食人間煙火的象牙塔之中，為了
要解決治絲益棼的社會問題，研究者化身為實踐者，積極展開社
會行動，結合團隊人員，上山下海，以「實踐社群」（community
of practice）為名，共同展開的行動工作。行動研究在解決問題的
同時，不斷進行滾動式研究，依據反思過程進行協商和改善。因
此，研究者應積極和相關領域的人員合作，透過不同部門的協助進
行研究，提出新的行動方案，以協助社群改善實踐方法，並且改進
團隊學術研究的理論和內涵。本章以行動研究定義、歷史、範疇，
談到從行動到研究的知識轉移，了解通過現有組織積極參與改變，
改善實踐環境的策略、方法，以及實踐知識途徑。經過由下而上的
方法（bottom-up approach）實施之後，首先採取了實作，理解了

實施背景，並強調理解「行動」和「研究」這兩者行爲輸入和輸出（behavioral inputs and outputs）的關係，以進行相關研究的介入措施，完成知識產出，以及後續推導的評估行動。

第一節　什麼是行動研究（Action research）？

什麼是行動研究（Action research）？如果個案分析，是爲了解決當前的問題而開展的研究。行動研究則是爲了問題，展開行動，由個人或是結合團隊內部的其他人員，以「實踐社群」（community of practice）爲名，共同展開的工作。行動研究也是在解決問題，不過行動研究的重點在於著重於人類解決問題的過程，以及解決問題的方式，以推導並且琢磨人類解決問題的反思過程。因此，行動研究可以分爲兩種，包含了參與性行動研究（participatory action research）和實用性行動研究（practical action research）。

一、行動研究定義

行動研究是一種交互式的探究過程（interactive inquiry process），在協作環境（collaborative context）中，實踐的解決問題的行動，並且依據研究數據驅動的協作分析（collaborative analysis），以便了解針對個人或是組織變革，進行預測的根本假設的改變原因（Reason and Bradbury-Huang, 2001）。行動研究的策略目標，是要解決特定問題，並且制定有效做法的指導方針。

勒溫（Kurt Lewin, 1890～1947）在1946年首先提出了行動研究之後，經過數十年來行動研究發展，許多行動研究的方法力圖精益求精，以更爲關注所採取的行動，或是對於行動的反思性理解。

我們知道人文社科調查，一般指的是直接蒐集社會資料或是數據的過

程和方法。不管是調查研究，或是個案研究，都是以外部專家（outside experts）的方式進行資料蒐集。但是，在行動研究中，行動者不是外部專家，而是身歷情境的內部行動者。行動研究是一種超越外部專家進行變量的導出和導入，面對變化，只能客觀地觀察，而不能主動地涉入。但是，行動研究從事於自身創造的反思性知識中，身處於一種緊急結構（emergent structure），依據自身的規劃和創造，產生積極瞬間理論化（moment-to-moment theorizing）的行動。在數據蒐集和調查中，行動研究挑戰傳統社會科學的中立和客觀性。進行行動研究和進行一場人類社會實驗是一樣的，因此行動研究是一個實踐經驗的準實驗過程。行動研究包含了下列複雜的學習面向：

㈠實踐研究（Praxis research）（Whyte, 1964/1991）

實踐（praxis）研究是指行動研究者，依據實踐為導向的研究，涉及研究過程中和社區或群體進行互動的關係研究。實踐研究的基本理念在指導實踐的發展，加強拓展實踐領域的分析和了解。實踐研究依據實踐哲學方法，將實踐者的內在賦予意義。這些反思之後的內在覺察的意義，要運用到我們的實踐之中，從根本上關注新事物發展的知識，挑戰舊有的信念，並且推測我們的概念和假說的流程。

㈡行動學習（Action learning）（Revons, 1971）

在真實的行動學習中，如果有不知道的事物，才會引起學習的動機。行動學習法的關鍵在於找不出答案，但其他人都能找出答案時，我們就開始學習了。英國學者雷文斯（Reg Revans, 1907～2003）與多位諾貝爾得獎學者共事時所啓發，他邀請一組人解決問題，藉由對於問題的提出、深思、反省和洞悉，以分享經驗，擬出行動方案解決問題的學習過程。

㈢反思實踐（Reflective practice）（Schön, 1983）

反思實踐是在學習的過程中，針對行動進行反思的能力，其目的是透過自我反省的方式，檢視平日的實踐過程，針對價值觀與理論予以自我批判。因為從他人的經驗無法產生學習效果，只有透過自省才能學習。尚安（Donald Schön, 1930～1997）在1983年出版的《反思專業者》（*The*

Reflective Practitioner）一書中引入了反思行動和行動反思等概念，解釋了專業者如何通過實踐，改進作品以因應工作挑戰。反思理論發展的核心是針對理論與實踐相結合，以循環經驗模形成應用。透過反思實踐，人們可以重新獲得經驗，思考，仔細研究評估，並且將過去行為的預期目的與行動結果進行比較，從行動中針對過去所發生的事件，進行批判性反思。

㈣體驗式學習（Experiential learning）（Kolb, 1984）

體驗式學習活動過程，是透過直接認知學習知識和能力建構的過程。由參與者參與活動之後，然後敘說分析所經歷的事件，反映學習到的知識和體悟（Insights），並且能將這些經驗進行應用。庫伯（David Kolb, 1939～）在1984年出版《體驗學習：體驗—學習發展的源泉》（*Experiential Learning: Experience as the Source of Learning and Development*）一書中提出了體驗學習是一種體驗迴圈過程，以具體的體驗、對體驗的反思、形成抽象概念、行動實驗、具體經驗，產生了循環學習經歷。學習者經由反饋，在體驗中產生個人認知。

㈤行動設計（Action design）（Argyris, Putnam, and Smith, 1985）

1974年，阿吉里斯（Chris Argyris, 1923～2013），以及尚安（Donald Schön, 1930～1997）提出行動理論（The Theory of Action），強調人們是自己行動的設計者（Argyris and Schön, 1974）。人類會在行動之後，會自覺所產生的後果，理解外在環境，自行建構意義。等到外在環境產生反應之後，藉由對於環境反應的理解，在日後經由記憶的提取，再導引個人行動。在1985年《行動科學》一書出版之後，阿吉里斯等人發展理論與方法，藉由探求人類設計，以及實現與他人相互關係的行動，運用反思（reflection）和探詢（inquire），找出行動背後的初衷、個人反應，以及後續的學習模式。

㈥PDCA循環（Deming, 1986）

PDCA循環是Plan-Do-Check-Act的簡稱，也稱為品質管理循環，用來提升產品品質，並且改善生產流程。這個學說是1986年由美國學者戴明提出（Deming, 1986）。戴明針對產品的品質依據規劃、執行、查核，以

及行動來進行活動管理，以確保目標的達成，力求產品的質量進行改善。戴明認為，上述的步驟是持續循環的動態過程，應該要重複執行步驟，形成循環，就能從錯誤中學習和反省，並且從反省中成長，確保應用新方法之後，改善運用的成果。

㈦肯定式探詢（Appreciative inquiry）（Cooperrider and Shrevasteva, 1987）

　　肯定式探詢（Appreciative inquiry）又稱為「欣賞式探詢」或是「優能探尋」。過去研究都是從問題導向進行，但是肯定式探詢反其道而行，要從過去成功和正面的經驗中，學習到如何面對組織的變革。肯定式探詢是一種社會建構的方法，透過組織的創建、維護，以及對話改變，鼓勵人類進行研究、討論，並且建立績效的肯定工具。肯定式探詢藉由闡釋組織和個體之間人類良善的合作美德，推展個人與群體共同成長和發展，尋求正向發展系統的發現過程。

㈧審議實踐（Deliberative practice）（McCutcheon, 1988）

　　審議實踐是指有目的和有系統的實踐活動。雖然常規做法（regular practice）可能包括無意識的重複活動（mindless repetitions），但是有意識的做法，需要集中注意力，並且以改善表現為目標持續進行。在刻意練習中，人類的努力依據基因、機會、背景、能力、學識，產生了自我成就。審議實踐是一種刻意的練習，將個人潛力轉化為現實成就。

㈨行動評估（Action evaluation）（Rothman, 1997）

　　行動評估（Action evaluation）是一種創新方法，採用人類社交活動和電腦技術進行評估複雜社會現象。透過衝突解決（conflict resolution）和介入（interventions）措施，人類進行實踐的目的，是為了要解決衝突的問題，因此，透過社會行動，改善社會條件。經過社會評估之後，進行社區觀察、洞悉問題，並且提出改善策略，透過行動方案以整合社會資源。

㈩轉型學習（Transformational learning）（Marquardt, 1999）

　　轉型學習（Transformational learning）又稱為轉化學習，是人力資源

學者馬奎德（Michael Marquardt, 1943～）所提出的行動學習法過程。馬奎德認為訊息學習指的是針對我們原本所知道的事情，進行再確認。但是，資訊學習不是學習的全部。透過對於資訊的轉化，我們要產生學習認知的改變，透過觀點轉化（perspective transformation）的過程，產生自我理解的轉念，修正自我的信念系統，並且產生生活方式的變化。這種轉型學習是要通過自我的覺察，來拓展對於世界觀察的意識，經過批判性思考法，反思原有的價值和信念，並且進行規劃，從而改變其參考架構（frames of reference），以重新定義個人和宇宙之間的關係。

目前歐盟發起的貝蒙論壇（Belmont Forum）推動「永續發展之轉型」（Transformations to Sustainability–T2S）多邊型人文社會科學領域研究計畫，這個計畫是由貝蒙論壇、新契機網絡（NORFCAE），以及國際社會科學理事會（International Social Science Council, ISSC）合作之計畫（湯宗達，2017），在2018年由跨國學術機構、大學，以及組織推動。

行動發現：《環境教育的失敗—我們能夠如何補救它》

「環境教育已經跟不上環境惡化。」美國海洋保育學會（Ocean Conservation Society）執行長沙藍（Charles Saylan）和加州大學洛杉磯分校生態與演化生物學系系主任布倫史丹（Daniel Blumstein）在他們合著的《環境教育的失敗——我們能夠如何補救它》（*The Failure of Environmental Education (And How We Can Fix It)*）一書中，如是地一語道破目前環境教育的窘境，也反映出目前正是環境教育該省思的時刻（Saylan and Blumstein, 2011）。

臺灣的教育發展深受美國科學教育的影響，沙藍和布倫史丹在書中所描述的諸多現象，臺灣現已亦步亦趨地跟上了，甚至不遑多讓。即便在環境教育法施行後，原立法精神意圖讓環境教育能多元發展、促進親近環境的實作課程及戶外學習，但在短短幾年的發展之後，似乎又回到了傳統習慣的

人文社科研究方法

分科教育與只追求量化成效、成果報告的學習。環境教育若無法忠於最初的良善立意並加以落實、實踐，則無法呈現其教育意義。此書可為此刻臺灣環境教育帶來重要的省思。不過，我們也有必要對於作者的論述進行反思，主要在於環境教育的內容包羅萬象，作者在論述教育之餘，是否也考量到其他的環境層面，如「環境工程」、「環境科學」、「環境規劃」、「環境管理」、「環境設計」等的自然科學基礎及應用教育。此外，如果一個國家在全民的環境知識、態度、行為及價值觀都有所提升，亦即「環境素養」（environmental literacy）都提升到一定的水準之後，氣候仍舊變遷、空氣中的pm 2.5微粒居高不下，生物多樣性依舊一日一減，是否可以推論這個國家的環境教育依舊失敗？因此，這個問題是否淪為「假議題」，還是可以成為深入討論的議題，亦值得我們深思（蕭人瑄、王喜青、張菁砡、方偉達，2012）。

二、行動研究歷史

　　從以上描述之中，我們可以知道行動研究悠久輝煌的歷史轉變與名詞遞嬗，這些都是行動研究產生的傳衍和變化。麻省理工學院社會心理學教授勒溫（Kurt Lewin, 1890～1947）在1946年首先提出了行動研究（action research）一詞。勒溫原籍波蘭猶太人，他曾經學習醫學、生物學，後來在柏林大學，在斯圖姆夫（Carl Stumpf, 1848～1936）的指導下攻讀心理學。當時，格式塔心理學（Gestalttheorie）的三位創始人韋特墨（Max Wertheimer, 1880～1943）、苛勒（Wolfgang Köhler, 1887～1967），以及考夫卡（Kurt Koffka, 1886～1941）都是勒溫的同窗好友。格式塔學派是心理學重要流派之一，興起於20世紀初的德國，又稱為完形心理學，德文Gestalt的譯音，即為「模式、形狀、形式」等，意思是指「動態的整體」（dynamic wholes）。

　　勒溫生活的時代，歷經第一次世界大戰和第二次世界大戰，他剛開始的研究屬於行為主義心理學學派，後來受到格式塔心理學者韋特墨和苛

勒等人耳濡目染的影響，轉而接受了格式塔心理學。納粹在德國掌權以後，開始迫害猶太人，於是勒溫移居到了美國，剛開始任教於康乃爾大學和愛荷華大學兒童福利研究工作站。後來1944年，他又在麻省理工學院建立了團體動力學研究中心。他的專長在團體動力學，團體動力的特點是在於成員之間，擁有相互依存性和聯繫感。也就是說，當團體之間受制於內聚力和瓦解力，當成員之間阻隔交流的障礙太大時，便產生瓦解力。他認為，團體構成了一種力場，產生了相互吸引或排斥的行為。所以，勒溫針對團體動力學研究，對以後諮商輔導心理學的發展，產生了時代性的影響。

勒溫一生目睹戰爭的痛苦，對於實踐理論感受特別深刻。他努力解決社會問題，通過和美國猶太人的接觸，他投入了大量經費、時間，以及精力處理歧視少數族群的問題。他熱衷於尋求嶄新的研究方法論的發展，試圖尋找社會問題的解決方案，並為了發展解決社會問題的途徑進行貢獻。

麻省理工學院的團體動力學研究中心，進行了許多社會心理學的基礎研究。他在1946年的論文《行動研究與少數民族問題》（*Action Research and Minority Problems*）中將行動研究描述為對各種形式社會狀況和影響的比較研究。行動研究採用一系列步驟，每個步驟由一系列關於行動結果的計畫，行動和事實調查組成（Lewin, 1946）。

他觀察到：「社會實踐所需要的研究，可以歸類為研究社會管理（social management）或社會工程（social engineering），這是一種行動研究。比較研究各種形式的社會行動的條件和影響，這種研究導致社會行動。因此，只採用書籍的研究是不夠的。然而，這不是指說研究在任何方面都不大科學，甚至比純科學還要低的標準，以面對社會事件領域的純科學（Lewin, 1946:202）。」

由於勒溫過於專注於行動研究和社會變革的想法，過度研究損害了勒溫的健康，後來他在1947年2月因為心臟病發過早死亡，再也無法對於行動研究進行進一步的闡釋，以及更為深入的探討。在這篇文章中，我們依據他在1946年論文《行動研究與少數民族問題》中的概念，探

討他進行探討的場論（field theory）、後設理論原理（meta-theoretical principles），基於戰爭威脅下的民主理念，以及如何產生社會變革理論（Bargal, 2006）。

依據勒溫在1946年到1948年出版著作的想法，他雖然沒有系統性地討論過行動研究的做法。但是，在他的眼中，行動研究的過程，和問題解決的過程非常相似，他說：「行動研究以一系列的步驟進行，每個步驟都由行動結果的計畫、行動，以及事實組成的循環進行（Lewin, 1946:206）。」

事實上，勒溫高度重視評估結果的行為研究。他認為沒有評估，參與過程的研究者就不會知道研究目標達成到了什麼地步。甚至，在勒溫創造行動研究的名詞之前，美國學者杜威（John Dewey, 1859～1952）曾經提到過反思（reflection）的概念（Dewey, 1933）。杜威就通過對經驗、互動，以及思考的探索，寫出關於反思實踐的文章。因此，採用反思方法，評估活動可能會引起介入方法的改變，所以需要採用各種不同解決問題的方法，甚至改變整個流程進行研究。

勒溫曾經學習過醫學和生物學，認為科學的基本特徵是超越永恆企圖。因此，自然科學家希望科學理論在任何特定時間，都可為科學所用。但是，在量子物理時代，任何繼續超越一定程度的知識，都有時空限制。因此，研究者通常必須打破方法論的禁忌。尤其許多自然科學家譴責是不科學或不合邏輯的方法或概念，後來將被證明是科學界重大進展的基礎（Lewin, 1949:275）。勒溫認為，行動研究包含了診斷、參與、經驗，以及實驗的過程（Chein, Cook, and Harding, 1948）。經過五十年的演進，行動研究可以確定歸納為幾種主要類型。在1950年之前，行動研究主要應用於行政、社區發展、組織變革，以及教學；到了1970年代，則產生賦權、農業發展的研究；1990年之後，則應用在銀行、健康，以及技術更新的相關領域之研究。

到了21世紀，行動研究產生了百花齊放的典範樣貌（multi-paradigmatic situation）。不同學者發展了不同的策略，包含了發展策略、技術改善、

專業判斷等類型；甚至以社會批判、思想解放的面貌出現。這種各吹各的調號的研究，導致了行動研究的存在，成為了各門各派的系列搜尋活動。如果我們以21世紀英國偉大的物理科學家霍金（Stephen Hawking, 1942～2018）為例，他曾經在2014年9月的一場活動中說：「倘若我們可以找到解答，將是人類理性的終極勝利，因為屆時我們應該能了解上帝的旨意。」但是，因為「人類生也有涯，知也無涯」，所以永遠不知道真理。《莊子》曾說：「吾生也有涯，而知也無涯。以有涯隨無涯，殆已。」因為人類的生命有限，知識卻是無窮的，採用有限的生命去追求無窮的知識，是相當危險的。如果我們以「霍金的研究為什麼不能得到諾貝爾物理學獎」為題，主要關鍵在於他的「黑洞」理論，難以被證實，亦即觀測到黑洞理論的時間演變，至少需要百億年。這個理論同時無法依據物理實驗的實證論觀點進行驗證。

因此，我們了解到學者研究遇到的瓶頸是科學如何進行實踐。尤其在研究中，彷彿人類史詩般的征程，在漫長的研究中，需要進行經費的申請、同儕的審查、發表論文，並且依據傳統的實驗研究進行綜合論述。但是，這不是研究的終結，真正的研究，需要和實踐相結合。但是，我們可以說，僅有少數的論文具有可以在社會中進行實踐的價值。我們依據這個實踐概念，強調實踐科學的重要，縮短了學科研究和具體實踐之間的差距。因此，如何打破理論和實踐之間的藩籬，創造更多可以具體實踐的理論，而不是留於理論空想，是我們在實踐科學的行動研究中，一直受到矚目的焦點。

第二節　行動研究的範疇

行動研究很難界定行動和研究兩者之間的關係，所以需要界定範疇。從行動調查（action inquiry）中，托爾伯特（William Torbert, 1944～）認為，知識總是通過行動和行動而獲得的。因此，社會知識的有效性，應透過行動科學及反思性科學（Torbert, 1981）。從行動研究的範疇上來

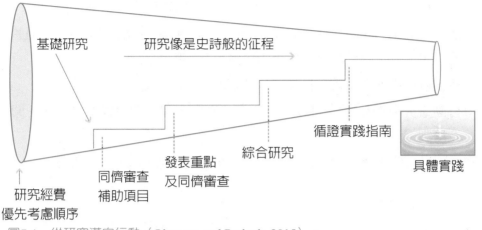

圖7-1　從研究邁向行動（Olswang and Prelock, 2015）。

講，進行行動研究與進行實驗是一樣的，因此行動研究是一個經驗過程。如果我們說勒溫是「行動研究者之父」，他最初界定了行動研究的範疇，我們以勒溫的古典主義，通過演繹之後，以了解行動研究的特徵、過程，以及主客觀的關係，說明如下：

一、勒溫的行動研究原則

勒溫行動研究的典範，是透過當代的觀察，了解行動研究背後產生的文化和歷史環境的背景。他的想法激勵了後世許多研究者進行社會、組織心理、傳播領域的研究。他重視行動、研究和培訓三位一體的架構，甚至以系統生態的角度看待未來社會科學的研究（system/ecological view）（Lewin, 1949）：

㈠ 行動研究結合了系統研究，採取社會實驗以解決問題。

㈡ 行動研究包括數據蒐集的螺旋式（spiral process）過程，以確定目標和行動，實施介入（intervention），以評估目標，藉以了解最終的結果。

㈢ 行動研究要求將介入結果，反饋給有關的研究。

㈣ 行動研究意味著研究者和從業者之間的持續合作。

(五)行動研究依賴於群體動力學原理，並以其為基礎進行改變。階段是：解凍（unfreezing）、移動（moving）、再凍結（refreezing），並且進行決定。上述階段相互的依存的，並以公開的方式進行。

(六)行動研究考慮到價值、目標，以及資源需求的問題。

(七)行動研究有助於創造知識，制定介入原則，還要開發遴選、介入，以及培訓工具。

(八)在行動研究架構之內，人們非常重視招募、培訓和支持變革推動者。

二、行動研究的特徵

　　勒溫受到格式塔心理學的教育的影響，他以場論（field theory）制定了四種原則，並強調心理學理論建構必須始終遵守這些原則納入場論的行動研究，以說明變量之間的相互依存的現象：

(一)強調總體情況（Total situation）

　　場論強調變量之間的相互依賴性的現象，從現象中，了解普遍情形，並且注意個案的特殊情形。依據勒溫的觀點，所有心理事件，包含希望、夢想、思考、計畫，被視為人與環境之間相互作用的結果。因此，個人的心理過程必須依據個人的關係中衍生出來，共同的構成個體的各種功能系統的關係。這種原則導致研究者專注於理解行為產生的情況。所以，研究者需要逐步抽絲剝繭，避免因為強調理論的抽象化，而導致了錯誤簡化（wrong simplification）因果關係的問題（Lewin, 1936:17）。

(二)強調個案建構

　　勒溫以個案建構性（constructive）的方法，逐步取代大一統的分類（classificatory）方法。卡西爾（Ernst Cassirer, 1874～1945）從人類的表現，抽出符號元素，這些符號產生了名稱，同時產生了人類直覺的聚合。通過人類直覺的凝聚，衍生了分類方法。這些分類方法來自於抽象的語言，也就是早期人類的隱喻思惟，形成了語言的分類功能（Lewin, 1949）。勒溫從卡西爾的哲學中，得出了這個後設原理，他建議依據兩種不同的理論方法來產生概念化。分類（classificatory）方法著重於對於

特定對象，產生了理想的泛化（generalization）對象，這是來自特定對象的抽象表述。建構性（constructive）的方法剛好相反，強調兩者之間的關係概念，正如勒溫所說的：

「建構性的方法生成，實質上是用一個一個的案例來表示。」（Lewin, 1942:61）

根據建構性的原則，一般原則和個人原則之間，不應該存在著矛盾的問題。如果適當的話，科學概念（scientific concepts）已經提供了適當的準則。因此，勒溫贊成運用行動研究的方法，保留了觀察現象的獨特性，但仍然可以適用到其他相似的個案。

(三)強調現時（Present time）影響

勒溫將這個後設原理描述爲，人類的行爲係依其當時發生的時間，產生了這個領域中所有功能。也就是說，過去的事件都困居於歷史因果連鎖（chain of causation）之中，只有當現時的環境施以影響時，才會引發因果關係。根據勒溫的看法，由過去推導行爲是無效的。勒溫反對只談歷史因果，而是著重於將現時考慮到因果關係中，他認爲在心理分析的領域中，過於談論過去事件對於人類心理影響的範疇太過簡化人類行爲，他認爲應該要將人類現在的行爲和過去的領域（past field）進行關係聯繫。當人類充分了解過去的事件如何改變了這一種場域，以及在當下產生了其他的事件，同時又改變了這一個場域（Lewin, 1942:64）。

(四)強調動態方法（Dynamic approach）

根據以上的詮釋原則，人類行爲被視爲源自於一種持續平衡（constant equilibrium）的關係，這是勒溫嘗試以作用和影響的結果，發掘人類是否因爲個案中的因素影響，產生外來環境的影響結果。因此，勒溫強調在增強實現目標努力的力量和背景之下，分析個人或群體抑制條件（inhibiting conditions）的行爲。這些行爲是如何被外來環境所干擾的，也就是說，在現實中的人類行爲特徵是連續型的平衡過程。但是，這些過程在進行之中，常會受到外來因素的干擾，讓結果不斷產生變化。

場論（Field theory）環境行為的行動研究：
野柳地質公園

　　臺灣近年來因為觀光旅客人數增加，帶動旅遊相關產業的蓬勃發展。但是，在另一方面，我們常在電視報章等媒體聽到或看到遊客在旅遊景點，破壞景觀生態環境等不良行為的相關報導。因為旅遊景點是發展旅遊的客體（方偉達，2010），當其被破壞之後，觀光活動及其衍生的經濟和相關利益也將會消失。因此，旅遊景點的永續發展與遊客環境友善行為的關係非常重要。由於遊客的行為對於環境的影響非常大，我和研究室的學生范士文要探討影響遊客環境行為的相關變項，藉此尋求改善遊客破壞環境行為的解決之道，並且探討社會規範（social norms）對於景區生態保育及環境保護的意義，以及了解推動遊客觀光環境教育在景區管理的可能成效。

　　范士文因為擔任過導遊領隊的工作，熟悉告知遊客在旅遊景點中，需要注意的事項。他很想了解這些注意事項的告知動作，是否影響到遊客的行為，是否更加注意不要破壞景區的生態環境？

　　我們的研究以行動研究中，融合了問卷調查法和實際觀察法的研究取徑，確認遊客的行為意圖與實際行為是否協調一致，並找出影響遊客負責任環境行為最主要的因素，最後則驗證結構方程式假設模型是否成立，以建構在地遊客負責任環境行為之路徑模式。

　　研究中，我們將野柳地質公園遊客應該要注意的規範，納入到問卷中，採取社會實驗的準實驗方法，以解決問題。我們培訓了一批研究生擔任調查人員，透過遊客填寫問卷的介入方式，指導遊客對於景區環境應該注意的事項。等到他們填寫完畢之後，我們特別透過另外一組調查人員，觀察遊客的行為，是否有違反景區規範的情形。根據我們的觀察，如果沒有特別針對遊客進行規範的要求，遊客會發生違反規範的情形。但是，如果我們請野柳地質公園遊客了解了禁止事項，仔細閱讀完後，於後方空格打勾。經過這樣的介入性指導，在2018年3月統計，28.92%的遊客還是會違反這些規範（范士文、方偉達，2018）。我們在2017年至2018年間取得二百零四份有效樣本，根據研究室的博碩士研究生在景區觀察受訪者十五分鐘以上遊憩行為之

結果，違規份數達五十九份，違規比率達28.92%，尤其以2017年7、8月間違規比率最高。我們認為因為遊客在填寫問卷之後，由於社會期望（social expectation）和命令規範（injunctive norms）的關係，經過閱讀提醒注意事項的遊客，71%不會違反野柳地質公園遊客禁止事項的規定。

表3-1　野柳地質公園遊客禁止事項

野柳地質公園遊客禁止事項，閱讀完後請於後方空格打勾√

園區內不得有下列行為	打勾
1.任意超越園區紅色警戒線。	
2.任意碰觸、攀爬天然地景。	
3.於指定吸菸區外抽菸、隨地吐痰、拋棄紙屑、菸蒂、口香糖、瓜果皮核汁渣或其他一般廢棄物。	
4.任意拋棄、焚燒垃圾或廢棄物。	
5.攀折花草樹木及烤肉。	
6.鳴放噪音、焚燬、破壞花草樹木。	
7.游泳、戲水、烤肉。	
8.關園及封園期間，未經申請許可強行進入。	
9.酒醉者進入園區。	
10.除宗教活動外，任意燃放鞭炮、煙火、焚燒冥紙及設置紀念碑、牌、神壇與祭祀設施。	
11.破壞天然地質地形。	
12.除當地漁民領有該管主管機關核發之許可證者外，採補野生動物、植物、漁類資源、寄居蟹、珊瑚、化石、撿拾石頭、貝殼及貝殼沙等。	
13.違反第1款至第10款規定者，依發展觀光條例第64條第1項第3款規定，處新臺幣3,000元以上15,000元以下罰鍰。	
14.違反第11款、第12款規定者，依發展觀光條例第62條第1項規定，處行為人新臺幣50萬元以下罰鍰，並責令回復原狀或償還修復費用；其無法回復原狀者，得再處行為人新臺幣500萬元以下罰鍰。	

三、行動研究的過程

　　我們以社會問題的解決來說，從確認問題，開始計畫解決方案，並且實施方案，進行監測和評估其效果。我們也可說，醫生治療病人，同時也遵循這個循環：監測症狀、疾病診斷、處方驗徵、病情治療、監測和評估醫療結果。我們採用的研究研究流程，也是遵循相同的周期。然而，不同的應用程序的發展，需要在不同階段，採取不同的行動策略。

　　行動研究採用行動探索（action inquiry），通過改善練習的循環，採取行動領域的探究。在研究中，可以採用流程進行研究成果的改善；在研究過程中，同時可以運用計畫（plans）、實現（implements）、描述（describes），以及評估改進，以改變自我的做法。我們通過實踐和行動調查，進行系統化的觀察，透過自我改善工作，了解以下的行動研究過程：學習過程（learning processes）、改變流程（change processes），以及人為行動；大多數行動研究的流程，都遵循著這個改善的原則。以下我們以知識動員、參與行動，以及實用行動進行說明。

(一)知識動員（Knowledge mobilization, KM）

　　我們採用了知識動員（knowledge mobilization, KM）的方法，將通過研究產生的知識，轉化為各種形式，例如：決策、計畫、政策等的過程。在此，知識管理的核心，是學界和民間之間的合作夥伴關係，通過系統調查，共同創造知識。這種夥伴關係需要透過協作關係，依據動態的循環過程，以確保研究的重點可以繼續推動。這種實踐的過程，僅針對研究結果的推廣，透過傳播、擷取、完成研究成果，針對影響和成效，進行實施成果的影響監測和評估，以指導未來合作研究計畫的進行。所以，我們透過知識管理的流程，進行知識創造，不僅理解研究問題，同時強化研究傳播、宣導、實施，以及評估的過程，如圖7-2。

(二)參與性行動研究（Participatory action research）

　　我們知道，行動學習意味進行個人的改變。因此，行動研究涉及到個人學習、組織學習，以及變革（change）。我們進行參與式行動研究，是

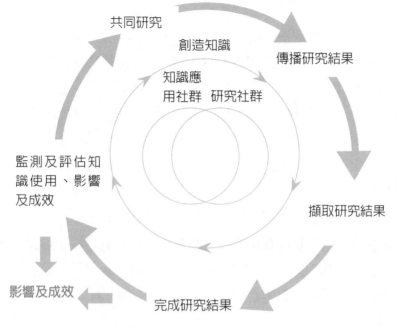

共同研究

創造知識

傳播研究結果

知識應
用社群　研究社群

監測及評估知
識使用、影響
及成效

擷取研究結果

影響及成效

完成研究結果

圖7-2　從知識到行動（Research Group Coordinator, 2014）。

為了了解行動的變化，產生了研究中的學習和理解。因此，在研究過程之
中，調查活動提供了學習的機會。因為調查行動提供了變化趨勢的理解。
藉此，我們歸納了下列的過程：參與行動、反思的作用，以及對於知識的
需求。

　　此外，我們了解到參與式行動研究（participatory action research,
PAR）是一種強調參與和行動的研究方法。在理論基礎中，因為PAR的論
述認為科學不應該僅止於專家和學者的壟斷，我們透過知識的改變、協
作，以及反思，來理解世界。因此，參與式行動研究強調以人類經驗和
社會歷史為基礎的集體探究和實驗。在PAR的過程中，我們運用調查和行
動，了解社群的演變，思考解決對策，以共同討論，針對共同研究人員提
問，進行問題的理解（Reason and Bradbury-Huang, 2008）。

　　PAR透過社會和民主的參與、參與經驗行動，以及研究，獲得理念和
知識的成長，通過多元化的知識創造和社會變革，希望通過集體努力，

來改變世界。因此，PAR和知識動員（knowledge mobilization, KM）不同。PAR不是單純地觀察和研究人類行為，宣導研究成果，或是創造知識而已，事實上希望改變人類對於現實的看法，最後這個世界產生出有意義的變化。也就是說，PAR希望知識分子不要壟斷知識，也不要強加技術到社區居民，而是要尊重專業技能，並且將研究和基層社區的知識結合起來，形成完整的夥伴關係。因此，哥倫比亞知名的社會學者佛斯博達（Orlando Fals-Borda, 1925～2008）曾經說：「我們不要將菁英型的歷史和科學教科書奉為圭臬，也不要依靠個人價值判斷和文化基礎，來解釋事實，而是要回應當地的價值、觀念、特質、信仰，以及藝術，以便和研究機構一起採取行動。也許在研究論文發表中，我們會以科學論文的格式，傳達結果；但是我們要以一種完全可以理解，甚至是文學性愉悅的方式，分享我們和社區居民一起學習的事務。」（Fals-Borda, 1995）

參與教育的行動研究

　　史丹佛大學教育研究院院長施瓦茨（Daniel Schwartz）等人在2016年出版了《學習的26種方法》（*The ABCs of How We Learn*），其中行動參與的學習策略，就有八種之多（Schwartz, Tsang, and Blair, 2016）。如果我們思考這一種「學習核心機制」課程，會因應不同情境，促進有效學習的技巧。這些學習活動，不外乎透過行動、遊戲、分享、手作、參與，以及糾正觀念，加深學習的印象。也就是說，參與式行動是一種共享學習的過程，透過遊戲規則，我們可以發現教育研究的趣味，當學習者的程度越來越高，我們經過探索和思惟過程，成為一位研究者之後，會想透過思考，反思這些複雜的教育理論和構想，如何透過教學行動，來落實啟發式的崇高教育理念。

　　然後，讓教師同時轉變為研究者，透過自我研究，改變教學的過程，透過行動轉化之後，讓學生強化學習的效果，並且運用觀察、訪問，了解學生的學習情形。閱讀分析學生的文件，例如：週記、考卷、作業、筆記、心得、作文等。教師可以從這些第一手資料，產生自己的行動知識，改進教學

方法，建構適合情境教學的理論（歐用生，1994）。

H：動手學習（Hands On）──喚醒身體智能。

I：想像遊戲（Imaginative Play）──培養兒童的認知控制力。

J：及時說明（Just-in-Time Telling）──提高課程和教材的效果。

L：聆聽分享（Listening and Sharing）──群體學習勝於單獨學習。

M：製作學習（Making）──培養興趣與實務知識。

O：觀察學習（Observation）──從模仿中成長。

P：參與學習（Participation）──在參與過程中成長。

U：糾正觀念（Undoing）──改正錯誤觀念推論。

(三)實用性行動研究（Practical action research）

實用性行動研究（Practical action research）依據反思專業實踐
（reflective professional practice），討論如何透過積極個人獨白對
話（solitary dialogue）和個人日記（personal journals）提高反思性
（reflectiveness），並且強調小組工作（group work）的重要性，透過
反思性實踐、行動研究，解決實際所發生的問題。因此，實用性行動研
究（practical action research）和參與性行動研究（participatory action
research）不同的地方，在於行動研究的規劃和檢核階段，實用性行動研
究更強調何時啟動（initiation）、何處檢測（detection），以及如何判斷
（judgment）效果。因此，實用性行動研究整合問卷調查、訪談、觀察，
以及文件蒐集數據。在參與的層次上，分為主動行動研究，以及響應行
動研究，解釋實用性行動研究如何進行主動或是響應行動研究。此外，
為了彌補實用性行動研究參與性不足，有時過於被動，增加了合作行為
研究（cooperative action research），推動行為研究的群體過程（group
processes）（Schmuck, 1997）。

實用性行動研究：

我的行動研究個人日記（Personal journals）

臺北，天龍國人，早安！

一早，舜舜在鬧脾氣，我知道他的心情是很複雜的，因為今天我要到他的幼兒園中講故事。他希望我去，又叫我不要去。

這學期，竣竣小學一年級班上，家長講故事，一下子就額滿了，我也擠不進去。但是，舜舜的幼兒園，家長卻沒有那麼熱衷。我第一次講，小朋友的反應超熱烈，我講到小水鴨到臺灣，華江橋原本在十幾年前，每年有一萬多隻，到現在剩下八百隻來到臺灣。小水鴨到了桃園陂塘，看到太陽能板，以為是一片大湖，一飛下去，撞到小水鴨頭腫一個包包，撞昏了。

小朋友聽到笑到東倒西歪。我發覺，我的傳播達到「笑果」。我發覺，在大人世界，我非常孤寂，但是在小朋友的世界，我卻得到了共鳴。就隨口問問幼兒園的小朋友，「嗯，太陽能板是什麼？這要怎麼解釋？」有一個小朋友回答：「光電板。」

我突然有一種「獲得救贖」的感覺。我在繼續深化上，解脫了。因為我不用再解釋。當我說的，能夠得到小朋友的共鳴，這是一種教學上的最高境界。

於是，在聖誕節前夕，我又重返幼兒園，用我有限的時間，講了一個天龍國外星人的故事。

「話說，天龍國外星人長得像是恐龍。」「他們自稱龍的傳人。」「當他們來到地球的時候，發現恐龍滅絕了。請問，恐龍滅絕的原因？」

我戴起了耶誕老公公的帽子，將聖誕樹當作道具。一次放出了四本書，答對的小朋友，我和我太太到文具王買了許多文具小禮物，準備大放送。

「火山爆發。」聽起來不錯，以幼兒園的小朋友來說，答到火山爆發，就很不錯了，我繼續回答。

「在六千五百萬年前，有一個隕石撞到地球。」其實，這也是一種假說，不過，真實的原因，還有待考證。

我繼續測驗幼兒的底線。

其實，當我談到幼兒環境教育時，全中華民國都還沒有SSCI期刊的發表，在全世界中，我也只看到一篇幼兒環境教育SSCI期刊的研究。但是，我一直覺得，臺灣幼兒的環境素養，名列前茅。只可惜，政府不願意花錢做研究，專門進行學齡前和幼兒園教育的學者，也不願意做這些環境素養的調查，因為連問卷的調查量表，都搞不定。只能做做看質性的分析。

當然，知識性的問題，對於小孩，有時候太難。我向小朋友描述了一個天龍國外星人來到地球，發覺他們的祖先恐龍都滅絕了。地球上後來存在的是人類。但是，人類對於環境實在不友善，破壞了大自然。

一早，舜舜告訴我：「我希望聖誕老公公送我刀和槍。」我問他說：「為什麼？」「因為大家都有。」我告訴舜舜，聖誕老公公喜歡世界和平，他不會送給小朋友刀和槍。拿刀拿槍的人，除非是警察和憲兵，都在幹壞事；除非是保衛國家的軍人，都在幹壞事。

「各位小朋友，人類在地球上，有沒有做好事？」小朋友搶著回答，他們的好事，包含了「資源回收」、「節約用水」，我這個聖誕老公公又開始大放送了，送完了文具，開始送糖果。但是，我不大喜歡小朋友吃糖果，就送給小朋友我從韓國帶回來的人參糖。我告訴小朋友：「不能夠吃糖的小朋友，回家送給爸爸媽媽。」

我的天龍國人，從海洋到陸地繼續探險，探險到了未來，我不知道到了未來，地球還能撐多久。我後來乾脆教學教起臺灣的保育類昆蟲。讓大家看看非常美的臺灣保育類昆蟲圖鑑。我了解到，不是每一個小朋友，都喜歡大自然。但是，我告訴他們：

「不管這些昆蟲，美美的，或是醜醜的，我們都要保護牠們。如果有一天，保育類生物都不見了，像是恐龍一樣的消失了，大家心裡頭會不會很難過？」小朋友大聲地說：「會！」

我知道，有時候我們的觀點，有可能是生物中心主義，有可能是生態中心主義。但是，雖然在現實之中，很難辦到。如果，不從小時候就給小孩一些觀念，長大之後，人類物質中心主義，會指導他們一輩子；科技人類失控

的世界，離滅亡也就不遠的。唉，我就是這樣容易操心。

孟子說得好：「人之有德慧術知者，恆存乎疢疾。獨孤臣孽子，其操心也危，其慮患也深，故達。」

我是方偉達，我不是教學達人，只是一個五歲臺灣孩子的爸爸。2017年冬至，在臺北市某幼兒園，幫小朋友講環保故事。（2017/12/22）

我的註記：幼兒園（kindergarten）

幼兒園（kindergarten）原意是德文的「兒童樂園」，由德國的教育家福祿貝爾（Friedrich Fröbel, 1782～1852）於1837年成立於布蘭肯堡，後來轉往馬林塔爾城堡。幼兒園中，招收3～7歲幼兒，並運用數學、建築和園藝的專長進行遊戲和手做的教學，福祿貝爾主張幼兒園必須設置花壇、菜園、果園。1848年歐洲革命以後，福祿貝爾被貼上社會主義者的標籤，遭到取締。1852年七十歲的福祿貝爾過世，過世時他的床頭懸掛著最喜愛的拉斐爾畫的聖母和聖嬰圖像。

#當黑暗最漫長，闃黑世界即將遠離。
#黎明也會一天比一天早起。
#講課要趁早，最好是幼兒園就開始。
#不管你是大學教授，還是故事達人，都要謙虛。

四、行動研究的主客體關係

我們了解行動研究的成因，是因為研究者和專業者彼此之間，缺乏互動，導致研究結果無法應用。因此，修復研究者（researchers）和從業者（practitioners）之間的溝通管到，需要了解行動研究中的傳播架構。傳播反映了將這些資訊推向實踐內涵。運用人際之間互動溝通的網絡，促成合作夥伴、中介者（brokers）、意見領袖（key opinion leaders）之間關係之促進。針對這些中介者特別有利於研究工作的傳播，因為是行動研究

中，採用了預先存在的關係（pre-existing ties），來彌合研究與實踐之間的差距。

　　圖7-3提供了概念架構，說明了行動研究過程中，如何形成研究與實踐之間的溝通管道（Neal, Neal, Lawlor, and Mills, 2015）。圖7-3(A)顯示了資訊從研究者流向從業者的傳統觀點。首先，研究者參與干預措施的開發和測試，產生資訊和證據。這些干預措施的測試，可能通過有效性試驗產生。在此，中介者（broker）在研究者和從業者中間，產生了資訊擴散（diffusion）、傳播（dissemination）、獲得（acquisition）和搜尋（search）的作用（Rogers, 2003）。例如，在美國的教師，經常到教育研究所的工作資訊交換機構中，尋找循證教學（evidence-based instruction）和社交技能項目。一旦教師通過獲取或是搜索到有用的資訊，他們可以選擇採取干預（intervention）措施，並開始實施教學的過程。圖7-3(A)強調研究者開發的資訊或是證據，是通過傳播推出的。無論這些資訊從出版、工作坊，或無意地通過口語（word-of-mouth）、報章

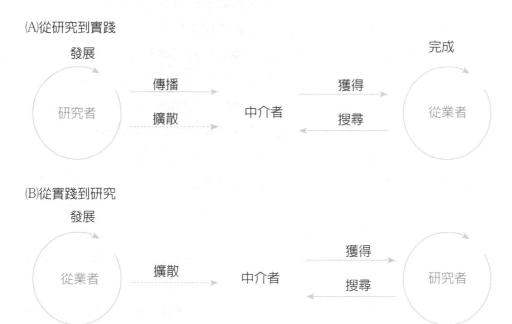

(A)從研究到實踐

(B)從實踐到研究

圖7-3　中介者擔負實踐和研究的中介角色（Neal, Neal, Lawlor, and Mills, 2015）。

雜誌，或是媒體報導（media coverage）。雖然這些資訊在理論上可能傳播給從業者，但是不太可能減少研究者傳送給從業者之間的社會距離。

相反地，我們也可以採用圖7-3(B)的方式，也就是說，採取行動研究的方式，改變成爲從實踐到研究的途徑，減少資訊傳播的障礙。在此，中介者（broker）在研究者和從業者中間，產生了資訊擴散（diffusion）、獲得（acquisition），以及搜尋（search）的關鍵作用（Rogers, 2003）。研究者經過行動研究之後，依據從業者個人或組織中介者的管道，獲取資訊之後，會向外進行資訊傳播，宣揚第一線的實務工作者的豐功偉業。例如，智庫（think tanks）、倡議團體（advocacy groups），以及家長聯合會（parent coalitions）等中介組織，積極推動研究者向教育從業者的手中，獲得第一手的資訊。相比之下，從業者也可以從個人或組織中介者那裡搜尋資訊，從而主動提供資訊給研究者，進行研究內容和方法改善的工作。

我們從圖7-3(B)中的行動研究，了解通過現有組織積極參與改變，同時可以進行許多研究。行動研究也可以由大型組織或機構進行，由第一線的從業者的手中，獲得資訊。由專業研究者協助或指導，其宗旨在改善實踐環境的策略、實踐方法，以及實踐知識。作爲行動研究活動的設計者和利害關係人，研究者應積極和相關領域的人員合作，提出新的行動方案，以協助社群改善實踐方法。簡而言之，除了文化和語言的障礙之外，有時候進行行動研究時，有些人與人之間的溝通渠道，是充滿妥協的。因爲研究者和從業者分散於各自的領域，有時候在世界上不同的地理區域、不同的組織結構下進行運作，要說服不同的專業人士，需要了解下列的目標是否能夠達成：

㈠ 受研究者個人精神感召之後，更多的參與者前來參加。

㈡ 行動研究團隊的主要研究目的，是針對改進團隊學術研究的理論和內涵。

㈢ 行動研究主要受到工具性目標、組織或社會變革的動機，以及個人行爲　因素的影響，所以需要透過不同部門的協助進行研究。

第三節　從行動到研究的知識轉移

　　行動研究重視的是流程、對象，以及知識的傳播關係。從實施社會、教育、醫療、衛生等改善工程來說，人為介入需要依據成本效益的概念，進行施作（cost-effective intervention measures）。在現實生活條件下的各種方案（protocols）對於研究者來說，都是一項重大的挑戰。為了推動有效的行動，更多實踐研究工作，應該付諸實踐，而不是紙上談兵。矛盾的是，這些方案可能會導致一種陷阱（pitfall），因為推動實施架構，需要在研究成果中具有實質的效益。這也是蛋生雞、或是雞生蛋的問題。也就是說，究竟是研究產生效益的時候，才進行論文的撰述？或是有了研究成果之後，才在實際的場域中，將研究成果付諸實施？

　　一般來說，有效推動的知識傳播，不一定表示在行動研究中的實施效果是完全成功的。因此，我們需要什麼研究架構來推動行動，以較為實用的工具進行，才能夠彌合行動和研究之間的差距。為了行動研究的傳播目的，荷蘭阿姆斯特丹自由大學莫哈根（Evert Verhagen）等人整合了知識移轉計畫（Knowledge Transfer Scheme, KTS），整理了現有的研究架構成為研究工具，通過縮小知識和行動之間的差距，來進行有效的實踐整合（Verhagen, Voogt, Bruinsma, and Finch, 2014）。知識移轉計畫由五個步驟組成的兩種截然不同的方法。在步驟一從實踐中提出的問題。之後，在步驟二中尋找證據，回答這些問題，或是試圖解決問題。

　　一般的研究活動，採用由上而下的方法（top-down approach），廣泛採用的行動順序方法，表達行動研究碰到的問題，先將證據進行描述（evidence description），然後陳述問題（problem statement），說明社會現象的傷害問題，之後，採用預防性方法（preventive approaches）進行實作（practice）。雖然預防的順序是必須的，運用開發有效的證據基礎推動預防措施，限制人為介入方法對實際行動可能產生的影響。從研究者的角度開發和評估，產生知識，再被轉譯成實踐力量。這一種由上而下的方法，研究者是基於自然科學重點和方法，在餵養（feed）實踐方法，

觀察輸出情形。有時候，這是自然科學量化研究所必須進行的研究措施，完全操縱於研究者的自由心證。我們以圖7-4進行說明，採用自上向下的方法（top-down approach），KTS可以從步驟二開始，以證據假設，描述潛在的問題。這樣的證據源於研究內容需要解決研究問題，但是在研究過程中，需要回復到步驟一，進一步詳細闡述問題和背景，並且在步驟二中針對問題的全部範圍，整合隨後發現的證據。

　　但是，社會科學的複雜體系下的論證活動，我們強調的應用從業者的經驗，自下而上（bottom-up）提出了相關的實際問題，產生主客體關係的易位，提出由下而上的方法（bottom-up approach）。首先採取了實作之後，理解了實施背景，並強調理解「行動」和「研究」這兩者行爲輸入和輸出（behavioral inputs and outputs）的關係，以進行相關的知識產出、預防，以及評估行動，如圖7-4所示（Verhagen, Voogt, Bruinsma, and Finch, 2014）：

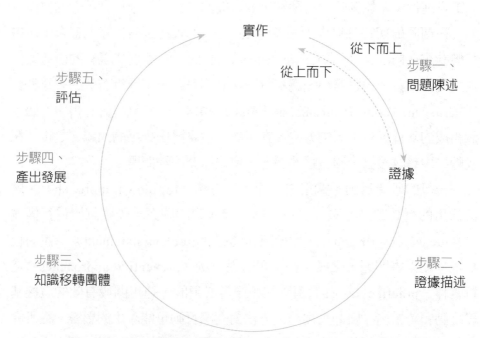

圖7-4　從行動到研究的知識轉移（Verhagen, Voogt, Bruinsma, and Finch. 2014）。

一、問題陳述

KTS的第一步是描述遇到的問題，依據問題規模、嚴重程度，以及對於社會重要性而言，是否產生了社會負擔（societal burden）和壓力。我們希望第一步不只是解釋了問題，但也希望提供一種論述，爲什麼這個問題需要早日解決。在行動研究中，最初的問題定義係由兩部分組成：

㈠在行爲科學和社會科學描述中，這些問題是否隱藏於學校、群體、企業、社群、政府機關，或是社區之中。

㈡我們需要理解學校、群體、企業、社群、政府機關，或是社區中，每一位成員扮演的角色，他們的優勢、弱勢，以及所面臨的挑戰爲何？

二、綜合證據和描述（Evidence synthesis and description）

如果問題已經在步驟一的階段，進行陳述和假設，第二步我們要運用綜合描述，說明解決問題的證據。這是一種通過對於問題的理解，進行系統性的評估，進行上一步的問題陳述。我們需要建立可用證據的描述，也就是說，不一定每一種陳述性的問題，都需要努力地尋求和總結證據，我們可以透過文獻回顧，進行問題蒐集和評論。這些證據可能來自不同的研究的來源。我們可以通過協調，取得獲得證據的額外資訊，並請參與行動的專家或是研究者提供更進一步的證據。

三、知識轉移團體（Knowledge transfer group, KTG）

知識移轉計畫（KTS）的前兩種步驟是透過理論性和描述性，進行的研究過程。從第三步驟開始，KTS轉譯這些資訊，建立知識轉移團體（knowledge transfer group, KTG），進入實踐行動。知識轉移團體由代表性的主要從業者，以及利益關係人所組成，如步驟二所建立的。爲了避免彼此之間的偏見，應該由一個獨立的仲裁者擔任主席，進行主導討論。在理想情況下，知識轉移團體KTG至少由不同學科的研究者、從業者，

或是利益關係人團體的代表組成。KTG不以公開討論進行，但是需要為所有參與者提供交流平臺，以接納使用者的聲音，透過研究者、從業者，以及利益關係人的資訊交換，提供良性的行動處置。因此，運使用者需要強力的平臺，以在KTG中發聲。

KTG和焦點團體（focus groups）有些相似。焦點團體通常是研究者用來蒐集質性資訊的特定人群。在蒐集到的這些資訊之後，研究人員進行產品開發、教學評量、症狀處置、問題處理，或是行為介入。相反地，KTG負責正在進行的討論過程，以及最後開發產出（例如：實體產品、資訊產出、知識產出，或是服務產出）的實施證據（步驟四）。這是KTG和焦點團體最關鍵的區別，因為KTS指導產出發展，以貫徹實踐方案。

因此，KTG應該進行面對面的討論，並且會議的次數將取決於小組和小組內部的討論，正在進行的產出開發過程（步驟四）。討論的目標和KTG的預定過程，必須在過程中進行溝通。在第一次會議上，任何未解決的問題，應該列入討論，並且誠實回答。KTG的首要任務，是透過討論，用以陳述問題。陳述的證據如步驟一和步驟二的說明。因此，步驟三的目標應該是評估兩種描述的完整性和清晰度，以達成所有成員的共識。KTG的討論，應該通過在實踐中的參與評估，也就是利益關係人（stakeholders）或是權益關係人（rights holders）如何確保他們的權益關係。如果需要的話，KTG可能會選擇從同儕（peers）或是專家中，蒐集更多資訊。根據對於步驟一和步驟二的反思，KTG可能會納入其他團隊的成員。因此，KTG的成員資格並非一成不變，但是在討論的過程中，可能會改變組織的構成。通過這種方式，所有的權益關係人都會有機會提供對於開發相關產出至關重要的實際貢獻。

四、產出發展（Product development）

知識移轉計畫（KTS）的最終目標，是轉譯解決問題的證據，將實際應用之後所產生的問題，變成永續發展的產出（sustainable product）。

例如：實體產品、資訊產出、知識產出，或是服務產出，藉由實際應用中進行整體實踐。如果這個產出是完全由上而下的方法設計，而不是考慮到KTS概述的由下而上的觀點，那麼有可能沒有實施證據，就開始施行，等到發現有了問題，才進行改善，那麼這一種實施計畫是要冒風險的。

荷蘭阿姆斯特丹自由大學莫哈根（Evert Verhagen）等人認為，應該從產品產出之際，剛開始就需要適當地設計（proper design），以提供所有的權益關係人使用（Verhagen et al., 2014）。所以，KTG的任務是開發來自選擇證據的產出。KTS的產出，不一定是一種有形的商業產品，最終產出可以是任何政策、準則、共識、制度、規劃、做法、設計、軟體、構想，甚至是信念的變革，可以在實踐中直接採用。

五、評估

評估KTS是第五個步驟。KTS產出的評估，依據真實的情況進行。我們了解開發產出的落實性（translatability）和可行性（feasibility）確實需要在其預期的背景之下建立。在KTS環境中，不僅適用於行動研究中針對個別權益關係人的期盼，還包括針對中介機構和實務者的產出。因此，評估因素、評估效度包括下列事項：

(一)評估因素
1. 產出的目標是什麼？
2. 產出的目標提供給誰？
3. 產出所處的環境（context）為何？

(二)評估效度
俄亥俄州立大學教育學系教授拉瑟（Patti Lather）關注行動研究在批判理論的方法論意義，探討了解放研究（emancipatory research）發展領域的問題。她將「研究作為實踐」（research as praxis）的概念定義為在社會科學研究的背景之下進行研究，並討論促進解放知識（emancipatory knowledge）實證研究的範例。如果我們通過行動研究，協助研究者在一個以協商（negotiation）、互惠（reciprocity），以及賦

權（empowerment）研究，作爲實踐爲特徵的民主化過程（democratized process）中進行研究（Lather, 1986b）。研究者必須系統地建立這一套模式，以強化行動研究數據的可靠性，以減少我們所做的事情的模糊性（ambiguity）。我們知道在現實社會中，人類經驗基本上充滿了不確定性（indeterminancy）。也就是說，這個世界的存在，與我們可能擁有的知識之間存在的差距和鴻溝。但是，如果我們想要依據可靠的行動研究產生的數據，我們必須創造自我檢核技術（self-corrective techniques），來檢查我們找到的答案是否可信，應該儘量減少因爲個人偏見所造成的扭曲效應（distorting effect）。因此，在評估效度方面，我們建議如下：

1. 催化效度（Catalytic validity）

依據證據邏輯的研究過程，重新定位、聚焦，並且激勵所有權益關係人參與的程度（Lather, 1986a）。所謂催化效度，是研究者用來評估刺激社會變化的質性研究，是否達到目標的有效性。所謂的有效性是指在量化或是質性研究中，採用的方法，是否可以檢視的內容，從而產生可以信賴的效果。所以，我們檢核根據哪些哲學理論進行指導研究？檢核研究目的爲何？基本上，研究者採用了系統化數據蒐集技術，建議運用三角檢驗法（triangulation）和複數編碼員（multiple coders）等方法，來減少研究者的偏見，並確保有效的結果。

2. 三角驗證法（Triangulation）

三角驗證法是指在質性研究中，使用多種方法或數據來源，以全面了解現象。這個概念起源於實驗心理學者美國西北大學教授坎培爾（Donald Campbell, 1916～1996）和芝加哥大學教授費思齊（Donald Fiske, 1916～2003）所提出之「多元特質方法矩陣」（multitrait-multimethods matrix），主要是用一種以上的量化方法，來衡量心理特質（psychological trait），以此來確保研究的結果（Campbell and Fiske, 1959）。第六章我們談到的三角驗證法，也被視爲是一種質性研究的策略，通過蒐集來自不同來源的資訊，來驗證有效性。Denzin（1978; 2006）和Patton（1999）確定了四種類型的三角驗證法。

(1)方法三角驗證法（Methods Triangulation）

　　檢查由不同數據蒐集方法產生結果的一致性：

　　①研究中有質性和量化數據是很常見的。

　　②這些闡釋了相同現象的互補作用。

　　③通常這些數據差異，對質性研究者非常有意義，提供了最多的見
　　　解。

(2)分析者三角驗證法（Analyst Triangulation）

　　使用多位觀察者、分析者，或是評分者來審查發現：

　　①針對選擇性認知（selective perception）進行檢查，並且解釋分析
　　　中的盲點。

　　②目標不是尋求共識，而是理解多種檢視數據的方式。

(3)理論三角驗證法（Theory/perspective Triangulation）：
　　採用多種理論視角來檢驗和解釋數據。

(4)資料來源三角驗證法（Triangulation of Sources）

　　從同一種方法中，檢視不同數據來源的一致性。例如：

　　①在不同的時間點進行檢視。

　　②在公共場所或是私人場所檢視。

　　③檢視比較不同人們的觀點。

　　以上四種類型的三角驗證法，需要透過上述的焦點團體和深度個人訪
　　談，以為質性分析中，三角驗證法的示範。

3. 複數編碼員（Multiple coders）

　　在質性分析中，我們進行訪談之後的系統歸納分析。需要安排兩位編
碼員，每位編碼員都不知道對方的決定，根據發展原因的分類。如果出現
兩者之間的差異，則採用第三位編碼員來確定原因。科恩的kappa統計量
（Cohen's kappa statistic, (K)）用於衡量兩位編碼員之間的一致程度。科
恩的kappa統計量是衡量兩個編碼的評估者之間的協議，K的定義如下：

$$K = \frac{P_0 - P_e}{1 - P_e} = 1 - \frac{1 - P_0}{1 - P_e}$$

其中P_0是編碼員評估之間相對觀察到的一致性，P_e是機會一致性的假設機率（hypothetical probability），我們稱為隨機合意機率（the probability of random agreement）。使用觀察數據計算每個編碼員隨機看到每項類別的機率。如果評分完全一致，那麼$K = 1$。如果沒有一致性，而且排除亂評的機率，則$K \approx 0$。

複數編碼員（multiple coders）審查行為之分析

如果假設您正在分析申請補助款的十位計畫主持人，提案的計畫如下。

1. 計畫書內容（占60%）

   (1)研究主題之重要性或原創性、在學術或應用上之價值或影響（30%）

   (2)對國內外相關研究文獻之掌握及評述（20%）

   (3)研究方法與執行步驟之可行性及創新性（10%）

2. 研究績效（占40%）

   計畫主持人代表性研究成果之品質、創見、學術或實務貢獻等。

   (1)最近一期專題計畫研究成果報告之品質？

   (2)本案如為多年期計畫，審慎判斷其執行期限之必要性及合理性。

   (3)本案如有共同主持人，審慎判斷其必要性。

   (4)本案如為連續性計畫，截至○○年12月31日止，該計畫是否已完成預定進度？

   (5)本案經費編列是否合理？

   (6)本案是否涉及下列實驗／研究而必須檢附研究倫理審查相關文件，例如：行為科學研究（以個人或群體為對象，使用介入、互動之方法、或使用可資識別特定當事人的資料，而進行與該個人或群體有關的系統性調查或專業學科的知識性探索活動者），本案是否已附研究倫理審查相關文件？

每位提案都由兩位初審的審查人進行審查，每位審查人對於提案均表示贊成（超過審查總分超過75分），或是反對（審查總分未達75分），計算數據如下。其中A和B是初審的審查人，矩陣的主對角線上的數據（a和d）計算一致同意的數量；以及非對角線數據（b和c）計算審查不一致的數量：

審查者的行動方案		B	
		贊成	反對
A	贊成	a	b
	反對	c	d

審查者的行動方案		B	
		贊成	反對
A	贊成	4	1
	反對	2	3

本案觀察到的合意比例為：

$$P_0 = \frac{a+d}{a+b+c+d} = \frac{4+3}{10} = 0.7$$

為了計算P_e（隨機合意的機率），我們注意到：

審查人A對五位申請人投下贊成票，對五位申請人投下反對票。因此審查人A投下了50%的贊成票。

審查人B對六位申請人投下贊成票，對四位申請人投下反對票。因此審查人B投下了60%的贊成票。

所以雙方都會投下贊成票的預期隨機機率為：

$$P_{yes} = \frac{a+b}{a+b+c+d} \times \frac{a+c}{a+b+c+d} = 0.5 \times 0.6 = 0.3$$

同理，雙方都會投下反對票的預期隨機機率為：

$$P_{no} = \frac{c+d}{a+b+c+d} \times \frac{b+d}{a+b+c+d} = 0.5 \times 0.4 = 0.2$$

總和隨機一致機率，是他們一致投下贊成票，或是一致投下反對票的總

和機率，亦即為：

$$P_e = P_{yes} + P_{no} = 0.3 + 0.2 = 0.5$$

所以現在將我們的行動研究的結果，應用於科恩的kappa統計量（Cohen's kappa statistic,（K）），我們得到下列數據：

$$k = \frac{p_0 - p_e}{1 - P_e} = \frac{0.7 - 0.5}{1 - 0.5} = 0.4$$

因此，我們以這個假設的個案說明，如果兩位初審的審查人評選十位計畫主持人提案的計畫，他們評分的一致程度僅為0.4。

小結

德國柏林自由大學榮譽教授薩佛蘭斯基（Rüdiger Safranski, 1945～）在《時間之書》曾經說，人類對於意識中時間流逝的體驗，會思考過去。但是，如果從行動研究的介入角度來看，每個人都有可能是行動的見證者。目前大數據蒐集了人類行動的軌跡，包含了影音媒介和3D呈現的效果，但是這只是所謂的外在貯存，而不能保存人類的內在狀態。因為我們不斷經過內在的思惟，反映了人類的行動，當不斷有新的現實呼應真實的人生狀態，我們採取行動，但是受到時間和空間的限制與支配。德國哲學家黑格爾（Georg Hegel, 1770～1831）曾以「壞滅的暴流」說明這一種現象。我們思考到印度龍樹菩薩在《菩提資糧論》所說：「此中旁生苦，強力於贏弱，制罰及損害，相續如暴流。」在此，所謂的旁生就是畜牲，這些現實觀察的現象，都是我們在生態系統之中，所看到優勝劣敗、適者生存的鐵證。但是，生而為人，我們雖然是生態系統的一環，卻可以透過自我的行動，在時間之中自由往返，從文學中的敘事紀錄，透過行動來支配時間，徜徉在音樂、文學、藝術和宗教信仰之中。

然而，薩佛蘭斯基認為，每個人的時間都是有限的。還有，生命本身沒有重播鍵，一旦播放，就需要順流而下，不能回溯既往進行重播。因此，不管是行動本身的好與壞，我們都不能重新來過。薩佛蘭斯基認為：

「人類可以從外部看自己，因而意識到自己的死亡；但是，人類不能在心中想像沒有自己是什麼樣的景狀（Safranski, 2015）。」因此，我們在推動行動研究中，研究者擁有了主觀的介入，不至於完全抽離自我，從外部單純地看待實驗研究；至少，在行動研究中，我們是透過主觀的介入方法，期望產生了研究狀態的改變。因為「個別生命的死亡，全體生命才能獲得重生」（Safranski, 2015）。當一個事件結束，代表一件新生事件的開始。也就是說，我們在研究中，需要以主觀的認同感覺，進行客觀的思考。在勒溫於1944年提出了行動研究之後，第二年他就過世了。在勒溫短暫的行動研究生命中，我們甚至不知道他的行動研究的命名真髓，和我們的行動研究的定義，是否已經產生了差異？我們在哀悼之餘，感受到勒溫因應時代需求，產生研究思考模式變革的具體行動。變化事物本身沒有那麼重要，重要的是變革精神。在眾聲喧嘩中，行動研究綿延不絕，在後世凝聚了行動力量，如江海茫茫、滔滔不絕。我們認為，人類永恆的力量不會消亡，藉由客觀性的行動意識，繼續奔走，形成最璀璨風華的行動合奏大樂章。

關鍵字詞

行動設計（action design）	行動評估（action evaluation）
行動探索（action inquiry）	行動學習（action learning）
行動研究（action research）	倡議團體（advocacy groups）
肯定式探詢（appreciative inquiry）	由下而上的方法（bottom-up approach）
中介者（brokers）	催化效度（catalytic validity）
因果連鎖（chain of causation）	改變流程（change processes）
科恩kappa統計量（Cohen's kappa statistic, K）	協作分析（collaborative analysis）
協作環境（collaborative context）	實踐社群（community of practice）

持續平衡（constant equilibrium）	合作行為研究（cooperative action research）
審議實踐（deliberative practice）	民主化過程（democratized process）
扭曲效應（distorting effect）	動態方法（dynamic approach）
解放知識（emancipatory knowledge）	解放研究（emancipatory research）
緊急結構（emergent structure）	環境素養（environmental literacy）
循證教學（evidence-based instruction）	體驗式學習（experiential learning）
場論（field theory）	焦點團體（focus groups）
動手學習（hands on）	假設機率（hypothetical probability）
抑制條件（inhibiting conditions）	想像遊戲（imaginative play）
介入（intervention）	及時說明（just-in-time telling）
意見領袖（key opinion leaders）	知識動員（knowledge mobilization）
知識轉移團體（knowledge transfer group, KTG）	知識移轉計畫（Knowledge Transfer Scheme, KTS）
學習過程（learning processes）	聆聽分享（listening and sharing）
媒體報導（media coverage）	後設理論原理（meta-theoretical principles）
瞬間理論化（moment-to-moment theorizing）	複數編碼員（multiple coders）
多元特質方法矩陣（multitrait-multimethods matrix）	家長聯合會（parent coalitions）
參與性行動研究（participatory action research）	個人日記（personal journals）
實用性行動研究（practical action research）	實踐研究（praxis research）

預防性方法（preventive approaches）	產出發展（product development）
心理特質（psychological trait）	反思實踐（reflective practice）
反思專業實踐（reflective professional practice）	研究作為實踐（research as praxis）
權益關係人（rights holders）	選擇性認知（selective perception）
自我檢核技術（self-corrective techniques）	社會工程（social engineering）
社會管理（social management）	社會規範（social norms）
社會負擔（societal burden）	獨白對話（solitary dialogue）
利益關係人（stakeholders）	隨機合意機率（the probability of random agreement）
智庫（think tanks）	轉型學習（transformational learning）
三角驗證法（Triangulation）	口語（word-of-mouth）
錯誤簡化（wrong simplification）	

第八章

扎根理論

Don't try so hard, the best things come when you least expect them to.

不要著急，最好的總會在最不經意的時候出現。

—— 泰戈爾（Rabindranath Tagore, 1861～1941）

學習焦點

　　扎根理論（Grounded theory）又稱為質化研究中的基礎理論研究法，或是深入理論研究法。研究者對於自己所深感興趣的社會、政治、教育、產業現象，不斷思考如何進行資料蒐集、分析與報告資料，用以發掘並建立理論。因此，與其說扎根理論是一種基礎理論，不如說扎根理論是一種系統性蒐集資料的社會科學研究方法論，通過不同的方法蒐集和分析數據，來建構理論。扎根理論（Grounded theory）與假設演繹法（hypothetico-deductive approach）相比，是一種歸納性的方法學。研究者使用扎根理論的研究，首先需要提出問題，蒐集質性的調查數據，對於蒐集的資料進行審核，將不斷重複的想法、概念，或是要素進行編碼，依據代碼進行標記（tagged with codes）。隨著更多數據蒐集和重新審核之後，這些代碼可以區分為概念，然後重新分類，形成新的理論基礎。

　　本章運用扎根理論，說明定義、歷史，比較扎根理論和傳統研究模型不同之處，就是扎根理論永遠沒有任何模型或是理論作為依

歸。研究者在無法選擇現有的理論架構之下，進入場域蒐集數據、進行分析，以解釋資料數據的意義，產生新的理論架構，並且在分析之中，討論舊有的理論，適用於或是不適用於研究中發現的種種現象。這些現象的研究過程，可以用流程結構表達。文中探討「方法目的鏈」的流程分析，透過質性的調查和量化的方法，將蒐集變量，運用因素分析法與集群分析法，揭示人類選擇的潛在屬性、結果，以及個人價值。最後透過質性和量化研究方法，透過訓練有素的訪員進行「階梯技術」的訪談蒐集數據，最後輸出結構化的編碼結果進行分析。

第一節　什麼是扎根理論（Grounded theory）？

　　扎根理論（Grounded theory）不是一種學術型的理論，而是一種研究方法。這一種通用的方法論，是針對數據進行思考，形成概念化和理論化的一種方式，本節以扎根理論定義、歷史進行說明。

一、扎根理論定義

　　美國社會學家格拉澤（Barney Glaser, 1930～）和施特勞斯（Anselm Strauss, 1916～1996）在1965年合作撰寫了《死亡意識》（*Awareness of Dying*）。在這項研究中，他們開發了恆量比較法（constant comparative method）（Glaser and Strauss, 1965）。到了1967年他們合著了《發現扎根理論》（*The Discovery of Grounded Theory*），後來改稱恆量比較法為扎根理論法（Glaser and Strauss, 1967）。扎根理論立基於實用主義（pragmatism）以及象徵互動論（symbolic interactionism）這兩種理論，因為受到實用主義的影響，相當重視研究結果的功用，希望透過問題提出，蒐集調查數據，將蒐集的資料、想法、概念，或是要素進行編碼和審

核，產生新的概念之後重新分類，以建立新的理論基礎。扎根理論立基於實用主義、象徵互動論，遵循科學邏輯，有下列的特徵：

(一)立基於實用主義（Pragmatism）

扎根理論受到實用主義的影響，在1970年之後，形成一股探究熱潮，但是眞正應用案例相當的少。實用主義者皮爾斯（Charles Peirce, 1839～1914）曾說：「考慮你的概念對象的實際效果，然後，你對這些效果所產生的概念，也就是你針對你研究對象的全部概念。」（Peirce, 1878）由於概念泛指一般觀念，在傳達知識的目的上等同於接受實踐的影響，而不是指的是任何確定測定結果的影響。實用主義認爲，一種概念的澄清意義，運用可以想像的驗證，進行驗證結果，但是不涉及內在的意義和價值。也就是說，眞實的思想是一種預測和解決問題的工具，並且反映現實的觀點。大多數的現實研究，從語言、概念、意義、信仰，以及科學來看，都是從實際用途的角度來看最好。因此，實用主義的哲學係爲強調通過行動來實際應用觀念，以便在人類的經歷中進行實際測試。因此，扎根理論和行動研究相同，強調適應現實中的變化，以行動號召研究。行動研究是「知行合一」，依據理論進行行動；但是，扎根理論是「不知亦能行」，運用研究所建立的理論，同樣可用來協助了解現象及解決問題。

(二)立基於象徵互動論（Symbolic interactionism）

扎根理論受到象徵互動論（symbolic interactionism）的影響，從實際發展考慮人類運用文字、語言形成意義的圖像，以推論個體和他人的對應關係。換句話說，象徵互動是一種參考架構，用以理解個體如何相互影響，以創造符號世界；或是說這一個符號世界，如何塑造個體的行爲。象徵互動論同時受到美國的實用主義杜威哲學影響，從微觀社會心理學進行觀察，解釋社會的互動。

扎根理論主張研究者應該要進入社會情境中進行研究，由情境的當事人去詮釋社會現象，研究者藉此了解社會現象，同時也產生了社會和研究者個體的互動。依據芝加哥大學教授喬治・米德（George Mead, 1863～1931）死後出版的《心智、自我和社會》（*Mind, Self, and Society*），

人類大腦建構能力，是指個體使用符號，為周圍的世界創造意義的能力（Morris, 1934）。因此，人類使用語言和思想來達成目標。當人類產生自我意識的時候，是指這個人反思自我，受到他人感知的一種能力。最後，米德認為社會正在發生社會網絡的交互作用，如何依據外部社會結構、階級，以及權力，了解自我人格的真實表徵，成為研究的重點。米德的學生布魯默（Herbert Blumer, 1900～1987）創造了「象徵互動論」（symbolic interactionism）這個名詞，他認為：「人類根據事物既有的意義，以自我的方式行事，這些意義來源於社會互動，並通過闡釋之後，不斷的修正」。人類從事的最人性化的活動，就是彼此交談，通過相互交換意見的解釋，社會化的基礎因而產生（Blumer, 1969）。在1952年，布魯默離開芝加哥大學，前往加州柏克萊大學成立社會學系。自此，布魯默將這一套理論，帶到美國西岸，成為了「芝加哥—柏克萊學派」的代言人，同時影響到施特勞斯（Anselm Strauss, 1916～1996）和格拉澤（Barney Glaser, 1930～）。

二、扎根理論歷史

美國社會學家格拉澤（Barney Glaser, 1930～）是扎根理論方法的奠基人之一。他出生在加利福尼亞州的舊金山，在1961年取得博士學位，後來在加州大學舊金山分校和施特勞斯（Anselm Strauss, 1916～1996）展開了一項研究合作。他們一起撰寫了《死亡意識》，依據在加州醫院針對死亡病例的研究。他們透過問題的回應，撰寫出扎根理論的方法論，並於1967年和施特勞斯合著了《發現扎根理論》（Glaser and Strauss, 1965; 1967）。

1970年，格拉澤創辦了社會學出版社（Sociology Press），專門出版研究扎根理論方法的專書。第二本扎根理論方法論是在1978年由格拉澤編寫的《理論敏感性》（*Theoretical Sensitivity*）（Glaser, 1978）。此後，格拉澤發表了扎根理論和另外四種方法學專書（Glaser, 1992/1998/2001/2005）。他曾經到世界各地為許多研究者開辦講習班和研討會。

1999年，格拉澤創辦了非盈利網絡組織扎根理論機構（Grounded Theory Institute）。但是，這家機構於2009年申請破產。

斯特勞斯（Anselm Strauss, 1916～1996）出生在紐約市，在芝加哥大學獲得了社會學碩士和博士學位，1960年在加州大學舊金山分校護理學院擔任教授，創立了社會和行為科學系，比布魯默在柏克萊加州大學創立社會學系，晚了八年。斯特勞斯從1962年到1970年擔任世界衛生組織顧問，長期關注於慢性病和死亡的社會現象。他和格拉澤於1967年發展的扎根理論，廣泛應用於社會學、護理學、教育學、社會工作，以及組織研究。他受到布魯默「芝加哥—柏克萊學派」的象徵互動論的影響，撰寫了象徵互動論、工作社會學、社會世界的競技場理論等文章。

《發現扎根理論》一書主要探討臨終病人死亡前的研究，主張透過資料的蒐集和檢驗的連續過程，以突顯研究現象的特質，這種特質經過比較之後，如果發現有相同的特質的其他因素，則可以歸納到抽象層次的概念。如果發現了不同的特質，則可深入探究，造成差異的情境或結構因素是什麼？出版背後有三種主要目的（Glaser and Strauss, 1967）：

㈠理論基礎：依據1960年代主張的研究規範（research norms），扎根理論有助於生成多維概念理論（multi-dimensional conceptual theory），縮短理論與實證研究之間的差距。

㈡理論邏輯：扎根理論有助於提出嚴謹的科學邏輯。從資料蒐集、假設驗證到理論建立，都符合科學的邏輯。

㈢質性研究合法化：扎根理論有助於質性研究的合法化。

因為在實證主義的主導下，1960年代量化研究方法在研究領域占了上風，質性研究並不被認定是一種適當的驗證方法。這個理論主要是針對量化方法的演繹（deductive）和推測本質（speculative in nature）中，展開對於基本教義派（fundamentalist）和結構主義者理論（structuralist theories）的批評；同時針對極端經驗主義（extreme empiricism）進行反擊。格拉澤和斯特勞斯認為，邏輯演繹理論（logico-deductive theories）壟斷了理論的詮釋（Glaser and Strauss, 1965:35）。邏輯推理的觀點可能

會有偏見，因爲邏輯推理用於驗證現有理論的有效性。我們可以說，邏輯演繹過程由普遍的理論推導出來，並通過方法論進行分析。因此，最有可能產生的結果，只是反映理論的合法性。扎根理論放棄了先驗理論（*a priori* theorizing），因爲理論的發現和擴展，構成了預先設定的限制。到了1990年之後，社會學家和心理學家發現以上的量化研究方法有了研究上的限制，對於扎根理論表示理論上的讚賞，因爲該理論已經進行了研究系統的概念化。

從《死亡意識》（1965）出版之後，扎根理論在醫院社會學、心理學，以及精神病學領域產生實質上的意義。格拉澤和斯特勞斯認爲，如果我們在未知理論（uninformed theory）的研究環境之下，應該有一種取代理論，直指核心問題的研究方法產生。後來《發現扎根理論》出版之後，這一種方法也應用在戲劇、管理、製造業，以及教育領域。

第二節　扎根理論的範疇

扎根理論最初是由格拉澤和斯特勞斯開發的理論，是一種有用的研究方法，其宗旨在爲研究者提供從蒐集和分析數據中，產生新理論的研究方法。然而，這種方法並沒有被廣泛使用，而且在應用時，往往會讓研究者對其效用感到困惑（Howard-Payne, 2015a,b）。本節闡述了扎根理論的範疇，同時也向讀者介紹了這種研究方法的一些困難。這些困難是由於格拉澤和斯特勞斯在理論和方法論中基本論點的爭論和分歧，發生分道揚鑣的問題。在選擇研究方法中，考慮選擇扎根理論的方法，進行質性調查時，會讓研究變得更複雜。研究者發現，扎根理論研究的程序、原則並不清楚（Benoliel, 1996; Charmaz, 2006）。在面臨考慮採用扎根理論的類型，包含了：格拉澤方法、斯特勞斯方法。其中在理論、哲學，以及實際應用上，彼此之間產生相當大的差異。我們先從《發現扎根理論》一書談到相同的部分（Glaser and Strauss, 1967）。

一、扎根理論的三大基本要素

扎根理論是爲了防範理論停滯（theoretical stagnation），以產生新的理論。其次，實現對於研究領域的觀察，基於理論創新的根源，以期爲理論發展奠定完善的科學基礎。因此，格拉澤和施特勞斯提供藉由根據蒐集的數據，應用於生成理論。換句話說，這種方法能夠產生新的理論，並且從數據中得出假設和概念、類別，以及命題。

㈠概念（Concepts）

概念是分析資料的基本單位。

㈡類別（Categories）

類別則是比概念層次更高，也比概念抽象，它是發展理論的基礎。

㈢命題（Propositions）

命題則是類別和其概念，或者概念與概念之間關係的類化，可說是源於基本假設，只不過是命題偏重於概念之間的關係，而假設則是偏重於測量彼此之間的關係。

二、扎根理論研究過程五個階段

㈠研究設計階段：包括文獻探討及選定樣本（非隨機）兩個步驟。

㈡資料蒐集階段：包括發展蒐集資料的方法和進入現場兩個步驟。

㈢資料編排階段：依時間年代發生先後順序的事件排列。

㈣資料分析階段：包括採用開放式編碼（open coding），將資料轉化爲概念、類別和命題，以及撰寫資料綜合備忘錄和排列備忘錄，如圖8-1。

㈤資料比較階段：將最初建立的理論與現有文獻進行比較，找出其相同相異之處，作爲修正最初建立理論的依據。

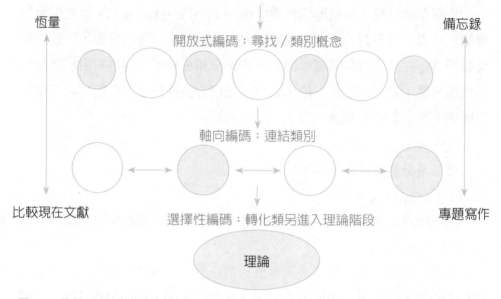

田野研究

恆量

開放式編碼：尋找／類別概念

備忘錄

軸向編碼：連結類別

比較現在文獻

選擇性編碼：轉化類另進入理論階段

專題寫作

理論

圖8-1 扎根理論採用開放式編碼、軸向編碼、選擇性編碼，連結類別，發展理論依
據（Glaser and Strauss, 1965;1967; Strauss and Corbin, 1998a,b）。

三、扎根理論研究的論證

　　當這些數據在蒐集、編碼，以及分析研究現象。格拉澤和斯特勞斯發
現他們在幾個關鍵的理論和哲學假設上有所不同。從1967年《發現扎根
理論》出版之後，經典（classical）扎根理論方法已經經過歲月的演變，
產生了根本性差異。在二十年後，1987年格拉澤和斯特勞斯分道揚鑣，
形成兩派學說：

㈠格拉澤的扎根理論學派

　　採取實證主義（positivist），或是後實證主義範式（post-positivist
paradigm）方法。

㈡施特勞斯的扎根理論學派

　　採取建構主義理論方法（constructivist approach）。

(三)兩派爭端的焦點

1. 本體論立場的差異

格拉澤和斯特勞斯扎根理論之間的不同，在於兩者哲學觀的爭論。格拉澤的扎根理論方法採用了本體論的立場，依據批判現實主義，回答有關現實性質和可以理解的問題。批判現實主義（critical realism）者認為，我們可以掌握現實，從真正存在於數據中的現況，發展基礎理論。格拉澤的扎根理論方法因為採取批判現實主義的假設，不會考慮實際狀況的生成。例如：多元和融合等構造，作為相互作用的重要性分析。

斯特勞斯認為，從實用相對主義（pragmatic relativism）來看，所謂的事實，在特定時空中會受到限制，這種共識是建立在關於某種現象的多種觀點之上。施特勞斯採用了條件矩陣（conditional matrix），從表面現象上觀察多個觀點，進而蒐集和分析數據。通過使用條件矩陣，產生新興類別的多元維度，可以論證支撐基本社會的基礎。

條件矩陣（conditional matrix）

施特勞斯和科爾賓（Juliet Corbin）提供研究者對現象描述的條件，為了讓行為之間的相互作用和結果更加敏感，並且將這些條件和結果納入理論，他們發展了條件矩陣（Strauss and Corbin, 1990:158～175）。條件矩陣是一組同心圓，每個等級對應不同的影響單位。在中心是行動（actions）和互動（interactions）。內環代表個人和小團體之間，對這些行為的影響，外環代表對於國際和國家的影響。

在選擇性編碼（selective coding）階段，為了完成扎根理論，有必要創建一個條件和相應的矩陣，產生分析的措施，以刺激分析者思考宏觀和微觀條件，以及這些條件和後果之間的關係，以及相互之間交會的過程（Strauss and Corbin, 1998b）。這個矩陣有助於形成一個故事，這是研商扎根理論的關鍵方法，必須在概念層面講述故事，將子類別（subsidiary categories）與核心類別（core category）相互關聯。將類別放入序列之後，研究者可以開

始涵蓋各種條件之下的各種後果，賦予故事的特異性，這種反應構成了理論的基礎。

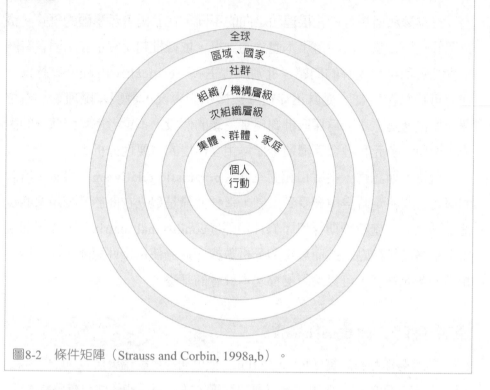

圖8-2　條件矩陣（Strauss and Corbin, 1998a,b）。

2. 認識論立場的差異

　　認識論的立場，取決於觀察者和被觀察者之間關係範式的假設（Corbin and Strauss, 1990）。依據格拉澤的方法，扎根理論包含在現實主義的認識論中，調查結果被視為係從數據中揭示的。相反地，施特勞斯的方法是在情境主義的認識論中應用的，認為這些發現是通過對於這些現象的主觀認識來建構的。因此，有關認識論假設的扎根理論，反映兩者之間不同的方法論，最好在研究期間，通過研究者反應的方式來決定採用何種理論。

3. 研究者立場的差異

　　依據格拉澤的方法，採取實在主義的認識論（realist epistemology），要求研究者要站在客觀立場，擔任獨立觀察者的角色。格拉澤認

為，站在後實證主義觀點（post-positivist perspective）所理解的客觀性立場而言，可以讓研究人員保持中立立場蒐集數據。但是，施特勞斯倡導的語境主義認識論（contextualist epistemology）指導研究者親身實踐參與研究，研究者就像是參與者，親身描述和理解世界。施特勞斯認為研究者是方法學中的研究主體，因為研究者在蒐集數據時會深入其境。等到施特勞斯過世之後，格拉澤反駁說，扎根理論打算產生新穎的理論，而不是像是斯特勞斯認為要證實研究者自身的觀點（Glaser, 1999）。他認為施特勞斯太過先入為主，想要針對現象產生理解。格拉澤認為，研究者必須問自己問題，當研究者試圖解決爭論點的時候，和他們相信自身的程度有關。當研究者選擇調查他們想要研究的主題時，才可以保持客觀和中立。

4. 文獻閱讀順序的差異

依據格拉澤的方法，應用新興的概念進行設計。格拉澤不想讓文獻影響研究者的觀感；因此，格拉澤堅持認為文獻回顧只能在數據分析之後進行。但是，格拉澤警告為了避免簡單複製現有的知識理論基礎，需要依賴參與者和現場工作者來驗證訪談摘要的準確性，藉以強化最終實質理論的意義建構（Howard-Payne, 2015a）。

施特勞斯採用預定的範式系統（predetermined paradigm system）進行理論架構的研究，他像是學院派的教授給學生建議的一樣，先閱讀參考文獻。在這一個階段，研究者撰寫研究計畫書之前，幾乎都會針對文獻進行部分回顧。通過在數據編碼的後期階段，需要全面參與數據分析，確保研究者所生成的理論，事實上是以數據為基礎而產生的。施特勞斯針對相關文獻進行閱讀，並且採用比較方法，根據數據產生的結果進行資料評估。

5. 擬定研究問題的差異

格拉澤禁止研究者依據任何預先設定的研究問題，進入研究領域。只有經過各種數據蒐集和分析之後，研究問題才可以細化（refined）。施特勞斯認為研究者可以採用預先確定的研究問題，進行調查。這個研究問題從對現有文獻閱讀中產生。

　　格拉澤通過比較彼此的發生，來促進初始編碼，以揭示出現類別的廣泛模式和趨勢。施特勞斯接受開放式編碼，尋找概念和類別，其中包括單一概念的產生。因此，從數據中發現單一的事件，這對分析過程相當重要。事後證明，最初以單一事件證明與其他事件其實有關。因此，單一事件應該可以包含在數據的解釋之中。

　　此外，依據軸向編碼（axial coding）的數據分析過程，採用重新組合數據，以突顯各種類別（categories）之間的聯繫。在編碼和分析過程中，研究者通過使用編碼系統，或是範式模型（paradigm model）來重新組合數據，構成現象、條件、架構、效果，和行動界面的策略（Strauss and Corbin, 1990）。但是，格拉澤批評施特勞斯的軸向編碼系統，概念化理論不容易產生。編碼理論方法用來追尋對於現象的描述，不容易產生理論。

軸向編碼（axial coding）

　　軸向編碼（axial coding）是質性數據分析過程中，核心的主題。扎根理論中的軸向編碼是通過歸納和演繹思惟的結合，將代碼（概念和類別）相互關聯的過程。根據施特勞斯和科爾賓（Strauss and Corbin, 1990; 1998a,b）提出使用編碼範例（coding paradigm）關係的基本架構，可以解釋軸向編碼：

1. 研究現象。
2. 脈絡條件（context conditions）：干預—結構—條件（intervening-structural- conditions），或是因果條件（causal conditions）。
3. 針對管理或處理現象的行為，運用相互作用的策略。
4. 與現象相關的行為／交互作用的後果。

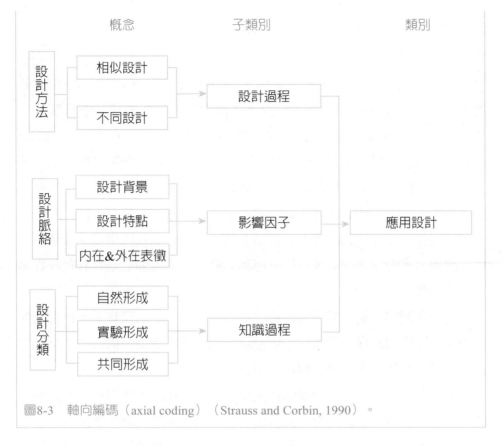

圖8-3　軸向編碼（axial coding）（Strauss and Corbin, 1990）。

7. 理論驗證的方法論

格拉澤主張實證主義（positivist）和後實證主義假設（post-positivist assumption），建議驗證新興的扎根理論，只能進行通過後續的量化分析。施特勞斯採取建構主義的立場，認為只有通過不斷地比較和採取多個視角，在特定的歷史時期和文化中觀察，扎根理論所發現之理論是可以被驗證的。格拉澤批評施特勞斯過於嚴格的程序設計，在過程中過於僵化；但是，斯特勞斯扎根理論分析，是研究者想要了解影響影響因子的概念，最合適的方法。

第三節　扎根理論的方法演變

　　扎根理論受到實用主義的影響，在1970年之後，形成一股探究熱潮，但是真正應用案例，除了研究者依據斯特勞斯扎根理論進行解謎，格拉澤和施特勞斯的分歧也是鬧得揚揚沸沸。後來，科爾賓（Juliet Corbin）到了聖荷西州立大學護理學院教書，繼續採用斯特勞斯扎根理論用於社會工作的研究。科爾賓經常回想起布魯默、斯特勞斯的「芝加哥—柏克萊學派」的象徵互動論（symbolic interactionism）的質性繽紛的研究世界。她在全世界的研討會中，討論文學在社會活動知識生產。建議在寫作小說與敘事視角之間，進行扎根理論的寫作，並且關心全世界在社會轉型中的行動。

　　兩派之間的爭議，並不僅止於方法技術上的批評；事實上，在哲學觀點上也有顯著的差異，例如說：本體論和認識論的立場、價值論，以及方法論影響，都造成研究者在利用扎根理論時的困惑。

　　這一種差異，彷彿是金庸的武俠小說《笑傲江湖》華山派的「氣宗」和「劍宗」論戰，也像是禪宗對於旗幡飄動下「風動」與「幡動」之爭。在人文社會諸多條件的自然限制之下，施特勞斯扎根理論有很嚴謹的歸納方法，像是華山派「氣宗」一派，只要按部就班，就可以寓理率氣，採用建構主義理論方法（constructivist approach）進行歸納。可惜施特勞斯扎根理論雖然嚴謹，運用招式卻經常綁手綁腳，遇到格拉澤扎根理論以「無招勝有招」的內功心法，經常碰壁，遭受到格拉澤扎根理論的批判。武功招式林林總總，擅長以「無招勝有招」，說來說去還是的格拉澤批判性扎根理論，這一種後實證主義假設（post-positivist assumption），彷彿是風清揚在華山思過崖教令狐沖獨孤九劍，破了一大堆招式，雖然威力十足，但是能夠領悟的人卻不多，需要具有慧根和研究耐性，才能夠一窺格拉澤龐大系列叢書及專論之堂奧（Glaser, 1978/1992/1995/1998/1999/2001/2005）。

也就是說，國內雖有不少論文宣稱採用的是扎根理論法，但是大都卻有預設的分類系統，其實依據格拉澤扎根理論來說，是名實不副的。感覺是說很多研究都在進行「半扎根」的工作，格拉澤認爲，扎根理論必須是完全空白，在沒有理論基礎之下進行。否則就是「修正扎根理論」或是「半扎根」理論了。所以，我們是在沒有舊有理論支持之下，才聲稱自己採用的是扎根理論。

從《笑傲江湖》華山派的「氣宗」和「劍宗」論戰，到禪宗對於旗幡飄動下「風動」與「幡動」之爭，或是施特勞斯扎根理論和格拉澤扎根理論的紛爭，看到一件事情的兩種層面，但是常常會因爲方法論而爭執不休。既然人文社科有那麼多的研究方法，我常常指導學生說，我們既然看不到事實的眞相，那麼我們先放下爭議，也不用太拘泥於方法的名稱，開始選一個流程比較接近自己的研究方法，開始進行研究吧！

因爲在研究哲學中，我們的方法論和實踐之間，需要保持一致。斯特勞斯扎根理論的方法，就其本體論和認識論的立場而言，研究者的角色爲何？何時進行文獻回顧？何時進行研究問題的確定？如何採用數據編碼和分析過程？以及如何進行理論驗證，都有較爲詳細的流程。我們進行下列斯特勞斯扎根理論的剖析，並且以扎根理論的方法轉移爲題，說明其他方法的推陳出新，產生了新型的知識方法，如下列說明。

一、解開斯特勞斯扎根理論的方法（Howard-Payne, 2015b）

雖然在扎根理論文獻中，批評斯特勞斯扎根理論方法存在著模糊性。但是，斯特勞斯的理論有下列特點：

㈠社會心理發展的觀點，支持扎根理論探究理論方法的過程。

㈡數據的蒐集和分析可兼籌並顧。

㈢研究過程和結果由數據指導蒐集和分析，而不是透過預定的理論架構指導。

㈣這種方法觸發調查過程和理論的發展，有利於查核理論。

㈤概念類別盡可能最大程度上相當完善而詳細，並且通過理論抽樣的過程最後確定。

㈥除了調查者的行為和社會實踐，這種扎根理論的方法宗旨在通過社會經驗來理解在理論生成中保存的調查結果。

㈦扎根理論分析導致進一步的概念層面的分析。

二、謹慎使用斯特勞斯扎根理論

研究者致力於扎根理論的研究方法，發現需要經常反思的方法論的問題，以確保我們是否在研究中的哲學規範搖擺不定。研究者發現採用斯特勞斯扎根理論的方法，將會受益於技術分類，但是應該謹記要謹慎使用這種方法，避免製造下列的問題（Howard-Payne, 2015a,b）：

㈠混淆其他質性的分析方法

研究者不應該損害扎根理論的基本原則，依靠其他質性方法，最常見的是現象學的技術進行分析。

㈡世代侵蝕（Generational erosion）

研究者從數據蒐集和分析的同時，產生了理論性質的轉變，破壞了斯特勞斯扎根理論的基本原則和根本架構。

㈢太早進行類別收斂（The premature closing of categories）

研究者應確保蒐集數據充分飽合之後，才開始進行分析，以包含更高層次的收斂，並且才能隨後進行對於數據的解釋。

㈣過於採用樣板標籤（Generic labels）

研究者可能採用純粹的描述數據內容，而不是考慮文本之中上下文的弦外之音的概念。也常常忽視了正在調查剛發生的現象。因此，如果過度標籤化所使用的代碼，將許多事件都定格了，研究者無法充分反映各種嶄新的想法，因此，需要指導研究者以嶄新的想法進行檢查和反思數據。因為建構的過程之中，最重要的是理論建構，而不是簡單地描述性分析。

㈤先入為主的引入概念（Importing concepts）

研究者因為堅持自己先入為主的觀念和數據解釋，可能無法考慮觀察

現象的替代概念。在發生這種情況之時，研究者很難提供原創根據的解釋（original and grounded interpretation）。

㈥類型學（Typology）的爭端

研究者假如違反了方法論（methodological transgression），面對扎根理論哲學基本原則之時，通常感受到無所適從。

當一位研究者沒有立基於格拉澤扎根理論或斯特勞斯扎根理論方法，可能會產生幾個重要的錯誤。例如，研究者可能放棄扎根理論研究，傾向選擇方法抽樣，而不是理論的採樣。研究者可能會拒絕採用不同的比較方法，因為太過繁瑣。這時應該要求研究者承諾同時蒐集和分析數據。以上常見的錯誤是由於研究者沒有充分考慮各種基本規範所造成的問題。然而，扎根理論採用靈活的研究設計，對量化研究中，典型基本的假說沒有興趣進行測試，而是試圖讓研究理論在研究過程中，從「現場」直接出現。然而，這並不是說格拉澤或斯特勞斯的認識論和技術原則，可以直接混淆。我們就扎根理論建構而言，兩種方法論的選擇經常是纏鬥在一起的。研究者需要將自己的理論和兩位學者的扎根理論聯繫起來，並且進行釐清。如果研究者輕忽了格拉澤扎根理論或斯特勞斯扎根理論的爭論，我們在不了解扎根理論方法的情況之下，有可能淪入「公說公有理、婆說婆有理」的無謂爭端之中。

三、「階梯技術」（Laddering technique）與「方法目的鏈」（Means-end chain）

扎根理論受到實用主義的影響，在1970年之後，形成一股探究熱潮。我們觀察1970年代，在扎根理論方法停滯之後，探索其他學者針對質性研究的方法主張，是不是有類似的方法。從1967年《發現扎根理論》（*The Discovery of Grounded Theory*）出版之後，經典（classical）扎根理論方法已經經過歲月的演變，產生了根本性差異，甚至走向了更為精準的方法變化，這些差異受到了電腦產業變革的影響。科爾賓認為，電腦有能力進行許多細緻而繁瑣的工作，來增加人類的思想力量，從而讓人

類變得富有創意和思考。這就是電腦程序為質性分析所做的工作（Corbin and Strauss, 2015:203）。

1977年，賈伯斯（Steve Jobs, 1955～2011）和沃茲尼克（Stephen Wozniak, 1950～）等人成立的蘋果電腦（Apple）公司，發展「蘋果二號」（Apple II）開啟「家用個人電腦」的時代。後來IBM決定使用開放結構，釋出了《IBM PC技術參考資料》，1982年哥倫比亞資料產品公司（Columbia Data Products）推出了IBM PC相容機，1983年康柏電腦生產IBM PC可攜式電腦。後來微軟進行PC「作業系統」研發，因特爾（Intel）進行「處理器」的合作產生，到了1983年，電腦產業發展到了從上游主機程式處理，到下游周邊設備、主機板與整臺電腦的組裝的網絡模式。

就在1983年，社會科學研究方法也產生了產業變革，依據網絡模式的階梯技術（laddering technique），形成了社會科學中的方法目的鏈。這一種方法目的鏈，我們可以形容是美國微軟「作業系統」，或是因特爾「處理器」，這種目的鏈像是一種因為勞工市場等因素，美國電腦製造商遠赴重洋送到臺灣進行組裝的電腦的MIT製造流程模型（Microsoft + Intel + Taiwan），如圖8-4。

「階梯技術」由Olson和Reynolds（1983）提出（Olson and Reynolds, 1983）。我們從產業鏈結中，很容易理解階梯技術。在技術上，我們詢問參與者，為什麼一個屬性（attributes）很重要，參與者的回答，產生另外一個屬性或是結果（consequences），我們也要透過訪談，了解這一種結果背後闡釋的價值（values）。因此，「階梯技術」建立的目的，研究者使用這種方法，滿足質性研究標準。階梯技術（laddering technique）從產業界上中下游的鏈結觀點，進入到服務領域，了解人際關係之間的聯繫。

我們可以說，傳統扎根理論研究範式（traditional research paradigm）中，為了理解消費者為何選擇產品的目的，研究者通常進行質性研究，以探索消費者的決策過程，然後通過大量探索樣本，進行長期調查，以針對

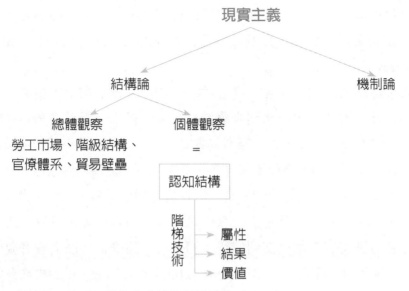

現實主義

結構論　　　　　　　　　　　　　機制論

總體觀察　　　　　個體觀察
勞工市場、階級結構、　　＝
官僚體系、貿易壁壘
　　　　　　　　　認知結構

　　　　　　　階　　→ 屬性
　　　　　　　梯　　→ 結果
　　　　　　　技　　→ 價值
　　　　　　　術

圖8-4　從扎根理論看電腦生產時代的階梯技術（Reynolds and Gutman, 1988; Gruber, 2011）。

結果產生消費理論。當然，有時候這種勞苦功高的方法是有效的；但是，有些時候，管理人員會詢問研究者，什麼時候消費者才能停止猶豫不決的心態，購買商業產品？

　　例如說，營銷人員為了提供他們和消費者聯繫的資訊，並且說服消費者購買產品或服務，需要了解關鍵的因素、特徵，以及購買結果，這一種採用使用過程和手段的工具，形成了一種新形態的工具，學者稱為「方法目的鏈」（means-end chain）。「方法目的鏈」理論由德州大學達拉斯分校教授雷諾茲（Thomas Reynolds, 1949～）和新罕布什州立大學教授古德曼（Jonathan Gutman）在1988年提出，透過訪談，協助經理人釐清消費者「想選擇A產品，而不要B產品」背後的原因，以進行更適當的決策（Reynolds and Gutman, 1988）。「方法目的鏈」的形態架構源起於神經網絡模型（neural network models）（詳如本書第三章圖3-8，P.115），以制定人類決策為基礎，以階梯技術發現路徑，依據量化次數闡釋路徑強度，並且評估這些分層網路的意義。雷諾茲在二十七個國家的三百多

個策略發展計畫中，應用了「方法目的鏈」理論和方法，從消費者品牌策略、銷售渠道和動機，以及政黨派系領域的研究，無所不包（http://thomasjreynolds.com）。

如果從產業的觀點來說，美國微軟「作業系統」加上因特爾「處理器」，為什麼要遠赴重洋送到臺灣進行組裝，是不是因為臺灣的電腦組裝技術又快又好？此外，為什麼消費者當年不買IBM、蘋果電腦，為什麼要買微軟電腦？然而，微軟電腦又是一種雜牌軍，從硬體到軟體，都由不同的廠商設計生產和製造組裝。當全世界透過網絡模型，成為了世界工廠的概念，個人電腦產業不是由一家公司主導，而是透過全世界的工廠製造零件和分別拼裝，最後交到消費者的手中，那麼為什麼消費者要的是「微軟、因特爾、臺灣」（Microsoft + Intel + Taiwan）的MIT產業鏈結產品，而不選擇IBM和蘋果的電腦？

在電腦快速發展的時代，研究方法與日俱進，「方法目的鏈」就是在解決產業和消費者之間關係的研究方法，主要架構是「屬性—結果—價值鏈」。我們透過表格的整理與轉換，繪製階層價值圖（hierarchical value map），提供了上述產品鏈結情形，藉以進一步制定產品價格和廣告策略。根據方法目的鏈，消費者感知和產品知識的等級，說明如下：

㈠屬性（Attributes）

在此層次結構的頂層，屬性最能被個人識別。個人很容易識別產品或系統的屬性。

㈡結果（Consequences）

屬性會對個人產生影響的結果。例如，蘋果手機（iPhone）讓消費者產生品牌的忠誠度，以至於產生購買行為。每個屬性對於任何給定的個體，可能有一個或多個消費結果產生。

㈢價值（Value）

最後，每個消費結果都與個人的一生的核心價值相聯繫。

儘管方法目的鏈是了解如何將這種關係，突顯在消費者心中購買慾望的理論，而「階梯技術」式的訪談，則是調查這種心理關係實際情況的方

法。由於這兩種方法，都是基於心智層次價值體系的相同概念，所以「階梯技術」用於引導方法目的鏈的工具。

「方法目的鏈」基於消費理論，產品、服務屬性，以及消費者的購買結果，和產品利益、產品風險，以及消費者個人價值有關。因此，「方法目的鏈」探討產品屬性和功能、個人心理社會或情感因素的結果，並且和個人價值聯繫起來的價值鏈。我們需要鼓勵受訪者用自己的話來描述，為什麼某些事情對他們來說非常重要，通過填補階梯的每一個段落，最終形成價值鏈。最後通過網路中複雜的軟體，來增強階梯建構的過程，並且進行總結。

研究者進行一百次探訪。與蘋果電腦使用者進行了大約五十次訪談，並且與微軟電腦使用者進行了五十次訪談，每次探訪平均持續三十分鐘，以進行比較。作為經驗法則，每個小組至少需要進行二十五次以上的階梯式訪談，才能對數據進行結論性分析，這些訪談採用網路的語音協議（VoIP）進行，調查者可以通過電腦網路系統與受訪者進行交談，而受訪者可以透過語音，或是在網頁上輸入答案。

舉例來說，考慮消費者選擇的例子：「為什麼設計專家選擇蘋果電腦，而不是微軟電腦？」我們思考到價值鏈從產品屬性開始，比如：「思考微軟電腦是否有強大的繪圖工具。」從心理上和情感思考的後果，蘋果電腦的前身是麥金塔電腦，對於1990年代從事設計的專家來說：「我覺得賈伯斯針對時代潮流的時尚品味，在推動蘋果電腦的整體設計感。」最後，感覺時髦可能吸引設計專家的潛在個人價值。我們通過階梯式訪談，建立價值鏈。

調查者針對每位受訪者，根據最初的問題，建構了積極面的「階梯」。例如：「你認為使用蘋果電腦的關鍵優勢是什麼？」調查者也建立了消極面的階梯。例如：「你認為在使用蘋果電腦的關鍵劣勢是什麼？」並不是所有的階梯研究，都包含了負面的階梯，但是我們必須考慮到研究目標，在這種情況之下，解釋結果非常重要。我們通過方法針對階梯進行編碼，為分析提供量化的數據。分析的主要結果是消費者決策圖

（consumer's decision map, CDM），可以揭露解釋消費者行為的最常見的決策路徑或是價值鏈，如圖8-5。

圖8-5顯示了消費者決策圖（CDM）範例，說明了蘋果電腦使用者的兩個主要決策路徑。在訪談中出現了兩條普遍的路徑，一條以實現心態滿足為目標，另一條路徑環繞使用者所獲得的生活質感。在左側的決策路徑中，導致採用蘋果電腦使用者的主要特徵，是能夠開展個人設計的繪圖職涯。這讓使用者能夠與他們的設計工作保持密切的關係，可以完全控制計畫。最後，最終研究用於美感設計工作，包含廣義採用蘋果電腦進行影片剪輯工作。CDM提供了製定溝通和品牌戰略目標的路線圖。營銷人員可以用用產品的關鍵屬性和結果，並在品牌和個人之間，建立聯繫關係。在這個例子當中，我們假設發現非蘋果電腦的使用者，購買蘋果電腦之後，卻很少使用蘋果電腦的原因，是因為購賣蘋果電腦是因為：「提高資料的安全性，因為蘋果電腦很少中網路病毒。」在這種情況之下，關注於蘋果電腦如何協助消費者「找回安心」的消息傳遞了訊息。但是，何以不常於資料分析時使用蘋果電腦，原因可以歸類為：「平常使用微軟電腦已經習慣了，使用蘋果電腦的介面不習慣。」同樣，價值鏈頂端的個人價值觀，應該在電腦使用環境中進行描繪。

我們採用階梯式訪談技術的手段為「方法目的鏈」的研究者揭露潛在動機和決策過程的驗證方法，這一種解決方案，提供了人機介面的溝通功能，讓消費者採取行動，並且建立品牌忠誠度。

四、資料的挑戰

從詮釋論觀點來說，我們運用扎根理論，要強調研究的「信實度」（trustworthiness）。所謂的信實度，包括「可信性」（credibility）、「可轉移性」（transferability）、「可靠性」（dependability）及「可驗證性」（confirmability）等概念（Lincoln and Guba, 1985）。也就是說，我們的研究如果在類推情境的相似程度下，我們的研究結果是否具備可推論的特性？可以推論到其他的情境、場景，或是其他國家的相關文化脈絡

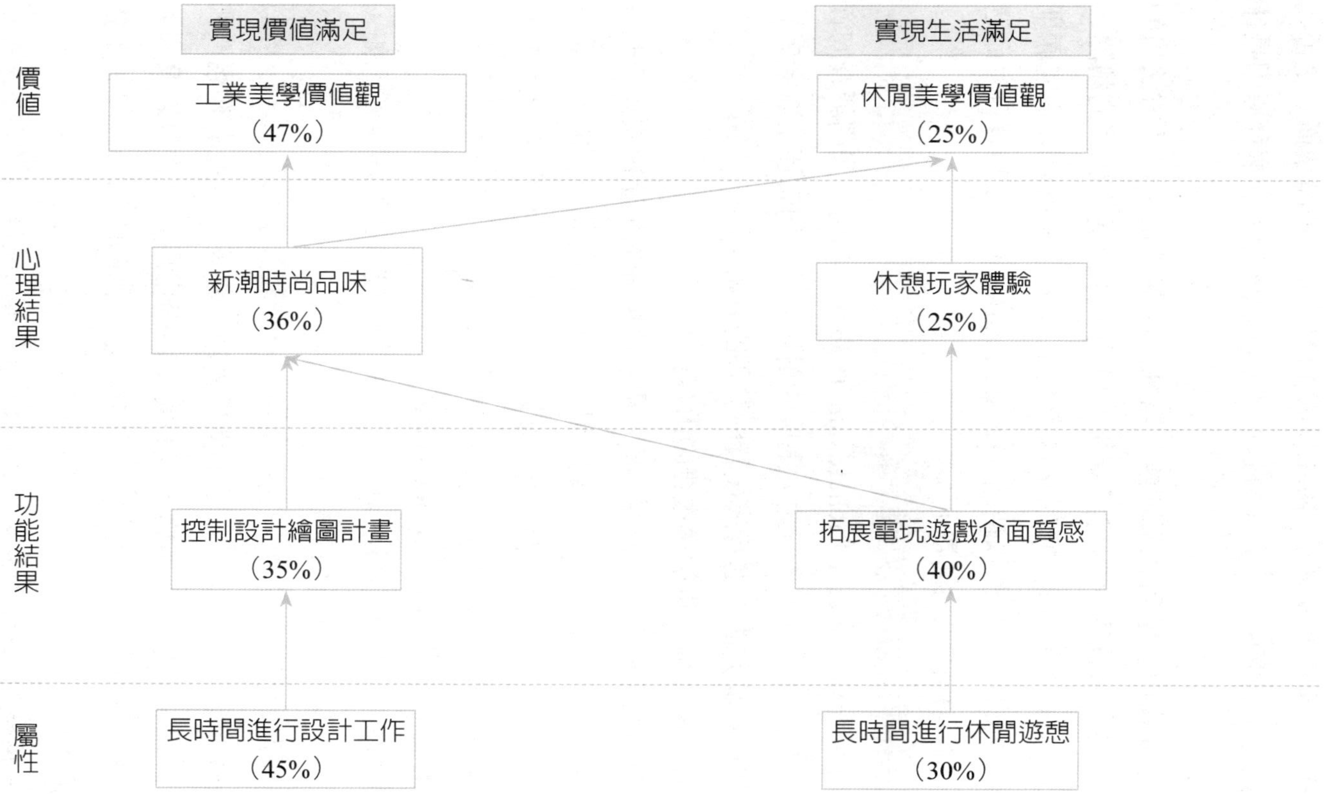
實現價值滿足
實現生活滿足
價值
工業美學價值觀
（47%）
休閒美學價值觀
（25%）
心理結果
新潮時尚品味
（36%）
休憩玩家體驗
（25%）
功能結果
控制設計繪圖計畫
（35%）
拓展電玩遊戲介面質感
（40%）
屬性
長時間進行設計工作
（45%）
長時間進行休閒遊憩
（30%）

圖8-5　透過消費者決策圖（consumer's decision map, CDM），我們進行階梯式訪談，對數據進行結論性分析（Woodall, 2013）。

之中？如果，我們的研究工具存在了解釋上的不穩定性。即使研究在下了很多苦功之後，長期看來整體的研究還是覺得發現不了理論架構，是否我們應該探測在扎根研究中，深入了解這些不穩定因素發生的解釋原因是什麼？

　　因此，儘管我們在運用扎根理論、階梯式訪談技術，以及方法目的鏈，通過訪談得以記錄龐大的訪談資料。但是，如何進入訪談的精隨，運用結晶（crystallization）原理萃取元素，這是非常重要的研究原則（Richardson, 2000）。我們以結晶（crystallization）方法和資料生命週期的延續，說明目前研究的挑戰：

㈠結晶（Crystallization）原理

　　社會學者李查森（Laurel Richardson, 1936～）認為，我們調查的資料，跨越了許多內容。為了進行最大限度的對比分析，同時運用研究者的偏好。建議運用結晶方法，進行最後資料詮釋的分析：

1. 提供深入及厚實敘述，以解釋複雜的內容意義。

2. 針對內容表達的價值含意，需要經歷多點產生的知識生產模式。一般至少包括中間立場（例如：施特勞斯的建構主義，或是格拉澤的後實證主義），並且含括了解釋性、藝術性、表演性，或是其他可以創造性的分析方法。這些方法產生出了結晶文本，並且可以反映了不同多元觀點的知識價值的認知方式（Lincoln and Guba, 1985）。

3. 運用多種文體（例如：詩歌、敘事、報導），或是其他媒體（例如：視頻、繪畫、音樂）進行內容分析。

4. 研究者需要進行反思性思考，透過自我在研究設計上的反思，了解數據蒐集和研究過程中的作用，避免產生實證主義者一味追求客觀性和單一性，讓研究變成乾乾癟癟，我們需要透過可以發現真理的模式擁抱知識，不要讓權力關係讓我們的研究產生了偏頗的價值，陷入了狹隘詮釋的險境。

㈡資料生命週期（Data lifecycle）的挑戰

　　在資料蒐集的過程當中，我們需要面對多重挑戰。一方面在理論挖掘

之中，如何產出方法和模型，另一方面，我們要探討當前數據處理系統的侷限性。在大數據時代，任何文體（例如：詩歌、敘事、報導）、媒體（例如：視頻、繪畫、音樂），或是聊天的話語，甚至表情和手勢，都會形成一股大數據。這些龐大的數位資料，挑戰了下面的問題，包含了：需要生成和蒐集什麼樣的數據？是否有個人隱私問題？是否在挖掘數據之中，產生出道德考量的問題？設計大數據分析，是否需要很高的基礎設施成本？是否我們需要雲端的計算技術，那麼，硬體設備是否非常昂貴？數據建構之後，是否產生可行的解決方案，或是理論基礎？

　　此外，我們爲了整理數據，以便建構具有價值的資訊，通常需要透過人工處理分析。雖然掌握這些數據所需的計算技術，正在保持同步之中，但是因應大數據時代的來臨，研究分析人才都是相當落後的，這也將是未來理論研究的障礙。根據資料生命週期，我們了解到資料生成的過程，以及資料管理，都是未來的挑戰，如圖8-6：

1. 資料挑戰（data challenge）：這些挑戰和數據本身的特徵，例如：數量、速度、種類、波動性、準確性、視覺化，以及價值有關。
2. 過程挑戰（process challenge）：這些挑戰和一系列的技術有關，例如：如何獲得數據？如何整合數據？如何轉換數據？如何選擇正確的分析模型，以及如何提供結果？
3. 管理挑戰（management challenge）：包括隱私、安全、治理，以及道德方面的挑戰。

小結

　　基本上，扎根理論是一種嘗試將自然主義與實證主義共同關注的焦點中，結合的質性分析研究程序。我們了解這一種質性研究，屬於非實驗研究，可以分爲「描述性關聯研究」（descriptive correlational studies）或是「單一變量的描述性研究」（univariate descriptive studies）。我們從恆定的比較方法中，通過觀察結果，採用了迭代過程，進行這些變量關係

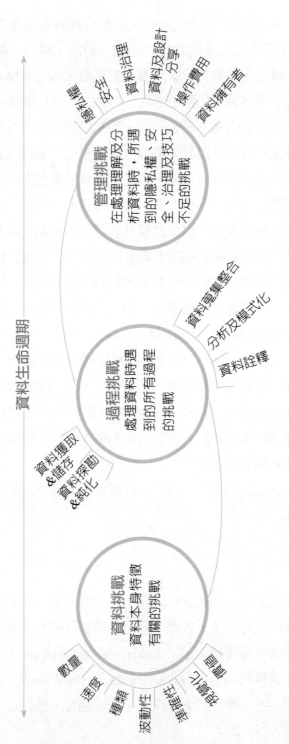

資料生命週期

隱私權

安全

資料治理

資料及設計

分享

操作費用

資料擁有者

管理挑戰
在處理理解及分
析資料時，所遇
到的隱私權、安
全、治理及技巧
不足的挑戰

資料蒐集整合

分析及模式化

資料詮釋

過程挑戰
處理資料時遇
到的所有過程
的挑戰

資料獲取
&儲存

資料探勘
&純化

數量

速度

種類

波動性

準確性

想像化

價值

資料挑戰
資料本身特徵
有關的挑戰

圖8-6 在資料蒐集的過程當中，需要面對多重挑戰（Sivarajah, Kamal, Irani, and Weerakkody, 2017）。

的相互比較，從而演變的一種歸納理論。扎根理論對於理論的建立和問題的解決，有著實質的價值，但是在人文社科的研究上之應用，並不是很普遍。主要原因在於研究過程相當費時、具有結果的不確定性；此外，研究者必須具備耐心和毅力，以及相當豐富的研究經驗和實力，以上的限制，導致扎根理論的基礎理論，不太為研究者熟知和採用；但是，隨著電腦資料分析軟體的研發，可能有助於強化扎根理論應用的深度和廣度。例如在大數據時代，我們蒐集詩歌、敘事、報導，從訪談中使用媒體進行錄音影像的製作，分析受訪者的視頻、繪畫、音樂，以及聊天的話語，甚至包含了表情和手勢，都會形成一股可以分析的數據內容。我們從蒐集的數據中，當前研究者採用這個過程之後，要開始尋找理論，不管我們是採用敘述性調查（narrative inquiry）、話語分析（discourse analysis），或是大數據的質性研究（qualitative research of big data），我們藉由手頭研究的材料，開始進行社區蹲點和扎根工作，為了尋找問題答案的漫長路程而踽踽前進，本章綜合扎根理論有下列四個階段需要克服：

1. 比較適用於每種類別的事件。
2. 整合類別的歸類。
3. 劃定理論歸屬，進行理論建構。
4. 進行理論專題寫作。

關鍵字詞

先驗理論（*a priori* theorizing）	屬性（attributes）
軸向編碼（axial coding）	類別（categories）
因果條件（causal conditions）	編碼範例（coding paradigm）
概念（concept）	條件矩陣（conditional matrix）
建構主義理論方法（constructivist approach）	消費者決策圖（consumer's decision map, CDM）

脈絡條件（context conditions） 　語境主義認識論（contextualist epistemology）

批判現實主義（critical realism） 　結晶（crystallization）

資料生命週期（data lifecycle） 　描述性關聯研究（descriptive correlational studies）

話語分析（discourse analysis） 　世代侵蝕（generational erosion）

樣板標籤（generic label） 　扎根理論（Grounded theory）

基本教義派（fundamentalist） 　階層價值圖（hierarchical value map）

假設演繹法（hypothetico-deductive approach） 　階梯技術（laddering technique）

邏輯演繹理論（logico-deductive theories） 　方法目的鏈（means-end chain）

多維概念理論（multi-dimensional conceptual theory） 　敘述性調查（narrative inquiry）

範式模型（paradigm model） 　實證主義（positivist）

後實證主義觀點（post-positivist perspective） 　實用相對主義（pragmatic relativism）

實用主義（pragmatism） 　預定的範式系統（predetermined paradigm system）

命題（proposition） 　大數據的質性研究（qualitative research of big data）

研究規範（research norms） 　結構主義者理論（structuralist theories）

象徵互動論（symbolic interactionism） 　理論停滯（theoretical stagnation）

類型學（typology） 　未知理論（uninformed theory）

單一變量的描述性研究（univariate descriptive studies）

第九章
民族誌研究

Experience is the mother of wisdom.

智慧來自經驗。

——佚名，Farlex成語詞典

學習焦點

　　「民族誌」（ethnography）是一種典型的個案研究，在通過針對研究群體的自然環境和社會人文現象，進行實地研究，以對當代的社會文化或社會群體進行描述、解釋，以及分析。民族誌研究的主要方法是在於採用深入觀察、訪談、聆聽，研究者在參與者所處的生活環境之中，運用田野研究方法，觀察參與者一段時間，進行密集時間記錄的過程。所記錄的報告，稱為民族誌。我們討論民族誌研究著重於以非常詳細和複雜的方式，描述一個群體的文化。研究者通過尋找集體活動的模式，透過語言或是其他媒介，傳達多種觀點、信念，以及團體行為。在民族誌中，研究者蒐集了人們做了什麼，人們說了什麼，人們在回溯記憶中，如何詮釋他們的生命意義和重大生命經驗。文化學者格爾茨（Clifford Geertz, 1926～2006）在1973年出版的《文化的詮釋》（*The Interpretations of Cultures*）中說，當知識界理論產生時，大家都希望這個理論能夠解決問題。但是，隨著這個理論能量逐漸減弱，最後失去了解釋生命力，大家又無所適從（Geertz, 1973）。但是，研究一定要產生理論嗎？這個是民族誌的大哉問。在民族誌的寫作過程之中，研

究者不是以實證科學的方式解決研究問題和產生基礎理論，而是以詮釋科學的方式，說明事物的意義。民族誌工作者透過在陌生的族群中，建立關係、選擇受訪者、翻譯語文、記錄譜系、繪製田野地圖、撰寫日誌，最後在研究中，產生渾厚紮實的一本民族誌書籍。本章從「什麼是民族誌」進行研究發軔，說明民族誌的定義、歷史，以及研究方法和過程的演化，最後談到研究的道德規範和研究實踐。

第一節　什麼是民族誌（Ethnography）研究？

　　民族誌（Ethnography）又稱為「人種誌」研究（ethnographic research），是一種蒐集資料的基本策略和方法，民族誌研究不是量化的社會統計研究方法，有嚴謹的問卷設計規範和調查程序，但是同樣採用田野調查的參與觀察、訪談、話語分析等個案研究模式，以及採用檔案資料的蒐集（archival collection）方式進行，以進行詮釋的一種人文學科的多重研究方法（multi-methods）。民族學（ethnology; ethnologia）最早由寇勒（Adam Kollar, 1718～1783）於1783年在維也納出版的《匈牙利帝國歷史與憲法的舒適設施》定義民族學的術語，他認為：「民族學是一種國家和人民的科學，研究者將各國的起源、語言、習俗，以及制度進行分析，以循著民族本體，以利各民族在當代審析國家和人民的本來面貌。」民族學目標是希望透過人性，也就是人類的本質，重新建構人類的歷史。因此，人類學經由調查研究和學習發展逐漸壯大為民族誌，在英國強調社會人類學，在美國強調文化人類學。自從18世紀後期以來，民族學的學術領域日益精實，形成了歐洲大陸的學術特色，產生了人類群體的比較研究。

一、民族誌定義

民族誌（Ethnography）是一種典型的人文社科質性研究，在通過針對研究群體的自然環境和社會人文現象，進行實地研究，以針對當代的社會文化或社會群體進行描述、解釋，以及分析。民族誌研究的主要方法是在於採用深入觀察、訪談、聆聽，研究者在參與者（participants）所處的生活環境之中，運用田野研究方法，觀察參與者一段時間，進行密集時間記錄的過程。所記錄的報告，稱為民族誌。民族誌研究的資料蒐集途徑非常多元，主要採用參與觀察、非結構性的訪談，以及內容分析等方法。

民族誌的字源，最早來自希臘語的「民族、人民、團體（ethnos）」，以及「書寫（grapho）」的字眼，也就是一種透過觀察學習領域中團體生活，撰寫文稿的方式，同時針對當代人民和文化，所進行的系統性研究記錄。典型的民族誌是一種整體性的研究，其宗旨從研究主題的角度，探索研究者觀察社會的文化現象。從今日的角度來看，我們運用文字、圖表、影音，以及照片記錄，並且書寫群體文化內涵的一種手法。因此，透過民族誌研究，產生了實地研究或是個案報告，也反映了文化群體生活中的知識，以及人類生活中的意義系統（Geertz, 1973）。

文化學者格爾茨（Clifford Geertz, 1926～2006）認為，「民族誌」的敘述具有詮釋性質。詮釋的對象是社會中的「對話」方式，詮釋存在於過去實際發生的「對話」和情境所留下的「過去記述」（said），並且以我們可以理解的詞語來說明。因此，「民族誌」具有微觀的性質，通過人與人之間的互動產生。所以，民族誌是針對人類社會和文化的經驗數據的具體呈現，從人類學中建構人類生活文化；從社會學學中探討社會現象和經驗，分析民族構成、定居、社會架構、民族精神和教育，以及意識形態和主張的特色。研究內容包括歷史、地理、氣候、文化和生活習慣的分析。在建構民族誌的過程之中，研究者依據反思性，忠於所觀察到的民族現實。在透過專書和期刊論文撰寫的過程之中，反映記錄所有可以觀察到的人類行為和反應，讓讀者產生文化美學的內在意涵，了解人類社會實踐和

相互作用關係。以下簡要說明民族誌的分類關係。

㈠區域研究（Area studies）

　　區域研究是在特定國家、區域，或是文化環境中，進行地理、歷史和自然環境跨學科領域的研究描述和分析。區域研究（area studies）是一種實踐研究，描述多樣化的研究領域，包括社會科學、藝術與人文學科。典型的區域研究計畫涉及到語言、地理、文學、歷史、政治、文化、社會、建築、景觀、環境、都市計畫、經濟活動等相關學科。

㈡自我民族誌（Auto-ethnography）

　　自我民族誌（Auto-ethnography; self-ethnography）又稱為自我研究（self-studies）。在民族誌中，也是一種質性研究的形式，研究者透過自我反思（self-reflection）和寫作，來探索個人經歷，並且將這一種自傳體故事，和當代的教育文化、政治經濟，以及社會意義聯繫起來（Maréchal, 2010）。自我民族誌透過日記、故事或是自傳體例，進行傳播、教育、文學、社會、歷史、心理、表演藝術、社會工作、市場營銷、商業管理、教育管理、藝術教育，以及物理治療等自我反思的形式。在1970年代，自我民族誌討論的是內部民族誌（insider ethnography），指的是研究者依據所屬群體的觀察研究（Hayano, 1979）。但是，隨著時代的更迭，研究者採用個人經驗，來描述和批判文化信仰、實踐，以及經驗，並且重視研究者和他人之間的互為主體性。譬如，強調自我思緒的波動，以及外在人類世界的相互感知關係，像是悲傷、感覺、快樂的內在情緒和外在環境的反映描述（Adams, Jones, and Ellis, 2014）。

㈢傳播民族誌（Ethnography of communication）

　　傳播民族誌也稱為言語民族誌（ethnography of speaking），是在特定文化或言語社群的成員中，依據所處社會和文化實踐的背景下，進行的交流分析。這是採用語言分析方法，「閱讀」人類接受語言和進行口語的反應。但是，傳播民族誌不限制人類交流的形式，這些交流可能包含口語、圖像符號、網路語言，或是其他的影音媒介。因此，這種質性的研究方法的目的要洞察包括通信行為的代碼、符號、群體表徵，以及群組成員

學習符號和代碼的過程，以充分描述民族誌中的特定社群。研究者運用學習傳播媒介，可以加強和民族誌中所描述的成員溝通，了解成員決定背後的動機和心理模式，以洞察人類傳播的主體意義與價值。

㈣民族符號學（ethnosemiotics）

　　民族符號學是在研究各民族間，傳遞符號內容和意義的人文學科，涵蓋所有文字、訊號、密碼、記號、聲音、影像，以及手語的描述方法。在符號學中，依據符號系統進行分類。這些分類，需要在群體中，進行共同確認才有意義。民族符號學不僅和語言中指涉詞彙相關，而且聯繫到資訊內容，在當代社會和文化的詮釋之下，產生豐富的民族意涵。民族符號學研究方法包含了敘事（narratology）、民族建構、符號建構、言談分析（disclosure analysis）、神話符號學（semiotics of myth），以及藝術符號學（semiotics of art）等分析領域。

從現代的二進位（binary）符號
談中國民族符號學（ethnosemiotics）理論研究

　　萊布尼茲（Gottfried Leibniz, 1646～1716）在1679年寫下了「二的級數」，發明了二進位，到了21世紀，二進位方法將圖像、語音進行數碼辨識，這些資料全部進入了數位系統，由0與1組合，讓人腦和電腦進行溝通。

　　我們想起了萊布尼茲將研究成果發表在法國《皇家科學院院刊》上，以《二進位算術闡釋──僅僅使用數字0和1兼論其效能及伏羲數字的意義》，根據二進位來理解先天圓圖（先天六十四卦方圓圖），說先天原圖已經包含了他所發明的東西。萊布尼茲說：「二進位乃是具有世界普遍性的、最完美的邏輯語言。」

　　當二的指數不斷地變化，形成四，再形成八，就是我們所稱的八卦。中國人用來指涉八種環境狀態。八卦由陰爻及陽爻構成的一套圖案，每卦又有三爻，代表天、地、人三才，分別以天、澤、火、雷、風、水、山、地，又

稱乾、兌、離、震、巽、坎、艮、坤八種自然界景觀的元素作為表徵，又可代表家人的順序象徵。其順序乾、兌、離、震、巽、坎、艮、坤，象徵人類胚胎的發育經歷，乾一代表胚胎的頭、兌二代表口、離三代表眼睛、震四代表足、巽五代表股、坎六代表耳、艮七代表手、坤八代表腹部（李一匡，1981）。依伏羲八卦圖所示，乾上坤下，和乾（天）在上，坤（地）在下的意思，對自然界的未知力量有極強的恐懼敬畏，如圖9-1。有識者認為此為宇宙代數學，甚至德國數學家萊布尼茲創立二進位方法，以及20世紀電腦的發明皆根源於此。

Ordinal	1	2	3	4	5	6	7	8
Trigram riame	Qián (乾)	Duì (兌)	Li (離)	Zhèn (震)	Xùn (巽)	K'an (坎)	Gèn (艮)	Kūn (坤)
Trigram character								
Landscape meaning	Heaven, sky, air	Lake, swamp	Fire	Thunder	Wind	Water, river	Mountain	Earth
Modern environmertal meaning	Energetic environment	Biological environment	Humanistic, social, and economic environment	Sonicarid environment	Atmospheric environment	Hydrological environment	Geographic environment	Geological environment
Household meaning	Father	Youngest daughter	Second daughter	Eldest son	Eldest daughter	Second son	Youngest son	Mother
Body part	Head	Mouth	Eyes	Feet	Buttocks	Ears	Hands	Abdomen
Four emblems	Mature yang		Young ying		Young yang		Mature ying	
Binary opposition	Yang				ying			
Supreme ultlmate	Chaos							

圖9-1　八卦由陰爻及陽爻構成的一套圖案，本書作者方偉達繪製，參考李一匡：《易經解譯》（Huang and Fang, 2013；方偉達，2017）。

也許，萊布尼茲早就有了這種二進制法觀點。但是，經過《易經》的啟發之後，突然頓悟，產生了他對於中國傳統觀點嶄新的科學詮釋，化成現代邏輯符號，產生了人類民族符號學（ethnosemiotics）的新型意義。

我們再舉第二個例子，古希臘哲人亞里斯多德（Aristotélēs, 384～322

B.C.），曾經主張世界上的強調《元素》物質都是由「地」、「水」、「火」、「風」等四種元素所構成。這種想法古代中國人強調氣的循環架構不同。中國人強調「木生火，火生土，土生金，金生水，水生木」循環作用，但是在五行元素中，缺少風（氣）的元素，這一種風的元素，也就是氣機，由木、火、土、金、水周天循環作用，以及元素之間的制約現象所取代。

在《易卦的科學本質》談到：「木，是高能態物質；土，是可塑態物質；金，是固態物質；水，是液態物質。」（田新亞，1976）

但是，在現代高能物理學中，火無法以物質分類，只能說是燃燒現象。《尚書‧洪範》裡也提到：「水曰潤下，火曰炎上，木曰曲直，金曰從革，土爰稼穡。潤下作咸（鹹），炎上作苦，曲直作酸，從革作辛（辣），稼穡作甘（甜）。」

五行又因為自身的生斥特性，彼此交互作用，產生了生剋制化作用。包括五種作用及五種現象，分別為「水剋火，火剋金，金剋木，木剋土，土剋水」制約現象；以及「木生火，火生土，土生金，金生水，水生木」循環作用。田新亞認為「水剋火：冷卻現象，火剋金：熔化現象，金剋木：分裂現象，木剋土：吸攝現象，土剋水：吸收現象」；而「木生火：燃燒作用，火生土：氧化作用，土生金：還原作用，金生水：潮解作用，水生木：光合作用」，這就是高能物理時代自然界（熱子（木）、光子（火）、引子（土）、聲子（金）、電子（水））的相生相剋理論。在制約現象下，五行元素是縮小、潛藏及逆氣而行的，上述作用形成液固體，而非氣體。在循環作用下，五行元素是擴大、活動而產生作用，進行粒子位差交換，如圖9-2。

我們了解在古時代哲學和科學沒有明顯的區分。亞里斯多德可以說是科學思惟和哲學理性的代表人物，他以「地」、「水」、「火」、「風」等四種元素建構他的世界理型觀。轉觀中國的民族符號學（ethnosemiotics）同樣屬於一種民族素樸符號，我們撫古思今，只覺得發明中國《易經》和五行八卦的學者，命運較西方學者坎坷許多。許多無名的古代中國科學拓

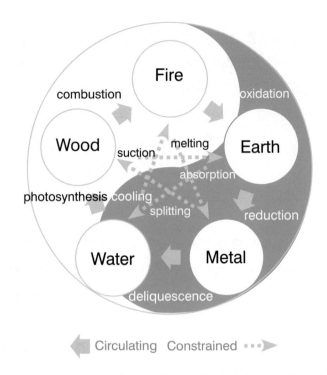

圖9-2　高能物理時代自然界（熱子（木）、光子（火）、引子（土）、聲子
　　　　（金）、電子（水））的相生相剋理論（Huang and Fang, 2013；方偉
　　　　達，2017）。

荒者，其研究屬於集體創作，其所創造發明的劃時代產出，也不受到現代學
界的重視。李岷駿曾經問我：「當今中文教育不碰《尚書》、《周禮》、
《易經》，又以《易》理影響後人怎麼觀天地大道，最為殊勝，為何被教育
決策者忽略？」

　　我的回答是：「古代沒有中文教育；是近代分科教育之後，仿照英美式
的教育制度，才成立中文學系。但是，中文學系的開課，未必不能碰《尚
書》、《周禮》、《易經》，要看開課老師的功力。只是，以《易經》來
說，單純的學理書上都有，但是衍生的風水、八字、占卜、星象，甚至和宗
教相結合，是科學之外的學問。古代只有博覽群書的大儒，才有辦法融合為
一爐。到了現代，需要受到西方科技的交互融合，不是現代分科教育單一
途徑所能養成。舉例來說，發明電腦的萊布尼茲，受到《易經》的啟發，

而進行0和1的二元對立，以二進位進行計算。近代西方學者受到東方宗教的啓發，在榮格（Carl Jung, 1875～1961）的書上都有闡釋，甚至，EQ的作者哈佛大學畢業的高曼（Daniel Goleman）博士（1946～），也闡述了禪修在西方腦科學上的功能（Goleman and Davidson, 2017）。未來這些《易》理，或是傳統地思想，需要更多地闡釋，才能貼近現代人生活的方式。中西融合，才是王道。如果要談說《易》理，要說得西方人聽得懂，和西方學者談到《易經》，要包括類神經網絡、退火模擬法，以及基因演算法才是高明。」

㈤現實主義民族誌（Realist ethnography）

現實主義民族誌是文化人類學家使用的傳統方法。所謂現實主義在是描述研究者表達的一種形式。研究者依據自身的經驗和觀察，以精確數據進行描寫，讓讀者身歷情境的第一手資料書寫方法。但是，現實主義民族誌需要保持客觀描寫，進行全知方式的敘事（omniscient narration），進行敘事的解讀和詳細描述。

㈥線上民族誌（Online ethnography）

線上民族誌（Online ethnography），又稱爲網絡民族誌（cyber ethnography）、虛擬民族誌（virtual ethnography），或是網路誌（netnography）。21世紀的民族誌除了媒體產生改變，紙本印刷的民族誌記載，越來越少人翻閱。此外，透過網路上的Google圖書閱讀民族誌的記載，成爲21世紀閱讀的一種方式。Google圖書是由Google掃描、儲存的數位化資料庫。使用者可以透過Google圖書搜尋書籍。Google圖書允許公有領域的書籍免費瀏覽，並提供PDF的格式下載。Google圖書產生了網路主體人類知識的匯聚，對於紙本書籍產生衝擊。

此外，網路除了改變人類的閱讀行爲，也產生了網路誌產品。網路誌（netnography）源於參與者觀察和解釋方法，透過通訊網路記錄產生的文字和對話，進行數據蒐集。除了透過網路通訊環境中的社交互動，通過網路平臺爲媒介進行社群網絡產生的數據分析資料，將傳統的參與者觀察

技術和即時通訊記錄的體驗相互結合。

　　由於研究者上網進行實地調察，了解網路運用、網路行為，以及網路文化中的民族誌研究形式。在傳統民族誌研究中，個體是位於同一區域、地方，或是地點進行互動。但是，網路民族誌的研究延伸到中介媒體。因此，網絡民族誌中的網站，形成局部空間的無限延伸，通過網路社群建立數字中介化的互動（digitally mediated interactions）關係。通過網路進行線上田野調查，進行民族誌的觀察、學習，以及導入行為研究，蒐集各種類型和格式的數據，包含了視聽媒體、網路平臺、社交網路（social networks）和論壇（forums），成為民族誌觀察的新型方式。這種方法從網路的消費者研究，逐步拓展到其他學科，包括了線上教育、圖書館、資訊科學、酒店管理、旅遊管理、心理學、社會學、人類學、地理學、都市研究、遊戲研究，以及人類網路遊戲行為的成癮研究。在資訊時代，知識生產方式的社會關係結構，掌握在資訊業的財團手中。網路時代資訊生產，受到資訊產業者的剝削。例如：在2018年爆發臉書（Facebook）將使用者資訊轉售給第三者，破壞了使用者和臉書之間的分享和互惠的默契。

㈦民族考古學（Ethnoarchaeology）

　　民族考古學通過對於人類文化遺跡的民族誌研究，這些遺跡區分為物質傳統和非物質傳統，協助考古學家重建古代民族社會的生活環境。民族考古研究集中於陶瓷、石斧、刀劍、建築、墓葬、食品、器皿、玉器、竹簡、石雕、彩繪、衣料纖維、人類骨骸、龜甲和獸類骨骼，研究民族的物質文化和非物質文化。美國民族考古學家費克斯（Jesse Fewkes, 1850～1930）首度於1901年提到「民族考古學家」（ethno-archaeologist），並鼓勵考古學家開展自身的人種學實地考察工作（Fewkes, 1901）。

㈧視頻民族誌（Video ethnography）

　　視頻民族誌（Video ethnography）是在自然環境中，針對主體活動進行錄影，以影像解讀的方式傳達當代文化和社會的一種記錄過程和活動。視頻民族誌由攝影者進行拍攝，觀看影音資料，並且進行反思、洞察，以

及討論行動實踐內涵，並且進行行動的改變和評估。民族誌研究者在發明攝影之後不久就開始使用攝影機進行拍攝。第一部民族誌電影於1895年由法國學者菲紐（Felix Regnault, 1863～1938）拍攝。後來許多研究者使用電影、照片進行分析和數據儲存。1990年之後，視頻民族誌（video ethnography）和民族誌電影（ethnographic films）區別開來，因爲視頻民族誌涉及反思性研究，採用視頻作爲創造知識的媒介，而不只是儲存數據。未來空拍機（drone）、監視器（monitor, invigilator, watchdog）、手機等數位視頻的使用技術發展，成爲視頻民族誌中使用的新工具。目前視頻民族誌衍生出需要自願同意（voluntary consent）和數據保密問題。因此在進行研究時，需要受訪者簽具同意書，並且經過專業培訓的攝影者拍攝剪輯視頻，還應考慮其內容是否客觀，才能進行播放和研究。

㈨生活實驗室（Living lab）

　　生活實驗室是一種從事現代人研究的概念。生活實驗室是運用地區環境的人類聚落進行實驗，將公私夥伴（public-private-people partnership）關係運用於研究與創新的生活過程。這一種過程，通過了環保、生態、財經管理、永續發展等實驗手法，進行生活概念和生活技術的共同創造、探索、實驗，以及評估的共同思考的過程。生活實驗室涵括了無人車、節能社區、實驗光合屋、魚菜共生聚落、海綿社區等新型創造家居生活的模式。這種生活方法允許所有的利益關係人同時考慮這一種產品或服務在全世界實踐的可能性。因此，在實驗過程中，考慮通過產品生命週期的所有要素，從規劃、設計、服務、營運、管理過程，都需要考慮節能和環保的意涵。

　　生活實驗室（living lab）不是以設計者爲中心，而是以使用者爲中心的研究方法（user centered research methods）（ISO 13407, 1999），採用參與式設計（participatory design）、移情設計（empathic design）、情感設計（emotional design）等方法，或是運用網路特性，將使用者納入新產品開發（new product development, NPD）中Web2.0中採用群眾外包（crowdsourcing）或是群眾智慧（wisdom of crowds），共同創造新型

事務。

我們以網路生活來說，過去Web 1.0時代，網際網路是以靜態的內容傳送為目標，使用者可以使用，但是不能參與編輯；到了Web 2.0時代，使用者共享資訊產生的創造價值，共同創造和探索新興想法，可以參與資料庫的編輯。例如：維基百科（Wikipedia）的內容。在Web 3.0的階段，使用者除了編輯資料，同時參與資料分析，突破語義網路（semantic web）的限制，產生了使用者藉由體驗環境，使用者沉浸在創造性的網路社交空間中，以設計和體驗未來，如圖9-3。

因此，生活實驗室可以在一定的區域內進行，同時也可以在網路社群中進行，運用使用者中心進行設計、探索、體驗，和改進現實生活場景（real-life scenarios）中的措施，以評估其實施前的潛在影響。例如說，在Web 3.0的階段，人工智慧測試（artificial intelligence test）對人類未來的影響。

二、民族誌研究的歷史

民族學領域源起於19世紀的西方國家。美國探險家斯庫爾克拉夫特（Henry Schoolcraft, 1793～1864）最早針對印地安蘇族人，發表民族誌型的印第安人調查報告。人類學者摩根（Lewis Morgan, 1818～1881）研發了調查問卷，以標準化方式蒐集資料。他擔任律師為印第安人辯護，維護他們的權利，畢生支持印第安人，反對白人壓迫。摩根在1851年根據美國易洛魁人的部族西尼加人部族的考察，發表了《易洛魁人的聯盟》。1877年摩根寫出《古代社會》，認為人類最初社會都是母權社會，人類社會呈現三個演化階段：「蒙昧、野蠻、文明」，影響了達爾文、馬克思，以及佛洛伊德的學說。

在20世紀之前民族誌研究，除了摩根的《古代社會》，大都屬於「前殖民時期」的發表論述。我們閱讀以西方世界觀點為主的民族誌研究活動，以及審視清朝漢人學者進行臺灣原住民調查，或是日本人在臺灣的殖民地原住民研究，都有先入為主的觀念。事實上，在研究問題、地區、

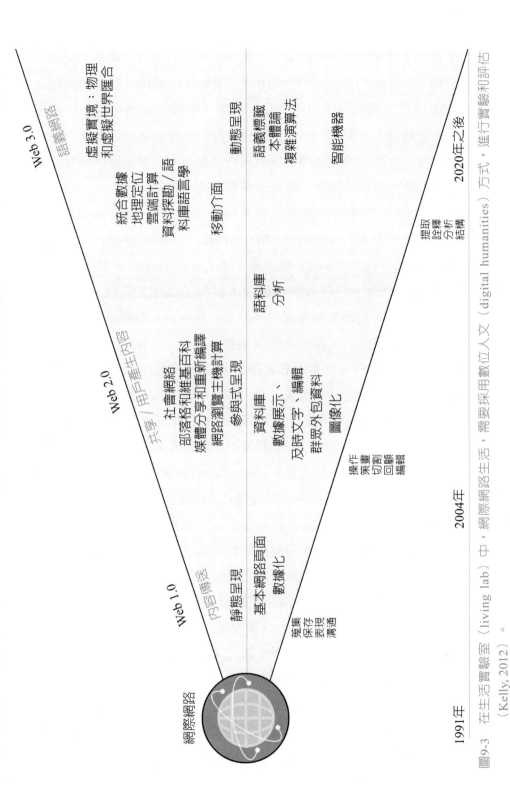

圖9-3 在生活實驗室（living lab）中，網際網路生活，需要採用數位人文（digital humanities）方式，進行實驗和評估（Kelly, 2012）。

網際網路

1991年　　　　　2004年　　　　　2020年之後

Web 1.0　　　Web 2.0　　　Web 3.0

內容傳送　　共享／用戶產生內容　　語義網絡

靜態呈現　　參與式呈現　　動態呈現

基本網路頁面　　社會網絡　　統合數據
數據化　　部落格和維基百科　　地理定位
　　媒體分享和重新編譯　　雲端計算
　　網路瀏覽主機計算　　資料探勘／語
　　　　料庫語言學

　　　　移動介面

　　　　虛擬實境：物理
　　　　和虛擬世界匯合

蒐集　　資料庫　　語料庫　　語義標籤
保存　　數據展示、　　分析　　本體論
表現　　及時文字、編輯　　　　複雜演算法
溝通　　群眾外包資料
　　圖像化　　　　智能機器

操作　　　　　　　提取
策畫　　　　　　　詮釋
切割　　　　　　　分析
回顧　　　　　　　結構
編輯

人種、現象的選擇和觀察中，產生了「前殖民時期」的研究偏見。英國人類學者泰勒（Edward Tylor, 1832～1917）屬於「前殖民時期」的代表人物。泰勒在1871年撰寫過《原始文化》學說，依據社會演化論，他歧視少數民族，認爲白人在智力上是優於有色人種的。泰勒基於達爾文的演化論，相信社會和宗教的功能基礎，採用萬物有靈論的自然顯靈信仰發展了宗教，這些宗教後來萬流歸宗，形成了基督教的一神論。

到了20世紀，美國的民族學研究者博阿斯（Franz Boas, 1858～1942）、馬林諾夫斯基（Bronislaw Malinowski, 1858～1942）、潘乃德（Ruth Benedict, 1887～1948）和米德（Margaret Mead, 1901～1978）否定了「前殖民時期」的社會演化理論；提出了文化相對論（cultural relativism）的觀點，認爲人類文化如同個人，具有不同的類型與特徵。

博阿斯的方法著重於文獻和消息提供者（線民）（informants）的運用，開創了人類學的四大分支：語言學、考古學、體質人類學、以及文化人類學。博阿斯反對運用演化論來看人類學，他認爲人類使用器物的形態，反映了製作和使用年代中的自然環境和人爲環境，他主張：「儘管類似的原因產生類似的結果，但類似的結果不見得具有類似的原因。」博阿斯在1911年出版了《原始人的思惟》（*The Mind of Primitive Man*），確認文化多樣性是人類基本特徵，在特定文化環境建構中，產生了個體行爲（Boas, 1911）。他和馬林諾夫斯基建立了文化脈絡研究取向，探討文化、文化相對論，以及田野工作的參與觀察方法。

在當時，馬林諾夫斯基也認爲研究者應該長期在野外工作，並且和當地住民居住在一起觀察和共同生活，體驗當地住民的生活方式，產生了野外工作和田野方法（field study）。馬林諾夫斯基是一位波蘭籍人類學者，他在英國的研究工作，建構了以客觀民族誌方法，採用圖表和表格，記載田野調查研究成果。這些成果運用日常行爲的描述，進行社會中的人文和環境之理解，產生了民族誌研究。馬林諾夫斯基撰寫《澳大利亞土著家庭》（*The Family among the Australia Aborigines*），以澳洲原住民文獻和實地觀察的材料，主張最早的家庭是核心家庭，並且駁斥演化論與傳

人文社科研究方法

播論的觀點。

當第一次世界大戰爆發，在1914年9月到1915年5月，馬林諾夫斯基獨自一人在新幾內亞南部的邁魯島（Mailu）和特羅布里昂島（Trobriand Islanders），採用參與觀察法，學習島民的語言，並且採用了統計圖和族譜等圖表，以理解澄清研究對象之間的家庭的功能關係。在人類學領域中，馬林諾夫斯基是一位實證主義的功能論者。他認為社會各層組織的關係系統，都產生了社會整體影響的功能。

後來，英國學者芮克里夫—布朗（Alfred Radcliffe-Brown, 1881～1955），認為光是透過觀察還是不夠的，研究者需要抽離社會體系與結構的觀察，依據系統化的社會分析方式，進而探究人類的共同法則。芮克里夫—布朗在澳洲和印度洋安達曼群島的觀察之中，提出結構功能論的概念。他認為原住民的儀式是一套維繫和傳遞社會情感的方式，進而凝聚社會組織。他從宗教著手，認為原住民尊重自然與社會秩序，服膺大自然界的神祕力量，形成社會穩定秩序的關係。在1935年，他應燕京大學社會學系之邀，擔任客座教授三個月，帶領學生在中國進行短期的鄉村田野調查。

二次世界大戰之後，博阿斯的學生潘乃德在1947年向美國人類學會發表主席就職演說時，曾引用文學批評家布瑞迪（Andrew Bradley, 1851～1935）的話：「我們要注意的是『什麼是』，注視著它如何發生與勢必發生。」這個理論和量子時代的說法應若合符節，依據物理學量子理論的觀點，在現象被觀察之前，沒有一件事物是實在的。潘乃德提醒人類學者應該依據個案特殊式（idiographic）進行解釋。

此外，博阿斯的學生瑪格麗特·米德，同時也到太平洋上的薩摩亞群島進行研究，在1928年出版了《薩摩亞人的成年》一書，探討了薩摩亞少女的性觀念和家庭風俗。她針對美國社會對待青少年的嚴峻方式提出批評，建議需要減輕美國社會清教徒規範對青少年嚴屬的對待方式。等到米德過世五年之後，1983年澳大利亞人類學家佛里曼（Derek Freeman, 1916～2001）出版《瑪格麗特·米德與薩摩亞：一個人類學神話的形成

與破滅》（*Margaret Mead and Samoa: The Making and Unmaking of an Anthropological Myth*），指出《薩摩亞人的成年》：「米德對於薩摩亞人生活的田園詩般的描寫是一種誤導，甚至是謊話。」佛里曼認爲瑪格麗特・米德的結論，主要源於一個翻譯者轉述薩摩亞少女的話，這些少女很可能是在開玩笑，並沒有眞正地描述事實。

我們探討民族誌研究的歷史，發現在二次世界大戰之後，國際情勢進行重整，殖民地國家紛紛獨立。後殖民時代中的民族誌工作，除了要控制研究者的偏見，以深入調查的方式，經由三角驗證法（triangulation）（P.302-303）、脈絡化（contextualization），甚至採用去脈絡化（decontextualization），以及主觀或是非主觀的方向（nonjudgemental orientation），減輕研究者的偏見所帶來的負面的刻版印象。在民族誌的研究中，我們可以看到針對觀察和訪談進行蒐集資料，依據不同經驗的群體，產生研究資料飽和（data saturation），並且進行「交互作用」的研究（interactive research），產生了內省的現象學派和外觀的生態學派兩種理論方法。

㈠現象學民族誌

現象學民族誌反對從柏拉圖以降支配西方思想的理性主義思惟，針對以第一人稱的視角經驗，從意識體驗進行反思性的民族誌研究。因此，研究者應提醒自我在「存而不論」的觀點之中，掌握人類現象本質的探索。現象學（phenomenology）原意在了解個人的行爲之前，必須先了解人類特定行爲的主觀感知，這些主觀感知不需要透過經驗得到解答，而是經過慢慢思索，從原因到結果的觀察性論證，並且經過人類合作產生的教育模式，進行思考模式的創意發想（Barry, 2012a,b）。

由於在民族誌研究中，人類無法透過互爲主體（intersubjectivity）方式，感知對方的經驗和想法，只有透過觀察、閱讀、訪談、對話，進行個人觀點的了解。所以，現象學民族誌主張從參與者調查中，針對對於被觀察者的「直觀」和「經驗感知」，記錄各種指向意義中的知覺、記憶、滯留，以及預知社會行爲的觀點。現象學民族誌學者反對採用因果關係解釋

的還原論點，不喜歡單純描述符號和意義之間的單向關係，認為從結果回溯原因「後驗式」（*a posteriori*）論證，只是事後諸葛。

從現象學民族誌中，我們可以了解所有存在，都是存在於記憶之中。如果沒有記憶，就沒有存在關係。所以，我們描述觀察社會對象，從歷史記憶中回溯歷史人物，彷彿鮮活生活在我們四周，這是一種知覺意識中的「指向關係」。也就是說，這一種民族記憶，化解了人類死亡之後位處永恆虛無的一種救贖。所以，不管是民族誌作者或是讀者的最後回想，產生了人類共鳴的集體意識。這一種人類意識跨越了民族界限，無論記錄的對象是一種實體經驗，還是幻象經驗，都是現象學研究關切的對象，從閱讀中展現對於過去產生的即時性感觸，我們可以在閱讀中身歷其境，針對我們意識感知，進行感性經驗的增生。

康德（Immanuel Kant, 1724～1804），在《純粹理性批判》中區分了作為現象的對象與作為「物自體」或「本體」的對象。「物自體」可以透過人類感性和理性掌握，但本體不在時空之內。黑格爾（Georg Hegel, 1770～1831）在《精神現象學》中否定了「物自體」學說，主張我們可以通過完整的認識現象了解絕對的精神真理。到了20世紀，人類受到科學界愛因斯坦相對論的影響，產生了時間和空間的相對意識。胡塞爾（Edmund Husserl, 1859～1938）最初將現象學描述為人類感知的「描述心理學」，之後確立現象學為意識的先驗的科學。胡塞爾關心的是認知，但是他的學生海德格（Martin Heidegger, 1889～1976）關心的是存有。海德格在《存有與時間》中談到：「人類是向死存有的。」他目睹二次世界大戰的納粹特質，冷酷地認為當人類意識到自己終將一死，才會深刻反思生命的意義。對於死亡，如果死者存於生者的記憶之中，這一種記憶，是現象學中的存在，可以讓死者「雖死猶存」。

因此，他在《存有與時間》中強調人類意識中的「此有」（Dasein; existence, being, presence），也就是認知到整個存有孕生的所有對象；他又在《哲學論稿》中討論事件的「本有」（Ereignis; enowning, event, occurrence, occasion），也就是存在的動態過程。也就是說，「本有」需

要透過事件的體悟和觀察，才能形成存在的本體。海德格認為現代科學針對事件的眞實本質，並沒有任何線索可以了解，只有哲學才能接近眞實本質。存在中占據了時間的事件，也許是一種自然事件，也許是一種人為事件，這些都要觀察和記錄。如果說，這是當代人類存活於世上短暫的歲月中，所產生實際經驗的記載。當生命結束之後，這一種存在於世的誌記，也算是對於後世人類體驗事件的具體貢獻。

在社會學領域中，舒茲（Alfred Schütz, 1899～1959）在1932年出版了《社會世界的意義建構》，後來1967年出版的英譯本改名為《社會世界的現象學》，闡述了日常經驗的社會現象。智利哲學家瓦雷拉（Francisco Varela, 1946～2001），依據神經科學角度看待人類的認知和意識，將胡塞爾的現象學以第一人稱科學（first person science）結合起來，要求觀察者運用科學驗證方法檢視自己的意識體驗，為實驗現象學和神經現象學的發展，奠定了「描述性」研究基礎。

(二)生態學派民族誌

生態學派緣起於美國哈佛大學的實用主義學派。哈佛大學教授詹姆斯（William James, 1839～1914）認為，每個人從生活的實踐所獲得的看法是不相同的。詹姆斯從心理學的角度出發，認為人類的精神生活，可透過「超越性價值」進行觀察。他的朋友數學家皮爾斯（Charles Peirce, 1839～1914）相信眞理不可改變的，但是常常很難發現。皮爾斯採用邏輯作為形式符號，運用實用主義批判科學方法，他認為實用主義是唯心主義者對於現實概念的一種信仰。對於皮爾斯來說，他研究現實，而不是通過訴諸特殊經驗來解決問題。等到詹姆斯和皮爾斯過世之後，實用主義由芝加哥學派的喬治·米德繼承。

美國學者喬治·米德（George Mead, 1863～1931）在德國萊比錫大學（1888～1889）期間，對於達爾文主義非常感興趣，並且和實驗心理學的馮特（Wilhelm Wundt, 1832～1920）和霍爾（Stanley Hall, 1844～1924）共同學習。在霍爾的推薦下，米德於1889年轉學到柏林大學，專心研究生理心理學和經濟學理論。喬治·米德返回密西根大學工作時，受

到哲學家杜威（John Dewey, 1859～1952）的影響，進行社會實踐研究。後來在1894年，杜威從密西根大學轉到芝加哥大學教書，他推薦喬治·米德到芝加哥大學哲學系擔任教授。後來米德的學說吸引了許多教授和學生前來學習，芝加哥大學成爲美國實用主義（American Pragmatism）的新中心。芝加哥大學實用主義由杜威和米德領導。杜威於1904年離開芝加哥前往哥倫比亞大學，喬治·米德成爲芝加哥實用主義運動的主要代言人。他在1931年過世，三年之後，學生們將他的演講紀實出版了《心智、自我與社會》（*Mind, Self and Society*）一書。

我們了解到第一代的芝加哥學派的主要研究者包括了米德（George Mead）、帕克（Robert Park）、湯瑪斯（Willam Thomas）、伯吉斯（Ernest Burgess）、安德森（Nels Anderson）、弗雷澤（Edward Frazier）、休斯（Everett Hughes）、麥肯齊（Roderick McKenzie）、蘇哲蘭（Edwin Sutherland）、特拉什（Frederic Thrasher）、魏爾斯（Louis Wirth）、卡文（Ruth Cavan），以及詹尼其（Florian Znaniecki）等人。

芝加哥學派又稱爲生態學派（ecological school），後來在城市民族誌中的表現大放異彩。芝加哥學派受到生態結構主義的影響，例如：明尼蘇達大學植物學系教授克里門茨（Frederic Clements, 1874～1945）在1916年出版的《植物演替》（*Plant Succession*），鼓舞了芝加哥學派的都市詮釋。從1920年到1930年，芝加哥大學社會學系運用喬治·米德象徵性互動主義和民族誌（ethnography）方法，研究城市社會學。其中創造了象徵互動論（symbolic interactionism）的布魯默（Herbert Blumer, 1900～1987）著重於社會結構和物理環境因素，塑造人類的社群行爲（Blumer, 1969）。在1952年，布魯默離開芝加哥大學，前往加州柏克萊大學成立社會學系。

《植物演替》（*Plant Succession*）這一本書影響了芝加哥學派的城市結構解析，因爲植被群落是一種群落有機體的概念，以固定的演替階段發展，形成同心圓的景觀生態。生態學派民族誌強調生態學的動態變遷，他們以芝加哥城進行研究。研究者通過一種都市類比，城市從出生、

成長、成熟到衰敗，展現了都市中有機體的象徵。1925年，帕克（Robert Park, 1864～1944）、伯吉斯（Ernest Burgess, 1886～1966），以及麥肯齊（Roderick McKenzie）發表了題目爲《城市》（*The City*）的都市生態學專書，基於對芝加哥的觀察，指出五種經常在城市發展中出現的「同心圓模式」（concentric zone model），當中包括被視爲最易爆發危險的「轉變中區域」（Park, Burgess, and McKenzie, 1925/1984）。伯吉斯認爲，這個城市還沒有完全成長。儘管因爲地理條件的限制，密西根湖阻礙了城市的擴張，他強調都市核心是由同心圓的中心半徑，向外擴張而形成，他稱爲中心商業區。貧民區圍繞中心商業區形成，工人居住地點在較遠的外圍地區，別墅住宅則位居郊區。麥肯齊製作了都市犯罪地圖，依據年齡、性別、種族等顯示市中心的問題。

魏爾斯（Louis Wirth, 1897～1952）尋找關於城市化和日益增長的社會流動性的問題。芝加哥在1860年，是一個只有一萬人口的小鎮。到了1871年的火災之後，人口增長，到了1910年，人口已經超過了二百萬。安德森（Nels Anderson, 1889～1986）認爲，增加的速度是由於歐洲移民湧入，住房條件惡劣，並導致許多人居無定所。此外，工作條件惡劣，工資太低，工作時間長。因此，生態學派學者依據米德實用主義的指導原則，開始研究芝加哥的特定地點的人類行爲，包括了酗酒、殺人、自殺、精神病，以及貧困等特定行爲；並且針對芝加哥的地圖，進行視覺比較，以了解特定地區特定類型行爲的集中程度。

但是，芝加哥學派反對生物學家的遺傳演化學說，認爲城市社區居住自然環境是塑造人類行爲的主要因素。因此，芝加哥學派的研究者通過不良生活環境的研究，認爲這就是造就青少年犯罪的主因。因爲社區的次文化影響到青少年的不良行爲（例如：默許犯罪和人際關係類的社會壓力），其負面的影響遠大於青少年的個人屬性（例如：年齡、性別、種族）。湯瑪斯（Willam Thomas, 1863～1947）開發了居民自我報告生活史的技術，爲研究者提供主觀平衡的論點，湯瑪斯（Willam Thomas, 1863～1947）和詹尼其（Florian Znaniecki, 1882～1958）在1918年

出版了《歐洲和美國的波蘭農民》（*The Polish Peasant in Europe and America*），根據個人文件研究波蘭移民及其家屬，並在1918年至1920年間出版了五卷。在這一系列的生活史民族誌中，他們採用了信件、日記，以及第一人稱的訪談材料，說明了下列主題：

1. 城市復甦和建構：根據調查，波蘭人占美國的新移民的25%，大約三十五萬名波蘭人到芝加哥。因爲勞動力增加，湯瑪斯和詹尼其強調，歐洲釋放出來的新移民，對於新城市的擴張，是一種增強的動力，這些社區依據自身的需求產生重建力量，以追求都市的繁榮。

2. 文化接觸和衝突：湯瑪斯和詹尼其認爲，波蘭社區受美國政府政策的影響較小，更多的是來自於自身文化和社會關係的影響。這些影響形成了社區演替和制度轉型中的相互作用和競爭。

3. 城市衰敗與解體：湯瑪斯將社會解體定義爲社區無法共同解決問題，他以社會病理學原理討論了差別社會組織（differential social organization）的概念。這個概念影響了蘇哲蘭（Sutherland, 1883～1950）在1924年出版的《犯罪學》，並且形成差異關聯理論。蘇哲蘭提出「差異關聯理論」（Differential Association Theory），同時受到米德的象徵互動理論的影響，人類和素行不良的他人交往中，學到犯罪行爲（Sutherland, 1924）。蘇哲蘭觀察芝加哥城是一個生活膚淺的地方，人們匿名存在，而且人際關係短暫，造成友誼和家庭關係薄弱。他認爲社會關係的弱化，會導致社會解體和緊張理論（strain theories）。到了1942年，芝加哥學派延續蘇哲蘭的理論，認爲青少年犯罪大都集中到「轉變中區域」，因爲青少年所處的環境異常產生的反應。

在生態學派民族誌中，產生了分析結果是否屬於還原論（reductionism）的問題，也就是生物科學過於簡單化的規則，是否可以用來解釋都市成長和人類社會的關係。因此，強調模式和過程是一種科學的度量，畢竟結構（structures）、形式（forms），以及模式（patterns）相對容易觀察和測量，但是這些不過是一種工具。這些工具通過都市規劃和社會干預，進行

研究，試圖改變社會（Park, Burgess, and McKenzie, 1925/1984）。在方法論中，所依據的社會控制手段，例如：土地價值（land values）、分區條例（zoning ordinances）、景觀特徵（landscape features）、流通廊道（circulation corridors），以及歷史偶然性（historical contingency）等都市發展現象，都是來自於環境中的外在力量。芝加哥學派從過程研究中，推導出集體模式，而不是將過程歸結為觀察現象，限制了人類個體的詮釋和適應性關係。芝加哥學派的蘇哲蘭（Sutherland, 1883～1950）、特拉什（Frederic Thrasher, 1892～1962）、福雷瑟（Edward Frazier, 1894～1962），以及卡文（Ruth Cavan, 1896～1993）研究都市中的亞文化，並且應用生態學原理來發展社會解體理論。

第二節　民族誌研究的方法

　　民族誌研究的範疇，應用於各種不同學科，主要是人類學家，偶爾也有社會學家進行研究。研究的內容包含了美學、文化研究、民族學、宗教研究、社會學、經濟學、政治學、犯罪學、教育學、建築學、環境學、設計學、心理學、地理學、歷史學、語言學、傳播學、護理學、人體工程學、電腦科學、民族音樂學、民俗技藝學、都市規劃、社會運動，或是其他運用民族誌記錄的人文學科領域。研究過程包含選擇一種特定的研究方法，以及數據採集的方式，納入分析和解釋。

一、民族誌研究取逕

(一)田野範式取逕（paradigmatic approach）

　　根據美國密西根大學教授柯塔克（Conrad Kottak, 1942～）和加拿大薩克其萬大學教授科瓦奇（Margaret Kovach）的歸納，民族誌學者通過精心設計的方法，讓參與者產生自身的觀點，並且依據文化詮釋，解釋和呈現田野的紀錄。民族誌研究方法有下列幾類資訊蒐集方法（Kottak, 2008; Kovach, 2010）：

1. 觀察與參與觀察

對於日常行為的直接、第一手的觀察，包括參與觀察。民族誌研究者在各種場合觀察個人行為與集體行為。他們往往在田野地點停留超過一年，可因此觀察一整年的循環。

2. 訪談

研究者運用許多不同的訪問方式進行訪談。包括了聊天、閒話家常、圍爐座談、晚餐談話等方式，例如：在營火畔採取了結構性、半結構性，或是無結構式的訪談。有時候，透過營火，產生族人的談話圈（talking circles），進行多人愉快的訪談，也是一種方式。

3. 對話（conversational method）。

對話方法源於講故事（storytelling）。講故事是一個質性的研究方法，在參與者描述他們的口頭回答，而不是以問卷進行對話。在過程之中，需要進行知識的鏈接（connection to knowledge），依據關係、目的，按照特定的話題，進行心靈相契的對談。在對談之中，協助說故事者講述故事的情節，並且進行情節的回憶、塑造、提供情緒癒合的倚靠，以及協助說故事者進行反思（reflexivity）。

4. 系譜法

早期研究者發展出系譜記號與象徵，來研究親屬、繼嗣，以及婚姻。系譜法是以非工業化社會的組織基礎，當地人每天都與近親共同生活及工作。因此，民族誌研究需要蒐集系譜資料，以了解社會關係，並且重建歷史。過去，親屬關係圖常用於發現傳統社會的思考、行為，以及社會親緣網絡關係。但是，在21世紀，人類學者更加關注都市人群的研究，很少採用親屬關係圖進行系譜法研究。

5. 文化報導者

每一個社群都有專業人士，由於機運、經驗、天份，或是訓練，而能提供生活層面訊息，成為重要文化報導傳播資訊的來源。在追蹤文化報導者的舉證事項時，通常採用滾雪球或是連鎖抽樣。這個過程可以有效揭露正在研究的主題文化。因為民族誌很大程度上依賴親密的個人經驗，需要

更多文化報導傳播者熱切參與。

6. 生命史

某些村民比起其他人，對研究者更感興趣，而且對於研究者更有助益。當某位個人特別引起研究者的興趣，研究者將會蒐集他（她）的生命史。研究者在面對生命史的時候，採取尊重和友善的態度，仔細聆聽。

7. 影像聲音（Photovoice）

影像聲音（photovoice）源於2000年之後美國西部研究中較為廣泛使用的媒體方法。如果參與者無法提供在從事研究照片，或是影音媒體，就無法採用多媒體產生的數據進行分析。因此，參與者同意讓研究者取得合法授權，授與在數據蒐集過程中拍錄的影像權、聲音權、創作音樂權，以及肖像權，非常重要。

㈡問題導向的民族誌研究

民族誌的趨勢，已經從全貌觀點的敘述，轉向更具問題導向與實驗性質的研究。因此，想要研究全部事項是不可能的。大多數的研究者在進入田野之前，往往先帶著準備處理的問題，蒐集這個問題的資料。

㈢長期研究

長期研究是針對某個社區、區域、社會、文化，或是其他單位的長時間研究。長期研究係建立在多次重訪的基礎之上，目前長期研究民族誌多半包括二次以上田野調查資料。

㈣團隊研究

新進的研究者依據熟稔研究地區的學者的發現為基礎，以增進當地人如何因應與經營新環境的知識。在團隊研究中，學術是一種集體事業，研究的先驅者將過去的資料建構在調查研究得資料庫中，協助新世代的研究者繼續運用。

㈤調查研究

研究者結合民族誌研究與調查研究的創新方式，處理大型複雜群體行為，調查結果採用統計分析。在調查研究之外，民族誌研究可補充並微調調查研究的問卷方式。民族誌學者也會採用網際網路、手機問卷進行調查。

表9-1　民族誌研究和非民族誌研究的比較

分類		方法	內容
實證研究	民族誌研究	個案研究	探討事件過程／物件過程，以進行理論實證。
		調查研究	探討大型複雜群體事件過程，透過統計方法，以進行理論實證。
非實證研究		個人意見	主觀論點／議論／討論/綜述。
		個人訪談	故事／對話／閒聊／生命史／理解溝通／參與觀察。
		檔案整理	初級資料／次級資料／實物資料／影像聲音／系譜／文獻探討等資料整理。
		哲理說明	探討當代人類哲思發展。
		現象說明	探討當代人類社會發展。
實證研究	非民族誌研究	實地實驗	實地測驗、檢驗。
		實驗室實驗	人類心理和行為實驗。
非實證研究		定理證明	內部邏輯／數學模式。
		專家意見	訪談、德爾菲法（Delphi）。

二、民族誌研究特殊方法

在研究中，通常透過特殊方法，進行數據蒐集。在蒐集數據的過程當中，強調探索社會現象，而不是測試假設。因此，數據分析涉及對人類行為內涵的解釋。研究結果主要是口頭解釋，因此，量化統計分析的結果，只是協助發展較為次要的功能。因此，在研究方法中的討論，著重於報告實地調查結果，而不僅止於數據蒐集和解釋方法學的問題。

(一)自我定位（Self-location）

自我定位是一種開發更深理解社會經濟和政治條件，提高意識的研究。依據參與者的自我定位，承認個人生活和職業生涯的身分。

(二)主位觀點和客位觀點方法（Emic-etic approach）

民族誌研究者往往結合兩種研究策略：主位觀點（emic point of

view），向當地人取向的觀點，以及客位觀點（etic point of view），由科學家導向的觀點進行訪談。主位觀點是探究當地人如何思考感知，以及進行世界分類；客位觀點則是觀察者所注意到的，而且是重要的事情。

㈢社區基礎的參與式研究

社區基礎的參與式研究（Community-Based Participatory Research, CBPR）是一種本土化研究。研究中優先考慮社會的需求，以進行合作研究的努力。研究者依據參與行動研究、參與性評估研究，以及協作探究等取徑，採用合作研究者和參與者平等互惠的方式進行。

第三節　民族誌研究倫理

民族誌研究的本質，要求研究者遵循人類研究倫理規範。這些規範根植於實證主義和後實證主義的認識論。在進行民族誌研究的過程中，包含了研究設計、實施，以及報告在內，需要符合倫理標準。民族誌倫理的標準，包含了研究過程和實質內涵中的標準困境，說明如下：

一、研究過程的道德準則

2009年，美國人類學協會通過了一套研究過程的道德準則，指出人類學者在進行研究的時候，針對研究群體的成員，例如：家庭、宗教團體、社區團體，以及其他專業人士，都負有道德上的義務。在道德準則中指出，人類學者為人類和自然環境中，納入無涯學海和無邊政治網絡的一部分，需要尊重和屬實報告研究。道德準則認為，有時候研究者需要非常緊密保持參與者之間的個人關係，這些關係是民族誌工作中發展而來。美國人類學協會承認準則的範圍有限，因為民族誌工作有時可能是跨學科的研究，人類學者也需要熟悉其他學科的研究倫理的觀點。道德準則概述了進行研究、教學、應用，以及結果傳播的倫理考量。

(一)研究階段

在進行研究時，人類學者需要意識到研究對當地人們和其他物種的潛在影響。如果在新知識的探詢之中，會對當地的人們和生物產生負面影響，需要改變研究的方式。

(二)教學階段

在教授民族誌時，教師必須告知學生在進行民族誌研究和田野工作的道德困境。

(三)應用階段

人類學者在進行民族誌研究時，必須開放資訊，讓補助單位、同儕，或是相關研究人員了解研究目的、潛在影響，並且尋求支持工作的協助。

(四)傳播階段

在傳播民族誌的結果時，人類學者有道德義務考慮他們的研究是否經過傳播擴散之後，對所有直接或間接的參與者產生潛在影響。如果有其他人正在觀察研究，那麼民族誌的研究結果，就不應該隱瞞研究的參與者，需要取得知情同意書，才能進行媒體傳播和研究發表。

二、實質內涵的困境

(一)研究道德的困境

1. 善良的人類學者：民族誌研究者表示自己比其他的學者更加同情參與者，這有助於研究過程，但同時為了取得資料，需要取信參與者，以假裝同情的低姿態，讓參與者知無不言，言無不盡。研究者向受試者呈現的身分，不同於我們在其他情況下的真實身分，這種刻意同情的表現，是一種臥底的偽善。

2. 友好的人類學者：民族誌研究者的操作模式，需要假裝他們不應該討厭任何人。當民族誌研究者發現他們強烈不喜歡研究中遇到的個人時，他們可能會將這些人從調查結果中剔除出來。

3. 誠實的人類學者：如果研究參與者知道了研究目標，他們的反應可能會被扭曲。因此，人類學者經常隱瞞他們所知道的事情，以增加參與

者接受調查和訪談的可能性。

㈡方法論的困境

我們在討論方法學的時候，常常是指用於數據蒐集或分析的獨特工具和技術；但是，在方法論中，我們討論的是如何指導研究項目和計畫的總體原則，這些有賴於研究的反思，主要在方法論中的自我反省和警惕。

1. 精確的人類學者：民族誌學者經常掏出現場筆記記錄數據，並反映這才是真正發生事件的錯覺。但是，錯誤的解釋，讓研究的信譽打了折扣。研究者在描述事實的時候，有時候幾近於虛構事實，並且將其轉化為事實主張。因此在訪談中，通常要透過錄音和影像進行文字轉錄，這樣訪談就不會受到筆記的影響。

2. 敏感的人類學者：民族誌的讀者通常會認為場景全部的報導，已經在閱讀中完成。實際上，由於缺乏全知的書寫，民族誌學者總是會錯過某些方面的資料蒐集，很多民族誌因為讀者自行詮釋，產生了多種解釋，甚至是誤解。由於民族誌研究者在觀察和蒐集數據的技術因人而異，因此民族誌中描繪的內容，絕不可能是事件的全貌。

3. 不顯眼的人類學者：民族誌學者成為了現場的參與者，總是會低調處理在現場的身分，採取客觀的立場進行觀察。但是，這一種不顯眼的出現，仍然會主導現場的氣氛，導致報導失實。因此，一位民族誌學者進行實地採訪，需要真實反映人們居住的環境，而不是在研究者需要控制場景進行觀察，或是在嚴格控制測量行為的實驗室中進行。

㈢民族誌的自我期許

1. 多樣性的研究：由於研究者面對參與者，通過日常生活面對面地接觸，因此在參與式觀察中研究生活。因此在研究取材中，通過兩種或多種數據蒐集的技術進行質性或量化的分析，以便得出結論。

2. 承諾性的研究：研究者打算和長期研究的參與者進行交流。確切的時間範圍可以從幾週到一年，或是更長的時候。

3. 歸納性的研究：研究者採用累積描述細節的技巧，建立一般模式或是解釋理論；而不是運用理論結構，測試現有理論假設或是模型。

人文社科研究方法

4. 對話性的研究：基本上民族誌的撰寫，是由一位研究者進行，其中的解釋和發現透過參與者進行闡述，而結論在研究過程中需要進行多次的確認。因此，透過研究結果，需要研究者和二位以上同儕之間，透過研究對話之間的反思，其目的是要探索研究者在參與特定研究方式，如何影響研究的結果。

5. 整體性的研究：透過完整研究群體的方式進行全面的理解。在研究過程之中，同時也可以採用其他方法，例如：行動研究計畫，藉由觀察改變，理解現況的改善情形。

第四節　民族誌的演化

　　1930年代之後，民族誌的產生通常需要相當冗長時間的實際體驗。研究者受到現象學和生態學派的影響，開始批判實證主義假設（positivist assumptions），尊重人類經驗的複雜性（complexities of human experience），強調探究的願景。從實證主義到了後實證主義範式（postpositivist paradigm）階段，除了代表歐陸海德格所代表的現象學和美國生態學派（芝加哥學派）共同推動思想建設的研究，德國法蘭克福學派（Frankfurt School）的批判的社會理論，同時影響了民族誌的寫作風格。

　　法蘭克福學派（Frankfurt School）由德國法蘭克福大學「社會研究中心」的新馬克思主義學派學者組成。他們針對資本主義、法西斯主義，或是蘇聯共產主義制度提出批判。他們分享了馬克思主義和黑格爾哲學，試圖從反實證主義社會學、精神分析學、存在主義哲學，或是其他學科產生新的見解。法蘭克福學派哲學理論主要綜合康德、黑格爾、馬克思、弗洛伊德、韋伯等思想家的作品。第一代的法蘭克福學派學者包括了班雅明（Walter Benjamin, 1892～1940）、霍克海默（Max Horkheimer, 1895～1973）、馬庫色（Herbert Marcuse, 1898～1979）、弗洛姆（Erich Fromm, 1900～1980）、阿多諾（Theodor Adorno, 1903～1969）等人，

後來由哈伯馬斯（Jürgen Habermas, 1929～）等人所繼承。

　　海德格和法蘭克福學派批判理論有很多共同之處，但是因爲政治理念不同，彼此之間存在著對立和敵意。由於海德格在納粹統治德國期間，支持納粹運動，二戰結束之後，他被禁止在弗萊堡大學授課，海德格所主張的現象學和解釋學便被弗萊堡大學取消，只好潛心撰述最後的《哲學論稿》。

　　法蘭克福學派強調批判理論，關心社會變革和建立合理制度。他們試圖通過康德的批判哲學和黑格爾的唯心哲學，企圖克服實證主義、唯物主義，以及決定論的侷限性，並強調辯證法在人類現實環境中的實用性。法蘭克福學派批判理論關心社會變革，分析社會解放的可能性，並且針對現代資本主義進行批判。我們可以這麼說，批判民族誌源於人類學、芝加哥社會學派，以及法蘭克福批判學派之間學說的澎湃激盪。在大時代之下的民族誌研究中，產生的結構變革，包含了女權主義者研究（feminist research）、新馬克思主義批判民族誌（neo-Marxist critical ethnography），以及弗雷里安賦權研究（Freirian empowering research）。

一、女權主義者研究（Feminist research）

　　女權主義民族誌（Feminist ethnography）一詞在1980年代後期出現，但是這門學科在很久之前就已經存在，但眾說紛紜，沒有一致的定義。在基本的層面上，女權主義民族誌是一種質性研究方法。過去女權主義民族誌的資料蒐集、解釋，以及結論之中，女性研究者經常受到男性霸權主義和歐洲中心觀點的壓迫，形成女權主義民族誌的輪廓。紐約大學社會學系教授史塔希（Judith Stacey, 1943～）在1988年認爲，傳統民族誌方法讓研究對象遭受研究者的知識剝削、背叛，以及拋棄的風險，其實高於實證研究（Stacey, 1988）。史塔希呼籲保護研究對象，強化學者之間的對話，進行研究倫理的研究限制。

　　到了2000年之後，女權主義民族誌問題化爲一種資訊生產的方法爭

論。因應資訊化爆炸的時代，知識生產宛若工廠罐頭，在模式化結構之下，研究作品失去了縝密的研究目標和方向。男性霸權宰制出版組織、學校單位，以及家庭團體的最終審議和決定，對於女性研究的歧視現象依然故我。此外，女權主義者在面對研究中的困境和限制還沒有有效的解決方案。儘管存在上述挑戰，女權主義民族誌是一種富有成效的方法論，其特色如下（Schrock, 2013）：

㈠知識賦權

在特定的文化背景下，提供關於婦女生活的知識，認識到資訊時代中潛在的利弊得失。

㈡倫理賦權

探討婦女在生活中，受到政府、學校、單位、機構壓迫的經驗，探討社會對於婦女所應擔負的倫理責任。

如果民族誌方法非常適合女權主義的研究，因為知識方法避免了實證主義的錯誤二元論，並且借鑑了傳統人性關懷的女性力量，崇尚平等主義和慰藉關係（Stacey, 1988）。那麼在田野調查和發表之後，需要強化研究者和參與者之間關係平等主張與知情同意。

二、新馬克思主義批判民族誌（Neo-Marxist critical ethnography）

在法蘭克福學派（Frankfurt School）的影響之下，產生了批判民族誌（critical ethnography）的新馬克思主義研究。新馬克思主義（neo-Marxism）受到德國哲學精神影響，強調德國青年黑格爾左派的理論觀點，擺脫理論教條，又堅持批判資本主義社會貪婪的物慾現象。新馬克思主義求助於黑格爾精神哲學，依據無政府主義、新自由主義，以及理性選擇理論，通過人類自由意志，拒絕接受任何階級經濟優先的剝削觀點。其次，在新馬克思主義批判民族誌中，強調對於意識形態與國家權力的強烈批判。

在1960年代公民權利運動之後，民族誌學者變得更具政治活力，並

以各種方式進行社會實驗，將解放政治運動納入民族誌的研究中。社會民族誌的研究者選擇在非傳統環境中進行田野調查，例如：現代工作場所（modern workplaces），像是血汗工廠、童工工廠、監獄工廠等剝削場所進行場所調查。這些學者試圖從霸權文化定位（hegemonic cultural positioning）的範型中，針對偏離或是受到壓制的群體（suppressed groups）進行研究，提供社會對話，產生社會變革（societal transformation）的新途徑。批判民族誌運用反思性，主張解放社會邊緣化的群體，產生了左派的觀點民族誌。研究者主張依據政治原理，反對不平等的治理方式，例如：性別、年齡、籍貫、身分、種族、慣習、居住地之間的差別對待。

俄亥俄州立大學教育學系教授拉瑟（Patti Lather）關注批判理論的方法論意義，探討了解放研究（emancipatory research）發展領域的問題。她將研究作為實踐（research as praxis）的概念定義為在社會科學研究的背景下的研究，討論如何解放知識（emancipatory knowledge），運用談判（negotiation）、互惠（reciprocity）研究為實踐特徵的民主化調查（democratized process）過程中進行研究（Lather, 1986b）。

三、賦權研究（Freirian empowering research）

巴西教育家弗雷勒（Paulo Freire, 1921～1997）主張批判教育學，他在1968年出版《受壓迫者教育學》，在2003年發行中文版，成為批判教育學運動的奠基者。《受壓迫者教育學》出版之後，受到好評，是西方國家最常被引用的社會科學書籍（1960～2017）中得第三名，僅次於孔恩（Tomas Kuhn, 1922～1996）的《科學革命的結構》，以及羅傑斯（Everett Rogers, 1931～2004）的《創新的擴散》。弗雷勒以批判理論，提出了一種教師、學生，和社會之間的新關係。這一本書在1968年首次以葡萄牙語出版，並且翻譯成英文，於1970年出版。本書是批判教學法的宣告。弗雷勒轉換了教育學的關注焦點，教育的重心從壓迫者轉至受壓迫者身上，而且這種教育學不只是「為了」受壓迫者的教育學，更是「和」受壓迫者一同進行的教育學。他比較了囤積式教育和提問式教育之

間的差異。在討論提問式教育的同時，他也提到了在這樣的教學中，教師與學生的角色發生了轉變，教師不僅是教師，教師同時也是學生。他主張教育學應該將學習者視為知識的共同創造者。他以馬克思主義進行階級分析，一生致力解放受壓迫者的教育。弗雷勒根據他自己的經驗幫助巴西成年人閱讀和寫作，這一種普及性的大眾教育，又稱為弗雷勒式賦權教育（Freirian empowering education）。

我們通過巴西教育家弗雷勒的生平活動進行研究，了解民族誌研究者運用批判理論為基礎，著重於民族誌研究中隱含的人權價值，關注這種內隱價值中的偏見和歧視，追求人類世界的平等和正義（Freire, 2006）。這一種方法企圖先建立符號機制，從行動中提煉意識形態，並理解歷史、文化，以及社會架構之中，研究主體的認知和行為。因此，研究者將自我定位為站在被研究者同一陣線，並且依據內在感知和同情原理，強調賦權行為，並且取得緊密的聯繫關係。研究者除了進行社會、政治和教育批判之外，代表研究主體進行發言，賦權行為的研究者還嘗試闡述自己的批派性觀點，以此進行政治態度的表彰，顯示權力中壓迫者與受壓迫者自述的觀點，並且企圖以政治和教育目的改變這一種不公平的態勢。因此，批判分析報告中，沒有純粹和受壓迫者分離，也不強調報告中的科學客觀描述。例如，研究者希望解構現實、賦予權力、挑戰現狀，並且解決對於主政者權力控制的問題。因此，研究的重點在權力、賦權、霸權、統治、受害者、不平等等關鍵議題，並且透過普及性的大眾教育，展開弗雷勒式賦權行為的推動。

小結

民族誌研究是人類學者所發展的研究工具，透過田野調查和參與觀察，進行資料蒐集，研究者分析社會生活中行為、信念、價值觀和儀式風格的共同模式，針對資料進行觀點詮釋。民族誌研究的範圍，可以從行為觀察的現實主義視角，到研究者和主體社會互為理解主體的建構主義視

角。研究的範圍可以從固定可觀察到的行為的客觀主義敘述，或是採用解釋性敘述，描述個體和社會結構之間的相互作用。理論研究者處理知識意義之間的關係，實務研究者要了解參與者的行為、信念模式之間的脈絡過程。民族誌研究所重視的文化脈絡理解，正是個案研究所強調的多樣性、承諾性、歸納性、對話性，以及整體性的研究。經過社會文化的脈絡分析，我們採用人類學、芝加哥社會學派，以及法蘭克福批判學派的社會學說，理解了女權主義者研究（feminist research）、新馬克思主義批判民族誌（neo-Marxist critical ethnography），以及弗雷里安賦權研究（Freirian empowering research）的思惟。最後為了要建構社會現象的探索，我們進行了人類行為的解釋。因此，在研究方法中的討論中，民族誌除了要解決數據蒐集和解釋方法學的問題，研究者更需要著重於報告實地調查的撰寫結果。

關鍵字詞

後驗式（*a posteriori*）	區域研究（area studies）
自我民族誌（auto-ethnography）	社區基礎的參與式研究（Community-Based Participatory Research, CBPR）
同心圓模式（concentric zone model）	資料飽和（data saturation）
言談分析（disclosure analysis）	生態學派（ecological school）
解放研究（emancipatory research）	情感設計（emotional design）
移情設計（empathic design）	民族考古學（ethnoarchaeology）
民族誌（ethnography）	民族學（ethnology; ethnologia）
民族符號學（ethnosemiotics）	內部民族誌（insider ethnography）
互為主體（intersubjectivity）	生活實驗室（living lab）
敘事（narratology）	網路誌（netnography）

線上民族誌（online ethnography）	範式取徑（paradigmatic approach）
現象學（phenomenology）	影像聲音（photovoice）
實證主義假設（positivist assumptions）	現實主義民族誌（realist ethnography）
社會變革（societal transformation）	談話圈（talking circles）
三角驗證法（triangulation）	視頻民族誌（video ethnography）

Death comes to all, but great achievements raise a monument which shall endure until the sun grows old.

死亡無人能免，但非凡的成就會樹起一座紀念碑，它將一直立到太陽冷卻之時。

——法布里奇烏斯（George Fabricius, 1516～1571）

學習焦點

檔案研究就是文獻研究，也就是如何尋找原始文獻的研究功夫。國立臺灣大學前校長傅斯年（1896～1950）曾經說過：「上窮碧落下黃泉，動手動腳找資料。」所謂上窮碧落下黃泉，就是代表在檔案研究中挖掘文物，不管是人類學者進行考古，或是進行歷史分析，都需要歷經的一種硬功夫。傅斯年在《史料與史學》發刊詞中，述及史料與史學的關係，並提到德國史學家馮蘭克（Leopold von Ranke, 1795～1886）的歷史觀。他以治史學中的「上窮碧落下黃泉」的研究觀是一種：「不以空論為學問，亦不以史觀為急圖，乃純就史料以探史實也。」「史料有之，則可因鉤稽有此知識。史料所無，則不敢臆測，亦不敢比附成式。此在中國，固為司馬光，以至錢大昕之治史方法。在西洋，亦為軟克（即馮蘭克）、莫母森之著史立點。」

面對研究中龐大的資料，需要了解詮釋資料正確的價值和賦予意義。我們了解人類的歷史就是檔案，從檔案證據中，挖掘資料，這是研究者嘔心瀝血找尋第一手檔案的研究精神（傅斯年，

2013）。檔案研究首先要尋找檔案中的客觀知識，過去在圖書資訊分類目錄之中，需要透過卡片目錄尋找資料；但是，現今的電腦網路採取了布林邏輯（Boolean algebra）運算符號，協助研究者在網路搜尋中，找到和主題相關的題材。我們了解，經由檔案的數位化，檔案研究中只有單一脈絡的空間威權限制已經解構，檔案整理與檔案研究之間的矛盾已經減少，如何透過檔案檢索系統，探索檔案的體系脈絡，成爲思考檔案研究時關鍵的因素。本章介紹檔案的定義、歷史、流程、種類，探討數位人文研究和展示工具，並且以批判性觀點，說明文本地圖和批判圖學的意義，以展示文本、圖資，以及其背後代表的人文和社會事實（social facts）。

第一節　什麼是檔案研究（Archival research）？

在研究中，我們通常需要佐證資料進行研究，這些資料可能是符號、文字、影音，或是圖像等方式，由實體或是資訊檔案貯存的方式，經過檔案處理之後，實際取用的內容。通常這些檔案是因爲進行記錄貯存，經由公共或是私人存放的方式，進行典藏及傳播。本節以檔案研究定義、歷史、研究流程，以及來源種類進行說明。

一、檔案研究定義

檔案研究（Archival research）是一種從原始檔案紀錄中尋找和提取證據的方法。檔案研究比圖書館和網際網路的研究更加複雜。檔案紀錄包括資料原件、檔案紀錄、公文、善本、手稿、地圖、繪畫、書法、飾物等研究主題，研究者需要進行檔案閱件申請，前往觀察閱覽紀錄。我們可以從網路上查詢尋找檔案文件的照片，但是多數紀錄缺乏控管。儘管多數檔案館都歡迎研究者前往查詢，並且有專業人員協助，但是因爲檔案數量過

於龐大，有時候不容易尋找。有的時候因為保密原因，某些紀錄可能會被禁止公開閱覽。

　　檔案是社交記憶的延伸。檔案研究是歷史研究的核心，但是在人文和社會科學中，例如：考古學、社會學、人類學、心理學、文學研究、人文地理學經常採用。美國檔案工作者協會（The Society of American Archivists）將檔案（archives）定義如下：

(一)檔案定義

1. 由個人、家庭，或是公共機構建立或是接管的資料。由於所包含的資訊中具有永續價值，或是因為建立者的職位和責任留下證據而獲得保留，特別是使用原地、原版、集體控管原則的永久紀錄。
2. 負責維護組織具備持久價值的機構內部紀錄。
3. 蒐集個人、家庭，或是其他機構記錄的檔案。
4. 具備專業訓練用以管理上述收藏品的組織機構。
5. 建築物或房舍之檔案館藏。

(二)檔案層次

1. 二手資料研究：在圖書館或網路進行，該研究涉及查詢和研究主題相關的資料來源是否屬實。
2. 第一手資料研究和實證調查：實地調查檔案。

(三)檔案級別

1. 閉架式（Closed stack）檔案：限制提供閱覽。
2. 原始未出版資料（Collect original, unpublished materials）。
3. 作者典藏資料（Material is organized according to the way on which the creator organized his/her collection）。
4. 孤本資料紀錄（Unique materials/records）。

二、檔案研究的歷史（History of archival research）

　　我國行政院掌管的故宮博物院所屬的檔案，稱為故宮檔案，成立於1925年。其典藏之文物自宋、元、明、清四朝宮廷舊藏，包含器物、書

畫，以及圖書等文物。依據檔案特性，可分爲奏摺、檔冊與詔令官書三大類。在歐洲國家，梵蒂岡祕密檔案館是在17世紀開始建立，其中包含國家文件、羅馬教皇帳簿，以及8世紀的教皇信件。法國國家檔案館於1790年在法國大革命期間成立，其歷史可追溯至625年。美國國家檔案管理局於1934年成立，國家檔案可追溯到18世紀美國創建的紀錄和收藏，包含獨立宣言、美國憲法，以及大憲章等原件。在學術單位中，世界知名大學博物館典藏了文化、文學及藝術檔案。

三、檔案研究流程

檔案研究在歷史資料的蒐集和儲存中特別有用，我們依據檔案蒐集、讀取和處理、檔案典藏，以及檔案傳播路徑說明如下（圖10-1）：

㈠蒐集貯存：需要檔案提交同意書（submission agreement），以進行研究材料的貯存。

㈡讀取處理：先將檔案暫存，建立編目資料，進行品質控制，以利資料和文件的檔案建構。

㈢檔案典藏：依據編目資料庫進行保存行動，進行檔案典藏。

㈣檔案傳播：依據傳播路徑的檔案伺服器的傳播管道，進行研究編目的資料路徑的提供。透過搜索網路中的目錄進入檔案館藏，並且查詢檢索館藏資訊。

四、檔案來源種類

檔案來源主要是歷史研究的原始材料，這些材料是研究者在調查主題中的文件或文物，研究主題包含了信件、日記、報紙、政府文件、藝術品等。但是，呈現的形式可以是當代的參與者之回憶錄和口述歷史。研究者可以採用檔案中的原始格式，找到主要來源，或是以各種不同方式進行原件的授權複製和編印，例如：書籍、縮微膠卷、數碼等。檔案來源內容如下（圖10-2）：

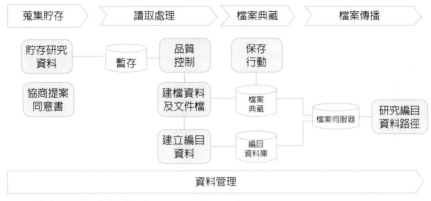

圖10-1 檔案建置工作流程（Schumann, 2013）。

(一)第一級資料

私人信件、日記、回憶錄、剪貼簿、文物、照片、手繪、素描、錄影、錄音、網際網路通訊、手機通訊、組織紀錄。

(二)第二級資料

書籍或專著、教科書、期刊文章、雜誌和報紙文章、列傳。

(三)第三級資料

參考書目、字典、百科全書、網路百科全書（維基百科、百度百科）。

第二節　數位人文

在檔案資料日新月異的今天，數位人文（digital humanities）形成了資訊科技與人文學科的跨域整合技術，數位人文運用資源和工具，來探詢文本和數據資料，以尋找過去未能發現的見解。目前數位人文計畫在美國、加拿大和西歐各國建立，進行人文社會學科的研究、教學、出版和媒體合作等技術整合。在此，人類宏博的知識庫（repositories），已經不限於傳統資料庫的架構，而是在數位檔案資料製作的過程當中，歷經不同的階段的數位學習過程，包括在其他領域開發的工具和方法，例如：採用計算生物學和語言學（computational biology and linguistics）方法，以克服

索書單		
供館員使用		索閱日期：
典藏機構：		
□歷史學會	□特別收藏	姓名：
位置：	位置：	
□手稿 □書籍 □珍本書籍 □地圖／地區圖 □小冊子 □合集 □可供迅速查閱檔案 □微膠卷 □聲音資料 □視覺資料	□參考資料 □期刊 □限閱資料	索書號
		適用於：箱_____ 櫃_____
	□書籍 □對開書 □超大尺寸書籍 □小冊 □平面文件 □手稿	題目：
	□書籍 □對開書 □超大尺寸書籍 □平面文件 □少年讀物 □原稿	作者：
	□已借閱	

圖10-2　圖書館的分類系統，可以協助進行資料的蒐集（College of Charleston, 2016）。

資訊過載（information overload）的問題，並促進新的人文社科的歷史解釋。在研究設計當中，包含了拓展大型圖庫、文物三維模型、數位學位論文、擴增實境遊戲。這些設計在實際效用中遵循一定的歷史過程，依據研究的目標，產生了超文本、超媒體、資料視覺化、資訊檢索、資訊探勘、文本探勘、數位製圖，以及數位出版（Herther, 2017）。

一、研究工具

數位人文研究者採用的工具非常多樣化，這些工具可能存於移動裝置

甚至虛擬實境實驗室中。某些人文社科學者使用進階的程式語言與資料庫，而某些學者則使用較爲簡易的免費工具，進行大量文本資料的分析。建議有興趣的研究者，進入下列的網站中，進行免費軟體的使用。

(一)Digital Research Tools Directory（DiRT）（https://dirtdirectory.org）

　　DiRT目錄（DiRT Directory）是由教授、研究生，以及圖書館員的國際志工維護的數位人文工具。DiRT目錄是從Bamboo計畫開發的目錄版本（Bamboo DiRT）發展而來，原始版本目錄由Lisa Spiro的DiRT wiki開發而成。DiRT目錄讓數位人文學者通過建立帳號，並分享DiRT管理系統，內附統計分析軟體等各種資源。人文學者可以進行比較數位人文計畫，或是使用DiRT目錄，該目錄彙集數位研究工具的紀錄，提供學術使用。

(二)Text Analysis Portal for Research（TAPoR）（http://tapor.ca/home）

　　文本分析（text analysis）的入口網站，這個網站顯示用於各類型的文本分析工具。TAPoR依據可以重複使用的程式碼的小型區塊，採用內容功能表命令或是快速鍵的組合，在程式碼檔案中插入程式碼片段（code snippets）。使用者探索研究工具，進行列表工具的瀏覽、評分、評論、推薦，並且爲工具添加標籤。TAPoR上的工具頁面由簡短說明、作者資訊、工具屏幕截圖、標籤，以及使用者評分和評論組成。程式碼片段（code snippets）頁面包含了完整鏈接線上位置的功能。

(三)Voyant Tools（http://docs.voyant-tools.org）

　　Voyant Tools是一種在網路上的應用頁面，用來執行文本分析（text analysis）。在頁面設計上，可以協助數位人文學科的研究者，編輯文本或語料庫（corpus）中的學術閱讀和解釋文獻。Voyant Tools用來分析線上文本，或是使用者上傳的文本。通過文本分析，例如：詞頻表（word frequency lists）、頻率分布圖（frequency distribution plots），以及文本關鍵字（Key Word In Context, KWIC）之呈現，以增強閱讀能力。網路界面由執行分析的面板（panels）組成，這些面板嵌入到外部網絡文本之

中，並且創建文字雲（word cloud）。在介面使用中，可以將搜索網站的內容，貼上文本文件，點擊一下，即可以在螢幕尺寸的儀表板上，獲得豐富多彩的結果。

㈣Netlytic（https://netlytic.org/home）

Netlytic是一種社群支持的文本和社交網絡分析工具，可以自動總結和發現社交媒體網站上線上對話中的社交語言。Netlytic由研究人員製作，不需要特別編輯程式。資料可以從Twitter、Instagram、Facebook、YouTube、RSS、CSV文件等媒體來源，或是自身的文本文件中獲得，其中有五個視覺化的成像免費，成像解析度不錯。例如，分析Twitter互動，並且由此產生的視覺效果，說明了小組之間的通訊，與單一事件的通訊進行比較。

二、展示工具

數位人文研究者採用簡易的免費工具，進行數位文本的展示。建議有興趣的研究者，進入下列的網站中，進行免費軟體的使用。

㈠TimelineJS（timeline.knightlab.com）

美國西北大學騎士實驗室設計的時間表免費設計軟體，運用於建構豐富的視覺性交互時間表。初學者可以使用Google電子表單建立時間表，專業者可以建立自定義進行設計，同時保持TimelineJS的核心功能。例如從Twitter、Flickr、YouTube、Vimeo、Dailymotion、Google Maps、Wikipedia、SoundCloud，以及Document Cloud等來源增加媒體。

㈡Chronos Timeline（hyperstudio.mit.edu/software/chronos-timeline）

麻省理工學院發展的Chronos時間軸產品，在網路環境中動態呈現歷史數據，研究者可以在垂直和水平方向的介面中輕鬆切換，快速掃描大量事件，依據主題或標籤突出顯示和過濾事件，並且展現歷史數據。

㈢QGIS（qgis.org/en）

歐洲發起的QGIS是一種開放性軟體，提供免費下載，其目標是產生

免費開放性軟件中，最好用的GIS工具。

㈣其他數位人文工具包（digital humanities toolkits）

1. DH Press（digitalinnovation.unc.edu/projects/dhpress）：北卡羅萊納大學教堂山分校發展的工具包，可以運用於資料存儲，展示地圖和多媒體。

2. Omeka（omeka.org）：喬治梅森大學提供了創建和分享學術作品集或展示工具，包括以複雜的敘事進行說明。

3. Neatline（neatline.org）：運用工具來建立地圖和時間表。

4. Scaler（scalar.usc.edu）：Scaler由南加州大學建立，由梅農（Andrew Mellon）基金會提供資金支持的網路多媒體展現平臺。

三、檔案製作

　　最早的檔案蒐集和資訊存檔，在過去是一種艱鉅任務。但是隨著科技時代的來臨，電子磁存設備強化數據歸檔的能力。1951年在美國商業電腦磁存設備發明之後，用於貯存資訊。這是一種磁帶存儲數據的概念，雖然這一種早期計算機過於龐大；但是，使用磁帶存儲資料的核心觀念，仍然是資訊傳播經常運用的概念。到了1990年代，使用磁帶存儲設備，已經被CD和DVD等光碟存儲設備所取代。隨著網際網路時代的來臨，檔案查詢、快取、歸檔已經在網路上進行（圖10-3）。隨著人們開始使用網際網路等雲端資料庫進行存檔工作，運用分散式系統、雲端計算、資料探勘成為21世紀資料查詢的方式。傳統使用磁帶、光碟、隨身碟（USB）或是其他電子數位貯存方法的日子即將結束。

　　在圖10-4的流程中，最上層為DRBL Server，也就是建置管理伺服器，所有要加入Hadoop的新節點的載具，透過與DRBL Server上傳相關資料後（IP位置、主機名稱、Hadoop安裝檔案），執行相關資料傳輸。目前採用網路雲端存檔的方式變得非常流行。通過分散式系統存儲資料，可以分散數據存儲損失、損壞，或是檔案遭受到勒索病毒威脅的風險，這也是硬碟驅動器和電腦進行存檔時，可能發生的問題，所以，需要採用網

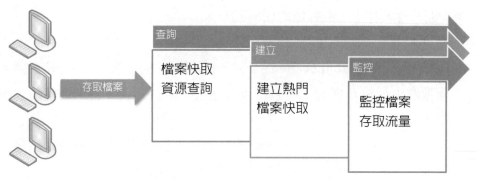

圖10-3 自動化部署進行調查、存取、擷取、應用之流程圖（資料來源：解鴻年，
2009）。

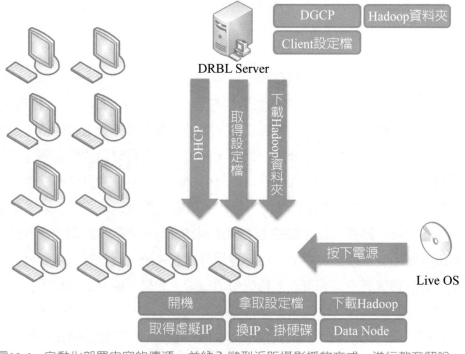

圖10-4 自動化部署內容的傳遞，並納入微型近距攝影播放方式，進行教育解說，
產生人機互動模式（資料來源：解鴻年，2009）。

際網路等雲端資料庫進行網路整合，例如：2018年微軟的作業系統的核
心，將與人工智慧進行整合，成為雲端產業。

四、圖象製作

　　圖像貯存是目前數字化人文學科重要的一大突破，我們需要深入了解製作過程的方法。從數據的編碼（encoding）到解碼（decoding），我們在進行圖像研究的時候，最佳實踐的方式是在於理解圖像產生的地點、當地的文化，或是不具有自然特徵的手工製品（artifact），例如：石斧、石鏃、石鑿等古代人類文化產出的背景。我們運用地圖理論，製作地圖反映現實，強化我們對於政治、經濟和社會的理解（Allen and Queen, 2015）。在透過圖像的解碼，進行圖像的閱讀、解構，以及闡釋；並且運用編碼，將圖像進行圖譯，以視覺化、符號化、摘要化的方式，將兩者進行分析、綜整、構成，以及行動的要素，說明如圖10-5。

五、數位視覺化

　　數位技術（digital technologies）影響人文學科的研究和應用。數位人文學（digital humanities）中繪圖方法包含了：地理測繪（geographical mapping）和文字測繪（textual mapping）。我們通過攝影、視訊、聲音、文本，以及數位地圖，共同組成地理資訊系統中交互式的數位地

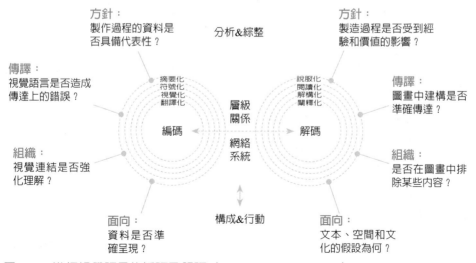

圖10-5　進行視覺語言的編碼及解碼（Allen and Queen, 2015）。

圖。此外，我們也運用質性和量化的混合方法，針對文本進行數位模型的研究（圖10-6）。因此，透過製圖文化、歷史，以及文學方法，運用電腦技術，產生了數位人文繪圖學（Sayers, 2009）。

美國的網路檔案館（Internet Archive, IA）（archive.org/index.php）、美國數字公共圖書館（Digital Public Library of America, DPLA）（dp.la）目前以巨量資料的方式，製作文本、聲音、影像等視覺資料，這些內容都可以提供下載，以進行文本分析和創作使用。

第三節　批判性人文觀點

由於數位洪流已經淹沒了21世紀傳統的人文學研究領域，檔案研究似乎成為了電腦領域專攻的禁臠。自然科學攻城掠地，許多檔案研究學應用了物理學資料處理模式，進行檔案研究。但是，有許多學者，仍然支持以正統的歷史檔案學為基礎進行研究。

我們回溯19世紀的德國學界，他們區分自然科學和人文學的差異，或是區分定律科學和檔案歷史學的差異。在以上兩類術語之中，前者指的是受到客觀自然法則支配的現象的研究；但是，人文學中的檔案歷史學，指的是從人類感知或經驗的角度來看，才會具有意義的現象研究。我們在第一章圖1-3中（P.15），談到了康德（Immanuel Kant, 1724～1804）等人在主觀方法運用上的詳細說明（specifying），以及運用客觀方法的歸納（generalizing）分析。在德國，18世紀末葉的啓蒙運動由康德所主導，康德試圖建立基於普遍理性的法則，他想採用客觀方法，建構現實主義中的實證學說。

但是，人文學科和驗證科學之間，早已經分道揚鑣，甚至在理論方法產生了矛盾對立。德國學者赫德（Johann Herder, 1744～1803）主張採取不可預測與高度變異的形式，進行人類思想的學科描述。這些爭論在18世紀末葉產生了影響，雙方爭鋒相對，互不退讓。到了1795年，德國學者洪堡（Friedrich von Humboldt, 1767～1835）建立一套結合康德與赫德

圖10-6　進行數位人文圖像研究（Sayers, 2009）。

學說的理論，他創立柏林大學，產生了人文社科的核心思想，以全然如實呈現歷史和地理的人文樣貌，我們依據人文研究經驗觀點、文本地圖的描繪，以及批判圖學的方法學，進行說明如下：

一、經驗觀點

美國的民族學研究者博阿斯（Franz Boas, 1858～1942）採取了雙重角度。他在1887年寫的《地理學研究》（*The Study of Geography*），區別了試圖探索現象法則的自然科學，以及從現象本身的角度進行理解的人

文學科（Boas, 1887）。

　　因此，人文學科不是自然科學可以用簡單的方式進行量化，並且依據環境決定論（environmental determinism）進行常規的實驗。在人文學科中，我們從檔案研究發現文化是環境中的脈絡（the context of surroundings）表現；而歷史則是一種檔案中的詮釋，可以說明其文化在年代脈絡中的特殊性。因此，人文社科研究方法，基本上強調人文學、歷史學，以及科學之間都具有的基本要素。我們從回顧性方法（retrospective approaches）探討文化和歷史的「經驗論」，了解到檔案研究的內涵。在1949年，博阿斯的學生克魯伯（Alfred Kroeber, 1876～1960），總結了人文社科經驗法則如下：

㈠科學方法是始於問題，而不是始於答案。所以，我們需要針對所有的價值判斷進行分析。

㈡科學是不帶感情的研究，因此不能完全取代任何一種「已經在日常生活中明確表述」的意識形態，因為這些意識形態本身不免在傳統上或規範上，帶有情緒成見的色彩。

㈢科學的本質是推論與公正的。我們不能以徹底的全有／全無、黑／白的二元對立判斷方式，採取極權主義態度的特徵進行說明，因為這是在科學之中，不具任何詮釋的地位。

　　因此，我們整理現代人文社科的研究方法學，產生了下列可以繼續探索的範式和理論（表10-1）。

表10-1　現代人文社科的研究方法學

範式或理論	標準	理論形式	敘述的類型
實證主義／後實證主義	運用普遍主義（Universalist）；基於證據（evidence-based），強調內部、外部效度（internal, external validity）。	邏輯演繹的扎根（grounded）研究。	科學的報告。

範式或理論	標準	理論形式	敘述的類型
建構主義	基於誠信產生可信度和可轉移性（Trustworth-iness, credibility, transferability）形成架構。	可證實性（confirma-bility）、實質性（sub-stantive），以及解釋性案例研究（interpretive case studies）。	科學的報告、民族誌小說（ethnographic fiction）。
女性主義（Feminist）	女性生活經驗、對話、關懷、責任心（accountabi-lity）、種族、階級、性別，反思（reflexivity）、實踐（praxis）、情感等內涵。	批判性立場（standpoint）。	散文、故事、實驗性寫作，例如：小品、寓言、劇本（essays, fables, dramas）。
新馬克思主義	解放論(Emancipatory theory)，可證偽性對話(falsifiability dialogical)，包含了種族、階級，以及性別平等討論。	批判、歷史、經濟的分析。	歷史、經濟、社會文化分析。
文化研究（Cultural studies）	文化習俗、實踐，以及社會文本（social texts）主觀性分析。	社會批判（social cri-ticism）的具體實踐。	文化理論批評（cultural theory as criticism）。
酷兒理論（Queer theory）	反思、解構批判的解構分析。	社會批判、歷史分析的反思研究。	理論批評（Theory as criticism）、自傳（auto-biography）體的社會和文化過程探索。

二、文本地圖

　　我們在現代人文社科的研究方法學中，看到了檔案研究中的文本地圖（text mapping）。從圖10-7的文本地圖進行觀察，我們了解文本地圖是一種閱讀理解技術，應用視覺化策略（visualization），發現資訊的結構。文本地圖可以識別文本特徵，並運用連結內容，了解其中的相關性。這是一種應用心智地圖連結的原理，用於在文本分析中獲得論點的經驗。因此，在研究者採用時間序列類型（time-series pattern）說明過去的歷史

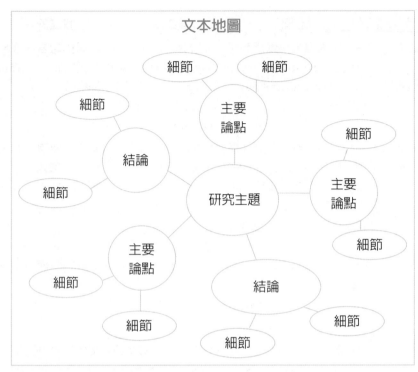

文本地圖

圖10-7　文本地圖在實踐文字圖像化的脈絡關係（Rosenberg, 1987）。

資料時，我們採用時間序列（time series）方法，依其發生時間的先後順序，進行說明。因此，檔案研究是一種長期的研究，由整體觀點來描述與分析文本特殊的時空現象（Merriam, 1988）。

　　在檔案研究中，時間關係和空間關係都需要處理。我們採用文本地圖的描述重點，在於預讀和應用文本組織，強調文本中間的脈絡關係，包含緒論、主要論點，以及結論的關係。此外，在個案研究中，需要了解其中的關係細節，特別去描述在某段時期中的事件所涉及的機構、方案，或是實際的情況，以便了解整體事件中的情境脈絡，以及背後的預設，當然也可能了解到整個事件對於人、地、時、物的衝擊（Merriam, 1988）。

三、批判圖學

　　我們從文本地圖中，了解到腦海中的文字圖像，以進行文字的理

解和詮釋。但是，我們也需要進行研究反思。所謂的批判圖學（critical cartography），是一種以批判理論為基礎的實踐和理論批判。在研究中，進行圖像的標識屬性的編碼，探討檔案地圖、譜系、繪本、照片、錄影中的文化和權力關係。從圖像形成的過程中，我們探討了文本和影音和圖形的關聯，並且重新考慮了修辭效果（rhetorical effect）。在批判圖學中，我們應用文本地圖探討檔案地圖、譜系、繪本、照片、錄影媒體的製作的過程，而不是直接反映實際的成品而已（Allen and Queen, 2015）。依據檔案研究文本分析的方法，我們需要採取編碼和解碼的措施，進行思惟過程的整合建構。也就是說，面對龐大的檔案，我們從「民族誌」（ethnography）中觀察到受訪者、受訪者的語文、他們的宗族譜系、田野地圖，以及口述歷史等日誌等工作。如何從蕪蔓龐雜的「厚實描述」（thick description），理解整體檔案的思惟脈絡？這些探討包括了視頻、照片的定性分析（qualitative analysis of videos and/or photographs）、照片、語音（Photo-voice / photo elicitation）的內容。如何從編碼（encoding）、慎思（deliberation）、介入（intervention）、解碼（decoding）、辯論（debate）、調整（mediating），思考批判圖學的理論架構（圖10-8）？

　　簡單來說，我們需要從文本地圖中，挑選研究的「文本」（text）、進行「翻譯」文化，區分「詮釋」（interpretation）和「解釋」（explanation）現象的差異，以及綜整出現象的「厚描敘述」。舉例來說，如果以網路空間公民身分，描述個人和群體通過自動生成和使用地理資訊媒體的現象，例如：網路地圖、虛擬地球、地理資訊系統（GIS）和Geoweb等互動模式，是否我們可以強化參與社會空間決策的能力？

　　從公民參與教育的角度來看，環境教育是探討空間公民（spatial citizenship）進行參與批判圖學的方法。也就是說，學習批判圖學的技能，可以協助空間公民解決空間規劃和設計的問題，建構公民參與的社會意識。我們想起了格爾茨的《文化的詮釋》中的〈厚實描述：論解讀文化的理論〉特殊觀點（Geertz, 1973）。他觀察整個「文化」的個人行為

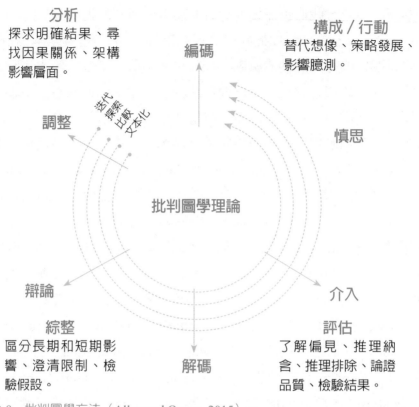

分析
探求明確結果、尋
找因果關係、架構
影響層面。

構成／行動
替代想像、策略發展、
影響臆測。

編碼

迭代
探索
比較
文本化

調整

慎思

批判圖學理論

辯論

介入

綜整
區分長期和短期影
響、澄清限制、檢
驗假設。

解碼

評估
了解偏見、推理納
含、推理排除、論證
品質、檢驗結果。

圖10-8 批判圖學方法（Allen and Queen, 2015）。

「點」的意義，這個「點」構成了「線」，產生人與人之間的線性關係。
但是，我們透過社會網絡關係，形成了「面」的整體圖形的結構。

因此，我們在研究檔案中鋪天蓋地的網絡關係，不是以實證科學的
方法研究人、事、時、地、物的物理法則，而是以詮釋科學的方法，
研究事物的真實意義，甚至從關係圖形中，了解人類實際政治、經
濟，以及藝術之間的弦外之音。我們也許透過了比較（comparing）、
組織（organizing）、架構（framing）、編碼（encoding）、解碼
（decoding）、假定（assuming）、評斷（judging）、解離（isolating）
等人類行為，企圖在「剪不斷、理還亂」的人類社會中，從治絲益棼的文
化脈絡中，思考和詮釋人類社會和內在的關聯性，如圖10-9。我們從《文

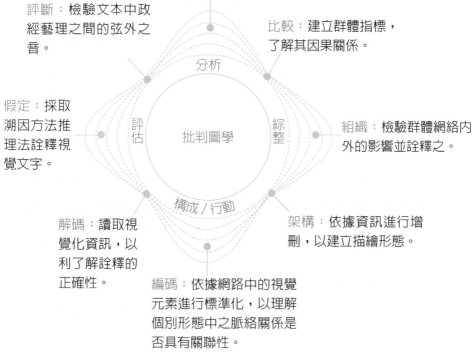

解離：從史地脈絡中理解文字之間內在關聯性。

評斷：檢驗文本中政經藝理之間的弦外之音。

比較：建立群體指標，了解其因果關係。

分析

假定：採取溯因方法推理法詮釋視覺文字。

評估

批判圖學

綜整

組織：檢驗群體網絡內外的影響並詮釋之。

構成／行動

解碼：讀取視覺化資訊，以利了解詮釋的正確性。

編碼：依據網路中的視覺元素進行標準化，以理解個別形態中之脈絡關係是否具有關聯性。

架構：依據資訊進行增刪，以建立描繪形態。

圖10-9　批判圖學強調綜整、構成、評估、分析的研究方法（Allen and Queen, 2015）。

化的詮釋》中，了解檔案中的語言、宗教、道德、法律，甚至流行風尚，都是一種存在於文本中的社會事實（social facts），面對龐大的資料，我們需要了解詮釋後的資料正確價值和意義。

「別矣，附中」的檔案描述

　　這是一篇三十四年前的舊作，翻出來，紙張都黃了。而且，我記得還投稿到報社，也登了。最近我的母校國立臺灣師範大學附屬高級中學很紅，有時候我都忘記自己不僅是師大附中的校友，還是師大的教授！反正，這些頭銜我都很珍惜，附中前一段時間，又上報了。看了幾段校友的論述，我有感

而發，找了三十四年之前的文章，練一下打字，看了好笑，我以為我看到了「少年維特」，當時是十八歲的我，可以寫；如果現在當了教授，還在寫這一種文字，那我大概是江郎才盡了。所以，年輕時寫寫可以，五十二歲人寫不行。五十二歲在大學服務的老師，要寫SCI、SSCI國際期刊。現在看來，當年我很喜歡江淹的〈別賦〉：「黯然銷魂者，唯別而已矣。」以下是當年寫的文字，刊登於1984年的《臺灣新生報》的副刊。

別矣，附中 / 方偉達

當附中人社社長要求我留下畢業感言時，端詳了良久，一時遽難下筆。

物換星移，人走樓空，當時光如鴻爪在雪泥上不留痕跡，正意味著屬於輪迴中的你，已獨行踽踽了好長的歲月，卻如在電梯中懵然不知（已經到啦）。

一切都有遞嬗，一切都有綿延。

而且我們走了，尚有另一批傳承的生力軍駐紮在這裡。在射星似泉的夜裡，我毫不猶豫地洋洋灑灑地寫了一大段。

學弟皺眉說：「寫回憶錄呀。」是呀，附中三年點點滴滴，三天三夜都寫不完。其中不乏激惱、哭泣、悲傷。但是，一千個日子就是一千個春天。學生的天生爛漫，擁有一季的江中斬蛟，劍氣沖霄，雲間射鵰，愧煞英豪的凌雲壯志。縱使沒有小橋樓頭，滿樓紅袖招的年少綺情，但是附中人該有的，我都擁有了！

聽了學弟的話，為了免遭「退稿」的厄運，我從兩面紙箋中，掇拾了二句話。所謂愛之深，責之切，這也算了我對附中的最後一次批判吧：

「所謂傳統，就是附中傳統以來，標榜傳統的一種傳統；所謂附中精神，就是沒聽過畢業後，學長再爭辯的一種精神。」

在如波動的文化潮流中，一種傳統，賦予創新的意義；一種精神，包含時代的精蘊。有時候，我實在無意走在時代的尖端，但是我欣賞的是直聲動天下，起八代之衰，濟天下之溺，眾人皆醉而我獨醒的高瞻遠矚。

因為我不忍看到駢賦末流富豔頹廢，古文末流的日趨平淡，桐城末流的性靈全無。因為激態的時代會使守舊完全變質。

今天我站在中正樓上，膨脹的風湧進袖口，遠方的七星山上正飄著牛毛細雨。古堡的傾盆大雨，只是時間問題吧，該來的，總是會來的。此刻我乘風遠去；再掇拾一句：

「當小學弟妹們在古韻斑駁的西北樓殘陽下，在春風迴揚的號音悠悠中。爭辯傳統在附中。射星掠野，炫弄劍酒的詩與美。可曾想過每天留一刻鐘，讓自己的靈魂沉寂。甚至交談，也只限於自己和自己。」

別矣，附中，魂縈夢繞。

不堪回首。

（方偉達 / 1984 / 國立臺灣師範大學附屬高級中學511班學生）

小結

從空間和文本的解嚴之後，檔案研究成為針對文本論述的一種尊重態度。通過第一手的檔案文件，我們可以了解時代背景產生的現象，從當時的現象進行同理分析。在檔案研究中，文本和圖像承載著當代的社會規範和制度，我們可以看出批判性思考中，檔案中的人、事、時、地、物展現的文本價值，不會因為身分、地位或是權貴關係，而對於當代的檔案研究觀念的闡述有所影響。也就是說，雖然文本檔案呈現了社會規範、當時身分，或是當代文化觀念，我們如何進行理論建構或是解構？我們如何建構研究文本的論述？因此，我們服膺傅斯年在《史學方法導論》中談到「上窮碧落下黃泉」的研究精神，是一種確保所用文本確實具備代表性，同時在經過嚴謹的論點推演的時候，可以展現出多元認識論的包容性。我們從後設觀念（meta-concept）的分析經驗觀點、文本地圖，以及批判圖學的論證，希望強調在大數據的時代架構下，我們在檔案分析中，了解數位

詮釋的跨學科研究架構，希望強化理論思辨與基礎人文社科訓練，並且需要超越原有單一學門研究的視野，修正原有理論的思惟，進行新理論的開創。

關鍵字詞

檔案研究（archival research）	手工製品（artifact）
布林邏輯（Boolean algebra）	閉架式（closed stack）
批判圖學（critical cartography）	解碼（decoding）
數位人文（digital humanities）	數位技術（digital technologies）
編碼（encoding）	資訊過載（information overload）
後設觀念（meta-concept）	知識庫（repositories）
回顧性方法（retrospective approaches）	修辭效果（rhetorical effect）
社會事實（social facts）	文本地圖（text mapping）
厚實描述（thick description）	文字雲（word cloud）

十年磨一劍

The secret of success is constancy to purpose.

成功的祕訣在於持之於恆。

——迪斯雷利（Benjamin Disraeli, 1804～1881）

這一本書，終於付梓了。這是一本共同創作的書籍，充滿了我和研究生之間討論的趣味、機鋒，以及在研究中永無止境的「挫敗感」。如果我們從本書楔子〈劍客的形式語言〉談起，想起了唐朝詩人賈島（779～843）的〈劍客〉：

「十年磨一劍，霜刃未曾試。今日把示君，誰為不平事？」

賈島終極一生遠離現實，安於寂寞的生活，他以自身十年辛苦工作，終於磨出了一把利劍，這一把劍刃寒光閃爍，但是未試鋒芒。如今取出，要獻給懂得懷才和惜才的人。隨著2017年《軍師聯盟》等電視劇的推波助瀾，「十年磨一劍」成為婦孺都懂得的語言。

研究是一種細細「磨劍」的冗長過程。在研究的時候，通常剛開始沒有形成理論，只是一團朦朧；但是，從定稿、投稿期刊，到了審查修正的時候，通常這一個階段，需要建構理論，或是要解構理論，甚至修正理論。但是，這是一件很挫敗的事情，尤其我們面對的是一種「計畫行為理論」。甚至，我的學生在研討會上報告了「計畫行為理論」的用途，經過其他教授的指正。其實，在研究之中，大部分的過程都是挫折，很多研究是做不出來的，甚至連方程式中的結構都做不出來，因為驗證性分析無法支持。

於是，創造結構是一條可能的路。但是，在世界各國的學界，都是很拘泥的。如果要創造理論模型，或是理論結構，相對來說，必須要已經是「計畫行為理論」走不通了，才有可能創造。因此，我們在修正「計畫行為理論」的模型時，非常地痛苦，因為面對到模型的拆解，很多模型中較為細緻的地方，都通不過驗證，只好借鏡其他的模型，例如「價值、信念、規範」模型。但是，我們缺乏大一統的方式進行整合，大部分研究生的研究，已經是進行計畫行為理論的崩解研究了，我們必須再進行思考更為簡潔的模型。一個簡潔的模型，可能是要扼殺許多的向度，也就是結構方程式中，許多隱藏變項。這也許不是一個好的方法，但是，我們已經花了許多年，進行這一項工作。

當我和許多博士學生進行臉書（Facebook）的線上交流之時，不是在交流中聊天，而是將我們的發表的期刊論文，進行作品分享。在許多次的實驗挫敗之後，才辛辛苦苦地進行比較好的模式拆解，驗證其中的信度和效度，並且進行理論之間的辯證和說明，這個過程相當辛苦，需要進行好幾年的挫敗實驗，才能有一些成果。

因為，東方社會的社會科學研究，外國教授不見得有興趣。在進行社會科學的研究之中，研究者連個像樣的武器都沒有，連一間實驗室都沒有，所有的研究價值，都是「精神力量」。我們只有憑著我們精神力量，不斷投稿到國外，不斷遭到退稿。當然，被羞辱和被退稿是常有的事情，習慣就好了。重點是要強化我們自身的「價值」。如果，自己不重視自己的社會科學研究，那麼，為什麼要希望國外學者的憐憫呢？所以，我最佩服的新加坡的社會科學研究，真是強悍。我們華人圈的社會科學的質和量，都有繼續發展的空間。在本書最後，我回想起我在2017年於臉書（Facebook）和同學進行的對談經過：

「初步有構想了，這是很重要的突破，也就是模型的修正。」

「在研究中，經常會碰到困境，但是很重要的一環，就是山不轉，路轉，路不轉，人轉。因為理論是死的，當理論不轉，可以從修正模型中轉。模型不轉，可以修正我們的思惟。因為人是活的。我們要讓理論和模

型爲我們所用，我們不要被理論和模型綁死。」

「所以，在社會科學中，我們的研究生一直在做典範轉移的工作。」「記住，不是只有學者才在做這個典範轉移工作，大家有可能都是未來的學者。所以，研究和前人的理論和模型相同，滿好的；研究和前人的理論和模型不太相同，也滿好的；只要說明出爲什麼要修正理論，理論修正之後，依據了的理論是什麼？這也是文獻回顧中的根據。當有循環出來的時候，集體討論和集體意識都會出現，思考出解決問題的模式，這也是社會科學中，很重要的一條思考解決問題之路。」

我很喜歡這一種和研究生進行的對話。我的研究發想，也都是在一種祥和的對話氛圍中進行，沒有給研究生和我自己帶來任何的壓力。

寫到這裡，我也回想起我的老師哈佛大學景觀生態學教授佛爾曼（Richard Forman, 1935～），他老人家在八十歲才剛剛退休。退休之前，寫了許多膾炙人口的書。書的內容我不一定都看過，但是，我佩服他在寫書之前，他寫的一本書，至少放了三千篇參考文獻，有些名著，到現在都還沒有中文翻譯，我相當遺憾，因爲景觀生態學的聖經很難翻譯。有一次他在哈佛的教室上課時，突然談到他寫的《土地鑲嵌塊》（*Land Mosaics*），他說：

「你們知道我有在這一本書上放了一個笑話嗎？」

我知道這是老師測試同學是否有念書的方式，但是我們面面相覷，一本厚厚的書，到哪裡找出這個隱藏版的笑話呢？後來，我離開了景觀生態界，到了環境教育界，從自然科學界，跨足到社會科學界，開始發表SSCI期刊論文，常會想到老人家的治學態度。

他出的書《Urban Regions》和《Urban Ecology》這兩本書，我放在書架上，由於忙著進行環境教育的研究工作，這兩本書，看得就沒有那麼用力了。也就是說，當年幫高雄市政府採用理查‧佛爾曼景觀理論，我只用了一招半式，透過「基質、區塊、廊道」概念，創造高雄濕地廊道的實驗設計。我知道，在景觀界的SCI期刊論文，我過去發表過，需要透過物理機械模式和生態動態空間觀點，進行模型創造。也就是說，景觀生態

學的學術發表，需要具備操作地理空間資訊技術層面，那是一種饒富趣味的科學方法。但是，我既然離開了地理資訊空間的教學和研究領域，就必須從頭開始，打造一些新的觀點和論述，並且建立一套可以運用的研究方法。

我重新思考，過去高中，我是念自然組；到了大學，我是念社會組，博士我是念農學院的生態博士，到了國立臺灣師範大學環境教育研究所，我想我又應該又回到了社會科學的研究了。也就是，開始研究最難研究的「人的研究」了。坦白講，這些研究出來都不難，最難的為國際期刊SSCI的期刊發表。我的經驗是，在國際期刊的投稿過程之中，當我發表了四篇的SCI期刊論文，才會有一篇SSCI的期刊論文被接受。

這一種感覺，不會太好受。因為，會耽誤國際環境教育和國內環境教育的社會服務工作。

六年多前，真的非常、非常地幸運，我來到了臺灣師範大學環境教育研究所任教，終日浸潤在王順美、汪靜明、周儒、張子超、葉欣誠、蔡慧敏六位教授（以姓名筆畫序）所營造的溫暖的學術氛圍之中。在研究的自由度上，環境教育研究所的自由度真的跨距非常大。環境教育是我在二十四年前，在環保署的第一份工作，我在環保署的環境教育科一待好多年，等於回到了老本行了。但是，環境教育的公家機關推廣工作，和環境教育的實際研究工作，其實性質相距甚遠。簡單來說，國外環境教育的SSCI期刊，只有《*Journal of Environmental Education*, JEE》和《*Environmental Education Research*, EER》，影響因子（impact factor, IF）都只有一點多，點數真的不高，在國外的教育領域中，和其他教育領域的知名期刊，影響力真的不可同時而語。

但是，我從來就不灰心，還在找期刊發表的出路。因此，我在教授環境教育研究法的時候，雖然企圖窺探和揭櫫一些國外環境教育期刊上面的研究興味，但是過去我們所受的訓練都在技術上的思考，很少研究出什麼背後深層的理論，更沒有探討研究哲學的背景。於是，我們開始聽課，尤其聽聽臺灣大學名譽教授王鑫（1945～）的看法。我很喜歡王鑫老師談

到環境倫理，他是中西合鑄，而且具備相當強的西方邏輯思惟的批判哲學觀點。我知道許多同學上他的課，告訴我說，同學聽不太懂，我卻是聽到興味盎然，無法自拔。因為我在聽王鑫老師的課程中，雖然無法達到拈花微笑的最高境界，但是我已經達到心契神會，在聽課的過程中，達到了「慨然悠游如上古之氓」的心流（flow）快樂。如果沒有國際期刊的約束和綁架，在環境教育的研究上，我應該能夠更為灑脫和自在。

我望著書架上的書。基本上這些放在家中書房中上架的哲學書，都是已經看過了的書，不管是全本讀完；還是讀了二分之一。我很高興我坐在臺北捷運的時候，可以專心看書，等車、搭公車、坐捷運地鐵，這是清晨最安靜的讀書時光。

在研究哲學的時候，我還是很羨慕宋朝歐陽修（1007～1072）所說的：「書有未曾經我讀，事無不可對人言。」歐陽修是謙虛，而且是具備道德論的好人。歐陽修的道德論，和康德的想法很相像，就是不要對人說謊。即使是善意的謊言，也不能說。在道德的約束之下，沒有什麼實話，是不能講的。我想，這個實在是太難了；也就是康德（Immanuel Kant, 1724～1804）為「啟蒙者」的建言，不可以說謊，即使是為了救人，騙取壞人的信任；或是騙取家人的信任，隱瞞疾病的真相，也不能說謊。唉，這一種道德境界，和我大學念書時崇尚王陽明（1472～1529）的心學，讀到理論基礎不大一樣。這一種道德理論，真的是非常崇高，連神明都難以想像，連「善意的謊言」都不可以說；我們凡夫俗子，更是難以望其項背。

先父方薰之將軍（1931～2017）擔任過三軍大學研究編譯室主任，曾經教導我：「是非原無定，善惡本有因。」

午夜夢迴，常回到父親騎著一臺腳踏車，在前座放著吱吱喳喳、囉哩囉嗦的我，從高雄市左營區果貿三村騎到左營大街，幫母親批回洋裁針線的童年。母親黃素梅女士是一位國畫家，她靠著車布邊、鎖釦眼、繡學號，以及洋裁針線的絕活，拉拔了我們三兄弟長大。這是一段父母親辛苦，但是對於我們來說，都是值得回憶成長的眷村生涯。等到我在四十歲

開始離開環保署安定的公務人員高等考試公職，進入到更為辛苦的學術界，經過兩年，才在四十二歲的高齡，取得教育部助理教授證書，每年費盡思量考慮撰寫SCI或是SSCI期刊文章。但是，我的重點是在寫書，只要是我在五南文化事業機構出版熱騰騰的新書，父親總是當我的第一位讀者，分享我在學術生涯的種種故事。

「一個喧嘩的兒子在大放厥詞，總有一位慈祥的父親在記錄過程、陪伴成長，以及傾聽委屈。」

2017年12月24日父親辭世，我回想起這一段時間，身心忙亂，每天在闃黑清冷的夜中驚醒。我只有透過潛心投入撰寫《人文社科研究方法》一書，才稍微可以在思考沉浸之中，忘記俗世中的種種痛苦；我開始讀書，提升思考的高度，我不斷思索《金剛經》所說的：「無我相、無人相、無眾生相、無壽者相」，是不是我就不再痛苦了？如果擺脫了「我的生命叫我相」的「我在」執著；「你的生命叫人相」的「對立」執著；「眾生的生命叫眾生相」的「他者」執著；「生命繼續活下去叫壽者相」的「時間」執著。我必須要努力思考：「我一定要在嗎？」「我一定要贏你嗎？」「我可以協助其他人嗎？」「我的時間還有多少？」

在忙亂之中，看心理學的書，看哲學的書，看宗教的書，總算可以有一種身心較為安頓的去處。自從在美國拿到博士學位之後，才知道看書是一種樂趣。即使看不完，也沒有關係。這是我通常勉勵研究生的話，我談到「學生論」，因為看不完是正常，看得完我才覺得奇怪。因為我的哲學很簡單：「學生就是學習生存」。不管是研究生還是教授，都在學習中。即使在大學教書的教師，也在「學習生存」。而且，我覺得在校園中，教授的生存條件，比學生更為艱難。那麼，教授也是「學生」囉。大家都是學生，一輩子都是在學習；那麼，這個「學生論」的道理也就相當明白了。在校園中，我繼續發展我的「學生論」吧，也希望這一本新書，可以在溽暑七月如期在書市中順利發展（跋於2018/06/07長子承竣7歲生日凌晨03：41）。

《舊金山科研評估宣言》
(*San Francisco Declaration on Research Assessment, DORA*)

　　《舊金山科研評估宣言》(*San Francisco Declaration on Research Assessment*, DORA)，簡稱DORA或《舊金山宣言》。其中心思想是：評估科研要基於研究本身的價值而不是發表該研究的期刊，建議科研資助機構、研究機構等有關各方在資助、任命和晉升的考量中，停止使用基於期刊的單一指標，尤其是期刊影響因子來評估科學家的貢獻。《舊金山科研評估宣言》之簽署者支持在科學研究評估中，依據整體建議(general recommendation)、對補助單位的建議(For funding agencies)、對研究機構的建議(for institutions)、對期刊出版商的建議(for publishers)，對提供期刊計量指標組織的建議(for organizations that supply metrics)，以及針對研究人員的建議(for researchers)，建議上述單位或個人應該要恪遵以下的內容：

整體建議(**general recommendation**)

1. 不以期刊影響指數(例如：期刊IF)評估一篇論文研究品質、一位科學家的研究貢獻度、或是作為聘任、升等及審核計畫是否通過的依據。

對補助單位的建議(**for funding agencies**)

2. 審查計畫是否具備科研產值，需要立下明確的規定。而規定中尤應強調發表論文的科學內涵，遠比論文發表於高知名度或高IF期刊更為重要，尤其在評量剛起步的年輕學者的計畫時，更需要注意。

3. 科研評估中，必須一併考量除了研究論文外，尚包括其他科學研究產

出的貢獻度與影響力（例如：資料庫或電腦程式之建立）。另外，並考慮擴大衡量範圍，例如納入對政策建言、實踐面具影響力之質性衡量指標。

對研究機構的建議（for institutions）

4. 面對人員聘任、終身職核定及升等的各項考核時，需要確立明確的規定。而規定中尤應強調發表論文的科學內涵比該論文發表在期刊IF多高或期刊之知名度更為重要。在評量剛起步的年輕學者時，此點更需要注意。

5. 科研評估中，須一併考量除研究論文外，其他科學研究產出的貢獻度與影響力特徵係數，例如：資料庫或電腦程式之建立。另外，並考慮更廣泛性之衡量方式，例如納入政策建言、實踐面具影響力的質性衡量指標。

對期刊出版商的建議（for publishers）

6. 宜大量降低以期刊影響指數IF作為促銷手法，理想上是能夠停止強調期刊IF的作為。真的要採用的話，應一併參考更多的期刊度量指標，例如五年的影響係數、特徵係數（EigenFactor）、SCImago期刊排名、H指數（H-index），以及期刊出版商對每篇稿件的編輯與發表的平均處理時間等。因為，這些指標對一份期刊在該領域之表現能力，提供更多的資訊。

7. 請提供多項針對每篇文章本身的計量指標，以扭轉目前僅以文章刊載期刊的IF作為文章好壞之風氣，亦即建議須根據每篇文章的科學內容進行個別評估。

8. 鼓勵投稿人須遵循該期刊所設立的作者規範，尤其對每個作者對該論文之具體貢獻須忠實敘述。

9. 無論是開放獲取（open-access）型，或是傳統訂閱型期刊，請刪除所有對研究型文章中、重複引用參考文獻之次數限制。另外在參考文獻

方面，請根據「創用CC授權條款」。

10. 刪除或放寬對研究性文章（research articles）中參考文獻數量的限制，並且在適當的情況下，盡量要求引用原始文獻而非評論性文獻（reviews），以便正確彰顯原發現研究團隊應有的科學貢獻（credit）。

對提供期刊計量指標組織的建議（for organizations that supply metrics）

11. 對於如何獲得計量指標的資料來源及計算方法，必須公開透明。

12. 在可容許的情況下，須允許購買方具有取得各期刊之各項數據，且買方得擁有自行運算之權利。雙方之合約（license）應屬無限量次數制。

13. 請務必了解，對期刊計量指標的任何不當操縱是無法被這個領域所容忍的；所以，提供期刊計量指標時，宜同時載明哪些屬於不正當的操縱行為，以及貴公司將採取什麼措施來對付這些行為。

14. 須將各類文章的不同屬性列入考量，好比評論性文章（reviews）與研究性文章（research articles）被引用次數將會大相逕庭。並且須考量不同領域間，各自的引用指標該如何適當地被比較、統合使用。

針對研究人員之建議（for researchers）

15. 在參與計畫審查、人員聘用、終身職或升等考評等各項委員會中，於做決定時，須根據科學內容進行評估，而非發表論文之期刊計量值。

16. 多數情況下，盡可能引用某項發現的初次發表文獻，而非引用評論文章（reviews）。唯有如此，才能正確保留原發現人之科研貢獻。

17. 在個人履歷或推薦聲明中（supporting statements），試著使用多項文章計量指標作為個別文章或其他科研產出的評估依據。

18. 面對不當利用期刊IF作為科研評估標準的情況時，應勇於提出質疑；同時，應鼓吹且力行「以科學研究本身的價值和影響力」作為科研評估的依據。

（資料來源：林素芳，2017；陳明俐、林雯瑤，2017）

萊登宣言（Leiden Manifesto）指導研究評估的十條原則

目前研究評估已經成爲例行公事，通常依賴於指標。但是，評估越來越受到數據所驅動，而不是由專家來判斷。因此，本宣言是希望提高現在正在威脅破壞科學系統的研究質量評估程序。爲了支持研究人員和管理人員，由喬治亞理工學院轄下的公共政策學院教授奚克絲（Diana Hicks）和荷蘭萊登大學科學與技術研究中心（Centre for Science and Technology Studies, CWTS）主任伍特斯（Paul Wouters），領導的五位專家提出了十項衡量研究績效的原則，稱爲萊頓研究指標宣言。

1. 量化評估應支援質化評估與專家評量

量化指標能挑戰同儕審查中的偏見，並促使更謹愼的審議。量化指標能強化同儕審查機制，因爲在沒有足夠相關資訊的情況下，要評論同儕總是艱鉅的任務。然而，評估者絕對不能讓數字主宰其決策，指標絕對不能取代基於充足資訊所形成的判斷力，每位評估者皆須爲其評量負責。

2. 衡量績效表現須基於機構、團體或研究者的使命

在評鑑起始之際即先載明計畫的目的，且所選用的評估指標應與計畫的目的有明確關聯。指標的選擇與使用應顧及更廣泛的社會經濟與文化脈絡，科學家有其多元的研究使命，著重學術知識前沿的研究有別於關注在提供各種社會問題之解決方案的研究。評鑑有時是選用與政策、產業或公眾有關的指標，而非僅重視學術思想的卓越性。沒有任何單一的評估模式可適用於所有的情境。

3. 保護與在地相關的卓越研究

在這個世界的許多地方，卓越的研究等同於發表英文論文。舉例而言，西班牙的法律明文鼓勵西班牙學者在高影響係數的期刊發表論文，而計算影響係數的數據來源為收錄於Web of Science，且以美語與英文為主的期刊，這些偏誤尤其對區域與本國研究的社會科學及人文學科造成嚴重的影響。許多其他學科領域也有國家或區域層面的議題，例如在撒哈拉以南的非洲愛滋病流行病學研究。這種多元化與社會相關的議題往往不為擁有高影響係數的英文期刊之編輯或審查者所青睞，在Web of Science中取得高被引次數的西班牙社會學學者多以抽象的模型或美國的數據做研究。特定的社會學家撰寫與當地的勞動法、高齡者家庭健康照護，或是移工就業等議題相關的論文，這些真正有高影響力的西班牙文論文卻被忽略。使用基於高品質且非英文文獻為衡量基礎的指標，才能有助於識別，並獎勵與本地相關的卓越研究。

4. 數據蒐集與分析的過程應為公開、透明與簡潔

用於評估的資料庫，在建置過程中應遵守明確的規則，而這些規則也應在研究評估之前，即應清楚地闡述。這是在過去數十年中，學術界與商業機構在建構書目計量學評估方法論時的慣例，而這些處理數據的準則與流程，亦應發表於經同儕審查的期刊文獻中。這樣透明的過程可確保被再度檢驗的可行性。舉例來說，在2010年荷蘭萊登大學科學技術研究中心（CWTS）所創建的一項指標，其技術特性引發了公開的辯論，導致該項指標的計算方式隨後被修改。該領域的新進商業機構也應遵照此項標準；任何人都無法接受黑箱作業的學術研究評估。

對指標而言，簡潔就是美，因為可保有其透明性。但簡單的指標可能會導致偏頗的結果。評估者必須在選用簡潔的指標與忠於複雜的研究程序中，取得平衡。

5. 允許被評估者檢驗數據與分析

為確保數據的品質，所有被列入於書目計量研究中的研究人員都必須能查驗其研究產出，是否都會被正確收錄。任何人在進行或管理研究評估的過程時，應透過自我的檢驗，或是第三方團體的檢核，確保數據的正確性。大學在建置其研究資訊系統時，可以參考此項指導原則，以作為系統的選擇依據。精確、高品質的數據往往需要花時間與金錢蒐集與處理，故應編列足夠的預算以支應開銷。

6. 留意論文發表數量與被引用次數在不同領域上的差異

最佳實踐應該是挑選出一套合適的指標，讓各領域可以各取所需。幾年前，一群歐洲的歷史學家們在全國性的同儕審查評量中，得到相對較差的評比結果。原因在於他們的主要研究產出為書籍，而非被Web of Science索引的期刊上發表論文。另外的原因，則是這群歷史學家很不幸地被歸類在心理學科系。因此，在研究評估中，歷史學家與社會科學家往往會被要求在計算產出之時，將書籍與使用本國語言撰寫的文獻列入；電腦科學家則會要求列入研討會論文。

引用率也會因為領域而有所差異：在數學領域，頂級期刊的影響係數在三左右，細胞生物學領域的頂級期刊影響係數則可高達三十。因此，在計算過程中，有必要將指標標準化，而最常使用的標準化方法，則是將其轉換為百分比。

7. 個人層級的研究評量基礎應是對其研究成果歷程檔案進行質化的判斷

即便在沒有新論文產出的情況下，當研究者的年紀越大，H-index的數值可能也會持續提高。H-index也會因領域不同而產生差異：例如生命科學家的H-index可高達二百、物理學家最高可達三百，但社會科學家卻只有二十至三十。另外，該數值的差異也取決於資料庫的選擇，有些電腦科學領域的學者，若使用Web of Science進行計算，其h-index約為十，但

若選用Google Scholar進行計算，其h-index卻變爲二十至三十之間。解讀與評斷研究人員的論文，會遠比僅使用單一指標分析後的數值，來得更爲適當。縱使在比較多位研究人員的表現時，若能綜合考量他們的專長、經驗、活動，以及影響力等，亦會較爲適當。

8. 避免錯誤的具體性與虛假的精確性

科學與技術指標容易在概念上，讓人感到模糊且充滿不確定性，需要仰賴強而有力的假設，卻不見得能獲得普世認同。舉例來說，對於被引用次數的定義，各方長久以來一直爭論不休。有鑑於此，最佳實務典範應爲使用多項指標，以提供更爲穩健可靠且更多元的呈現方式，以說明研究評估後的結果。如果不確定性與誤差可以被量化，則應在公布評估結果之時，同時公布誤差曲線，提供附加資訊之參考。若無法測量不確定性與誤差，則計算指標時至少應避免追求虛假的精確性。舉例來說，期刊的影響係數，應計算至小數點後第三位，以避免期刊之間形成平手局面。然而，考慮到被引用次數的概念模糊性與隨機誤差，實在不需要計較於很小的影響係數差異之上，以區分期刊之間的優劣。爲避免虛假的精確性，計算時僅須採用小數點之後第一位。

9. 體認評量和指標所造成的系統性影響

評估指標的改變，影響了研究人員的動機，進而造成研究系統的改變。對於這樣的影響應該是可預期的。這也意味著整套評估指標總是較佳的選擇，單一指標更易遭受操弄，且會促使原先想要衡量的項目，轉變成爲研究者追逐的目標。舉例來說，在1990年代，澳洲政府採用以論文發表數量爲基礎的計算公式，作爲分配經費的依據。之後各大學即可估算出在期刊上發表一篇論文的「價值」。在2000年，一篇論文可取得澳幣八百元（當時相當於美金四百八十元）的研究補助經費。在此情況之下，可以預期的是澳洲研究論文數量大幅成長，但是這些論文卻是發表在較少被人引用的期刊上，此現象也意味著論文品質的下降。

10.定期審視與更新指標

　　研究的使命與評量的目標，會隨著研究系統的演進而一起改變。曾經合適的指標也有可能會變得不大適當；同時，新的指標也會應運而生。因此，應該隨時檢視並且修正指標系統。舉例來說，在體認到簡單公式所帶來的影響之後，澳洲政府於2010年推出更為複雜的卓越研究評估系統，且該系統更強調質性的評估方式。

下一階段

　　遵循上述十項原則，學術研究評估可以在科學發展和社會互動中，扮演更為重要的角色。研究指標可以提供哪些很難取得，或是需要透過個人專業知識，才能判斷關鍵的訊息。

　　但是，必須謹記，不可以讓這些量化資，從評估工具轉變為評估目標。最好的決定是要結合穩健而且對目標敏感的統計結果，深切了解需要評估的研究量化和質性研究之下的產物。量化和質性研究的證據皆有其必要，且二者皆可以客觀呈現。因此，有關科學事務的決策，必須基於高品質的評估過程，以及建立於最高品質的數據之上。

　　Diana Hicks是位於美國喬治亞州亞特蘭大的喬治亞理工學院轄下的公共政策學院的教授。**Paul Wouters**為荷蘭萊登大學科學與技術研究中心（CWTS）的教授兼主任，**Ludo Waltman**亦是該中心的研究員，**Sarah de Rijcke**則是該中心的助理教授。**Ismael Rafols**是西班牙國家研究委員會和瓦倫西亞理工大學的科學政策研究員。

通訊作者之聯絡e-mail：diana.hicks@pubpolicy.gatech.edu

（資料來源：Hicks, Wouters, Waltman, de Rijcke, and Rafols, 2015；陳明俐、林雯瑤，2017）

附錄三
英語縮寫介紹

英語縮寫	英文	中文翻譯
B. C.	before Christ	西元前；公元前；主前
B. C. E.	before Common Era；before Christian Era	西元前；公元前
cf.	confer	比較
ch, chs, chap., chaps	chapter	章
ed., edn.	edition	版本；書的版本。例如，3rd ed. 是第三版。
ed., eds.	editor	ed. 或 eds. 是表示 editor 或 editors，意即編輯者。書籍的編輯者，通常是指蒐集自己或是其他人的文章，編撰成書合輯起來的人。
ff.	folio	及以下。例如：pp. 20 ff.
n., nn.	note	註釋，例如：p. 20 n. 2
p., pp.	page	頁。直接引用該頁數的文獻時，只引用該頁，用 p.；引用兩頁以上，用 pp.，需要註明開始和結束的頁碼，也即是 page、page 的意思。
Ph.D., Ph.D	Doctor of Philosophy	博士是教育機構授予的最高一級學位。但是，國外的博士有很多種說法。例如，哲學博士（Ph.D.）、理學博士（DSc / ScD）、文學博士（DLitt）、教育博士（EdD）、設計博士（D.Des.）、法學博士（S.J.D, J.D）。
postdoc	postdoctoral researcher	博士後，又稱博士後研究、博士後研究員，係指在取得博士學位之後，尚未取得正式教職，或是正式研究員的工作，在大學或研究機構中跟隨教授或是研究員，從事專門研究工作的博士。
trans., tr.	translator	翻譯者
vol., vols	volume	冊

（資料來源：Redman and Maples, 2011；方偉達，2017。）

拉丁語縮寫介紹

拉丁短語	縮寫	英文翻譯	中文翻譯
a posteriori		from the latter	歸納地、後驗、以經驗為根據
a priori		from the former	演繹地、先驗、以推論為根據
ad hoc		for this	特設的、特定目的、即席的、臨時的、專案的
anno Domini	A. D.	in the year of our Lord	西元
ante meridiem	a.m.	before noon	上午
circa	ca. c.	about; used especially in approximate dates	大約
cum laude		with honor	優等、拉丁文學位榮譽
de facto		from the fact	事實上的
de jure		concerning the law, by right	規則上的
et alia	et al.	and others; and elsewhere	以及、其他、等等，用於多個作者，例如：Fang et al., 2017
et cetera	etc.	and the rest; and so forth; and so on	以及、其他，諸如此類等
et sequens	et seq.	and the rest	及以下。例如：pp. 20 et seq.
ex post facto		afterwards	事後的、有追溯效力的
ex situ		the opposite of "in situ"	異位的
exempli gratia	e.g.	for example; such as	例如，用以舉出某個實例。
ibidem	ibid.	in the aforementioned place	同前引證，出處同上。作為最後的參考書目，用於註腳或是尾註，省卻再度寫下完整的書目。例如：Ibid. p. 20.
id est	i.e.	that is	即，也就是說，用於說明、定義或是釐清。
idem		the same as previously given	同上

拉丁短語	縮寫	英文翻譯	中文翻譯
in situ		in place or position undisturbed	在原處
Loco citato	l o c. cit.	in the place cited; in the passage quoted	在上述引文中
magna cum laude		with great honor	極優等、拉丁文學位榮譽
opere citato	op. cit.	in the work cited	在列舉的著作中，在先前引用作品中，例如：Hatt, op. cit., p. 20。用於註腳或尾註，省卻再度寫下完整的書目，但是不是最後的參考書目。
per capita		by heads	按人頭算、每人
per se		by or of itself	本身，本質上
post meridiem	p.m.	after noon	下午
quod erat demonstrandum	Q.E.D.	which had to be shown	即證
quod vide	q.v.	identify a cross-reference in text	參見，用於相互參照
sic erat scriptum	sic	intentionally so written; thus was it written	原文如此，表示看似可疑，卻忠實引用原文，但是引用的句子中不正確或不常用的拼寫、短語，或是標點用法，為引述者在引用時後加上的片語。例如美國憲法： The House of Representatives shall chuse [sic] their Speaker⋯（"chuse"同於"choose"，係為舊式用法）。
status quo		in state in which	現狀
summa cum laude		with highest honor	最優等、拉丁文學位榮譽
versus	vs.	against	相對照、相對立
vice versa		conversely; in reverse order from that stated	反之亦然、反者亦然
vide ante		see before	見前

拉丁短語	縮寫	英文翻譯	中文翻譯
vide infra		see below	見下
vide post		see after	見後
vide supra		see above	見上
videlicet	viz.	that is to say; namely	即、就是說、換言之

（資料來源：Redman and Maples, 2011；方偉達，2017。）

參考文獻

一、中文書目

1. 方偉達（2009），《休閒設施管理》，五南。
2. 方偉達（2010），《生態旅遊》，五南。
3. 方偉達（2016），《節慶觀光與民俗》，五南。
4. 方偉達（2017），《期刊論文寫作與發表》，五南。
5. 王俊明（1999/2004），〈問卷與量表的編製及分析方法〉，張至滿、王俊明編：《體育測驗與評價》（頁139-158），中華民國體育學會。
6. 王曉光、稻葉光行（2011），〈數位人文研究的結構與演化——以對應分析與共字分析為基礎之實證研究〉，《從保存到創造：開啓數位人文研究》，國立臺灣大學出版中心。
7. 田新亞（1976），《易卦的科學本質》，南洋大學研究院自然科學研究所。
8. 宋家復（譯）（2016），《像史家一般閱讀：在課堂裡教歷史閱讀素養》，國立臺灣大學出版中心。
9. 李一匡（1981），《易經解譯》，三民。
10. 李國偉（1999），〈都是索卡惹起的——科學與文化研究界的一次交鋒〉，《一條畫不清的界線》，頁92-97，新新聞文化事業股份有限公司出版。
11. 吳鄭重（2016），《研究研究論論文：研究歷程之科P解密與論文寫作SOP大公開》，遠流。
12. 周祝瑛（2011），〈橘子與香蕉如何比？從SSCI看臺灣高等教育學術評鑑之迷思〉，《教育研究月刊》，頁40-51。
13. 周祝瑛（2014），〈臺灣人文及社會科學領域學術研究評鑑指標問題〉，《市北教育學刊》47：1-20。
14. 林佩璇（2000），〈個案研究及其在教育研究上的應用〉，《質的研究方法》（頁239-262），麗文。

15. 林香伶、蔡家和、朱衣仙、王政文、李佳蓮、黃繼立、郭章裕、鍾曉峰、陳木青（2017），《論文寫作不藏私》，五南。

16. 林開世（2016），〈什麼是「人類學的田野工作」？知識情境與倫理立場的反省〉，《考古人類學刊》第84期，頁77-110。

17. 林素芳（2017），〈舊金山科研評估宣言（DORA）〉，《國家衛生研究院電子報》707期。

18. 林瑋嬪（2017），〈網路・人類學（二）：個案分析〉，《考古人類學刊》86:1-4。

19. 范士文、方偉達（2018），〈野柳地質公園華語遊客負責任環境行為結構方程模型之研究〉，《第九屆臺灣濕地生態系暨第四屆海峽兩岸濕地保護交流聯合研討會暨第三屆國家公園濕地研究成果發表會論文集》，臺灣濕地學會。

20 研瑞（2007），《研究生不死，只是生不如死：研究所非常求生手冊》，聯合線上。

21. 殷海光（2013），《思想與方法》，水牛。

22. 許天威（2003），《個案實驗研究法》，五南。

23. 許臨高（主編）（2016），《社會個案工作理論與實務》，五南。

34. 陳啓榮（2011），〈淺談調查研究法〉，《教育趨勢導報》42:125-127。

25. 陳桐生（譯註）（2009），《曾子・子思子》，中華書局。

26. 陳明俐、林雯瑤（2017），〈他山之石，能否攻錯？談「舊金山宣言」與「萊登宣言」所帶來的啓示〉，《教育資料與圖書館學》54(1):111-129。

27. 陳建宏、姚宏昌（2016），《學術牛人之教戰手冊：在國際社科TOP期刊上發表論文的訣竅學術牛人的教戰手冊》，浙江大學出版社。

28. 湯宗達（2017），《參加第11屆貝爾蒙論壇會議（11th Belmont Forum Meeting）出國報告》，科技部。

29. 畢恆達（2005/2010），《教授為什麼沒告訴我》，學富／小畢空間出版社。

30. 莊其穆（2011），〈臨床醫師如何閱讀統合分析（Meta-analysis）的

論文〉，《臺灣醫界》54(2):74-82。

31. 莫藜藜（1998），《醫務社會工作》，桂冠。

32. 傅斯年（2013），《史學方法導論及講義文集》，五南。

33. 曾鈺琪、黃茂在、郭工賓（2015），〈戶外教育：學習走出課室，讓孩子夢想起飛〉，《國家教育研究院教育脈動電子期刊》12(4)。

34. 解鴻年（2009），《自行車團體旅遊創新服務營運模式成果報告書》，經濟部98-EC-17-A-29-S2-0032，中華大學。

35. 潘淑滿（2000），《社會個案工作》，心理。

36. 劉季洪（主編）（1968），《雲五社會科學大辭典》，臺灣商務印書館。

37. 歐用生（1994），《提升教師行動研究的能力》，研習資訊11(2):1-6。

38. 謝秀芬（2002），《社會個案工作理論與技巧》，雙葉。

39. 鄭軍（2007），《心靈簡札》，華東師範大學出版社。

40. 蕭人瑄、王喜青、張菁砡、方偉達（2013），〈論述美國環境教育經驗：《環境教育的失敗——我們能夠如何補救它》〉，《看守臺灣》15(1):35-44。

二、英文書目

1. Aarts, A. A., J. E. Anderson, C. J. Anderson, P. R. Attridge, A. Attwood et al. 2015. Psychology. Estimating the reproducibility of psychological science. *Science* 349(6251):aac4716. doi: 10.1126/science.aac4716.

2. Abedin, M. 2016. *Regression and Classification: An Artificial Neural Network Approach.* https://www.slideshare.net/menhaz/prospects-and-problems-of-artificial-neural-network-based

3. Adams, T. E., S.H. Jones, and C. Ellis. 2014. *Autoethnography: Understanding Qualitative Research.* Oxford University.

4. Ainsworth, S. 2003. *Evaluation Methods for Learning Environments.* http://slideplayer.com/slide/777067/

5. Akerlof, G. A. 1970. The market for "lemons": Quality uncertainty and the market mechanism. *The Quarterly Journal of Economics* 84(3):488-500.

6. Allen, T, and S. Queen. 2015. Beyond the map: Unpacking critical cartography in the digital humanities. Critical Making Design and the Digital Humanities (Special Issue). *Visible Language* 49.3:78-99.

7. Allport, 1961. *Pattern and Growth in Personality*. Harcourt College.

8. Altheide, D. L., and J. M. Johnson. 1994. Criteria for assessing interpretive validity in qualitative research. In N. K. Denzin, and Y. S. Lincoln (Eds.), *Handbook of Qualitative Research* (2nd Ed.). Sage. pp. 485-499.

9. Anderson, A. 2018. *Digital humanities at Berkeley and the Digital Life Project*. http://digitalhumanities.berkeley.edu/projects/digital-life-project

10. Anderson, C. J., S. Bahník, M. Barnett-Cowan, F. A. Bosco, J. Chandler et al. 2016. Response to comment on "Estimating the reproducibility of psychological science". *Science* 351(6277):1037. doi: 10.1126/science.aad9163.

11. Anderson, J. C., and D. W. Gerbing. 1988. Structural equation modeling in practice: A review and recommended two-step approach. *Psychological Bulletin* 103(3):411-423.

12. Andringa, T. C., K. A. van den Bosch, and C. Vlaskamp. 2013. Learning autonomy in two or three steps: linking open-ended development, authority, and agency to motivation. *Frontiers in Psychology* 4: 766. doi:10.3389/fpsyg.2013.00766.

13. Argyris, C., R. Putnam, and D. McLain Smith. 1985. *Action Science: Concepts, Methods, and Skills for Research and Intervention*. Jossey Bass.

14. Argyris, C., and D. Schön. 1974. *Theory in Practice*. Jossey Bass.

15. Ars Electronica Linz GmbH. 2018. *Art-based Research*. http://stageofparticipation.org/art-based-research/?lang=en

16. Bakhtin, M. 1934/1981. Discourse in the novel. In *The Dialogic Imagina-

人文社科研究方法

tion: Four Essays. University of Texas Press. pp. 259-422.

17. Bargal, D. 2006. Personal and intellectual influences leading to Lewin's paradigm of action research: Towards the 60th anniversary of Lewin's 'Action research and minority problems' (1946). *Action Research* 4(4):367-388.

18. Barry, W. J. 2012a. Is modern American education promoting a Sane society? *International Journal of Science* 2:69-81.

19. Barry, W. J. 2012b. *How Can I Improve my Life-affirming, Need-fulfilling, and Performance Enhancing Capacity to Understand and Model the Meaning of Educational Quality?* PhD. published Thesis. Nottingham Trent University.

20. Bastow, S., and P. Dunleavy, and J. Tinkler. 2014. *The Impact of the Social Sciences: How Academics and their Research Make a Difference.* Sage

21. Bartlett, T. 2013. *The Magic Ratio That Wasn't. Chronicle of Higher Education.* https://www.chronicle.com/blogs/percolator/the-magic-ratio-that-wasnt/33279

22. Baxter, P., and S. Jack. 2008. Qualitative case study methodology: Study design and implementation for novice researchers. *The Qualitative Report* 13(4): 544-559.

23. Becker, G. S. 1964. *Human Capital: A Theoretical and Empirical Analysis, with Special Reference to Education.* University of Chicago Press.

24. Becker, G. S. 1974. A theory of social interactions. *Journal of Political Economy* 82: 1063-1093.

25. Becker, G. S. 1981. *A Treatise on the Family.* Harvard University Press.

26. Belone, L., J. E. Lucero, B. Duran, G. Tafoya, E. A. Baker, D. Chan, C. Chang, E. Greene-Moton, M. A. Kelley, and N. Wallerstein. 2014. Community-based participatory research conceptual model: Community partner consultation and face validity. *Qualitative Health Research* 26(1):117-35.

27. Benoliel, J. Q. 1996. Grounded theory and nursing knowledge. *Qualitative Health Research* 6:406-428.

28. Bentler, P. M. 1995. *EQS Structural Equations Program Manual*. Multivariate Software.

29. Blumer, H. 1969. *Symbolic Interactionism: Perspective and Method*. Prentice-Hall.

30. Boas, F. 1887. The study of geography. *Science* 9(210):137-141.

31. Boas, F. 1911. *The Mind of Primitive Man*. The Macmillan Company.

32. Bowman Performance Consulting, 2016. *The Research Process*. http:// bpcwi.com/research-infographic

33. Brockman, J. 2015. *This Idea Must Die: Scientific Theories That Are Blocking Progress*. Harper Perennial.

34. Brown, M. W., and R. Cudeck. 1993. Alternative ways of assessing model fit. In K. A. Bollen and J. S. Long (Eds.). *Testing Structural Equation Models*. Sage.

35. Brown, N. J. L., A. D. Sokal, and H. L. Friedman. 2013. The complex dynamics of wishful thinking: The critical positivity ratio. *American Psychologist* 68(9):801-813.

36. Browne, M.W., and R. Cudeck. 1993. Alternative ways of assessing model fit. In K. A. Bollen and J. S. Long (Eds.) *Testing Structural Equation Models*. Sage.

37. Bruner, J. 1990. *Acts of Meaning: Four Lectures on Mind and Culture*. Harvard University Press.

38. Burrell, G., and G. Morgan. 1979. *Sociological Paradigms and Organizational Analysis*. Heineman.

39. Campbell, D. T. 1987. Evolutionary epistemology. In *Evolutionary Epistemology, Rationality, and the Sociology of Knowledge*. pp. 47-89.

40. Campbell, T. C., and D. W. Fiske, 1959. Convergent and discriminant validation by the multitrait-multimethod matrix. *Psychological Bulletin* 56(2):81-105.

41. Canadian Institutes of Health, 2018. *Research Integrating Ethics and the Knowledge-To-Action Cycle.* http://www.cihr-irsc.gc.ca/e/48802.html

42. Charmaz, K. 2006. *Constructing Grounded Theory: A Practical Guide through Qualitative Analysis.* Sage.

43. Chein, S., S. W. Cook, and J. Harding. 1948. The field of action research. *American Psychologist* 3:33-44.

44. Chen, J.-P., G.-C. Chen, X.-P. Wang, L. Qin, and Y. Bai. 2018. Dietary fiber and metabolic syndrome: A Meta-Analysis and review of related mechanisms. *Nutrients* 10(1):24. doi:10.3390/nu10010024.

45. Cheng, J. C. H., and M. C. Monroe. 2012. Connection to nature children's affective attitude toward nature. *Environment and Behavior* 44(1):31-49.

46. College of Charleston, 2016. *Introduction to Archival Research: Archival Research.* http://libguides.library.cofc.edu/archivalresearch

47. Commission on the Humanities. 1980. *The Humanities in American Life: Report of the Commission on the Humanities.* University of California Press.

48. Converse, J. M. 1987. *Survey Research in the United States: Roots and Emergence, 1890-1960.* University of California Press.

49. Cook, T. D., and D. T. Campbell. 1979. *Quasi-experimentation: Design and Analysis Issues for Field Settings.* Houghton Mifflin.

50. Cooperrider, D. L., and S. Shrevasteva. 1987. *Appreciative inquiry in or-ganisational life. In Woodman and Pasmore Research in Organizational Change and Development.* JAI Press.

51. Corbin J., and A. L. Strauss. 1990. Grounded Theory Research: Proce-dures, canons, and evaluative criteria. *Qualitative Sociology* 13:3-21.

52. Corbin, J., and A. L. Strauss. 2015. *Basics of Qualitative Research: Techniques and Procedures for Developing Grounded Theory.* (4th Eds.). Sage.

53. Covey, 1989/2013. *The 7 habits of Highly Effective People.* Simon & Schuster.

54. Creswell, J. W. 1998. *Qualitative Inquiry and Research Design: Choosing among Five Tradition*. Sage.

55. Cronbach, L. 1980. Validity on parole: Can we go straight? *New Directions for Testing and Measurement* 5:99-108.

56. Dadds, M. 2008. Empathetic validity in practitioner research. *Educational Action Research* 16:279-290.

57. Dalkir, K., and J. Liebowitz. 2011. *Knowledge Management in Theory and Practice* (2nd Ed.). MIT Press.

58. Davis, P., 2016. The fallacy of 'sound' science. *The Scholarly Kitchen*. https://scholarlykitchen.sspnet.org/2016/10/27/the-fallacy-of-sound-science

59. Dawkins, C. R. 1976. *The Selfish Gene*. Oxford University Press.

60. Dawson, B., and R. G. Trapp. 2004. *Basic & Clinical Biostatistics* (4th Ed.). McGraw-Hill.

61. Deming, W. E. 1986. *Out of the Crisis*. MIT Press.

62. Denzin, N. K. 1978. *Sociological Methods*. McGraw-Hill.

63. Denzin, N. K. 2006. *Sociological Methods: A Sourcebook*. Aldine Transaction.

64. DeVellis, R. F. 2011. *Scale Development: Theory and Applications*. Sage.

65. Dewey, J. 1933. *How We Think*. Prometheous Books.

66. Ding, L., W. Velicer and L. Harlow. 1995. Effect of estimation methods, number of indicators per factor and improper solutions on structural equation modeling fit indices. *Structural Equation Modeling* 2:119-143.

67. Don Wells, 2001. *Planning/Feedback Loops*. http://www.extremeprogramming.org/map/loops.html

68. Eisenhardt, K. M. 1989. Building theories from case study research. *The Academy of Management Review* 14(4):532-550.

69. Elevate Educator, 2017. *The Teacher's Role When Conferring with Students about Writing*. http://elevateeducator.com/2017/01/05/the-teachers-role-when-conferring-with-students-about-writing

70. Ellen, F. (Ed.) 1984. *Ethnographic Research: A Guide to General Conduct.* Academic Press.

71. Erickson, F. 1986. Qualitative methods in research on teaching. In M. Wittrockk (Ed.), *Handbook of Research on Teaching* (3rd Ed.). MacMillan. pp. 119-161.

72. Fals-Borda, O. 1995. *Research for social justice: Some North-South convergences, Plenary Address at the Southern Sociological Society Meeting,* Atlanta, April 8.

73. Fang, W.-T., H. Chu, and B. Cheng. 2009. Modelling waterbird diversity in irrigation ponds of Taoyuan, Taiwan using an artificial neural network approach. *Paddy and Water Environment* 7:209-216.

74. Fang, W.-T., E. Ng, and M.-C. Chang. 2017. Physical outdoor activity versus indoor activity: Their influence on environmental behaviors. *International Journal of Environ Research and Public Health* 14(7):797. doi:10.3390/ijerph14070797.

75. Farrell, M. M., M. La Porta, A. Gallagher, C. Vinson, and S. B. Bernal. 2014. Research to reality: Moving evidence into practice through an online community of practice. *Preventing Chronic Disease* 11:130272. doi:http://dx.doi.org/10.5888/pcd11.130272

76. Farooq, U., 2013. Selection of research problem. *Study Lecture Notes.* http://www.studylecturenotes.com/social-research-methodology/selection-of-research-problem

77. Feilden, T. 2017. Most scientists 'can't replicate studies by their peers'. *Science and Environment.* http://www.bbc.com/news/science-environment-39054778

78. Fewkes, J. 1901. *Tusayan Migration Traditions.* Washington Government Printing Office. p. 579. https://archive.org/details/cu31924104075415

79. Flyvbjerg, B., 2006. Five misunderstandings about case-study research. *Qualitative Inquiry* 12(2):219-245.

80. Fornell, C. R., and F. F. Larcker, 1981. Structural equation models with

unobservable variables and measurement error. *Journal of Marketing Research* 18:39-51.

81. Fraenkel, J. R., and N. E. Wallen. 1993. *How to Design and Evaluate Research in Education* (2nd Ed.). McGraw-Hill.

82. Fredrickson, B. L. 2013. Updated thinking on positivity ratios. *American Psychologist* 68:814-822.

83. Fredrickson, B. L. and M. F. Losada. 2005. Positive affect and the complex dynamics of human flourishing. *American Psychologist* 60:678-686.

84. Freire, P. 2006. *Pedagogy of the Oppressed*, 30th Anniversary (Ed.). Continuum.

85. Garg, A. 2012. *Research Process*. https://www.slideshare.net/aditigarg. aditigarg/research-process-14719283

86. Gasset, J. O. 1964. *What Is Philosophy?* W. W. Norton & Company.

87. Geertz, C. 1973. *The Interpretation of Cultures: Selected Essays*. Basic Books.

88. Gilbert, D.T., G. King, S. Pettigrew, and T. D. Wilson. 2016. Comment on "Estimating the reproducibility of psychological science". *Science* 351(6277):1037. doi: 10.1126/science.aad7243.

89. Gill, P. B. 2001. Narrative inquiry: Designing the processes, pathways and patterns of change. *Systems Research and Behavioral Science* 18(4):335. https://doi.org/10.1002/sres.428

90. Glaser, B. 1978. *Theoretical Sensitivity: Advances in the Methodology of Grounded Theory*. Sociology Press.

91. Glaser, B. G. 1992. *Basics of Grounded Theory Analysis: Emergence vs. Forcing*. Sociology Press.

92. Glaser, B. G. (Ed.). 1995. *Grounded Theory, 1984-1994* (Vols. 1-2). Sociology Press.

93. Glaser, B.G. 1998. *Doing Grounded Theory: Issues and Discussions*. Sociology Press.

94. Glaser, B. G. 1999. The future of Grounded Theory. *Qualitative Health*

Research 9(6): 836-845.

95. Glaser, B.G. 2001. *The Grounded Theory Perspective: Conceptualization Contrasted With Description*. Sociology Press.

96. Glaser, B.G. 2005. *The Grounded Theory Perspective III: Theoretical Coding*. Sociology Press.

97. Glaser, B. G., and A. Strauss. 1965. *Awareness of Dying*. Aldine.

98. Glaser, B. G., and A. Strauss. 1967. *The Discovery of Grounded Theory: Strategies for Qualitative Research*. Aldine.

99. Glass, 1976. Primary, secondary, and meta-analysis of research. *Educational Researcher* 5(10):3-8.

100. Gold, R. 1969. Roles in sociological field observation. In G. McCall, and J. Simmons. (Eds.). *Issues in Participant Observation*. Addison-Wesley. pp.30-39.

101. Goleman, D., and R. J. Davidson, 2017. *Altered Traits: Science Reveals How Meditation Changes Your Mind, Brain, and Body*. Avery.

102. Groves, 2011. Three eras of survey research. *Public Opinion Quarterly* 75(5):861-871.

103. Gruber, T. 2011. I want to believe they really care: How complaining customers want to be treated by frontline employees. *Journal of Service Management* 22(1):85-110.

104. Hair, J., W. Black, B. Babin, and R. Anderson. 2010. *Multivariate Data Analysis* (7th Ed.). Prentice-Hall.

105. Hall, S. 1973. *Encoding and Decoding in the Television Discourse*. Centre for Cultural Studies, University of Birmingham.

106. Hamel, J., S. Dufour, and D. Fortin. 1993. *Case Study Methods*. Sage.

107. Hamilton, R. J. 2014. *The Millionaire Master Plan: Your Personalized Path to Financial Success*. Business Plus.

108. Harari, Y. H. 2016. *Homo Deus: A Brief History of Tomorrow*. Harvill Secke Press.

109. Hartley, S. 2017. *The Fuzzy and the Techie: Why the Liberal Arts Will*

Rule the Digital World. Houghton Mifflin Harcourt.

110. Hayano, D. M. 1979. Auto-Ethnography: Paradigms, Problems, and Prospects. *Human Organization* 38(1):99-104.

111. Heider, F. 1944. Social perception and phenomenal causality. *Psychological Review* 51:358-374.

112. Heider, F. 1958. *The Psychology of Interpersonal Relations.* John Wiley & Sons.

113. Herther, N. K. 2017. Top tools for digital humanities research. *Computers in Libraries* 37(1). http://www.infotoday.com/cilmag/jan17/Herther--Top-Tools-for-Digital-Humanities-Research.shtml

114. Hesse, M. 1980. *Revolutions and Reconstructions in the Philosophy of Science.* The Harvester Press.

115. Hicks, D., P. Wouters, L. Waltman, S. de Rijcke, and I. Rafols. 2015. Bibliometrics: The Leiden Manifesto for research metrics. *Nature* 520:429–431.

116. Howard-Payne, L. 2015a. The methodological implications of relying upon fieldworkers for qualitative health psychology research. *Forum: Qualitative Social Research* 16(2). http://nbnresolving.de/urn:nbn:de:0114-fqs150239

117. Howard-Payne, L. 2015b. Glaser or Strauss? Considerations for selecting a grounded theory study. *South African Journal of Psychology* 46(1):50-62.

118. Hu, L.-T., and P. M. Bentler. 1999. Cutoff criteria for fit indexes in covariance structure analysis: Conventional criteria versus new alternatives. *Journal Structural Equation Modeling* 6(1):1-55.

119. Huang. K.-H., and W.-T. Fang. 2013. Developing concentric logical concepts of environmental impact assessment systems: Feng Shui concerns and beyond. *Journal of Architectural and Planning Research* 31(1):39-55.

120. ISO 13407. 1999. *Human-centred Design Processes for Interactive Sys-*

tems. ISO Standard.

121. Jashapara, A. 2011. *Knowledge Management: An Integrated Approach* (2nd Ed.). Prentice Hall.

122. Johnson, R. A. 1976. *Management, Systems, and Society: an Introduction*. Goodyear. pp. 222-224.

123. Jung, C. G. 1985/2013. *Synchronicity: An Acausal Connecting Principle*. Routledge

124. Kagan, S. 2012. *Death* (The Open Yale Courses Series). Yale University Press.

125. Kaplan, F. 2015. A map for big data research in digital humanities. *Frontiers in Digital Humanities*. https://doi.org/10.3389/fdigh.2015.00001

126. Kelly, G. A. 1955/1991. *The Psychology of Personal Constructs*. Vol. I, II. Norton, (2nd printing, Routledge).

127. Kelly, J. M. 2012. *Digital Humanities: Past, Present, Future*. version 1.0. https://digitalpublichistory.wordpress.com/modules/week-2-what-is-digital-humanities/dh-kelly/

128. Koger, S. M., and D. D. Winter. 2011. The psychology of environmental problems: Psychology for sustainability. *Psychology Press*. pp. 262-267.

129. Kolb, D. 1984. *Experiential Learning: Experience as the Source of Learning and Development*. Prentice-Hall.

130. Koon, A. D., K. D. Rao, N. T. Tran, and A. Ghaffar. 2013. Embedding health policy and systems research into decision-making processes in low- and middle-income countries. *Health Research Policy and Systems* 11:30. https://doi.org/10.1186/1478-4505-11-30

131. Kottak, C. P. 2008. *Anthropology: The Exploration of Human Diversity*. McGraw Hill Higher Education.

132. Kovach, M. 2010. Conversational method in Indigenous research. *First Peoples Child & Family Review* 5(1):40-48.

133. Kuhn, T. S. 1962/2012. *The Structure of Scientific Revolutions* (4th Ed. in 2012). University of Chicago.

134. Kurtz, C. F. 2018. *What is Participatory Narrative Inquiry*. NarraFirma. https://narrafirma.com/home/participatory-narrative-inquiry/

135. Lather, P. 1986a. Issues of validity in openly ideological research: Between a rock and a soft place. *Interchange* 17(4):63-84.

136. Lather, P. 1986b. Research as praxis. *Harvard Educational Review* 56(3):257-278.

137. Lewin, K. 1936. *Principles of Topological Psychology*. New York: Mc-Graw-Hill.

138. Lewin, K. 1942. Field theory and learning. In D. Cartwright (Ed.), *Field Theory in Social Science*. Harper & Row. pp. 60-86

139. Lewin, K. 1946. Action research and minority problems. *Journal of Social Issues* 2(4):34-46.

140. Lewin, K. 1949. Cassirer's philosophy of science and the social sciences. In A. Schlipp (Ed.), *The Philosophy of Ernst Cassirer*. Library of Living Philosophers. pp. 269-288.

141. Lewin, K. 1958. Group Decision and Social Change. In E.E. Maccoby, T. M. Newcomb, and E. L. Hartley (Eds.), *Readings in Social Psychology*. Holt, Rinehart, Winston. pp.197-211.

142. Lincoln, Y. S., and E. G. Guba. 1985. *Naturalistic Inquiry*. Sage.

143. Little, D. 2013. The human sciences. *Understanding Society*. CAT foundations. https://undsoc.org/2013/01/06/the-human-sciences/

144. Liu, W., G. Hu, L. Tang, and Y. Wang. 2015. China's global growth in social science research: Uncovering evidence from bibliometric analyses of SSCI publications (1978–2013). *Journal of Informetrics* 9(3):555-569.

145. Louie, K. 2018. *The Writing Process*. Lumen Learning. https://courses.lumenlearning.com/engcomp1-wmopen/chapter/putting-it-together-writing-process/

146. Madsbjerg, C. 2017. *Sensemaking: The Power of the Humanities in the Age of the Algorithm*. Hachette Books.

147. Maréchal, G. 2010. Autoethnography. In A. J. Mills, G. Durepos, and E.

Wiebe (Eds.), *Encyclopedia of Case Study Research* (Vol. 2). Sage. pp. 43-45.

148. Marquardt, M. J. 1999. *Action Learning in Action: Transforming Problems and People for World-class Organizational Learning.* Davies-Black.

149. Marx, K. 1867/1887. *Capital: A Critique of Political Economy. Volume I: The Process of Production.* First published in German in 1867; First English edition of 1887. Charles H. Herr & Company.

150. McCutcheon, G. 1988. Curriculum and the work of teachers. In M. W. Apple, and L. Beyer, *The Curriculum: Problems, Politics, and Possibilities.* Suny Press

151. McDonald, R. P., and M. H. Ho. 2002. Principles and practice in reporting structural equation analyses. *Psychological Methods* 7(1):64-82.

152. McLeod, S. A. 2008. *Bruner.* www.simplypsychology.org/bruner.html

153. McLeod, S. A. 2014. *Lev Vygotsky.* www.simplypsychology.org/vygotsky.html

154. McNiff, J., and J. Whitehead. 2005. *All you Need to Know about Action Research.* Sage. pp. 3-5.

155. Meester, W. 2013. Towards a comprehensive citation index for the Arts & Humanities. *Research Trends* 32. https://www.researchtrends.com/category/issue-32-march-2013/

156. Merriam, S. B. 1988. *Case Study Research in Education: A Qualitative Approach.* Jossey-Bass.

157. Merriam, S. B. 1998. *Qualitative Research and Case Study Applications in Education.* Jossey-Bass.

158. Michel, J. B., Y. K. Shen, A. P. Aiden, A. Veres, and M. K. Gray, The Google Books Team, Pickett, J. P., et al. 2011. Quantitative analysis of culture using millions of digitized books. *Science* 331(6014):176-182.

159. Moore, J. 2012. A personal insight into researcher positionality. *Nurse Research* 19(4):11-14.

160. Morris, C. W. (Ed.) 1934. *Mind, Self, and Society.* University of Chicago

Press.

161. Muff, K., A. Kapalka, and T. Dyllick. 2017. The Gap Frame- Translating the SDGs into relevant national grand challenges for strategic business opportunities. *The International Journal of Management Education* 15(2) Part B:363-383.

162. Neal, Z. P., J. W. Neal, J. A. Lawlor, and K. J. Mills. 2015. Small worlds or worlds apart? Using network theory to understand the research-practice gap. *Psychosocial Intervention* 24(3):177-184.

163. Neyman, J. 1934. On the two different aspects of the representative method: the method of stratified sampling and the method of purposive selection. *Journal of the Royal Statistical Society* 97(4):558-625.

164. Nybakken, O. E. 1939. Humanitas Romana. *Transactions and Proceedings of the American Philological Association* 70 (1939):396-413.

165. Olson, J. C., and T. J. Reynolds. 1983. Understanding consumers' cognitive structures: Implications for advertising strategy. In L. Percy, and A. Woodside (Eds.), *Advertising and Consumer Psychology*. Lexington Books. pp. 77-90.

166. Olswang, L. B., and P. A. Prelock. 2015. Bridging the gap between research and practice: Implementation science. *Journal of Speech, Language, and Hearing Research* 58:S1818-S1826. doi:10.1044/2015_JSLHR-L-14-0305

167. Osborne, S. 2018. *Research Method Types*. https://www.pinterest.com/stevenosborne56/

168. Palmberg, I. E., and J. Kuru. 2000. Outdoor activities as a basis for environmental responsibility. *The Journal of Environmental Education* 31(4):32-36.

169. Park, R. E., E. W. Burgess, and R. D. McKenzie, 1925/1984. *The City*. University of Chicago Press.

170. Patton, M. Q. 1999. Enhancing the quality and credibility of qualitative analysis. *HSR: Health Services Research*. 34(5) Part II: 1189-1208.

人文社科研究方法

171. Peirce, C. S. 1878. How to make our ideas clear. *Popular Science Monthly* 12:286-302.

172. Pentland, A. 2015. *Social Physics: How Social Networks Can Make Us Smarter.* Penguin.

173. PhD on Track, 2018. *Where to Publish.* http://www.phdontrack.net/share-and-publish/where-to-publish/

174. Pinker, S. 2012. *The Better Angels of Our Nature: Why Violence Has Declined.* Penguin Books.

175. Pittaway, L. 2005. Philosophies in entrepreneurship: a focus on economic theories. *International Journal of Entrepreneurial Behavior & Research* 11(3):201-221. https://doi.org/10.1108/13552550510598790

176. Polkinghorne, D. E. 1995. Narrative configuration in qualitative analysis. *Qualitative Studies in Education* 8(2):5-23.

177. Pritchard, A. 1969. Statistical bibliography or bibliometrics. *Journal of Documentation* 25:348-349.

178. Ragin, C. C., and H. S. Becker (Eds.). 1992. *What is a Case? Exploring the Foundations of Social Inquiry.* Cambridge University Press.

179. Reason, P., and H. Bradbury-Huang. 2001. *Handbook of Action Research: Participative Inquiry and Practice.* Sage.

180. Redman, P., and W. Maples. 2011. *Good Essay Writing: A Social Sciences Guide* (4th Ed.). Sage.

181. Reiche, F. 2014. *Introduction to Quantitative Methods.* http://slideplayer.com/slide/11726994/

182. Research Group Coordinator, 2014. *Knowledge Mobilization: From Knowledge to Action.* http://heicresearch.com/?p=1514

183. Revons, R. W. 1971. *Action Learning: New Techniques for Managers.* Blond & Briggs.

184. Reynolds, T. J., and J. Gutman. 1988. Laddering theory, method, analysis, and interpretation. *Journal of Advertising Research* 28:11-34.

185. Richardson, L. 2000. Writing: A method of inquiry. In N. K. Denzin, and

Y. S. Lincoln (Eds.), *Handbook of Qualitative Research* (2nd Ed.). Sage. pp. 923-948.

186. Robson, C., and D. Sumara. 2016. In memory of all the broken ones: catalytic validity through critical arts research for social change. *International Journal of Qualitative Studies in Education* 29(5):617-639.

187. Rogers, E. M. 1962/1971/1983/1995/2003. *Diffusion of Innovation* (5th Ed. in 2003). The Free Press.

188. Rose, R. 2013. *Brand Storytelling: 10 Steps to Start Your Content Marketing Hero's Journey.* http://contentmarketinginstitute.com/2013/03/brand-storytelling-content-marketing-heros-journey/

189. Rosenberg, 1987. *Text Mapping as a Procedural Facilitation for Teaching Argument to Basic Writers in a Community College,* Doctoral dissertation. University of New Orleans.

190. Rothman, J. 1997. Action evaluation and conflict resolution: In theory and practice. *Conflict Resolution Quarterly* 15(2):119-131.

191. Rummel, R. 1988. *Applied Factor Analysis.* Northwestern University Press.

192. Safranski, R. 2015. *Zeit: Was sie mit uns macht und was wir aus ihr machen.* Carl Hanser Verlag.

193. Sandker, M., B. M. Campbell, M. Ruiz-Pérez, J. A. Sayer, R. Cowling, H. Kassa, and A. T. Knight. 2010. The role of participatory modeling in landscape approaches to reconcile conservation and development. *Ecology and Society* 15(2): 13. https://doi.org/10.5751/ES-03400-150213

194. Saunders, M., P. Lewis and A. Thornhill. 2009. *Research Methods for Business Students* (5th Ed.). Pearson Education Limited.

195. Sayer, A., 2010. *Method in Social Science* (2nd Ed.). Routledge.

196. Sayers, J. 2009. *Mapping the Digital Humanities.* http://www.jenterysayers.com/2009/498/

197. Saylan, C., and D. Blumstein, 2011. *The Failure of Environmental Education (And How We Can Fix It).* University of California Press.

人文社科研究方法

432

198. Schmuck, R. A. 1997. *Practical Action Research for Change*. Sage.

199. Schön, D. 1983. *The Reflective Practitioner: How Professionals Think in Action*. Basic Books.

200. Schrock, R. D. 2013. The methodological imperatives of feminist ethnography. *Journal of Feminist Scholarship* 5(2013):48-60.

201. Schumann, N. 2013. *De-mystifying OAIS Compliance Benefits and Challenges of Mapping the OAIS Reference Model to the GESIS Data Archive.* https://www.slideshare.net/GESISarchivetraining/iassist-a5-reckers-chumannslideshare

202. Schwartz, D. L., J. M. Tsang, and K. P. Blair. 2016. *The ABCs of How We Learn: 26 Scientifically Proven Approaches, How They Work, and When to Use Them*. W. W. Norton & Company.

203. Shah, 2016. *How Far does Concept as a Source Influence Knowledge while Shaping the Conclusion?* http://www.healingstudio.in/tag/epistemology/

204. Shields, P., and H. Tajalli. 2006. Intermediate Theory: The missing link in successful student scholarship. *Journal of Public Affairs Education* 12(3):313-334. http://ecommons.txstate.edu/polsfacp/39/

205. Shuttleworth, M. 2009. *Solomon Four Group Design*. https://explorable.com/solomon-four-group-design

206. Simon, H. A. 1947. *Administrative Behavior: A Study of Decision-Making Processes in Administrative Organization* (4th Ed. in 1997). The Free Press.

207. Sivarajah, U., M. M. Kamal, Z. Irani, and V. Weerakkody. 2017. Critical analysis of Big Data challenges and analytical methods. *Journal of Business Research* 70:263-286.

208. Skiena, S., and C. Ward. 2013. *Who's Bigger?: Where Historical Figures Really Rank*. Cambridge University Press.

209. Stacey, J., 1988. Can there be a feminist ethnography? *Women's Studies International Forum* 11(1):21-27.

參考文獻

433

210. Stake, R. E. 1995. *The Art of Case Study Research*. Sage.

211. Stake, R. E. 2000. Case Studies. In N. K. Denzin, and Y. S. Lincoln (Eds.). *Handbook of Qualitative Research* (2nd Ed.). Sage.

212. Steiner, G. 2014. *Problem Discovery as a Collaborative, Creative, and Method-Guided Search for the "Real Problems" as Raw Diamonds of Innovation.* http://www.tinyurl.com/l5fovgv.

213. Strauss, A. L., and J. M. Corbin. 1990. *Basics of Qualitative Research: Grounded Theory Procedures and Techniques*. Sage.

214. Strauss, A. L., and J. M. Corbin. 1998a. *Basics of Qualitative Research: Grounded Theory Procedures and Techniques* (2nd Ed.). Sage.

215. Strauss, A. L., and J. M. Corbin. 1998b. *Basics of Qualitative Research: Techniques and Procedures for Developing Grounded Theory* (2nd Ed.). Sage.

216. Stringer, E. T. 2014. *Action Research* (4th Ed.). Sage.

217. Sutherland, E. H. 1924. *Principles of Criminology.* University of Chicago Press.

218. Svensson, P. 2009. Humanities computing as digital humanities. *Digital Humanities Quaterly* 3:3.

219. The Logic of Science, 2016. *The Hierarchy of Evidence: Is the Study's Design Robust?* https://thelogicofscience.files.wordpress.com/2016/01/hierarchy-of-evidence2.png

220. The Open University, 2017. *Problem Definition.* http://www.open.edu/openlearncreate/course/view.php?id=2213

221. Torbert, W. R. 1981. Why educational research has been so uneducational: The case for a new model of social science based on collaborative inquiry. In Reason, P., and J. Rowan, *Human Inquiry*. John Wiley and Sons. pp. 141–151.

222. Tracy, S. J. 2010. Qualitative quality: Eight ''Big-Tent'' criteria for excellent qualitative research. *Qualitative Inquiry* 16(10) 837-851.

223. Tseng, C.-M., W.-T. Fang, C.-T. Chen, and K. D. Loh. 2009. Case study

of environmental performance assessment for regional resource management in Taiwan. *Journal of Urban Planning and Development* 135:125-131.

224. Triplett, N. 1898. The dynamogenic factors in pacemaking and competition. *American Journal of Psychology* 9:507-533.

225. Turner, V. 1980. Social dramas and stories about them. *Critical Inquiry* 7(1):141-168.

226. Underwood, T. 2015. Seven ways humanists are using computers to understand text. *The Stone and the Shell*. https://tedunderwood.com/2015/06/04/seven-ways-humanists-are-using-computers-to-understand-text/

227. Verhagen, E., N. Voogt, A. Bruinsma, and C. F. Finch. 2014. A knowledge transfer scheme to bridge the gap between science and practice: an integration of existing research frameworks into a tool for practice. *British Journal of Sports Medicine* 48(8):698-701.

228. Visser, C. 2011. *Solving the Replication Problem in Social Science.* http://www.progressfocused.com/2015/08/solving-replication-problem-in-social.html

229. Vygotsky, L. S., and M. Cole, 1978. *Mind in Society: Development of Higher Psychological Processes*. Harvard University Press.

230. Wendell, L. F., and C. Bell. 1973. *Organization Development: Behavioral Science Interventions for Organization Improvement*. Prentice-Hall.

231. Whyte, W. F. 1964. *Action Research for Management*. Irwin-Dorsey.

232. Whyte, W. F. 1991. *Social Theory for Action*. Sage.

233. Wilsdon, J., L. Allen, and E. Belfiore, P. Campbell, S. Curry, et al., 2015. *The Metric Tide: Report of the Independent Review of the Role of Metrics in Research Assessment and Management*. HEFCE. doi: 10.13140/RG.2.1.4929.1363

234. Wineburg, S., D. Martin, and C. Monte-sano. 2011. *Reading Like a Historian: Teaching Literacy in Middle and High School History Classrooms*.

Teachers College.

235. Woodall, G. 2013. *Understanding Consumer Decision-Making with Means-End Research.* https://rockresearch.com/understanding-consumer-decision-making-with-means-end-research/

236. Wundt, W. 1987. *Contributions to the Theory of Sensory Perception: On the Methods in Psychology.* American Institute for Psychological Research.

237. Yazan, B. 2015. Three approaches to case study methods in education: Yin, Merriam, and Stake. *The Qualitative Report* 20(2):134-152.

238. Yin, R. K. 1994. *Case Study Research: Design and Methods.* Sage.

239. Yin, R. K. 2017. *Case Study Research and Applications: Design and Methods* (6th Ed.). Sage.

國家圖書館出版品預行編目資料

人文社科研究方法／方偉達著. -- 初版. --
臺北市：五南, 2018.07
　　面；　　公分.

　ISBN 978-957-11-9727-2(平裝)

　1.人文社會學 2.研究方法

541.2　　　　　　　　　　　107007143

1XFC 論文與研究方法系列

人文社科研究方法

作　　者 ― 方偉達

發 行 人 ― 楊榮川

總 經 理 ― 楊士清

副總編輯 ― 黃惠娟

責任編輯 ― 蔡佳伶

校對編輯 ― 李鳳珠

插　　畫 ― 俞家燕

封面設計 ― 黃聖文

出 版 者 ― 五南圖書出版股份有限公司

地　　址：106台北市大安區和平東路二段339號4樓

電　　話：(02)2705-5066　傳　　真：(02)2706-6100

網　　址：http://www.wunan.com.tw

電子郵件：wunan@wunan.com.tw

劃撥帳號：01068953

戶　　名：五南圖書出版股份有限公司

法律顧問　林勝安律師事務所　林勝安律師

出版日期　2018年7月初版一刷

定　　價　新臺幣500元